# DEUTSCHLAND
## *neu entdeckt*

DIE BUNDESREPUBLIK DEUTSCHLAND
IM FARBIGEN SENKRECHTLUFTBILD

Herausgegeben von Professor Dr. Sigfrid Schneider und Erich Strunk.
In Zusammenarbeit mit der Landesbildstelle Rheinland-Pfalz und in
Gemeinschaft mit den Landesbildstellen der Bundesländer einschließlich West-Berlin.
Aufnahmen von Manfred Schwickert

v. HASE & KOEHLER VERLAG/MAINZ

## Freigabe

Die Luftaufnahmen sind freigegeben von der Bezirksregierung Rheinhessen-Pfalz unter folgenden Nummern:

| | | | | | | | |
|---|---|---|---|---|---|---|---|
| 1. Insel Sylt | 6448–4 | 27. Wesel | 7062–4 | 53. Königstein | 6661–4 | 79. Geislingen | 6273–4 |
| 2. Hallig Hooge | 6422–4 | 28. Marl | 6352–4 | 54. Frankfurt | 6667–4 | 80. Weltenburg | 11811–3 |
| 3. Flensburg | 6424–4 | 29. Datteln | 6208–4 | 55. Obernburg | 6844–4 | 81. Balingen | 7162–4 |
| 4. Havetoftloit | 6425–4 | 30. Beckum | 6206–4 | 56. Mettlach | 6889–4 | 82. Kaiserstuhl | 8879–4 |
| 5. Rendsburg | 7018–4 | 31. Duisburg | 6222–4 | 57. Völklingen | 5939–4 | 83. Passau | 11919–3 |
| 6. Plön | 6428–4 | 32. Essen/Bottrop | 7075–4 | 58. Saarbrücken | 6902–4 | 84. Wasserburg | 7509–4 |
| 7. Dieksanderkoog | 6436–4 | 33. Wuppertal | 6230–4 | 59. Pirmasens | 10033–3 | 85. München | 11846–3 |
| 8. Brunsbüttel | 6437–4 | 34. Lüdenscheid | 7087–4 | 60. Altrhein | 10041–3 | 86. München – Olympiagelände | 75–5 |
| 9. Norddeich | 6504–4 | 35. Münden | 6628–4 | 61. Mannheim | 6704–4 | 87. Singen | 6414–4 |
| 10. Wangerooge | 6497–4 | 36. Kassel | 8884–4 | 62. Winterkasten | 6698–4 | 88. Buch | 11848–3 |
| 11. Wangerooge | 6499–4 | 37. Astengebiet | 6200–4 | 63. Dossenheim | 6713–4 | 89. Reichenau | 6407–4 |
| 12. Rysum | 6510–4 | 38. Köln | 6177–4 | 64. Würzburg | 6785–4 | 90. Lindau | 11823–3 |
| 13. Steinkirchen | 6485–4 | 39. Niederaußem | 9450–4 | 65. Volkach | 7472–4 | 91. Isny | 6813–4 |
| 14. Hamburg | 6463–4 | 40. Liblar | 6163–4 | 66. Iphofen | 7465–4 | 92. Achenmündung | 11787–3 |
| 15. Hamburg – Hafen | 6476–4 | 41. Rurstausee | 7102–4 | 67. Gößweinstein | 7484–4 | 93. Schliersee | 11791–3 |
| 16. Wilsede | 6521–4 | 42. Monschau | 7097–4 | 68. Sulzbach-Rosenberg | 7487–4 | 94. Gottesackerplateau | 11782–3 |
| 17. Bremen | 6456–4 | 43. Bonn | 6413–4 | 69. Nürnberg | 6835–4 | 95. Berlin 1939 | –/– |
| 18. Papenburg | 6513–4 | 44. Marburg | 6644–4 | 70. Spalt | 6797–4 | 96. Berlin Aufn. Mai 1969, vervielfältigt mit Genehmigung des Senators für Bau- und Wohnungswesen V vom 19. 6. 72, Kontr. Nr. L 3/1972 | |
| 19. Lingen | 6550–4 | 45. Amöneburg | 6641–4 | 71. Künzelsau | 7116–4 | | |
| 20. Dümmer | 6548–4 | 46. Ziegenhain | 6638–4 | 72. Lauffen | 6741–4 | | |
| 21. Porta Westfalica | 7029–4 | 47. Weißenthurm | 9989–3 | 73. Stuttgart | 6758–4 | | |
| 22. Hannover | 6544–4 | 48. Pulvermaar | 10018–3 | 74. Sindelfingen | 6767–4 | | |
| 23. Clauen | 6546–4 | 49. Lehmen | 9991–3 | 75. Oberkochen | 7128–4 | Die Senkrechtaufnahme Wasserburg aus dem Jahr 1952 ist freigegeben vom Bayr. Staatsministerium für Wirtschaft und Verkehr unter G 7/3 v. 17. 5. 1957. | |
| 24. Sennestadt | 6557–4 | 50. Loreley | 6859–4 | 76. Nördlingen | 11896–3 | | |
| 25. Münster | 9452–4 | 51. Trier | 10206–3 | 77. Bernhausen | 7193–4 | | |
| 26. Gemen | 6252–4 | 52. Bingen | 6565–3 | 78. Freudenstadt | 7180–4 | | |

## Bildnachweis

Photogrammetrie GmbH, München: 84, 92 (Schwarzweiß); Hansa Luftbild GmbH, Münster: 95; Nico Rüpke, Hamburg: 96; Bundesforschungsanstalt für Landeskunde und Raumordnung: 57.

Alle übrigen Farbaufnahmen stammen aus dem Archiv der Landesbildstelle Rheinland-Pfalz.

2. durchgesehene Auflage

Alle Rechte, insbesondere das der Übersetzung, vorbehalten
© 1972 by v. Hase & Koehler Verlag GmbH, Mainz
Gesamtherstellung: Kösel, Kempten
Reproduktionen: Klambt-Druck GmbH, Speyer · Printed in Germany
ISBN 3-7758-0839-6

# Zur Einführung

In einer Zeit, in der Menschen auf dem Fluge zum Mond unseren „blauen Planeten" farbig photographieren, in der täglich und stündlich unbemannte Satelliten Fernsehbilder des Wettergeschehens über den Kontinenten ausstrahlen und in der spezielle Erderforschungs-Satelliten ein neues Zeitalter der Entdeckungen einleiten, bietet das aus der Luft aufgenommene Bild der Erde eigentlich keine ungewohnte Perspektive mehr an. Nachdem das Flugzeug als wichtigstes Transportmittel des Personen-Fernverkehrs gleichzeitig Träger moderner Aufnahmesysteme ist, gehört das Luftbild zum selbstverständlichen Informationsmittel der Menschen unserer Zeit. Und dennoch scheint es, als ob man vom anschaulichen, aus der „Vogelschau" aufgenommenen Schrägbild, wie es der Flugpassagier aus seinem Kabinenfenster sieht, nur ungern auf das bisweilen verwirrende Muster eines Senkrecht-Luftbildes ohne Horizont sowie ohne Geländeformen und Aufriß der Bauten übergehen mag.

Dafür bietet das senkrecht aufgenommene Luftbild eine zentrale Aufsicht auf den Grundriß, eine Übersicht über Zusammenhänge im Gelände, eine Einsicht in verbaute Orte oder nicht betretbare Räume und sogar eine begrenzte Durchsicht durch flache Gewässer oder grundwassernahe Böden. Diese Vorteile und die Möglichkeit, Reihenflugbilder, die sich zwischen 60 und 90 % überdecken, für die stereoskopische Ausmessung und Auswertung des dreidimensionalen Geländemodells zu nutzen, sind der Grund dafür, daß sich Photogrammeter und Geowissenschaftler seit langem bevorzugt der Luft-Senkrechtaufnahme bedienen.

Die ganze Breite der Informationen aus dem Luftbild, die alle von der Natur und vom Menschen geschaffenen Erscheinungen der Erdoberfläche einschließt, steht heute aber nicht mehr allein der fachbezogenen Interpretation zur Verfügung. Das gesellschaftliche Bedürfnis nach eingehender Kenntnis über den Raum in dem wir leben ist heute durch Fernsehen, Rundfunk und Presse derart stark, daß eine so komplexe Information wie das Luftsenkrechtbild als Erkenntnismittel über die einzelnen Fachbereiche hinaus nutzbar gemacht werden muß. Noch immer hat das Luftsenkrechtbild gegenüber jeder Computeraussage die höhere Informationsdichte je Flächeneinheit für sich. Und mit Recht weist Clos-Arceduc (1965) auf den hohen Quellenwert des Luftbildes hin: „Der Mensch ertrinkt heute in einer Flut von Behauptungen, die er einfach hinnehmen muß, ohne daß ihr Wahrheitsgehalt bewiesen worden ist. In einer solchen Zeit ist das eigene Nachdenken und Forschen mit zuverlässigem Quellenmaterial, wie es uns das Luftbild bietet, ein entscheidendes Gegengewicht gegen so viel unkontrolliertes Wissen."

So bietet sich das Senkrechtbild, das die Landschaft als komplexes Forschungsfeld in ihrer Struktur und Veränderungsdynamik, ihren Verflechtungen und Abhängigkeiten wiedergibt, als Ausgangsmaterial und Beleg für Analyse und Synthese an. Verglichen mit dem Schrägluftbild, das meist nicht stereoskopisch ausgewertet werden kann und außer perspektivischen Verzerrungen einen zur Bildtiefe hin sich verändernden Maßstab, sichttote Räume und im Vordergrund bisweilen Bewegungsunschärfe aufweist, ähnelt das Senkrechtluftbild einer Karte.

Doch im Gegensatz zur Karte, die für einen bestimmten Bereich als eine Parallelprojektion mit unendlich fernem Zentrum betrachtet werden kann, ist das Senkrechtluftbild eine Zentralprojektion, bei der alle Strahlen durch einen Punkt, das Projektionszentrum (Objektivmitte), hindurchgehen. Um von der Zentralprojektion der Senkrechtbilder zur Parallelprojektion der Karte zu kommen, müssen die projektiven Verzerrungen des Grundrisses, die durch die Abweichungen der Aufnahmeachse von der Senkrechten und durch die Höhenunterschiede des Geländes hervorgerufen sind, unter Anwendung der geometrischen Zusammenhänge „entzerrt" werden. Demnach ist ein Zusammenfügen einzelner Aufnahmen zu Luftbildmosaiks und — nach kartographischer Überarbeitung — zu Luftbildkarten möglich. Als sehr frühes Beispiel einer heute durch die Orthophotoprojektion aktuell gewordenen Luftbildkarte wird ein Ausschnitt aus dem weithin unbekannt gebliebenen Bildplanwerk des Deutschen Reiches 1 : 25 000, der die Berliner Innenstadt vor 1939 zeigt, vorgestellt.

Die herkömmliche topographische Karte ist eine abstrahierte und in den Dimensionen des Dargestellten vielfach übertriebene Aussage des Wesentlichen. Je nach Maßstab und Bedeutung wird das Dargestellte generalisiert und durch Symbole in einer „Legende" lesbar gemacht. Die Karte ist auf diese Weise eine für längere Zeit gültige Geländezeichnung. Das Luftbild dagegen kennt keine Symbole; es ist nicht lesbar, sondern verlangt Identifizierung und Interpretation. Es zeigt einen auf die Minute festlegbaren Aufnahmezeitpunkt. Damit wird es zum Zeitdokument eines bestimmten Landschaftszustandes und zum Vergleichsmaterial für spätere Befliegungen. Ist die Bilddeckung eines Landes erreicht, so sind durch neue Befliegungen die Veränderungen der Kulturlandschaft, z. B. durch die heute feststellbare, industrieorientierte Entwicklung der gesellschaftsrelevanten Funktionen Wohnen — Arbeiten — Erholen, für jeden Bürger beleg- und nachprüfbar gemacht.

Darüber hinaus wird heute mehr und mehr das Farbluftbild verwendet, weil es eine stärkere Farbdifferenzierung erlaubt als das bisher in der Landesvermessung allgemein benutzte Schwarz-Weiß-Bild; denn die starke Überschneidung der Grautonwerte ganz verschiedener Objekte im engen Spielraum der Grauskala hat immer wieder zu Schwierigkeiten bei der Identifizierung geführt.

Wenngleich die begrenzte Steigfähigkeit des für die hier vorliegenden Aufnahmen verwendeten einmotorigen Bildflugzeuges Do 27 eine stärkere, dem Objekt angepaßte

Modulation im Bildmaßstab verhindert hat, so konnte andererseits infolge der niedrigen Flughöhe das Gelände auf den großmaßstäblichen Luftbildern farbgetreu wiedergegeben werden. Als besonders vorteilhaft hat sich die Verwendung einer Weitwinkel-Reihenmeßkammer mit dem Bildformat 23 × 23 cm erwiesen, die mit dem Zeiss-Pleogon, einem Objektiv von hoher Auflösung und günstiger Lichtverteilung ausgerüstet und wesentlich für die Bildqualität verantwortlich ist (Filmmaterial Kodak Aerographic MS). Mit dieser Kammer wird bei einer Flughöhe von 1500 m ein Bildmaßstab von 1 : 10 000, bei 750 m ein Bildmaßstab von 1 : 5000 erreicht.

Die Bildauswahl wurde unter weit über 2000 Luftsenkrechtaufnahmen aus den Jahren 1970 bis 1972 nach regionalen, sachlichen und qualitativen Gesichtspunkten vorgenommen. Dennoch war es weder der Wunsch noch die Absicht der Herausgeber, eine systematische Übersicht aller deutscher Landschaften oder bekannten und sehenswerten Ortschaften zu geben. Viel eher wurde versucht, einer breiteren Öffentlichkeit das senkrechte Luftbild zur Darstellung und Auseinandersetzung mit Problemen der Landschaft, Wirtschaft und Siedlung vorzustellen. Es war den Herausgebern nicht daran gelegen, die Reihe der hervorragenden Bildbücher deutscher Landschaften um einen weiteren Band zu vermehren und jedes landeskundlich oder historisch bedeutende Motiv einzufangen; es ging ihnen vielmehr darum, farbige Luft-Senkrechtaufnahmen aus verschiedenen Landschaften als modernes Informationsmittel vorzustellen, die über die gegenwärtige Physiognomie, die aktuelle Nutzung und die zukünftige Entwicklung unseres Landes präzise Auskunft geben können. Dabei wird trotz der zahlreichen Mitarbeiter, ihres persönlichen Stils und ihrer eigenen Akzentuierung in der Interpretation, das Wesentliche der räumlichen Struktur und ihres Beziehungsgefüges aus der Physiognomie ausgewertet.

# Inhaltsübersicht

Einführung
1. Insel Sylt. Rotes Kliff
2. Hallig Hooge
3. Flensburg
4. Havetoftloit in Angeln. Bäuerliche Knicklandschaft
5. Rendsburg. Brückenstadt an Eider u. Nord-Ostsee-Kanal
6. Plön. Stadt im Ostholsteinischen Hügel- und Seenland
7. Dieksanderkoog. Landgewinnung
8. Brunsbüttel. Schleusen des Nord-Ostsee-Kanals
9. Norddeich. Fährhafen für die Ostfriesischen Inseln
10/11. Wangerooge. Ostfriesische Nordseeinsel
12. Rysum und Loquard. Ostfriesische Rund-Wurtendörfer an der Emsmündung
13. Steinkirchen. Obstbau im Alten Land.
14. Freie und Hansestadt Hamburg
15. Hamburger Hafen
16. Wilseder Berg und Wilsede. Naturpark Lüneburger Heide
17. Freie Hansestadt Bremen
18. Papenburg. Moorkultivierung im Emsland
19. Raffinerie am Dortmund-Ems-Kanal. Die Ems bei Lingen
20. Der Dümmer. See im nordwestdeutschen Geestgebiet
21. Porta Westfalica
22. Hannover. Innenstadt und Vorort Linden
23. Clauen. Braunschweig-Hildesheimer Lößbörde
24. Sennestadt. Junge, geplante Industriestadt
25. Münster in Westfalen
26. Burg Gemen. Wasserschloß
27. Wesel
28. Marl
29. Datteln. Verkehrskreuz im westdeutschen Kanalsystem
30. Beckum. Zementindustrie
31. Duisburg. Hafen- und Industriegelände
32. Essen/Bottrop. Schwerindustrie am Rhein-Herne-Kanal
33. Wuppertal
34. Lüdenscheid. Industrie- und Höhenstadt des Sauerlandes
35. Münden. Stadt am Zusammenfluß von Fulda und Werra
36. Kassel-Wilhelmshöhe mit Habichtswald
37. Astengebiet im Naturpark Rothaargebirge
38. Köln. Brücken-, Dom-, Handels- und Industriestadt
39. Braunkohlentagebau Fortuna-Garsdorf
40. Liblar. Rekultivierung ehemaligen Tagebaugeländes
41. Rurtalsperre. Naturpark Nordeifel
42. Monschau
43. Bonn. Regierungsviertel am Rhein
44. Marburg an der Lahn
45. Amöneburg. Westhessisches Hügel- und Beckenland
46. Ziegenhain. Mittelpunkt der Schwalm
47. Weißenthurm. Bimsabbaugebiet am Mittelrhein
48. Das Pulvermaar in der Vulkaneifel
49. Das Moseltal. Staustufe bei Lehmen
50. Die Loreley
51. Trier
52. Bingen. Die Nahemündung
53. Königstein im Taunus
54. Frankfurt am Main
55. Obernburg am Main. Glanzstoffindustrie
56. Saarschleife bei Mettlach
57. Völklingen. Infrarot-Farbbild einer Industrieagglomeration an der Saar
58. Saarbrücken
59. Pirmasens
60. Alter und neuer Rhein bei Speyer
61. Mannheim. Die Quadratestadt
62. Waldhufendorf im Odenwald. Winterkasten
63. Die Bergstraße bei Dossenheim. Quarz- und Porphyr-Steinbruchgebiet
64. Würzburg. Innenstadt und Feste Marienburg
65. Mainschlinge bei Volkach
66. Der Schwanberg bei Iphofen. Weinort am Steigerwaldrand
67. Gößweinstein in der Fränkischen Schweiz
68. Sulzbach-Rosenberg
69. Nürnberg
70. Spalt. Hopfenanbaugebiet in Franken
71. Kochertal bei Künzelsau
72. Lauffen. Alte Neckarschlinge
73. Stuttgart
74. Sindelfingen und Böblingen. Industriegebiet
75. Oberkochen, Carl-Zeiss-Stiftung
76. Nördlingen im Ries
77. Das Krautland der Filder. Bei Bernhausen
78. Freudenstadt im Schwarzwald
79. Geislingen an der Steige
80. Kloster Weltenburg. Donaudurchbruchstal
81. Der Lochenstein bei Balingen
82. Weinbau im Kaiserstuhl. Oberbergen und Schelingen
83. Passau. Die Drei-Flüsse-Stadt
84. Wasserburg am Inn
85. München — Innenstadt
86. München — Olympiagelände
87. Buch bei Zorneding
88. Singen und der Hohentwiel. Hegau
89. Die Reichenau, Insel im Bodensee
90. Lindau. Fährhafen im Bodensee
91. Isny. Allgäuer Erholungsgebiet
92. Das Mündungsdelta der Tiroler Ache im Chiemsee
93. Schliersee
94. Das Gottesackerplateau. Allgäuer Alpen
95. Berlin 1939
96. Berlin — Zoo. Das Nachkriegszentrum von West-Berlin
Autorenverzeichnis
Literaturhinweise

# Insel Sylt – Rotes Kliff

Zwischen dem Wattenmeer im Osten und der offenen Nordsee im Westen ist ein 3,3 km langes Gebiet der nordfriesischen Insel Sylt abgebildet, die sich insgesamt über 40 km in nord-südlicher Richtung erstreckt. Der Bildausschnitt zeigt den nördlichen Teil des Mittelsylter Geestkerns mit den Orten Kampen (unten) und Wenningstedt (oben). Die an diesem Kern ansetzenden Nehrungshaken liegen außerhalb des Bildes. Der dominierend wirksam werdende Faktor bei der Gestaltung der Insel ist das Meer. Dies gilt für die Oberflächenformen ebenso wie für die Kulturlandschaft.

Auf dem Luftbild tritt am augenfälligsten der 70—90 m breite, hellgelbe Sandstrand hervor. Auf ihm laufen die Meereswellen als weißschäumende Brecher aus. Die oben rechts im Gegenlicht erkennbaren Wellen haben eine Höhe um 1 m und eine Länge von ca. 15—20 m. Während der Sturmfluten erreichen sie wesentlich größere Höhen. Der Strand ist dann in seiner gesamten Breite überflutet, so daß der Geestkern direkt der Brandung ausgesetzt ist. Auf diese Weise wird das Kliff, das zwischen Strand und Geest zu erkennen ist, steilgehalten. Es besteht aus eiszeitlichem Geschiebelehm und hellem tertiären Kaolinsand (vgl. Blockbild). Im Bereich des Bildes beträgt die Kliffhöhe 20—30 m. Das vom Kliff während der Hochfluten abbrechende Lockermaterial wird durch Meeresströmungen hauptsächlich nach Norden verfrachtet, worauf die im seichten Wasser erkennbaren Sandfahnen hinweisen. Die senkrecht zur Wasserlinie errichteten Buhnen sollen diesen Transport verhindern. Der Rückgang des Kliffs ist beträchtlich: Westlich Kampen beträgt der Abbruch etwas über 1 m im Jahr. Vor Wenningstedt sind die Werte mit 0,75 m geringer (Mittel 1925—1965).

Einen anderen Charakter zeigt die Ostküste der Insel. An die Stelle des vegetationslosen Strandes tritt ein von zwei alten Strandwällen durchzogener, auf dem Bild hellgrün erscheinender Marschstreifen. Durch die Insel geschützt, konnte er im Bereich des Wattenmeeres aus feinen Sanden und Schlick aufgebaut werden. Der Geestkern beginnt an der Grenze hell-dunkelgrün (entsprechend Marsch-Heide) mit dem heute inaktiven Kliff. Einige von Feldwegen benutzte Trockentäler laufen gleichsohlig und nicht als Hängetäler zum Neuland hin aus. Seit der Entstehung dieser Täler im späten Pleistozän ist das Kliff also nicht wesentlich zurückverlegt worden.

Die Fläche des Geestkerns besitzt, vom Dünengebiet abgesehen, nur geringe Höhenunterschiede (bis zu 10 m). Der höchste Punkt dieser alten Grundmoränenlandschaft ist zugleich Standort für den Leuchtturm „Rotes Kliff", der aufgrund seines langen Schattens gut zu erkennen ist. Die vielgestaltigen Umlagerungsformen der mit Strandhafer und Heide bewachsenen Dünen zwischen Wenningstedt und Kampen lassen sich auf dem Luftbild ohne Mühe den großen, bogenförmigen Parabeldünen-Einheiten zuordnen. Die Verlagerung dieser Wanderdünen nach Osten wird durch Bepflanzen mit Strandhafer und Errichten von Windschutzzäunen unterbunden, so daß die Gefahr der Übersandung in Lee gelegener Gebäude und Nutzflächen gebannt ist. Diesen Maßnahmen kommt zugute, daß die Dünen auf der Höhe des Kliffs selbst bei Sturm nur wenig Sandnachschub vom Strand erhalten. Sie sind wahrscheinlich entstanden, als das Kliff noch weiter im Westen lag, wo die Geestkernoberfläche sich dem Meeresspiegel näherte und die Kliffhöhe minimal war. Mit dem Zurückweichen des Kliffs wanderten die Dünen dann auf die Anhöhe des Geestkerns.

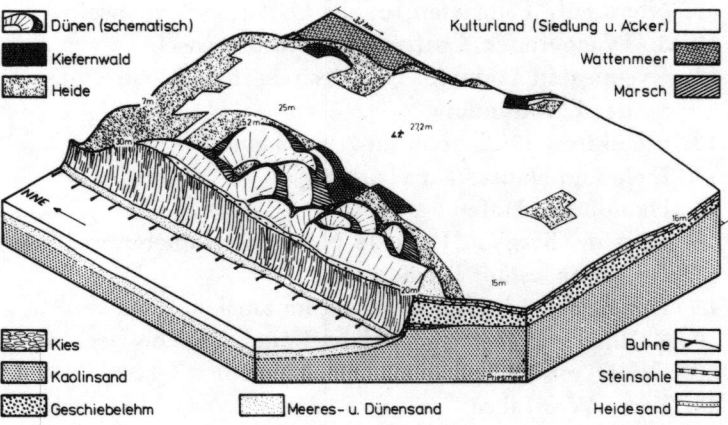

Das landwirtschaftlich genutzte Gebiet macht nur ungefähr die Hälfte der Landfläche aus. Aber auch das übrige Areal wird intensiv „genutzt", denn gerade die Heide-, Dünen- und Strandflächen bilden die Grundlage des Fremdenverkehrs der Insel. Seine Auswirkungen sind deutlich im Landschaftsbild zu erkennen: Sandburgen am Strand, Großparkplätze in Strandnähe, Campingplätze (z. B. Bildmitte), Reitstall (südwestl. vom Leuchtturm), Fußwege über Heide und Dünen zum Meer, die für den Reiz der Landschaft auf die Urlauber sprechen, und nicht zuletzt die Diskrepanz zwischen Dorfgröße und landwirtschaftlicher Nutzfläche. Letztere wird von wenigen Aussiedlerhöfen bewirtschaftet, während sich die Orte den Bedürfnissen des Fremdenverkehrs anpassen. So erhält sich Kampen bewußt durch eingeschossige Bauweise den Dorfcharakter, während sich in Wenningstedt physiognomisch schon die Nähe der Stadt Westerland durch dichtere Bebauung, mehrgeschossige Häuser und regelmäßigen Grundriß bemerkbar macht.

Klaus Priesmeier

# 1 INSEL SYLT
Rotes Kliff

Aufnahmedatum: 7. September 1971, 15.45 Uhr
Flughöhe: 2450 m
Bildmaßstab: ca. 1 : 14 500

2  HALLIG HOOGE

Aufnahmedatum: 7. September 1971, 15.20 Uhr
Flughöhe: 3050 m
Bildmaßstab: ca. 1 : 18 500

# Hallig Hooge

Hooge ist mit 592 ha die zweitgrößte Hallig Nordfrieslands. Sie ist der Rest einer einstigen größeren, zusammenhängenden Landmasse an der schleswig-holsteinischen Westküste, die durch den relativen Meeresanstieg und häufige Sturmflutwirkungen in nachchristlicher Zeit ihre jetzige Gestalt erhielt. Noch bis zur großen Sturmflut von 1362 bestand eine Landverbindung mit der 3 km südöstlich gelegenen Insel Pellworm, welche früher auch noch bei Ebbe zu Fuß von der Hallig aus erreichbar war. Aus der Namensgebung Hallig = „unbedeichte Marschinsel im Wattenmeer" und Hooge = „die Hohe" geht treffend die Charakteristik der bei Flut photographierten Landschaft hervor. Aus den rund 3 m über dem Watt liegenden Höhen auf der Nordseite und dem übrigen 1,5 bis 0,6 m hoch gelegenen Gelände treten die von Menschenhand erbauten 4—5 m hohen Warften beherrschend hervor. Auf ihnen liegen dichtgedrängt die meist strohbedeckten Wohn- und Wirtschaftsgebäude der verschieden großen Gehöfte. Für Gärten ist kaum Platz vorhanden. Oft erreichen extreme Sturmflutwasserstände die Warftoberflächen. In der Mitte jeder Warft befinden sich die auf dem Bild sichtbaren teichähnlichen Vertiefungen, Fethinge genannt, die als Regenwassersammler dienen. In trockenen Sommern und nach Überflutungen muß jedoch Wasser mit Booten vom Festland geholt werden. Ähnlich den heutigen auf dem Luftbild sichtbaren Verhältnissen waren Grünlandwirtschaft und Viehhaltung stets überwiegende Erwerbsquellen der Halligbewohner, da Ackerbau wegen der häufigen hohen Wasserstände trotz Versuchen nahezu ausgeschlossen ist. Ansätze sind nur auf den auf dem Luftbild gelblich getönten Flächen möglich. Auch für die hauptsächlich mit Kühen und Schafen betriebene Viehwirtschaft sind die natürlichen Gegebenheiten nicht sehr günstig. Salzliebende Pflanzen in den Senken, die Überdeckung der niedrig gelegenen Areale mit Sanden und Muscheln nach fast jeder größeren Flut und die damit verbundene Bedrohung der Heuernten in den Sommermonaten sind die erschwerendsten Hindernisse. Auch kleine bedeichte Köge waren keine wirksame Hilfe. Ferner verursachten die häufig auftretenden Sturmfluten beträchtliche Landabbrüche entlang der Küste und Veränderungen in Verlauf und Ausdehnung der Halligpriele, von denen zahlreiche alte Mäander noch auf dem Bildausschnitt rekonstruierbar sind. Die Halligpriele dienten früher in Küstennähe als Hafen für kleinere Boote und als Transportwege zu den einzelnen Warften. Direkt westlich der Kirchwarft lag der Umschlagplatz zum Löschen und Laden am größten Priel, über den man bis an die drei zentral gelegenen Warften heranfahren konnte. Die übrigen Warften waren entlang der küstennahen Gewässer und über kurze Priele zu erreichen.

Durch die von 1911 bis 1914 auf 11,1 km Länge ausgeführte Bedeichung der Hallig mit einem Damm von 1,7 bis 2,2 m und je nach Exposition wechselnder Höhe verlor die Hallig einen Teil ihres typischen Landschaftscharakters. Die im Bild deutlich erkennbaren Entwässerungsgräben und Siele mit Klapptoren sowie senkrecht zum Deich errichteten Lahnungen wurden zum Schutz des Bauwerks angelegt. Auch neue Anlegestellen entstanden. Trotz dieser Schutzmaßnahmen gegen Fluten und Landverluste haben die Warften ihre Funktion nicht verloren. Obwohl der Deich den meisten Sturmfluten standhält, führen extrem hohe Wasserstände immer noch zwei- bis dreimal jährlich zu „Landunter." Nach der Bedeichung wurden auch die auf dem Photo sichtbaren befestigten Straßenverbindungen für den Traktor- und PKW-Verkehr erstellt. Erst 1959 erhielt Hallig Hooge Stromanschluß.

Außerhalb des Deiches lassen sich auf dem Luftbild vor allem im Süden der Hallig noch deutlich Reste des einstigen Küstenverlaufs und die Lage von Prielen und ehemaligen Warften unter Wasser ausmachen. Derartige Fakten ermöglichen in Verbindung mit der Luftbildauswertung, mit historischen Karten und Archivstudien eine teilweise Rekonstruktion der früheren Topographie, wie es die nebenstehende Abbildung demonstriert. Aus dieser Darstellung gehen auch die enormen Landverluste der vergangenen Jahrhunderte hervor. Von 1642 bis 1892 verlor Hooge ungefähr 926 ha Landfläche, durchschnittlich 3,7 ha im Jahr. 1878 ergaben Vermessungen 678 ha Gesamtfläche, zur Zeit der Bedeichung 1911 betrug die Flächengröße nur noch etwa 592 ha. Sieben Warften fielen dem Meer in der Zeit von ungefähr 1593 bis 1653 zum Opfer. In der Mitte des 18. Jahrhunderts hatte Hooge seinen wirtschaftlichen Höhepunkt als reichste der Halligen. Es war zugleich die Blütezeit der Seefahrt, die neben Vieh- und Weidewirtschaft sowie der Wollerzeugung der Haupterwerb war. 1768 gab es noch 164 Häuser auf 15 Warften; 1793 waren es 130 Häuser auf 15 Warften und 480 Bewohner, davon 96 Seefahrer. Bis 1889 verringerte sich die Zahl der Häuser auf 47 auf insgesamt 9 Warften mit 174 Halligbewohnern. 1909 existierten nur noch 37 Häuser auf 9 Warften mit 136 Bewohnern. Heute leben etwa 170 Menschen auf der Hallig.

Frithjof Voss

# Flensburg

Flensburg liegt an einer fast 40 km langen Förde, deren äußerstes Ende das Stadtgebiet wie ein Keil von Norden her aufteilt. Am Westufer dieses Endes ist die schmale Altstadt zu erkennen, die sich durch rote Dächer klar von der Umgebung abhebt und die nach Westen durch den Steilhang zur westlichen Höhe (40—55 m) begrenzt wird (der entsprechende Steilhang am Ostrand der Förde tritt mangels Schattenwirkung nicht so deutlich hervor). Das Rückgrat der Altstadt ist eine nordsüdlich verlaufende Straße, die nach Norden bis zum Nordertor, dem Wahrzeichen Flensburgs, und im Süden etwa bis zum Südermarkt reicht. In beiderseitiger Verlängerung mündete sie einst in den Ochsenweg, der auf der Höhe westlich des Bildausschnittes an der Stadt vorbeizog. Der Südermarkt liegt dort, wo diese Straße im Süden von einem Straßenzug gequert wird, der als Friesische Straße nach Westen auf die Geest und in die Marsch, als Angelburger Straße in die Landschaft Angeln (Östliches Hügelland) führt. Quer zur Hauptstraße zwischen Südermarkt und Nordertor verlaufen schmale Höfe bis an den Steilhang bzw. bis (fast) ans Wasser, wo heute der Straßenzug der „Hofenden" (die E 3 bis zur Fertigstellung der Umgehungsstraße 1968) verläuft.

Diese ursprüngliche Struktur der Altstadt, die den Zweiten Weltkrieg unversehrt überstanden hatte, ist heute in Auflösung begriffen. Der zurückgehende Anteil roter Dächer zeigt es deutlich: auf den Parzellen abgerissener Höfe entstehen neue mehrgeschossige Flachdachbauten mit City-Funktionen. Das größte Gebäude (knapp südlich der Fördenspitze) ist ein Kaufhaus, das über die gesamte einstige Hoflänge bis zum Zentralen Omnibusbahnhof (dem früheren Eisenbahnhof) an den Hofenden reicht und auf dem Flachdach zudem einen ausgedehnten Kundenparkplatz anbietet (Autos = winzige Farbpunkte). Derartige graue Bauten liegen innerhalb der roten Dächer in zufällig erscheinender Verteilung; in der Tat ist die Altstadtsanierung ein (noch) ungelöstes Problem. Solange die Entwicklung ohne Lenkung durch ein Sanierungsprogramm verläuft, ist vor allem der südliche Teil der Altstadt betroffen. Hier ist das Rot der alten Dächer am stärksten gelichtet, hier liegt der attraktivere Teil der Altstadt, dessen Hauptstraße seit 1968 für den Kfz-Verkehr gesperrt ist. Die Umgestaltung zum echten Fußgängerbereich steht jedoch noch aus, da in der beengten Tallage kaum befriedigender Ersatzraum für die zu verlagernden Verkehrsströme zu finden ist — zumal die Entlastung durch eine Ost-Umgehung der Stadt noch fehlt.

Die Ausweitung der Stadt hinaus auf die umgebenden Moränenplateaus vollzog sich erst seit dem letzten Drittel des 19. Jh. Der Schwerpunkt der Entwicklung lag auf der westlichen Höhe, wo „auf Duburg" in Anlehnung an die Altstadt viele Straßenzüge mit geschlossener wilhelminischer Bebauung zu erkennen sind. Nach dem 2. Weltkrieg, welcher der unzerstörten Stadt mehr als 20 000 Flüchtlinge als bleibende Neubürger brachte, wurden die freien Flächen zwischen der älteren Bebauung bis an die Umgehungsstraße aufgefüllt. Der Schwerpunkt der Stadtentwicklung liegt jedoch seit dieser Zeit auf dem Ostufer, wo bis dahin nur einzelne Straßenzüge geschlossen bebaut waren; und zwar vor allem in Anlehnung an die Marineschule Mürwik (1910, der benachbarte Stützpunkt ist am nördlichen Bildrand gerade noch sichtbar). Heute haben breite Bänder neuer Siedlungen die isolierten älteren Baugebiete verbunden, wobei dazwischen noch große Areale der typischen Angler Knicklandschaft (bewußt) erhalten blieben. Ein Symbol der Entwicklungsverlagerung auf das Ostufer ist darin zu sehen, daß der zweite Wasserturm der Stadt, der neben dem alten (im Bereich nördlich der Wolke) erforderlich wurde, nun auf dem Ostufer innerhalb des ausgedehnten Volkspark-Geländes entstand (dicht westlich des Wolkenschattens).

Der Hafen, dem die Stadt ihre Entwicklung in früheren Jahrhunderten verdankte, bringt heute keine Impulse mehr. Am Hafenausgang liegt die Werft (1500 Beschäftigte); am östlichen Hafenufer stehen einige Getreidesilos, Öl- und Baustofflager. Was den Hafen heute belebt, ist überwiegend Ausflugsverkehr nach Dänemark, insbesondere zum nur 6 km entfernten Kollund. Ein beachtlicher Teil der vielen Dänen, die zum Einkauf in die Stadt kommen, wählt diesen Weg; der Anleger befindet sich im innersten Fördenwinkel günstig zur Innenstadt gelegen. — Ein wachsendes Problem der Innenförde ist ihre Verschmutzung, die gegenwärtig von einer gemeinsamen deutsch-dänischen Kommission untersucht wird, um Abhilfe zu schaffen. Zwar erreicht das Schmutzwasser der Kanalisation die Förde nur nach Durchlaufen der Kläranlagen (zwischen Stadion und Marinestützpunkt). Doch die Förde erhält noch viele Zuflüsse mit nicht oder ungenügend gereinigten Abwässern; ihr innerster Winkel zeigt das drastisch: der kanalisierte Mühlenstrom, der dort mündet und die Abwässer einer Papierfabrik (südlich der Wolke gelegen) mitführt, hat dort das Fördewasser weiß verfärbt.

Im Bogen der Bahnlinie nach Kiel, wo in der Südost-Ecke des Bildes Feldflächen dicht an die Innenstadt heranreichen (bedingt durch die bis 1970 dort liegende Stadtgrenze), liegt der Sünderup-Hof. Das umliegende Gelände ist für die geplante Universität vorgesehen. Vorläufer dieser Institution liegen im Stadtgebiet verstreut: die Pädagogische Hochschule ist jener weitläufige weiße Gebäudekomplex östlich des Stadions (am Volkspark), die Staatliche Fachhochschule für Technik liegt etwa in der Mitte zwischen Südermarkt und Bahnhof (am südlichen Bildrand). Im Vorgriff auf die zu erwartende Universitätsgründung ist 1971 schon eine Zweigstelle der Datenzentrale Schleswig-Holstein am genannten Gehöft (weißer Fleck) errichtet worden. Die künftige Hochschule wird das Bild der Stadt weiter verändern und ihre zentrale Stellung zwischen Nord- und Südschleswig — nach Aufhebung der EWG/EFTA-Grenze zwischen Deutschland und Dänemark — sicherlich festigen.

Wolfgang Hassenpflug

## 3 FLENSBURG
Nördlichste Hafenstadt an der Ostsee

Aufnahmedatum: 7. September 1971, 14.55 Uhr
Flughöhe: 3200 m
Bildmaßstab: ca. 1 : 18 000

## 4 HAVETOFTLOIT IN ANGELN
Bäuerliche Knicklandschaft

Aufnahmedatum: 25. August 1971, 15.25 Uhr
Flughöhe: 2200 m
Bildmaßstab: ca. 1 : 12 500

# Havetoftloit in Angeln

Von der Schlei bis zur Flensburger Förde erstreckt sich die wellige bis hügelige Landschaft von Angeln. Deutlich zeigt dieses Land in seinem vielfältigen Wechsel von Moränenerhebungen und Toteissenken in vermoorten Schmelzwasserrinnen und kleinen, zum Teil verlandeten Seebecken das Wirken der Gletscher während der letzten, der Weichselvereisung. Als Gebiet gleichsam noch „frischer", gut erhaltener Gletscherformung zählt es zu den Jungmoränenlandschaften Norddeutschlands.

Das Luftbild gibt den raschen Wechsel von Relief, Bodenart und Grundwasserstand in der deutlichen Fleckung wieder, die gerade auf den hellen, schon abgeernteten Flächen (Aufnahme Ende August) deutlich wird. Im Frühjahr treten diese Unterschiede bei allgemein geringer Bodenbedeckung und stärkeren Feuchtigkeitsunterschieden im Boden noch weit klarer hervor.

Im Bilde der Flurnutzung werden diese Differenzierungen nur in großen Zügen sichtbar. So steht der Moränenrücken, an dessen Flanke das Dorf Havetoftloit liegt, vorwiegend in Ackernutzung. Er zieht sich in senkrechter Richtung durch das Bild, beiderseits flankiert von überwiegend Grünland tragenden, zum Teil vermoorten Niederungen. Ansonsten aber bildet der Wechsel von Ackerland und Grünland, von verschiedenen Kulturarten und Bearbeitungsstadien gleichsam einen vielfältig hell, gelb, braun und grün getupften Flickenteppich. Dieser Eindruck wird durch die unregelmäßige Flurteilung in große und kleine Blöcke und durch ihre wie Nähte anmutende Begrenzung von dunkelgrünen Heckenzeilen noch verstärkt. Schließlich betonen die vielen in der Flur verstreuten Einzelhöfe mit ihrem Netz von Zugangswegen die große Vielfalt des Siedlungsbildes.

Im Flurbild schälen sich deutlich zwei große Höfe heraus, Wester-Bunsbüll und Oster-Bunsbüll, im Bild links und unterhalb des Dorfes. Ihre Großblockflur steht in deutlichem Gegensatz zu den vielen Einzelhöfen, die von einer in kleine Blöcke geteilten Flur umgeben sind.

Vor 500 Jahren hätte ein Betrachter in Angeln wohl ein ganz anderes Flur- und Siedlungsbild vorgefunden, nämlich geschlossene Bauerndörfer, umgeben von Gewannfluren. Soweit Ritter oder Klöster im Dorf Besitz hatten, lag dieser meist in Gemengelage mit dem Bauernbesitz. Den Anfang zur Besitzarrondierung und zur Bildung der Blockflur machten die Ritter, die ihren durch Aufkauf von Land vergrößerten Besitz aus der Gemengelage mit Flurzwang herausnahmen. So kaufte der Herr des benachbarten Rittergutes Satrupholm im 17. Jh. in Havetoftloit mehrere Bauernstellen und ein Freibondengut und schuf daraus den Meierhof Bunsbüll (Degn und Muuß 1965, S. 48). Hier wurde die Holsteinische Koppelwirtschaft eingeführt, d. h. man teilte den Besitz in eine Reihe von Hecken umschlossener großer Kämpe, auf denen in mehrjährigem Umtrieb eine Feld-Gras-Wirtschaft betrieben wurde. Die Bauern des Dorfes waren dem Meierhof dienstpflichtig. Seine Ausweitung beanspruchte ihre Arbeitskraft in immer stärkerem Maße und beschleunigte ihren wirtschaftlichen Niedergang.

Die Landesherrschaft versuchte, diesem Niedergang des Bauernstandes entgegenzuwirken. Bevor dieser aber an der fortschrittlichen Betriebsform der Koppelwirtschaft teilnehmen konnte, war eine umfassende Flurbereinigung nötig, die den Bauern von Gemengelage und Flurzwang befreite.

Die notwendigen Reformen wurden um 1770 durchgeführt. Der Meierhof, inzwischen in den Besitz des Landesherrn übergegangen, wurde parzelliert, die Frondienste wurden aufgehoben. Die Bauernstellen erhielten ihre Arrondierung und bildeten mit ihren kleinen Blöcken sozusagen das verkleinerte Abbild des vorherigen Gutsbetriebes. Damit ergaben sich gleichzeitig die Streusiedlung und das Begrenzungsnetz von Hecken, die Knicklandschaft.

Der Begriff „Knick" für die Hecken stammt vom Abknicken der Schößlinge. So wurden die Hecken für das Weidevieh undurchlässige Koppelgrenzen. Dies war für die Koppelwirtschaft eine wichtige Voraussetzung, die abwechselnd eine mehrjährige Feld- und Weidenutzung vorsah. Gleichzeitig war die Hecke ein wichtiger Lieferant für Brennholz.

Heute steht dieses im 18. Jh. geschaffene Flurbild unter andersartigen wirtschaftlichen Gegebenheiten. Die Holznutzung der Hecke spielt keine Rolle mehr, und Weidevieh läßt sich durch einen Elektrozaun billiger und ebenso wirkungsvoll eingrenzen. Der Trend zur Vergrößerung der Betriebsparzellen und zum Einsatz von Großmaschinen kollidiert mit dem starren Abgrenzungssystem der Heckenlandschaft. Kein Wunder also, daß das Heckennetz in den letzten Jahrzehnten durch Rodung sehr viel weitmaschiger wurde, wie ein Vergleich des Meßtischblattes 1323 (Satrup) aus dem Jahre 1953, der Schrägaufnahme bei Degn und Muuß (1965) und des vorliegenden Luftbildes von 1971 beweist.

Dennoch sollte diese Form einer Durchgrünung der Flur erhalten werden, wo es geht: nicht nur wegen der Erhaltung des Charakterbildes der Heckenlandschaft. Haben doch Untersuchungen ergeben, daß die Hecke im atlantischen Klima auch der Ertragssteigerung durch Windschutz, der Verhinderung der Bodenauswehung und der Verbesserung des Lokalklimas, z. B. in der Verringerung der Frostgefahr, dienlich ist.

Gerold Richter

# Rendsburg

Rendsburg liegt — inmitten Schleswig-Holsteins — im Kreuzungsbereich der nordsüdlichen Fernverkehrslinien in der Mitte Jütlands mit dem Nordostseekanal (geschwungenes Band im südlichen Bilddrittel). Dieser Lage verdankt die Stadt ihre Wachstumsimpulse in der jüngeren Vergangenheit und in der Gegenwart. Die Bahnlinie Hamburg—Flensburg überwindet den Kanal auf einer Stahl-Hochbrücke mit einer lichten Höhe von 42 m, die sich auf der kurzen Entfernung zwischen Bahnhof und Kanal nur mittels einer schleifenförmigen Rampe erreichen ließ. Zum älteren Wahrzeichen der Stadt, das diese Hochbrücke darstellt, gesellt sich seit 1961 ein neues: der vierspurige Straßentunnel 1800 m weiter westlich innerhalb der Linienführung einer Westumgehung der Stadt. Und außerhalb des östlichen Bildrandes ist 1972 gerade das nächste aufwendige Verkehrsbauwerk fertig geworden: die Autobahnbrücke bei Rade.

Ausdruck der günstigen Standorteigenschaften, welche ein zentraler Kreuzungspunkt von Landverkehrswegen mit einem Großschiffahrtsweg bietet, sind die zahlreichen Industriebetriebe, welche insbesondere an der Obereider liegen, an jenem seeartig erweiterten Gewässer im nördlichen Bilddrittel, das außerhalb des Bildes mit dem Kanal in Verbindung steht. Ohne diese Industriebetriebe wären die flächenhaften Wohnsiedlungen, die den Bildausschnitt füllen, nicht zu erklären. Teilweise befinden sich diese Siedlungen schon in den umliegenden Gemeinden: nördlich der Obereider erstreckt sich der anorganisch gewachsene Siedlungskomplex von Büdelsdorf, der das Resultat einer über hundertjährigen Erweiterung und Verdichtung von Werkssiedlungen der benachbarten Ahlmann-Carlshütte ist. Südlich des Kanals liegen Oster- und Westerrönfeld, die durch eine Schwebefähre (unter der Hochbrücke) und einen Fußgängertunnel im Bereich der bis 1961 betriebenen Straßendrehbrücke (500 m östlich des Straßentunnels) mit Rendsburg verbunden sind. Das Stadtgebiet selbst weist innerhalb des Bildausschnittes kaum noch größere besiedelbare Flächen auf. Das Demonstrativbauvorhaben des Bundes „Parksiedlung Obereider" (nördlich der Bahnschleife) und die Siedlungsausweitung innerhalb der Bahnschleife sind zu nennen; im übrigen sind die großen Neubaugebiete der Stadt im Nordwesten nur randlich erfaßt. Die siedlungsfreie Niederung der Untereider teilt das Stadtgebiet in zwei Teile. An der Nahtstelle zur Obereider liegt die Altstadt, und zwar dort, wo früher eine Insel dem Ochsenweg durch Jütland eine günstige Querung der Eider erlaubte. Im Zusammenhang mit der Aufteilung Schleswig-Holsteins in herzogliche und königlich-dänische Territorien wurde die Altstadt zu einer starken Festung ausgebaut, und zwar vornehmlich an der Wende vom 17. zum 18. Jh. durch große Brückenköpfe auf den Gegenufern der Eider. Die gezackte Umgrenzung der Altstadt ebenso wie das südlich gelegene Neuwerk mit dem zentralen Paradeplatz und den radial (auf die einstigen Wallanlagen) gerichteten Straßen sind noch heute Zeugen einer Festungsfunktion, welche der Ort über Jahrhunderte hinweg ausgeübt hat. Ein Kasernenkomplex, heute teilweise als Kreiskrankenhaus genutzt, schließt unmittelbar westlich an das Neuwerk an.

Nach Schleifung der Festungsanlagen (1852) und teilweiser Zuschüttung der Gräben ist die Altstadt heute bequem zu Lande zugänglich und dient als Einkaufszentrum für die etwa 60 000 Einwohner der Stadt samt Nachbargemeinden sowie für die Bevölkerung eines größeren ländlichen Umlandes. Die Sanierung der Altstadt, bei der Grundriß und alter Maßstab erhalten bleiben, die Funktion als Einkaufszentrum aber verbessert werden soll, wird zur Zeit vorbereitet. Die nahegelegene Niederung der Untereider, die als Parkgelände (im Bereich der Festungsgräben) bis zum Stadtkern vorstößt, ist ein im Ausbau befindliches Naherholungsgebiet mit Schwimmbad und Wanderwegen; es hebt sich deutlich von der Industriegasse an der Obereider ab.

Die Industrieansiedlung an der Obereider begann, als 1784 der Eiderkanal, der die Altstadt im nördlichen Festungsgraben querte, eine erste durchgehende Wasserverbindung zwischen Nord- und Ostsee hergestellt hatte. Am Anfang steht die Ahlmann-Carlshütte am Nordufer (1827). Aus der „Hütte", die das Raseneisenerz der schleswigschen Geest verarbeitete, wurde allerdings bald eine Gießerei, die das Roheisen per Schiff, später auch auf dem Landwege herbeischaffte; sie ist bis heute das größte Industrieunternehmen des Raumes mit vielseitiger Produktion geblieben. Weitere Betriebe folgten: so die Gasanstalt auf dem Südufer (1861, kenntlich an den zwei Gasometern) und die Chemische Düngerfabrik (1867, am östlichen Bildrand).

Da der Eiderkanal im Laufe des 19. Jh. mangels Eignung für die wachsenden Schiffsgrößen rasch an Bedeutung verlor, brachte erst der Bau des Nordostseekanals einen neuen Aufschwung. Der Bau dauerte von 1887—1895, schon 1908—1914 wurde der Kanal verbreitert und vertieft; das Material aus den gegenwärtigen Ausbauarbeiten ist am Kanalufer südlich der Bahnschleife als hellgelbes Spülfeld zu erkennen. In der Zeit des Kanalbaus entstanden die Werft Nobiskrug und das Elektrizitätswerk der Schleswag (1896, am schmalen Teil der Obereider) und die Staatswerft Saatsee (am Wasserbecken südlich der Bahnschleife). Weitere mittelgroße Betriebe siedelten sich im Bereich des Kreishafens (westlich der Hochbrücke) an. Dieser Hafen, der dank des Kanals auch für Seeschiffe zugänglich ist, bildet einen zentralen Umschlagplatz Schleswig-Holsteins, insbesondere für landwirtschaftsorientierte Güter (Getreide, Dünger und dgl.). Er unterstreicht ebenso wie das Messegelände der jährlichen Landwirtschaftsschau (schräg gegenüber am Ostrand Westerrönfelds gelegen) die zentrale Bedeutung der Industriestadt Rendsburg für die schleswig-holsteinische Landwirtschaft.

Wolfgang Hassenpflug

## 5 RENDSBURG
Brückenstadt an Eider und Nord-Ostsee-Kanal

Aufnahmedatum: 25. August 1971, 14.50 Uhr
Flughöhe: 3050 m
Bildmaßstab: ca. 1 : 18 000

## 6  PLÖN
Stadt im Ostholsteinischen Hügel- und Seenland

Aufnahmedatum: 7. September 1971, 14.10 Uhr
Flughöhe: 3050 m
Bildmaßstab: ca. 1 : 17 000

# Plön

Dieser Ausschnitt aus der westlichen „Holsteinischen Schweiz" stellt den Typ der reizvollen, vielgestaltigen ostholsteinischen Jungmoränenlandschaft mit ihren Wäldern, Hügeln und Seen vor, deren erste Anlage in die letzte Eiszeit vor etwa 25 000 Jahren fällt:

Das aus nördlichen Richtungen vorstoßende, oszillierende skandinavische Inlandeis schuf die N–S angeordnete Abfolge von Erosions- und Akkumulationsformen: tief ausgeschürfte Zungenbecken wie die des Gr. Plöner Sees (max. Tiefe 60 m) im S und Kl. Plöner (35 m) und Trammer Sees (33 m) im N, voneinander getrennt durch eine schmale, O–W verlaufende Landbrücke. Diese kuppige bis wallförmige Stauchendmoräne, auf der u. a. Teile der Stadt Plön liegen, bildet die Südumrahmung des jüngeren nördlichen Zungenbeckens und erreicht in Parnaß (im Bereich der östlichsten Wolken) mit 63,6 m über NN ihre größte Höhe. Mit Ausschmelzen schuttbedeckter, lange konservierter Toteismassen dieses Inlandeises seit der Alleröd-Wärmezeit (10 000 v. Chr.) wurden heutige Morphologie und Hydrologie ausgebildet. Letztere zeichnet sich durch Seenreichtum und Umkehrung der Entwässerung von einer glazialen süd- in eine postglaziale nordwestgerichtete über die Schwentine (Eintritt am westlichen Bildrand) in die Kieler Förde aus; denn die dem ehemaligen Vereisungszentrum zugewandten Gebiete im N sanken infolge kräftiger Toteisnachsackungen zum Teil unter das Niveau der S-Umrahmung des Gr. Plöner Sees ab.

Mit einer künstlichen Spiegelabsenkung des Gr. Plöner Sees im Jahre 1881 um 1 m wurde die heutige Uferlinie des mit 30 qkm größten schleswig-holsteinischen Sees festgelegt und damit u. a. eine schmale, heute waldbestandene Landverbindung von der Endmoräne zur südlich vorgelagerten Prinzeninsel hergestellt. Zugleich wurde dadurch die Entwässerung dieses Sees nach N, die ehemals auf natürlichem Wege durch eine Schwächezone in der Endmoräne nördlich dieser Landzunge erfolgte, erschwert. Heute ist sie wie bei den überbauten Landbrücken zwischen den anderen Seen nur durch künstliche, oft geradlinige Durchstiche gewährleistet. Die zerlappten, buchtenreichen Seen, die je nach Beleuchtung und Eigenfarbe in wechselnden Wasserfärbungen schillern, unterliegen in den seichten Uferregionen einem jüngsten Formungsprozeß, der Verlandung. Bis zu 100 m breite Schilfgürtel bauen sich in die Wasserflächen vor, sehr eindrucksvoll um die Inseln herum. Nur besonders wellenexponierte Ufervorsprünge werden in bis zu knapp 1 m hohen Kliffs wie im Bereich der hellen Uferlinien des nordwestlichen Kl. Plöner Sees langsam zurückverlegt.

Ehemalige Schmelzwasserdurchbrüche mitten durch die Landbrücke der großen Endmoräne, zahlreiche teils noch wassergefüllte, zusehends verlandende, geschlossene Hohlformen an ihrem Innensaum, die durch Toteisnachsackungen entstanden, wie kuppige Erhebungen im Parnaß oder Schloßberg (Bildmitte), die die Seespiegel (bei 20 m über NN) bis zu 40 m überragen, bestimmen die „bucklige Welt" dieser geologisch jungen Moränenlandschaft.

In der Auseinandersetzung zwischen Slawen und Germanen hatte die Plöner Landbrücke einige strategische Bedeutung, die mit der Zerstörung der im 9. Jh. auf der Insel Olsborg im Gr. Plöner See (SO vom Schloßberg) errichteten wendischen Wasserburg „Plune" durch die Schauenburger im Jahre 1139 endete. Im Rahmen der deutschen Ostkolonisation wurde 1156 die heutige Altstadt, erkennbar an den engen, giebelständigen Häuserzeilen, im NO des Schloßbergs als Marktsiedlung regelmäßig angelegt. 1236 wurde ihr das Lübische Marktrecht verliehen. Errichtung des Spätrenaissance-Schlosses (1633–36) an Stelle der mittelalterlichen Burg, Anlage eines Schloßgartens nach frz. Vorbild sowie der Neustadt im NW des Schlosses (1685) sind Ausdruck von Fürstenmacht und -laune und prägen noch heute das Stadtbild. Nach 100-jähriger dänischer Herrschaft wurde Plön 1867 preußische Kreisstadt, das Schloß Kadettenanstalt. Stadterweiterungen, im W durch den Schloßpark behindert, zeichnen fingerförmig die Landzungen nach, zunächst in nördliche, in jüngerer Zeit auch in östliche Richtungen. Bemerkenswert ist die lockere Bebauung unter Erhaltung größerer Grünflächen und der öffentlichen Zugänglichkeit weiter Seeuferpartien.

Mit 11 000 Einwohnern ist Plön, das keine Industrie beherbergt, Kreis- und Garnisonsstadt sowie zentraler Ort für die ländliche Umgebung. Diese wird landwirtschaftlich in großen Schlägen durch Gutsbetriebe (Gut Tramm ist am S-Rand des Wolkenfeldes gerade noch sichtbar) wie in stärker parzellierten, knickumsäumten Fluren kleinerer Hofstellen auf der westlichen Endmoräne intensiv genutzt. Überörtliche Bedeutung gewinnt der verkehrsgünstig und landschaftlich reizvoll gelegene Luftkurort Plön als beliebter Alterssitz für Pensionäre und vor allem durch den Fremden-, besonders den Naherholungsverkehr mit Einzugsbereich bis Hamburg. Campingplätze, Bootsstege, Badestellen und Uferpromenaden am Gr. Plöner See sind sichtbarste Fremdenverkehrseinrichtungen.

Andreas Herrmann

# Dieksanderkoog

Der Luftbildausschnitt zeigt die süderdithmarsische Koog- und Wattlandschaft des schleswig-holsteinischen Nordseeküstenbereichs am nordwestlichsten Vorsprung der Elbetrichtermündung. Die dem Meer seit Mitte des vorigen Jahrhunderts abgerungene Küstenlandschaft läßt sich in ihrer abschnittweisen Entwicklung noch aus dem Luftbild erkennen.

I. Den ältesten im Norden gelegenen Landschaftsteil bildet der von 1853—54 eingedeichte Friedrichskoog, dessen frühere Deichbegrenzung jetzt im Binnenland liegt. Entsprechend der rezenten Wattmorphologie sind als Reste ähnlicher Formen vor der Eindeichung außer dem Neulegan Loch noch das Rugenorter Loch erhalten, an dessen Schnittpunkt mit dem Deich die Entwässerungsschleuse, der Hafen und die Siedlung Rugenort angelegt wurden. Die im Friedrichskoog vielfach von Entwässerungsgräben umrahmte Flureinteilung wechselnder Größe hängt mit der Aufteilung des Landes in Handwerkerstellen und Einzelhofbauernsiedlungen verschiedener Betriebsgrößen zusammen. Deutlich werden durch die Farbdifferenzierung die überwiegend mit Getreide bebauten Felder von den mit Hackfruchtkulturen bestellten Äckern unterschieden.

II. Der zweitälteste Bereich ist der Dieksanderkoog, durch dessen Eindeichung als Weide genutzte Vorlandflächen von 1933—35 dem Festland angegliedert wurden. Der von Deichen umgebene Hafen behielt seine alte Lage. Klar heben sich im Luftbild ehemalige, abgetragene Deichlinien ab, die frühere Landgewinnungsunternehmungen belegen. Westlich des Hafens wurde 1875 der Altfelder-Sommerkoog dem Meer abgerungen, während südöstlich angrenzend die Bedeichung des Friedrichs-Sommerkoog im Jahre 1900 zum Abschluß kam. Hier machen sich vor allem die Beziehungen zwischen der alten Deichlinie und der Lage von Entwässerungsgräben und Fluren in Größe und Richtung bemerkbar. Ansonsten zeugt nur noch das sogenannte Krabben-Loch im Südosten des Bildes von der ursprünglichen Morphologie. Die Besiedlung des Dieksanderkoogs gleicht der im älteren Friedrichskoog. Neben Arbeiter- und Handwerkersiedlungen auf kleinen Parzellen herrschen Einzelhoftypen verschiedener Größe vor, deren maximale Landfläche 30 ha nicht überschreitet. Auch die Landnutzung ist wie im Friedrichskoog auf Getreidebau und in geringerem Maße auf Hackfrüchte ausgerichtet. Eine junge Besiedlungserweiterung ist nur beidseitig des bedeichten Hafens zu erkennen, auf dessen Westseite der ältere Teil der geplanten Fischersiedlung liegt. Südöstlich des Hafendeiches finden sich die jüngsten in den vergangenen 20 Jahren entstandenen Häuser einheitlicher Bauart. Der Tidehafen von Friedrichskoog wird seewärts von einer Sturmflutschleuse begrenzt. Da der mittlere Tidenhub bei etwa 3,2 m liegt, fallen größere Teile des Geländes bei Niedrigwasser trocken. Die meisten im Bild sichtbaren Schiffe sind in Friedrichskoog beheimatete Fischkutter, die den Hafen zu einem der bedeutendsten Krabbenfischereiplätze an der deutschen Nordseeküste machen. In Verbindung damit erklärt sich auch die Existenz der im Nordosten des Hafens gelegenen Werft sowie kleine Fabrikanlagen auf der Südostseite und der Bauhof, der für die Schiffahrtswege verantwortlichen Behörde, nahe der Seeschleuse.

III. Außerhalb des Dieksanderkoogs vollzieht sich mit der Neulandgewinnung ein Vorstadium möglicher späterer Koogentwicklung. Angrenzend an den jetzigen Außendeich hebt sich die ihn schützende, grasbewachsene Vorlandfläche ab, die die Landgewinnungsmaßnahmen erkennbar macht. In Anpassung an die Wattmorphologie werden senkrecht vom Deich meist aus doppelten Pfahlreihen mit Buschwerk befestigte Dämme (Lahnungen) mit rechtwinklig dazu verlaufenden Buschdämmen vorgetrieben. In den so entstehenden Feldern gelangen die transportierten Sedimente bei Tidehochwasser und abnehmender Wellenhöhe zur Ablagerung und Aufhöhung. Im Bildausschnitt ist bereit seewärts das nachfolgende Stadium der Bepflanzung vorwiegend mit Queller (Salicornia herbacea) und die streifenförmige Unterteilung durch Entwässerungsgräben (Grüppen) zu erkennen. Soweit wie möglich werden die verzweigten mäandrierenden Prielsysteme durch künstliche Begradigung in das Entwässerungssystem mit einbezogen. Ehemalige Landgewinnungsversuche werden durch die Lage einer alten Lahnung angedeutet.

IV. Außerhalb dieser durch menschliche Eingriffe veränderten Küstenlandschaft bilden die unbewachsenen freien Wattflächen mit den sie durchziehenden Prielen das jüngste Landschaftselement. Aber auch hier dringen bereits erste Landgewinnungsmaßnahmen vor.

Frithjof Voss

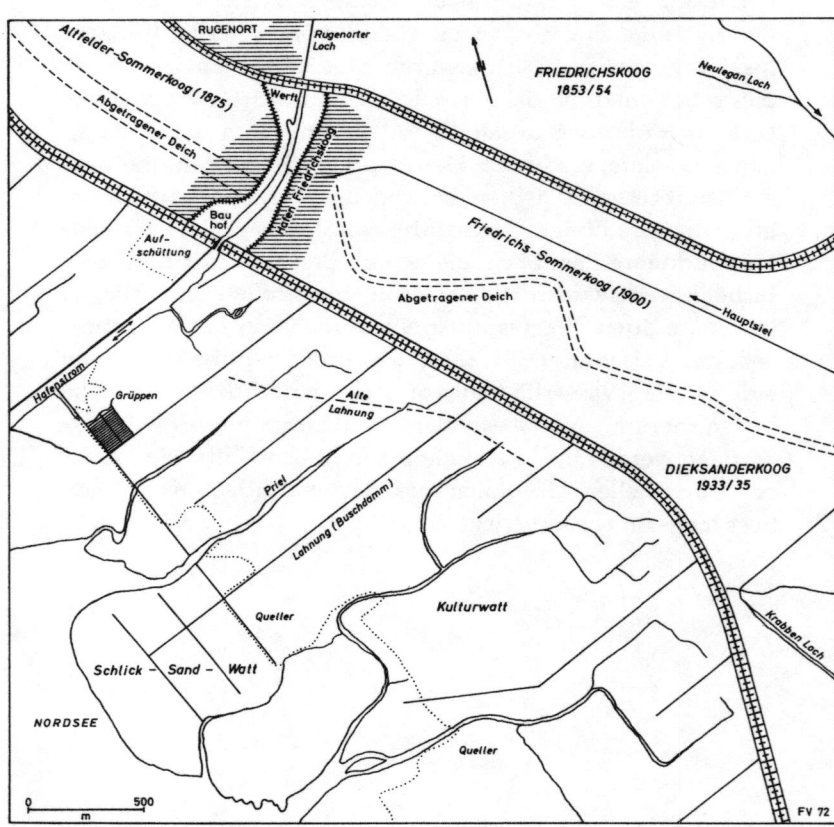

## 7 DIEKSANDERKOOG
Landgewinnung an der
nordfriesischen Wattenküste

Aufnahmedatum: 25. August 1971, 14.00 Uhr
Flughöhe: 2300 m
Bildmaßstab: ca. 1 : 14 000

8 BRUNSBÜTTEL
Schleusen des Nord-Ostsee-Kanals

Aufnahmedatum: 18. August 1971, 11.20 Uhr
Flughöhe: 1530 m
Bildmaßstab: ca. 1 : 8800

# Brunsbüttel

Durch die Lage an den bedeutenden Schiffahrtswegen Elbe und Nord-Ostsee-Kanal ist die Entwicklung der Stadt bestimmt. Vor dem Bau des Kanals noch eine kleine Landgemeinde (im Jahre 1885 709 Einwohner), vergrößerte sich der Ort sehr rasch (1900: 3513 Einwohner) und hat heute, nach Eingliederung der Randgemeinden Mühlenstraßen, Ostermoor, Oberbelmhusen, Brunsbüttel, Westerbelmhusen, Westerbüttel und Blangemoor-Lehe, ca. 13 000 Einwohner.

Das Senkrechtbild zeigt die Kanalzone mit den Schleusenanlagen in der Mitte und den Mündungsbereich der Elbe. Erst seit kurzer Zeit nutzt man die Lage an der Elbe für die Entwicklung des Ortes, denn 1967 ist der Elbehafen (außerhalb des oberen Bildrandes) im ersten Bauabschnitt fertiggestellt worden, der der Entwicklung des Schiffsverkehrs mit immer größeren Einheiten Rechnung trägt und Schiffen bis zu 100 000 BRT die Möglichkeit bietet, ihre Fracht hier zu löschen. Brunsbüttel besitzt jetzt drei Häfen: den Binnenhafen — im Bild nördlich der Schleusenanlagen — den 1959 fertiggestellten Ölhafen, der durch mehrere Pipelines mit der Erdölraffinerie in Hemmingstedt bei Heide verbunden ist, und den bereits erwähnten Elbehafen. Der Gesamtumschlag der Hafenanlagen betrug 1971 6,0 Millionen Tonnen. Er hat sich seit 1961 verdreifacht, und damit steht Brunsbüttel umschlagmäßig an der sechsten Stelle der deutschen Seehäfen.

Wegen des starken Schiffsverkehrs durch den Kanal — jährlich passieren ca. 85 000 Schiffe die Schleusen — haben sich zu beiden Seiten des Kanals eine Reihe von Schiffsausrüstungsfirmen angesiedelt.

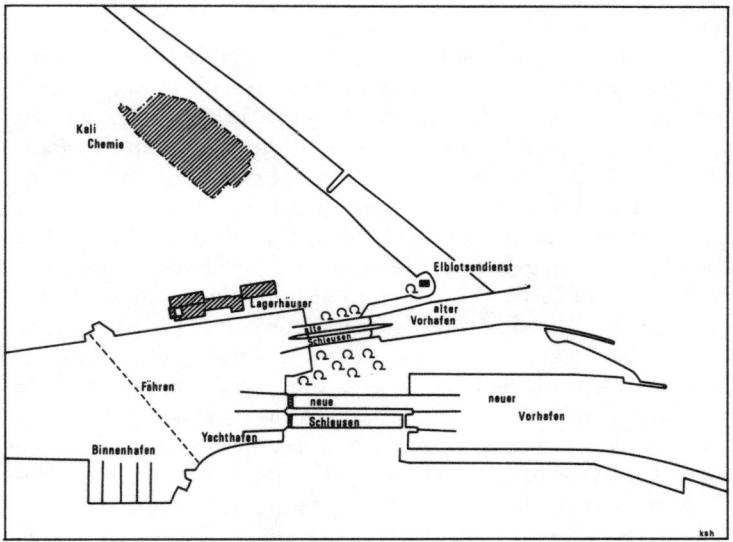

Von wirtschaftlich größerer Bedeutung sind allerdings die in der letzten Zeit entstandenen Industriebetriebe, die Rohstoffe aus Übersee verarbeiten. Am oberen Bildrand, unmittelbar hinter dem Elbdeich, ist die Düngemittelfabrik der Kali-Chemie AG zu erkennen, die Rohphosphate einführt und verarbeitet.

In der Nähe des Ölhafens (links außerhalb des Bildes am westlichen Kanalufer) befindet sich ein petrochemisches Werk, das Raffinerieprodukte aus Hemmingstedt/Heide zu Ausgangsstoffen für die Waschmittelindustrie weiterverarbeitet.

Für die Zukunft ist ein weiterer wirtschaftlicher Aufschwung der Stadt Brunsbüttel zu erwarten, denn im Rahmen der Strukturpolitik des Bundes und des Landes soll dieser Raum im Westen Schleswig-Holsteins planmäßig entwickelt werden. Deshalb müssen vor allen Dingen die Verkehrsverbindungen auf dem Lande verbessert werden. Dazu gehören:

1. Die Untertunnelung des Nord-Ostsee-Kanals (die Fähren, die auf dem Bild zu sehen sind, bewältigen den Verkehr schon lange nicht mehr);
2. der vierspurige Ausbau der B 5;
3. ein fester Elbübergang in der Nähe Brunsbüttels im Zuge einer Ost-West-Autobahn durch Schleswig-Holstein mit Anschluß an das übrige Straßennetz der BRD.

Doch nicht nur verbesserte Verkehrsverbindungen sind für die Ansiedlung moderner Industrien wichtig. Die günstige Lage Brunsbüttels an der Elbe mit ihrem großen Süßwasservorrat eignet sich besonders für Werke, die einen starken Wasserbedarf haben. Deshalb hat wohl die Bayer-AG den Standort Brunsbüttel gewählt, zumal durch ein Kernkraftwerk, das bereits im Bau ist und 1974 den Betrieb aufnehmen wird, auch die Energieversorgung gewährleistet ist.

Landesplanung und kommunale Verwaltung sind in bezug auf die Entwicklung Brunsbüttels zuversichtlich und gehen davon aus, daß sich die Einwohnerzahl dieser Stadt durch die erste Ausbaustufe verdoppeln wird. Industrie- und Wohnsiedlungsgelände stehen jedenfalls durch die Erweiterung des Stadtgebietes auf 6,5 ha genügend zur Verfügung.

Auch für die Erholung und Freizeit seiner Bürger bietet Brunsbüttel gute Möglichkeiten. Im alten Hafen (rechts unten im Bild) und im Yachthafen an den neuen Schleusen gibt es ausreichend Liegeplätze für Sportboote. Ein modernes Freibad, unmittelbar an der Elbe (am rechten Bildrand), gibt Gelegenheit, sich im Sommer zu erfrischen.

Manfred Müller

# Fährhafen Norddeich

Am Nordwestende der Ostfriesischen Seemarschen liegt der ehemalige Fischerort und nunmehr bedeutende Fährhafen Norddeich, der auch durch Norddeich-Radio, die deutsche Hauptfunkstelle für den Seeverkehr, bekannt ist. Die Funkstelle liegt außerhalb des Bildausschnittes; das Bild zeigt den Ort, den Hafen und einen Teil des Norder Watts und zwar, wie aus den unterschiedlichen Farbtönungen zu schließen ist, zur Zeit des Niedrigwassers (Ebbe).

Vor der durch Deiche geschützten Küste liegen unterschiedlich hohe Sand- und Schlickbänke im Watt; bei Niedrigwasser ragen sie 0,6 bis 1,2 m über den Wasserspiegel hinaus. Die höchsten Stellen sind (nach der hellbraunen Färbung zu urteilen) weitgehend abgetrocknet. Nach See zu wird das Watt niedriger und bekommt wieder eine seichte Wasserdecke. Diese läßt jedoch die Skulptur des Wattenmeerbodens durchscheinen.

Man erkennt sowohl die Fließ- und Schubstrukturen im küstennahen Watt bzw. die durch Auf- und Ablaufen des Wassers erzeugten Rippelflächen als auch einzelne Priele: einen kleineren, aber scharf begrenzten, mit fiederartigen Seitenkanälen in der linken unteren Bildecke; einen breiteren, aber sanfter geformten vor der Jantjemoe-Plate sowie einige kleinere am rechten Bildrand.

Zahlreich sind die Kunstbauten im Küstenbereich. Die Morgenbeleuchtung läßt die Formen der Deiche hervortreten: hellgrün leuchtet die steil geböschte Landseite, grau ist der Weg über die Deichkrone und dunkelgrün die stellenweise im Schatten liegende flachere Seeseite. Zwei Leitdämme durchschneiden das Watt und begrenzen eine Fahrrinne vom Hafen ins offene Meer. (Die Fahrrinne ist 2 500 m lang und führt über das Busetief in das Norderneyer Seegat; dadurch wird der Hafen weitgehend tidenunabhängig, d. h. die Zeit der Fahrsperre wird erheblich verkürzt.) Auch die Jantjemoe-Plate ist landwärts abgedämmt. Dadurch soll verhindert werden, daß der künftige Sandstrand überschlickt wird. Dieser wird zur Zeit künstlich aufgespült; die Spülanlage mit mehreren Saugrohren ist deutlich erkennbar.

Von der Norddeicher Krabbenfischerei ist wenig übriggeblieben. Noch liegen im Hafen etwa 15 Kutter, noch gibt es eine Fischersiedlung und eine Fischmehlfabrik zur Verarbeitung des „Gammels". Es gibt auch eine kleine Werft mit Slipanlage und einen Yachthafen. Wichtiger ist aber der Fährhafen. Ein Schienenstrang führt direkt zum Bahnhof Norddeich-Mole: zu den Fährschiffen nach Norderney, Juist und Baltrum. Auch von der Bundesstraße 70 her hat die Mole eine Zufahrt, vorbei am Wasser- und Schiffahrtsamt. Norddeich ist auf dem Weg, Badeort zu werden. Auf den werdenden Sandstrand wurde schon hingewiesen; Ferienhauskolonien bieten Unterkunft. Von Norddeich aus erfolgt größtenteils auch die Versorgung der Inseln mit Lebensmitteln und Gebrauchsgütern.

Der fette Marschboden Ostfrieslands wird auch landwirtschaftlich genutzt. Hinter dem Deich liegen einige Höfe, die ihre ganze Nutzfläche in Streifen landeinwärts liegen haben. Angebaut werden neben Getreide (gelb) auch Kohl- und Gemüsesorten.

Heinz Fischer

# Nordseeinsel Wangerooge

Wangerooge ist ein anschauliches Beispiel für die Bildung einer ostfriesischen Insel. Die der niedersächsischen Küste vorgelagerte Inselkette baut sich aus den Sanden des Meeres auf und verdankt ihre Entstehung dem Zusammenspiel von Meeresströmung, Wind und Pflanzenwuchs. Sie ist also in ihrer Bildung nicht mit den nordfriesischen Inseln zu vergleichen, die aus Resten des von den Fluten zerschlagenen Festlandes hervorgegangen sind.

Am Anfang der Inselbildung steht eine Sandbank. Wenn diese von der Meeresbrandung bis über die Linie des mittleren Tidehochwasserstandes aufgehöht wird, trocknet sie aus, und der Wind kann dort Sand ablagern. Vor irgendwelchen Hindernissen — Muscheln oder angeschemmten Holzteilen — häuft sich der Sand zu kleinen Primär- oder Vordünen von 10 bis 20 cm Höhe an, die sich jedoch nur zu größeren Dünen weiterentwickeln können, wenn sie durch Pflanzenwuchs gefestigt werden. So wachsen sie nach und nach in die Höhe und schließen sich zu meist parallel verlaufenden Wällen bis etwa 10 m Höhe zusammen. Aus den „Weißen Dünen" — so genannt wegen ihres lückenhaften Bewuchses — entstehen nach Ausbildung einer geschlossenen Pflanzendecke die „Grauen Dünen", die den eigentlichen Kern der Insel bilden. Südwärts der Dünenzunge, geschützt vor der Brandung, entwickelt sich durch Aufschlickung aus den Watten Marschland, das jedoch nur geringfügig über die Linie des mittleren Tidehochwassers anwächst und meistens durch Deiche vor höheren Überflutungen geschützt wird.

Im einzelnen wird das Schicksal einer Insel vom Zusammenspiel der jeweiligen natürlichen Kräfte bestimmt. Dabei sind auch die Form der Festlandsküste und die Größe ihrer vorgelagerten Wattflächen von Bedeutung, da sie die Strömungsverhältnisse in den Seegaten zwischen den Inseln beeinflussen.

Bei der Betrachtung des vorliegenden Luftbildes ist es zweckmäßig, den Aufbau der Insel von Norden nach Süden zu verfolgen. Der als weißgelber Saum kenntliche Strand ist bei einem Wasserstand etwa zwischen mittlerem Tidehochwasser und mittlerem Tideniedrigwasser zur Hälfte trockengefallen. Die Linie des mittleren Tidehochwassers, die den „Trockenen Strand" seewärts begrenzt, ist durch einen flachen Strandwall gekennzeichnet, der im Nordwesten der Insel deutlicher hervortritt. Im Bereich des „Nassen Strandes" unterhalb der Mitteltidehochwasser-Linie sind die Strandriffe zum Teil trockengefallen, zum Teil noch mit flachem Wasser bedeckt. Deutlich heben sich hier die parallel zur Inselküste verlaufenden Strandpriele durch ihre bräunlichgelbe Färbung ab, die den feuchten bzw. mit flachem Wasser bedeckten Sand kennzeichnet. Unterhalb der Linie des mittleren Tideniedrigwassers, die etwa über die Enden der beim Inseldorf befindlichen Buhnen verläuft, sind im sogenannten „Vorstrand" Platen und Riffe in feinen Farbschattierungen sehr schwach erkennbar.

Die Entstehung von Dünen ist nordöstlich und östlich des Inseldorfes ersichtlich. Die feinen Primärdünen auf dem Strand nehmen südwärts an Höhe und Umfang zu und lassen durch die feine braungelbe Tönung den stellenweise lockeren Be-

(Fortsetzung bei Bild 12)

9 NORDDEICH
Fährhafen für die Ostfriesischen Inseln Juist, Norderney und Baltrum

Aufnahmedatum: 25. August 1971, 10.25 Uhr
Flughöhe: 1530 m
Bildmaßstab: ca. 1 : 8500

## 10/11 WANGEROOGE
Ostfriesische Insel

Aufnahmedatum: 25. August 1971, 11.05 Uhr
Flughöhe: 2 750 m
Bildmaßstab: ca. 1 : 12 500

## 12 RYSUM UND LOQUARD
Ostfriesische Rundwurtendörfer an der Emsmündung

Aufnahmedatum: 25. August 1971, 10.15 Uhr
Flughöhe: 2600 m
Bildmaßstab: ca. 1 : 14500

wuchs der Helmgesellschaft (Strandhafer und Strandroggen) erkennen. Unmittelbar östlich des Dorfes sind Einbrüche des Windes in die von einer geschlossenen Pflanzendecke bedeckten „Grauen Dünen" sichtbar. Eine genaue Betrachtung vermittelt mehrere Dünengebiete: Eines erstreckt sich vom Ostende des Dorfes in westlicher Richtung bis etwa Bildmitte; ein weiteres wird an der Nordwestecke der Insel erkennbar und verläuft von dort nach Südosten. Ein drittes Dünengebiet beginnt am rechten Bildrand und setzt sich noch mehrere Kilometer nach Osten fort. Bei der Bildung der heutigen Dünen hat der Mensch stellenweise maßgeblich mitgewirkt. Der nach der schweren Neujahrsflut von 1854/55 in 3 Teile zerschlagene Dünenzug zwischen dem heutigen Dorf und der Nordwestspitze der Insel wurde durch künstliche Sandfänge und Bepflanzungen wieder miteinander verbunden. Der gesamte Ostteil außerhalb des Bildes, der sich noch bis zu einer Länge von rund 4 km erstreckt, (gesamte Ost-West-Ausdehnung von Wangerooge 12 km) konnte sich ebenfalls erst nach umfangreichen Inselschutzmaßnahmen seit 1874 bilden. Im Südteil Wangerooges sind Marschgebiete zu erkennen, die eine flache Zone zwischen den hochaufgewehten Dünenzügen und den Watten bilden. Der größte Teil ist durch Bedeichung vor den Sturmfluten geschützt. Im Bild sind der 1902 bedeichte „Dorfgroden" südlich des Ortes, der 1912 gewonnene „Westinnengroden" im Nordwesten und der 1923 angelegte „Ostinnengroden", in dem sich der Flugplatz befindet, zu erkennen. Den Deichen vorgelagert liegt der von Prielen durchzogene Außengroden. Eine Lagune mit eng verästeltem Prielsystem hat sich zwischen dem südlichen Deich des „Westinnengrodens" und dem Damm der Inselbahn gebildet. Unterhalb der Abbruchkante des Grodens, die vor allem in der rechten Bildhälfte deutlich hervortritt, breitet sich das Reich der Watten aus. Die trockengefallenen Teile des Wattes zeigen zahlreiche parallel verlaufende Priele, die fast alle in südwestlicher Richtung in die Balje der „Doven Harle" entwässern. Muschelbänke und Sandrücken sind als Inseln aufgetaucht.

Hat sich Wangerooge nach Osten hin infolge künstlich geförderter Dünenbildung erweitert, so bestand eine erhebliche Gefährdung an der Westseite durch den aus dem Wattengebiet abfließenden Ebbestrom der „Doven Harle", die seit dem vergangenen Jahrhundert sich mehr und mehr in östlicher Richtung zur Insel hin verlagerte.

Großangelegte Schutzmaßnahmen wie Strandmauern und Buhnen wurden zum Schutz von Wangerooge erforderlich. Die Buhnen erstrecken sich stellenweise bis weit unter die Tideniedrigwasserlinie. So erreicht die vom Nordwestkopf in südwestlicher Richtung verlaufende Buhne H eine Gesamtlänge von ca. 1460 m. Sie zeichnet sich als feine Schattenlinie bis fast an den linken Bildrand ab. Der „Doven Harle" wurde damit der Zugang zur See verwehrt und damit die Gefahr für die Insel abgewendet. Es ist zu erkennen, daß der Gezeitenstrom jetzt weit westlich der Insel vorbeifließt.

Das niedersächsische Staatsbad Wangerooge (2500 Einwohner) ist mit allen von Erholungssuchenden erwarteten Bade- und Verkehrseinrichtungen ausgestattet. Das Luftbild vermittelt nicht nur die Kur- und Schwimmanlagen und die zahlreichen Hotels und Pensionen, sondern läßt auch den Hafen, die Gleisanlagen der Inselbahn und den Flugplatz in allen Einzelheiten erkennen.

Waldemar Reinhardt

# Rysum und Loquard

Die beiden Dörfer Rysum und Loquard zählen zu den schönsten Rundwurtensiedlungen der Nordseeküste. Die ihnen allen gemeinsame Gestalt ist im Luftbild am besten bei dem südlicher gelegenen Rysum zu erkennen: Auf einem 5—10 m hohen Wurtenhügel inmitten der flachen Marsch steht im Zentrum die Wehrkirche, um sie herum in meist zwei konzentrischen Ringen radial angeordnet die kleineren bäuerlichen Anwesen und großen Höfe, mit dem Wohnteil zur Kirche, dem Wirtschaftsteil wurtabwärts gerichtet, wo ein Straßenring mit parallelem Graben den ganzen Ort umschließt. In diesem Radialgefüge ist eine größere Parzelle frei von Bebauung und wird teilweise als Friedhof genutzt, in Rysum westlich, in Loquard nördlich der Kirche. Diese großen Parzellen — auf denen ehemals Burgen (steinerne Häuser) der Edlen standen — sind die charakteristischen Restformen der alten Landadelsstruktur.

Diese Struktur ist der Anlage nach bereits sehr alt. Bei Ausgrabungen anderer Wurten zeigte sich, daß die Radialanlage und die Aufteilung der Wurt bereits in der Zeit von Christi Geburt bis um 500 n. Chr. schon bestand und sich kaum veränderte. Erst in jüngerer Zeit entstanden kleinere Siedlungskomplexe auch außerhalb der Wurt zu ebener Erde.

Die größte Gefahr für die Marschsiedlungen, besonders für diese nahe am Meer liegenden Orte, bildet die ständige Bedrohung durch Sturmfluten. Nach Ausgrabungen wurden die heutigen Marschensiedlungen auf einer bronzezeitlichen Marschdecke sturmflutsicher zu ebener Erde angelegt, nur 1—2 m über einem durch diese verdeckten älteren Siedlungshorizont (bei Jengum an der Ems ist eine solche Siedlung ausgegraben worden). Infolge des ab Christi Geburt steigenden Wasserspiegels wurden die Wurten in der Folgezeit bis zu ihrer heutigen Höhe hochgebaut, eine Siedlungsschicht unter der nächstfolgenden, jüngeren begrabend. Im 9.—10. Jh. ging man dem holländischen Beispiel folgend zum Deichbau über, wodurch eine weitere Aufhöhung als Schutz gegen die Sturmfluten unnötig wurde, ja man siedelte teilweise wieder auf ebenem Boden im Schutz der Deiche. Doch waren die Folgen der Deichbrüche bei den Mittelalterlichen Sturmfluten verheerend. Bei der Marcellusflut 1362 fielen große Teile Ostfrieslands dem Meer zum Opfer, es entstanden die Leybucht und die Bucht von Manslagt. Auch Rysum und Loquard verloren viel Land. Mühsam wurde in der Folgezeit das Land dem Meer abgerungen. Die einzelnen Eindeichungsphasen jener frühen Zeit sind hier nicht zu erkennen. Auffälligerweise führen jedoch die Hauptentwässerungsgräben, östlich der Wurten beginnend und im Bild als schwarze gerade Linien zu erkennen, statt zu den Deichen an die See ins Binnenland, was sich aus der historischen Entwicklung der Wasserwirtschaft erklärt. Die wurteigenen Siele ins Meer wurden im Zuge des Zusammenschlusses zu großen Deichverbänden geschlossen und nur drei Siele bei Greetsiel, Emden und an der Knock für die Entwässerung der gesamten Krummhörn ausgebaut.

Die Agrarlandschaft wird durch die großflächige Blockflur, den Getreideanbau auf den gelb-braunen Feldern (Weizen, Hafer, Raps) und die grünen Wiesen und Weiden in Dorfnähe als Grundlage für Milchwirtschaft und Mastochsenzucht bestimmt.

Hellmut Schroeder-Lanz

# Steinkirchen

Fast das ganze vom Luftbild gedeckte Gebiet wird von Obstbaumpflanzungen in schmalen, 5—10 m breiten Streifen, die von der Straße ausgehen, eingenommen. An den Straßen — sie verlaufen parallel zu den Deichen von Lühe und Elbe — liegen die bäuerlichen Anwesen, Wohnteil mit Fachwerkgiebel und Vorgarten zur Straße gewandt, zum Streifenbesitz dahinter die Wirtschaftsgebäude: Obstscheunen und Kühlhäuser, an hellen Eternitdächern zu erkennen, sowie Schuppen für die Maschinen zur Boden- und Baumpflege wie Motorspritzen zur Schädlingsbekämpfung. Die Hausgrößen wechseln vom langen Niedersachsenhaus bis zu den kleinen Hausstellen mit entsprechend geringem Landbesitz. Aber auch diese sind lebensfähig: 1—2 ha volltragende Obstbäume, was etwa 350—700 Obstbäumen entspricht, können eine Familie ernähren. Verdichtungen der Bebauung und Häufung größerer Gebäude mit zentralen Funktionen kennzeichnen die Zentren der Siedlungen Steinkirchen, Grünendeich und Lühe westlich bzw. östlich der Lühemündung in die Elbe. Die einheitliche parallele Aufteilung der Flur dieser Siedlung in Längsstreifen und das spitzwinklige Aneinanderstoßen der Parzellenkomplexe ihrer Gemarkungen unterstreichen die Eigenständigkeit und unterschiedliche Entstehung der einzelnen Siedlungen.

Diese Obstbaulandschaft mit Marschenhufendörfern reicht 10—15 km weiter nach Westen und Osten und bildet so zwischen Stade und Hamburg Deutschlands größtes zusammenhängendes Obstbaugebiet; rund 5000 ha Land sind hier mit ca. 2 Millionen Obstbäumen (hauptsächlich Äpfel und Kirschen) bestückt.

Der Obstbau, erst 100 Jahre alt, wurde während beider Weltkriege verstärkt. Er erlebte in den Zeiten danach schwere Krisen, einmal infolge der mangelnden Pflege der Obstanlagen während der Kriegszeit und zum anderen durch Arbeitskräftemangel und die ausländischen Konkurrenzangebote auf dem deutschen Markt. Ein großer Teil des überalterten, im Vergleich zur Konkurrenz nicht genügend ertragsintensiven Baumbestandes, muß gerodet werden; solche braunen Rodungsflächen sind z. B. östlich des markenten Lüheknicks und westlich der Lühe im Luftbild zu erkennen. Da Rodungen aber doppelt kostspielig sind, durch Ernteausfall über mehrere Jahre bis zur ersten Ernte der jungen Bäume und durch Kauf der jungen neuen Bäume, werden den Bauern zur Sanierung ihrer Obstwirtschaft staatliche Rodungsbeihilfen gewährt. Der Mangel an Arbeitskräften zwang zum Übergang vom Hochstamm- zum Niederstamm- und Spalierobstbau, da Bäume dieser Art sich leichter abernten, ausschneiden, veredeln, mit Schädlingsbekämpfungsmitteln besprühen lassen und einen besseren Einsatz von Maschinen erlauben, so daß alle Arbeiten im Familienbetrieb erledigt werden können. Ältere Hochstammanlagen fallen im Luftbild durch dunkles Grün der buschigen, dicht aneinanderstoßenden Baumkronen z. B. bei Lühe auf, Niederstamm- und Spalierbäume lassen durch ihr z. T. junges Gezweig den Untergrund gut erkennen. Schließlich konzentriert man sich auf einige vom Käufergeschmack her gängige Apfelsorten (z. B. hielten sich Goldparmäne, Boskoop und als Herbstäpfel James Grieve und Jonathan, stärker bevorzugt werden aber Golden Delicius, Cox Orange, Renette und in jüngerer Zeit besonders Ingrid Marie), und verbesserte durch gute Verpackung, Sortierung, Reklame und Absatzorganisation den Verkauf der Äpfel. Ertragreichere Baumarten durch besseres Pflanzenmaterial von den Baumschulen und Neuzüchtungen der Obstversuchsanstalten bedingen aber bei nur gleicher Ertragslage — in verschiedenen Jahren ist sogar der Absatz der Äpfel gefährdet, dann wird gemostet — eine Verringerung des Anbauareals. Für andere Kulturen wie Erd-, Johannis- und Stachelbeeren wird bei gleichzeitigem Abbau der krisenanfälligen Apfel-Monokultur Platz geschaffen.

Wesentlich älter als der Obstbau sind die Marschhufendörfer. Holländer kolonisierten von Stade aus im 12. Jh. beginnend in drei räumlich und zeitlich folgenden Etappen den „Meilen", das damals jahreszeitlich überschwemmte Marsch- und Bruchland: Sie errichteten auf den höheren, sandigeren Uferwällen ihre Häuser und zogen Ringdeiche gegen Elbe und Geestflüsse und, um das Moorwasser von ihrem Land abzuhalten, „Achterdeiche" im Süden. Künstliche Durchstiche bei Streitigkeiten der Siedler untereinander, insbesondere des schlecht zu bewachenden Hinterdeiches, und die viel schlimmeren Deichbrüche bei Sturmfluten zwangen zu straffer Organisation von Wasserwirtschaft und Deichwesen, was jedoch solche Katastrophen nicht immer verhindern konnte. Die wassergefüllten Kolke solcher Deichbruchstellen, Bracks genannt, wurden außen oder innen umdeicht, z. B. das westlich der Lühemündung als hellgrüner, runder Fleck erkennbar, verlandete Brack bei Mojenhörn.

Nach der letzten großen Sturmflutkatastrophe vom 17. 2. 1962 wurden die Deiche an der gesamten Unterelbe verbessert, z. T. lediglich der alte aufgehöht wie bei Lühe, oder durch Neubau der Deichverlauf begradigt, z. B. bei dem Brack von Mojenhörn; und am linken Bildrand ist auf den zwischen Straße und dem neuen Deich freigewordenen Feldern an der dunkleren Bodenfärbung sogar die Lage des abgetragenen Deiches zu erkennen. Um die hohen Kosten der Deichverbesserungen entlang der Lühe und den anderen Geestflüssen einzusparen, wurden an ihrer Mündung Sperrwerke errichtet, die die Mündung in einen Binnenhafen für Sport- und Segelboote und einen Außenhafen für die Fähren und Lastkähne teilen. Westlich der Lühemündung sowie bei Lühe ist ein weißgrauer T-förmiger Bootsanleger der Schiffslinie Hamburg—Stade und im Außenhafen der Lühe, da wo das Boot liegt, der Anlegeplatz der Fähre Lühe—Schulau zum nördlichen Elbeufer sowie ein zugehöriger Parkplatz zu erkennen. Direkt südlich des Sperrwerkes wurde das neue Lüher Fährhaus gebaut, von wo die zu Lande und zu Wasser ankommenden Fremden die reizvolle Aussicht auf die Elbelandschaft mit den vorbeiziehenden Überseeschiffen und Küstenfrachtern auf die Obstwälder und schilfgedeckten Altenländer Bauernhäuser genießen können, wovon das Luftbild einen ganz neuen Aspekt vermittelt.

Helmut Schroeder-Lanz

## 13 STEINKIRCHEN
Obstanbau im Alten Land

Aufnahmedatum: 7. September 1971, 11.50 Uhr
Flughöhe: 2450 m
Bildmaßstab: ca. 1 : 13 500

## 14  FREIE UND HANSESTADT HAMBURG
### Innenstadt zwischen Elbe und Außenalster

Aufnahmedatum: 7. September 1971, 11.30 Uhr
Flughöhe: 2450 m
Bildmaßstab: ca. 1 : 14 000

# Hamburg

Auf dem Nordufer der Elbe an der Einmündung von Bille und Alster liegt die Keimzelle der Stadt, die heutige City von Hamburg.

Wasserwege sind neben Gleisanlagen und Straßen der eine bestimmende Eindruck des Bildausschnittes, die Gebäudeblocks mit ihren recht kleinen Freiräumen in der Gebäudemitte der andere. Erst außerhalb der halbkreisförmigen Umwallung findet sich eng verschachtelte Bebauung wie am linken Bildrand im Stadtteil St. Georg oder am rechten im Stadtteil St. Pauli. Davon unterscheidet sich deutlich das stark durchgrünte Quartier von Rotherbaum am rechten (westlichen) Alsterufer. Die Verlängerung findet der Grünzug jenseits der Bahnlinie mit dem Botanischen Garten in den ehemaligen Wallanlagen, die über das Bismarck-Denkmal bis zur Jugendherberge hoch über den St.-Pauli-Landungsbrücken reichen.

Dem östlichen Teil der Stadtumwallung folgt die Eisenbahn. Die schienengebundenen Nahverkehrsmittel verlaufen in der City überwiegend unterirdisch und überqueren in einem Viadukt lediglich die Alstermündung zwischen den Stationen Rödingsmarkt und Landungsbrücken. Auf diesem Abschnitt genießt der Fahrgast einen prächtigen Überblick über den Hafen und das nach der Hochwasserkatastrophe von 1962 errichtete Alstersperrwerk mit den entsprechenden Hochwasserschutzanlagen parallel zum Strom. Eine neue Schnellbahnlinie wird z. Z. unter der Binnenalster gebaut (Baustelle). Sie wird unter dem Alsterfleet fortgesetzt und an der Michaeliskirche (südlich der Ost-West-Straße) vorbei in Richtung St. Pauli/Altona weitergeführt werden. Der Stadtumwallung folgt auch der übergeordnete Straßenzug vom Klosterwall (links) über den Glockengießerwall zum Holstenwall (rechts). Erst nach 1950 wurde mit der zwei Kilometer langen Ost-West-Straße eine direkte Verbindung vom Klostertor zum Millerntor (St. Pauli) geschaffen.

Hamburgs Innenstadtbebauung ist relativ neu. Dem Großen Hamburger Brand von 1842 fiel ¼ der Stadt zum Opfer. Auf dem Großen Grasbrook mußte 1888 — mit dem Anschluß Hamburgs an den Zollverein — die Wohnbebauung dem Freihafen und seinem Bedarf an Speicherflächen weichen. Zu Beginn des 20. Jh. wurden mit dem Durchbruch der Mönckebergstraße vom Hauptbahnhof zum Rathaus erste Sanierungen der Gängeviertel unter der Leitung des Hamburger Oberbaudirektors Fritz Schumacher eingeleitet. Er nahm auch maßgeblichen Einfluß auf die Gestaltung der Kontorhäuser. Weitere Sanierungen in den 20er Jahren erfolgten mit dem Bau der großen Kontorhäuser „Chilehaus", „Sprinkenhof" und „Mohlenhof" zwischen Mönckebergstraße und Bille.

Bis in die dreißiger Jahre wurden die Sanierungen auch westlich der Alster fortgesetzt. Den Rest der Alten Bebauung beseitigte der 2. Weltkrieg. So ist es nicht verwunderlich, daß die Zahl der um 1880 in der Innenstadt wohnenden 170 000 Menschen heute bis auf 17 000 zurückgegangen ist. Diese Wohngebiete konzentrieren sich im wesentlichen auf den westlichen Teil der Innenstadt. Die rot leuchtenden Giebel rund um die Michaeliskirche decken zumeist Wohnhäuser. Aber auch die Neubauten zwischen Michel und Bismarck-Denkmal beherbergen hafennahe Wohnungen. Von den rund 220 000 Arbeitsplätzen in der Innenstadt befinden sich die meisten im östlichen Teil. Handelshäuser und Reedereien, Geldinstitute und Börse, Rathaus und öffentliche Verwaltungen sind vertreten. Kaufhäuser konzentrieren sich zu beiden Seiten der Mönckebergstraße, der repräsentativen Haupteinkaufsstraße. In der City häufen sich die Büroarbeitsplätze. Da bleibt es nicht aus, daß selbst in der Billeniederung — aber auch an anderen Stellen — Hochhäuser emporwachsen und auf die Randgebiete außerhalb der City ein zunehmender Druck durch Geschäftsnutzungen ausgeübt wird. Dies gilt für die Stadtteile zu beiden Seiten der Außenalster und ist um den Dammtorbahnhof besonders deutlich sichtbar. Die Keimzelle der Universität in dem von roten Dächern umgebenen Kuppelbau erweitert sich mit Hochhäusern und Auditorium Maximum zum unteren Bildrand. Gegenüber auf der anderen Bahnseite entsteht das Kongreßzentrum mit Hotelhochhaus und Tagungsräumen in der Nähe des Ausstellungsparkes Planten und Blomen und der Messehallen. Nach Süden folgen Straf- und Ziviljustizgebäude sowie das Oberlandesgericht. In den anschließenden Wallanlagen wird die IGA 73 vorbereitet, während auf dem gegenüberliegenden Heiligengeistfeld gerade ein Zirkus sein Zelt aufgestellt hat. Weiter südlich steht das Hochhaus am Eingang zur Reeperbahn, auf der zwischen dem 17. und 19. Jh. die Reepschläger (Seiler) Schiffstaue herstellten. Heute ist sie weltbekannt und besungen als Vergnügungszentrum. Die Reeperbahn ist übrigens die einzige ursprünglich breit angelegte Straße in der „republikanischen" Hansestadt, der die repräsentativen Straßen früherer Residenzstädte fehlen. Besonders stolz ist der Hamburger jedoch auf die Kulisse der Binnenalster und den Jungfernstieg, auf dem zu promenieren noch heute lohnt.

Ostwärts des Hauptbahnhofes liegen die 10 Bahnsteige des zentralen Omnibus-Bahnhofes. Auf ihm enden die regionalen Buslinien. Für die Fahrgäste besteht direkter Zugang zum Hauptbahnhof und zu den innerstädtischen U- und S-Bahnlinien. Weiter südlich steht die Großmarkthalle mit dem wellenförmig geschwungenen Betondach. Hier wird jeden Morgen zwischen 4 und 8 Uhr der Zentralmarkt für die Stadt und die weitere Umgebung abgewickelt. 12 000 Menschen sind hier beschäftigt. Die Anlieferung und Verteilung der Waren geschehen überwiegend mit dem Lastkraftwagen. Selbsterzeuger sind nur noch mit weniger als 5 % unter den Anbietern vertreten.

Die gegenüberliegenden Inseln des großen Grasbrook — auf dem der Seeräuber Klaus Störtebecker 1400 hingerichtet wurde — gehören bereits zum Freihafen. Gas- und Elektrizitätswerk werden auf der Basis von Importkohle und Heizöl betrieben. Sie versorgen überwiegend die im Hafen liegenden Industrien mit Energie.

Hamburg ist mit rund 1 Million Beschäftigten, darunter 100 000 Einpendlern aus den Nachbarländern, nächst Berlin die größte Industriestadt der Bundesrepublik. Neben Handel und Schiffbau, den beiden traditionellen Säulen der Hamburger Wirtschaft, hat in den letzten drei Jahrzehnten die industrielle und gewerbliche Güterproduktion einen großen Aufschwung genommen. Graphisches Gewerbe, Elektrotechnik und Feinmechanik, Arzneimittel und Kosmetikindustrie sowie Nahrungs- und Genußmittelindustrie, hier besonders Bierbrauerei und Zigarettenfertigung, sind vertreten. Mit den im Aufbau befindlichen Werken zur Aluminium- und Stahlerzeugung wird die Wirtschaftspalette vervollständigt. Charakteristisch ist die Vielseitigkeit der Wirtschaft, in der kein Industriezweig so dominierend ist, daß er der Stadt seinen Stempel aufdrücken konnte.

Peter Möller

# Hamburger Hafen

Auf dem Bild fließt die Elbe wie auf einer Stromkarte von links nach rechts. Der untere Bildrand weist also nach Norden. Vor der langgestreckten St.-Pauli-Landungsbrücke steigt eine Straße auf den 20 m hohen Elbhang. Sie findet ihre Fortsetzung in der von Alleebäumen gesäumten Altonaer Prachtstraße „Palmaille", die am Altonaer Rathaus und dem davorliegenden „Altonaer Balkon" endet. Von der Höhe genießt man einen prächtigen Überblick über den Hafen.

Am Fuße der Höhe liegen die großen, dunkel bedachten Komplexe der Auktionshallen des Altonaer Fischereihafens mit dem Ausrüstungskai und dem Leitdamm. Gegenüber mündet der Köhlbrand, seit der Sturmflut von 1962 der einzige Abfluß der Süderelbe und seeschifftiefe Zugang zu den Harburger Hafenbecken.

Im Westen sind (rechter Bildrand, Mitte) im Maakenwerder Hafen acht Tunnelelemente zu sehen, die hier für den bis 1974 fertigzustellenden Elbtunnel im Zuge der Autobahn Basel—Flensburg (E 3) gebaut wurden. Die je 132 m langen, 48 000 t schweren und für sechs Fahrspuren eingerichteten Elemente sind bereits aufgeschwommen und zum Transport in die Tunneltrasse bereit. Auf dem Damm nördlich des Hafenbeckens sieht man die südliche Tunneleinfahrt und die Brückenständer im weiteren Straßenverlauf. Nach Süden schließen der Waltershofer Hafen mit dem speziell für den Autotransport eingerichteten Burchardkai und der Griesenwerder Hafen an, der für den Roll-on/Roll-off-Verkehr und zum Containerterminal ausgebaut wird.

Ostwärts des Köhlbrands, auf dem Köhlbrandhöft — Höft ist die Bezeichnung für die Spitze der Kaizunge — steht das 1961 in Betrieb genommene Zentralklärwerk, dem in der ersten Ausbaustufe täglich 300 000 m³ Abwässer aus etwa zwei Dritteln des alten Hamburger Staatsgebietes (vor 1937) durch eine Dükerleitung unter der Elbe zugeleitet werden.

Nach Osten schließen sich dann die sogenannten Kuhwerder Häfen an, die zum eigentlichen Freihafengebiet gehören. In dieser Freihafenzone (Bildmitte) können alle Güter zollfrei gelagert, sortiert und bearbeitet werden. Auf den Helligen liegen Schiffe auf Kiel, an den Ausrüstungskais der Werften werden die letzten Handgriffe vor der Ablieferung der Schiffe erledigt. In den Schwimmdocks werden die Unterseiten der Seeschiffe gereinigt oder repariert. Im Trockendock gegenüber den St.-Pauli-Landungsbrücken, mit 368 × 60 m das größte Dock des Kontinents, können Seeschiffe bis zu 100 000 tdw repariert werden. Der im Bild erkennbare eingedockte Frachter hat eine Länge von etwa 250 m. Vor den Kaischuppen haben Stückgutfrachter festgemacht. Mehrere Kräne holen gleichzeitig die Ladung aus den geöffneten Luken.

Südlich der Freihafengrenze, die hier von hafennahen Wohnungen begleitet wird, schließen sich Mühlenbetriebe mit Silo, ein Elekrizitätswerk mit Pipelineanschluß zu den benachbarten Mineralölwerken an. Vor der Ölpier werden Tankschiffe gefüllt. Westlich davon löscht an der Halbinsel Kattwyk ein Frachtschiff Steinkohle für die Kokerei der Hamburger Gaswerke.

Zweimal täglich läuft die Flutwelle von der Elbmündung bis zum 100 km flußaufwärts gelegenen Hamburg. Nur an den Booten, die östlich des neuen Elbtunnels auf dem trockenen Ufer liegen, wird die zur Aufnahmezeit herrschende Ebbe angezeigt. Mit den Gezeiten verändern zu- und abfließende Wassermassen den Wasserstand alle 6 Stunden um durchschnittlich 2,3 m. Bei so geringem Tidenhub konnte ein offener Tidehafen angelegt werden in dem Seeschiffschleusen fehlen. Fächerförmig öffnen sich die Hafenbecken zum Strom und ermöglichen ein gefahrloses Verholen der Seeschiffe an die Kaianlagen oder Duckdalben in den Becken.

Da z. Z. der Hafenplanungen (zweite Hälfte des 19. Jh.) der überwiegende Teil der Umschlaggüter auf großen und schwerfälligen Binnenschiffen transportiert wurde, sind großräumige Wasserflächen in den Hafenbecken vorhanden. Um aber den Verkehr der Binnenschiffe von dem der Seeschiffe getrennt zu halten, entstand um die Seehafenbecken ein Kranz von Binnenschiffhäfen, die untereinander durch einen ringförmig geführten Kanal verbunden sind.

Nach dem Zweiten Weltkrieg verlagerte sich die Verkehrsstruktur des Hamburger Hafens, verursacht durch die politische Teilung Mitteleuropas, immer stärker auf Schiene und Straße. Deshalb wurden die Kaizungen verbreitert und entsprechend der neuen „Hamburger Kaigliederung" wieder aufgebaut. An der Wasserseite der Kaischuppen führen 2 bis 3 Eisenbahngleise direkt unter dem Verladegeschirr entlang. Daneben liegt dann noch eine breite Rampe, die in besonderen Fällen auch von Lastwagen befahren werden kann. Der überwiegende Straßenverkehr wird jedoch an der Landseite der Schuppen, also in der Mitte der Kaizunge, abgewickelt. Hier sind die ehemals verlegten Rangiergleise herausgenommen und auf der verbreiterten Wurzel der Kaizunge in einem Bezirksbahnhof zusammengefaßt worden. Mit dieser Anpassung an die veränderten Strukturen hat Hamburg seinen Ruf als „schneller Hafen" festigen können.

Peter Möller

## 15 HAMBURGER HAFEN

Aufnahmedatum: 7. September 1971, 11.45 Uhr
Flughöhe: 3200 m
Bildmaßstab: ca. 1 : 18 500

## 16  WILSEDER BERG UND WILSEDE
Naturpark Lüneburger Heide

Aufnahmedatum: 7. September 1971, 11.05 Uhr
Flughöhe: 2500 m
Bildmaßstab: ca. 1 : 14 000

# Wilseder Berg und Wilsede

Die Überschau aus 2500 m Höhe zeigt ein für das kulturgeschichtliche Bild der Lüneburger Heide wie auch anderer glazialer Aufschüttungsgebiete Norddeutschlands typisches Landnutzungsgefüge aus von Schneisen, Wegen und Straßen linear durchzogenen (dunkelgrünen) Nadelforsten zwischen form- und regellos verstreuten (braunoliv gewölkt erscheinenden) Heideflächen und inselhaft darin eingesprengten (hellgelb bis sattgrün gestreiften) Acker- und Grünflächen mit kleinen Laubgehölzen um einzelne Gehöfte.

Der des plastischeren Eindrucks wegen nicht in Nordrichtung, sondern mit dem südost-nordwestlichen Schattenfall der Bäume zum Beschauer hin gewandte Bildausschnitt mißt nur 3,5 km im Geviert; dennoch zeigt er — auch wenn das Relief der Oberfläche nicht erkennbar ist — wesentliche Elemente einer unter wechselnden klimatisch-hydrologischen Bedingungen des jüngeren Eiszeitalters und der Nacheiszeit ‚gealterten' saaleeiszeitlichen *Glaziallandschaft*. In dieser bilden hier ‚verwaschene', im Lauf der Zeit abgeflachte kiesige Moränenwälle älterer Eisrandlagen (des Warthestadiums) und sandige Ebenheiten mit (unter Wald verborgenen) Dünen, durchzogen von trockenen Rinnen und Schluchten, ein flachhügelig-welliges, meist sandiges Gelände. Es ist hochgelegenes ‚unfruchtbares' *Geestland* mit gebleichten und im Untergrund zu Ortstein verdichteten, nährstoffarmen Böden, die vom Menschen, beginnend in der Vorzeit, sehr lange als lichte Waldweide für die Viehhaltung genutzt und erst in geschichtlich junger Zeit in meist forstliche, nur örtlich intensivere landwirtschaftliche Kultur genommen worden sind.

Obwohl die Geländeplastik aus dem Einzelluftbild nicht direkt hervorgeht, gewinnt man aus dem Landnutzungsmuster doch ein klares Bild von Gliederung und *Struktur der Landschaft*. Eingeschlossen von Kiefernwäldern des Staatsforsts Sellhorn, deren verschiedene Kronenform und -dichte das Alter der Bestände spiegelt, liegt im Bilde oben links (120 m über NN) die von Gehölzstreifen (darunter Eichen für den Fachwerkbau der strohgedeckten Niedersachsenhäuser) durchwirkte *Flur von Wilsede* mit der sich an einer Straßen- und Wegespinne unter mächtigen Kronen duckenden Hofgruppe des alten Heidedorfs und den zugehörigen Feldern. Diese gehen zum Walde und — ganz oben — zur Schlucht des ‚Totengrunds' und zum ‚Steingrund' hin in verheidete Säume mit Wacholderbüschen, Kiefern und auch Fichten über. Ihre von Sand z. T. hell durchfleckten Böden sind sehr leicht, aber auf Geschiebemergel örtlich etwas wasserführend, so bei Wilsede, wo links im Wiesengrund die Schwarze Beeke rinnt, und auch im Quellbereich des Sprengebachs ganz oben links.

Im Kontrast zu dieser Rodeflur und den seit dem frühen 19. Jh. aus Gründen profitableren Holzertrags überall systematisch vorgenommenen *Aufforstungen* mit Föhren (Fuhren), die — örtlich untermischt mit Eichen, Buchen, Fichten und an Wegen Birken und auch Ebereschen — heute wesentlich das Bild der Lüneburger Heide formen, steht das offene *Heideland*. Es nimmt im Bildausschnitt als eine hier noch große Blöße, die nur durch den Waldblock Heinköpen unterbrochen ist, fast den ganzen unteren Teil bis zum bewaldeten (Dünen-)Saum des Einemer Sandes ein, während es sonst nur noch verstreut vorkommt. Diese Heide ist allmendeartiges Weideland für anspruchslose ‚Heidschnucken'-Schafe, das infolge der bis um 1800 fast völligen Verdrängung des bodenständigen Eichen-Birken-Waldes durch den Menschen und sein Weidevieh in der Sukzession durch die im Spätsommer rötlichviolett blühende, honigträchtige atlantische *Callunaheide* (Erikaheide) mit eingestreuten Birken- und Kiefernschößlingen, Hartgraspolstern und Beerensträuchern sowie dunklen Wacholdersäulen und einzelnen nordischen Findlingsblöcken wie von einem Flickenteppich überzogen ist. Ein Geäder von Trampelpfaden und Wanderwegen, das rechts im Bild — 1,5 km von Wilsede — an einer sandig-hell zertretenen Stelle zusammenläuft, zeigt an, daß sich hier als Teil eines Endmoränenwalls und höchster Aussichtspunkt der Hohen Heide sanft gewölbt der *Wilseder Berg* (169 m, früher ‚Erdmannshöhe') erhebt, von dem man bei klarer Sicht die Türme Hamburgs sieht. Daran schließt sich am Bildrand Mitte rechts der Stadtberg (146 m) an.

Die wegen der Bodenarmut spärliche Besiedelung der Heide und ihre von Hermann Löns und verschiedenen Landschaftsmalern in einer Art romantischer ‚Natur'verklärung gerühmte Einsamkeit und ‚urtümliche Schönheit' haben dazu beigetragen, daß der Verein Naturschutzpark eV schon 1910 mit dem Erwerb des Wilseder Berges den Grund zum heutigen, 200 km² großen „Naturschutzpark Lüneburger Heide" legen konnte, der das Europa-Diplom des Europarats erhalten hat und dessen jährliche Besucherzahl — Tagesgäste aus Hamburg sowie Erholungsuchende — in die Millionen geht. Der Bildausschnitt zeigt den *Kern des Heideparks*, auf dessen Straßen und Wegen nur gewandert oder in Mietkutschen gefahren, beschränkt auch geritten werden darf. Eigens wieder unterhaltene Herden von Heidschnucken, deren diffuse Austriebsspuren vor einem ‚Schafstall' am Waldrand unterhalb von Wilsede erkennbar sind, beleben das Bild; durch Verbiß sorgen sie dafür, daß angeflogener Baumwuchs kurzgehalten wird und so die noch vorhandene Heide künstlich erhalten bleibt, wozu auch systematische „Entkusselungen" (Beseitigung von Birken- und Kiefernsämlingen) beitragen.

Erklärter Zweck des Heideparks ist neben dem Angebot zur Freizeiterholung die *Konservierung des Landschaftsbildes* nach dem Stande der Jahrhundertwende samt den kulturgeschichtlichen Denkmälern, wie vorzeitlichen Steinsetzungen und Hügelgräbern, Schafställen, Bienenzäunen und alten ‚Heidjer'-Häusern, von denen eines, „Dat ole Huus" in Wilsede, zum „Heidemuseum" eingerichtet ist. Die Bezeichnung ‚Natur(schutz)park' bezieht sich also hier sehr stark auf einen mehr ästhetisch aufzufassenden klassischen Begriff von (Kultur-)Landschaft im Sinne Gestalt gewordener Harmonie von Natur und Menschenwerk.

Martin Bürgener

# Bremen

Die Weser teilt den im Bild vorgestellten Ausschnitt der Stadt in einen unteren (nördlichen) und einen oberen (südlichen) Teil. Zu beiden Seiten des Stromes umschließen Grünzüge anstelle des mittelalterlichen Festungsgürtels den Stadtkern. Westlich der Eisenbahnbrücke erstrecken sich flußabwärts die Industrie- und Hafengebiete.

Drei Straßenbrücken überspannen den Fluß. Die östlichste, die Große Weserbrücke, wenige Meter stromauf des ersten Weserüberganges, führt heute direkt auf den Dom zu. Dom und Rathaus, mit ihren leuchtenden patinagrünen Dächern, liegen auf dem höchsten Punkt eines schmalen, überflutungsfreien Dünenzuges, der das rechte Weserufer zwischen der Anlegestelle der Weserschiffe und der Eisenbahnbrücke begleitet.

Südlich zu Füßen der beiden Turmspitzen hat nur das Schnoorviertel den Krieg überdauert. Es gibt mit seinen niedrigen, eng verschachtelten Häusern noch einen geschlossenen Eindruck mittelalterlicher Stadtbaukunst. Die Innenstadt ist — bis auf die wiedererstandenen Wohnungen um die Stephanikirche (nahe der Auffahrt der Eisenbahnbrücke) — heute Haupteinkaufszentrum. Es ist in seinen wichtigsten Teilen dem Fußgänger vorbehalten, der sein Auto in der Nähe der Einfallstraßen in einem der acht großen Parkhäuser abstellen kann, z. B. östlich der Bürgermeister-Smidt-Straße (zwischen Bahnhof und mittlerer Weserbrücke, an der runden Auffahrrampe zu erkennen).

Die aufgelockerte Bebauung zwischen Wallanlagen und Bahnhof ist überwiegend nach dem Kriege auf Trümmerflächen entstanden. Die Hochhäuser und hohen Gebäude unterhalb der Wallanlagen haben diesem Quartier den Charakter eines Büroviertels gegeben, das als Cityerweiterung anzusehen ist. Einzelne Wohnzeilen mit umgebenden Grünflächen unterscheiden sich deutlich von den Geschäftsbauten.

Auf dem linken Weserufer wuchs die zu Beginn des 17. Jh. in die Stadtbefestigung einbezogene Neustadt über 200 Jahre nicht in das Bremer Stadtbewußtsein. Sie blieb noch bis zur Mitte des 19. Jh. überwiegend gärtnerisch genutzt und ist heute in ihrem Ostteil (zu beiden Seiten der breiten Friedrich-Ebert-Straße) Wohnquartier, das nach Westen zunehmend mit Gewerbebetrieben durchsetzt und jenseits der Bürgermeister-Smidt-Brücke zum Industrieviertel wird. Die Festungsanlagen um die Neustadt nehmen öffentliche Einrichtungen wie Feuerwehr, Ingenieurschule, Schwimmhalle und Krankenhäuser auf.

In den Wohngebieten außerhalb des Stadtkerns fallen besonders die schmalen Häuser auf, in denen der Keller wegen des hohen Grundwasserstandes durch das Souterrain ersetzt ist.

Dieser „Bremer Haustyp" ist ein gegen die Straße durch Vorgärten und Glasveranda abgeschirmtes zwei- bis dreistöckiges Reihenhaus, das vorwiegend von einer Familie bewohnt und Unterkunftsform für alle Bevölkerungsschichten ist. In den Arbeiterquartieren (oben Mitte und unten rechts) sind die Eigentumsparzellen klein, im Ostertorviertel (links) großzügiger geschnitten. Aus dem Luftbild ist jedoch die Strukturänderung nicht ablesbar, durch die die vorherrschende Wohnnutzung östlich des Stadtkerns durch Büro- und Geschäftsnutzung ersetzt wurde. Mit der vorbildlichen Großsiedlung im Stadtteil Utbremen (rechter Bildrand) wird auch moderner Städtebau von dem Bildausschnitt erfaßt.

Unterhalb des Bahnhofs verbindet der breite Grünstreifen die Stadt mit dem Bürgerpark, einer großzügigen durch Bürgerinitiative geschaffenen, 200 ha großen Parkanlage. An ihrem Eingang steht die Stadthalle mit den heutzutage unvermeidlichen Parkplätzen für die Besucher.

Die Verkehrsführung im heutigen Bremen ist das Ergebnis der Nachkriegsplanungen. Der Durchgangsverkehr, der auf Grund der topographischen Situation einst durch den Stadtkern geführt war, findet heute auch außerhalb des engeren Stadtbereiches schnelle Verbindungswege. Auf einem vierspurigen Straßennetz, das z. T. in Form von Hochstraßen vor dem Bahnhof und parallel zur Eisenbahnbrücke ausgebaut und kreuzungsfrei geführt wurde, wird der Quell- und Zielverkehr um den Stadtkern gelenkt. Die Verbindung vom Verteilerring über eine neue Weserbrücke am Wasserwerk auf dem Werder vorbei soll den inneren Straßenring vervollständigen.

Bremen ist heute Hafen-, Handels- und Industriestadt. Es ist vor allem bevorzugter Hafen für den transatlantischen Verkehr. Für den Baumwoll-, Tabak- und Kaffeehandel wurde die Stadt ein führender europäischer Importplatz. Selbst die gesamte indonesische Tabakernte (Sumatratabak) wird von Bremen aus auf dem Weltmarkt angeboten.

Für diese Aufgaben mußte ein ständig befahrbarer Schiffahrtsweg bis zur 70 km entfernten Wesermündung gesichert werden. Dies ist dem genialen Strombaumeister Ludwig Franzius zu danken, der in der zweiten Hälfte des 19. Jh. die Weserkorrektion leitete und der Flutwelle wieder einen ungehinderten Weg in einem Hauptfahrwasser stromauf ermöglichte. So erreicht der Tidenhub in Bremen jetzt mit 3,10 m fast die gleiche Höhe wie in Bremerhaven. Schiffe mit bis zu 10 m Tiefgang können Bremen auf der Flutwelle „reitend" erreichen. Der Güterumschlag kann sowohl in tideoffenen Hafenbecken als auch in abgeschleusten Dockhäfen erfolgen.

Peter Möller

17 FREIE HANSESTADT BREMEN

Aufnahmedatum: 22. September 1971, 13.45 Uhr
Flughöhe: 2300 m
Bildmaßstab: ca. 1 : 12 000

**18 PAPENBURG**
Moorkultivierung im Emsland

Aufnahmedatum: 25. August 1971, 9.45 Uhr
Flughöhe: 2750 m
Bildmaßstab: ca. 1 : 16 500

# Papenburg

Eine dunkle, siedlungsleere Hochmoorfläche nimmt die obere Bildhälfte ein. Sie ist rechtwinklig und geradlinig gegen das bunte Muster der Kulturlandschaft abgesetzt. Ihre zahllosen kleinen, gelben und grünen Rechtecke, Äcker, Wiesen, Weiden und ein paar Waldstücke, scheinbar regellos durcheinandergewürfelt, sind auf den Kanal ausgerichtet, der schnurgerade die untere Bildhälfte diagonal durchschneidet. Alle Flurgrenzen, Wege, Straßen, Häuserzeilen sind rechtwinklig oder parallel zu ihm angelegt.

Von dem rund 50 km langen Kanalnetz der Stadt Papenburg zeigt das Luftbild nur einen kleinen Ausschnitt: das jüngste Teilstück einer länger als 300 Jahre währenden Stadtentwicklung mitten im Moor.

In der Nähe des heutigen Hafens stand im Mittelalter die namengebende Burg des Fürstbischofs von Münster, eine Grenzfestung gegen Ostfriesland. Sie wurde im 30jährigen Kriege zerstört. Das dazugehörige Moorgut übernahm im Jahre 1631 der bischöfliche Statthalter des Emslandes, um dort nach niederländischem Vorbild eine Fehnkolonie zu gründen. 1638 wurde der Sielkanal zur Ems gebaut und wegen der Tide durch eine Schleuse verschlossen. Auf dieser „offenen Fahrt" konnte man den gewonnenen Torf leicht zu Schiff über die Ems abtransportieren. 1657 werden die ersten 10 Siedler am Hauptkanal urkundlich genannt.

In jahrhundertelanger Arbeit gruben immer neu hinzukommende Fehntjer Kanäle und davon abzweigende Wieken in das Moor hinein, erhielten ihre Moorhufe zugeteilt, stachen den Torf und schufen sich so nach und nach ihr Ackerland auf dem abgetorften Besitztum. Bis zum Ende des 18. Jahrhunderts hatten die Kolonisten ein vielfach verzweigtes Kanal- und Siedlungsnetz in das Moor gelegt: das „Untenende" und das „Obenende". Der Vorstoß endete 1797 mit dem Obenender Kanal genau an der Stelle, an der auf dem Bilde, wenig über dem unteren Rand, die rechtwinklig abzweigende Straße ansetzt. Oberhalb dieser Querlinie lag unwegsam und unberührt noch länger als 100 Jahre das „Wilde Moor". Die Erschließung dieses großen Moorkomplexes begann erst gegen Ende des 19. Jh. Von 1890 bis 1898 wurde der schon genannte Obenender Kanal schnurgerade bis an den Rand des Hümmlings weitergeführt. Er „spaltete" das „Wilde Moor" in zwei Teile und erhielt deswegen den Namen „Splittingkanal". Jeder, der am Aushub mit Spaten und Schubkarre arbeitete, bekam einen Tagelohn von 1,20 Mark bis 1,50 Mark, etwa einen Pfennig für jede Karre.

Zu beiden Seiten des Kanals stehen die Kolonistenhäuser, jedes auf seiner langgestreckten Parzelle, der Moorhufe. Nur bis zu 100 oder 200 m hinter dem Hause ist das Moor abgetorft. Die anschließenden Äcker und Weiden liegen noch auf dem Hochmoor. Sie reichen auf der linken Seite gut 500 m, auf der rechten 1500 m (vom Kanal aus gerechnet) in das noch unkultivierte Moor hinein. Ähnlich schmal ist das Band kultivierten Landes oberhalb der rechtwinklig vom Kanal abzweigenden Querstraße, die erst im Jahre 1950 angelegt wurde und zu beiden Seiten großenteils mit Nebenerwerbsstellen (1,5 ha groß) besetzt wurde.

In dem Winkel zwischen dieser Straße und dem Kanal liegt dunkel und leer das Feld der Torfindustrie. Nach dem Bau des Splittingkanals und des Küstenkanals (1936) konnte man auch die weitab gelegenen Hochmoore entwässern. Das „lebende Hochmoor" war zum Sterben verurteilt. Lediglich auf der „Dreiländerecke" (Oldenburg, Ostfriesland, Osnabrück) blieb die Esterweger Dose lange unversehrt erhalten, bis im Jahre 1958 alle Hochmoore nördlich des Küstenkanals von der Regierung zur Abtorfung freigegeben wurden. Seitdem sind die Brutplätze des Goldregenpfeifers, des Großen Brachvogels und des Birkwildes gefährdet.

In Papenburg hatte sich bereits im Jahre 1908 ein niederländisches Torfwerk niedergelassen, das noch heute besteht und dessen Torflager am unteren Bildrand erkennbar sind. Diese „Torfstreu AG" produziert jährlich 400 000 Ballen Torfmischdünger, der unter Zusatz von Stickstoff, Phosphat, Kali und Spurenelementen wie Bor, Kobalt, Kupfer, Zink u. a. aus der oberen, lockeren Weißtorfschicht des Moores hergestellt wird. Insgesamt liefert die Torfindustrie der Bundesrepublik Deutschland jährlich 14 Mill. Ballen Weißtorf; davon kommen 12,5 Mill. aus Niedersachsen, ein großer Teil aus den Mooren zwischen Ems und Weser. Auf dem Gelände, das vom Bild erfaßt wird, ist aber der Weißtorf bis auf einen kleinen Rest (am linken Bildrand) bereits abgetorft. Zur Zeit gewinnen andere Betriebe mit großen Baggern den nun zutage liegenden Schwarztorf, der großenteils zu Torfkoks verschwelt wird.

Papenburg war schon gegen Ende des 18. Jh. keine rein bäuerliche Siedlung mehr. Die Verbindung zur Ems und damit zum Weltmeer erwies sich als der wichtigste Lagevorteil gegenüber allen anderen deutschen Fehnsiedlungen und ist es bis heute geblieben. Um 1800 zählten 143 seegängige Schiffe zur Papenburger Schiffergilde. Jedes Jahr wurden auf den Werften 50 bis 60 Schiffe gebaut. Noch heute ist eine kombinierte Schiffswerft und Maschinenfabrik mit 1300 Beschäftigten der größte Betrieb. Der Hafen kann von Seeschiffen bis zu 4,50 m Tiefgang angelaufen werden.

Im Jahre 1962 wurden 54 % der Wirtschaftsfläche der Stadt landwirtschaftlich genutzt, 1970 nur noch 32 %. Dagegen hat sich der Gartenbau ausgedehnt. 1963 lagen in Papenburg und Umgebung 30 ha unter Glas, 1972 fast 60 ha. Die „Gartenbauzentrale Papenburg", dem Raiffeisenverband angeschlossen, betreut 120 Betriebe, die 1970 für 9 Mill. DM Gemüse und Blumen auf die Märkte der Bundesrepublik lieferten. Auf dem Bilde liegen am Splittingkanal 9 Gärtnereien, kenntlich an ihren bläulichen Glashäusern.

Papenburg ist als einzige deutsche Moorkolonie (1860) zur Stadt erhoben worden. Sie hatte 1972 über 18 000 Einwohner. Über 50 % der Erwerbstätigen sind im produzierenden Gewerbe beschäftigt. Aber noch heute zeigt die „Stadt am Kanal" das Grundgefüge einer Fehnsiedlung.

Wilhelm Grotelüschen

# Emsniederung bei Lingen

Das Luftbild von der Erdölraffinerie „Emsland" und der Gemeinde Holthausen, 6 km nördlich Lingen zwischen Ems und Dortmund-Ems-Kanal gelegen, gibt ein Beispiel für die Überformung eines altbesiedelten Agrarraumes durch junge Industrieansiedlungen.

Das Landschaftsbild bestimmt die 1950—53 errichtete Raffinerie mit den bis zu 100 m hohen Türmen der Crackanlage, den ausgedehnten Tanklagern für Roh- und Fertigprodukte, unterteilt in die quadratischen Auffangbecken, und den weiträumigen Verkehrsanlagen der Hafenbecken, Schienen, Straßen und Rohrleitungen. 3,75 Mill. t Rohöl beträgt die jährliche Durchsatzkapazität dieser Großraffinerie (1970), die je zur Hälfte emsländische und ausländische Rohöle aus dem Nahen Osten, Nord- und Westafrika zu Kraftstoffen, Heizöl, Reinbenzol, Petrolkoks und Flüssiggas für den nordwestdeutschen Raum verarbeitet. Den Standort bestimmten vor allem die nahen emsländischen Erdölfelder, die 1970 60 % ihrer Förderung über beheizte Rohrleitungen in diese Raffinerie schickten, und die für den Abtransport der Fertigprodukte günstige Verkehrslage. Die B 70, die großzügig ausgebaute Straßenachse des Emslandes, der für 1000-t-Schiffe befahrbare Dortmund-Ems-Kanal, die Eisenbahn Ruhrgebiet—Emden und die NWO-Pipeline Wilhelmshaven—Köln führen dicht am Raffineriegelände vorbei.

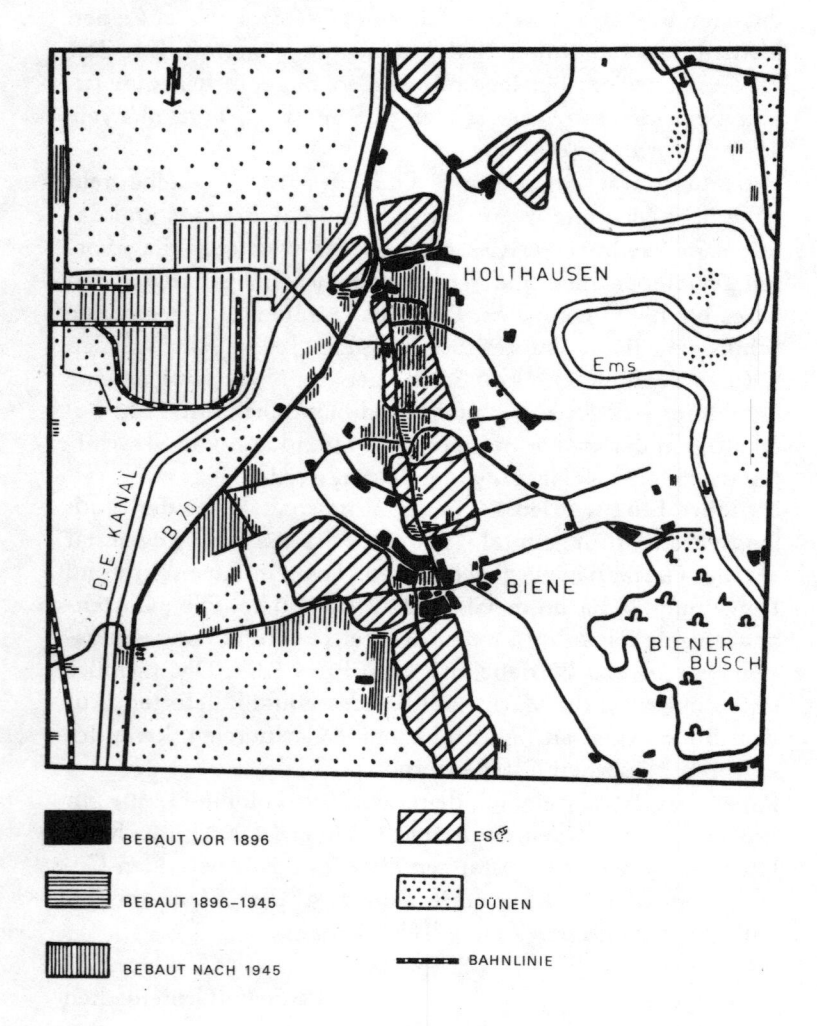

Raffinerie und Verkehrswege liegen auf bzw. am Rande eines Binnendünengürtels, dessen Ausdehnung die am Ende des 19. Jh. aufgeforsteten Nadelwälder und die vom Sand hervorgerufenen hellen Bodenfärbungen anzeigen. Von diesem der Ems parallel verlaufenden Dünengürtel fällt das Gelände sanft zu der in großen Mäanderbögen dahinziehenden Ems ab und steigt dann über bis zu 10 m hohe Steilkanten zu einem zweiten flußparallelen Dünengürtel im Westen an. In dem 2—3 km breiten, von den Dünenzügen eingefaßten Tal hat die Ems ihren Lauf immer wieder verändert und weite Flächen überschwemmt. Alte Mäander und zahlreiche Geländestufen, besonders auf den Gleithängen, zeugen von dem verstärkten Einschneiden der Ems während der letzten 300 Jahre in die seit dem Mittelalter aufgeschütteten Auesande. Diese hellen Auesande, die auf den Gleithängen zu 3—4 m hohen, z. T. mit Nadelwald bestandenen Dünen aufgeweht sind, bilden einen wenig ertragreichen Grünlandboden in der Talaue; nur der „Biener Busch", ein alter Auenwald und heute ein Ausflugsziel, ist davon ausgenommen.

In den sich östlich der Emsaue erstreckenden Fluren der Dörfer Holthausen und Biene wird auf leichten Sandböden vorwiegend Getreide im Wechsel mit Hack- und Zwischenfrüchten angebaut. Vier Zonen lassen sich hier von West nach Ost aufgrund von Bodenfärbung, Flurform und Siedlungsbild unterscheiden: 1. die hochwassergefährdete, fleckig gefärbte Gleibodenzone mit Streusiedlung und den von knickartigen Baumreihen umgrenzten Parzellen, der Kampflur, wie sie vor allem im Südteil des Bildes noch zu sehen ist; 2. die stets als Ackerland genutzten, durch Heideplaggenauflage aschgrau gefärbten, aufgewölbten Esche, die ältesten Flurteile, an deren Rand gegen das feuchte Grünland die weilerartigen Siedlungskerne liegen; 3. das erst nach 1945 urbar gemachte Ackerland im Dünengebiet mit schematisch angelegten Flüchtlingssiedlungen und 4. das nach 1918 im Rahmen der Ödlandkultivierung mit Einzelhöfen aufgesiedelte „Biener Feld" östlich des Kanals.

Neben der Siedlungsausweitung aufgrund des Flüchtlingsstromes haben die veränderten Bedingungen der Landwirtschaft und Industrieansiedlungen — ein Betonwerk am Kanal und vor allem die Raffinerie — zu beträchtlichen kulturlandschaftlichen Veränderungen geführt. 1967 wurde in einem großen Landtausch- und Meliorationsverfahren die Flur in Biene neu geordnet und in geradlinig begrenzte Blöcke aufgeteilt, die der Mechanisierung hinderlichen Baumreihen gerodet und das Wegenetz neu gestaltet. In Holthausen führten die 970 (1960 noch 1260) Arbeitsplätze und die früher hohen Gewerbesteuern der Raffinerie zu einem Bedeutungsschwund der Landwirtschaft. Planmäßig wurde das beste Ackerland, der Holthauser Esch, aufgesiedelt; neue Wohnviertel, großzügige Schul- und Straßenbauten und ein neues Gemeindezentrum entstanden. Doch die Raffinerie hat nicht nur Holthausen von einer Agrar- zu einer Industriegemeinde gewandelt, sie hat vor allem die Tragfähigkeit dieses problemreichen Agrarraumes erhöht.

Hans-Dieter von Frieling

19  RAFFINERIE AM DORTMUND-EMS-KANAL
Die Ems bei Lingen

Aufnahmedatum: 25. August 1971, 9.05 Uhr
Flughöhe: 3050 m
Bildmaßstab: ca. 1 : 17 000

**20  DER DÜMMER**
See im nordwestdeutschen Geestgebiet

Aufnahmedatum: 17. August 1971, 10.50 Uhr
Flughöhe: 3800 m
Bildmaßstab: ca. 1 : 22 000

# Der Dümmer

Das flache, weithin vermoorte Seebecken des Dümmer liegt zwischen dem Endmoränenzug („Rehburger Stadium" der saale- bzw. drenthe-zeitlichen Vereisung Norddeutschlands) der Dammer Berge (ca. 5 km vom Westufer) und dem sich in fast gleicher Entfernung südöstlich erhebenden Kreidesattel der Stemmweder Berge; das Seebecken selbst bildete sich vor dem Inlandeis in einer flachen, aber breiten Schmelzwasser-Sandebene, die heute von der Hunte-Niederung eingenommen wird. Der Luftbildausschnitt hat Anteil an allen genannten *naturgeographischen Einheiten*.

Am östlichen Ufer bilden einige Meter über dem Seespiegel (37,1 m) aufragende Talsandflächen die morphologische Grundlage für die Siedlungen Hüde und Lembruch mit ihren Flursystemen. Das Südufer gehört ganz zur jungen vermoorten Niederungszone, ebenso das Nordufer; hier täuschen die großen Felder eine höhere Lage vor. Sie liegen jedoch auf Niedermoortorf. Am Westufer steigt das Gelände nur langsam vom Seeufer zu den Vorlandflächen des Moränenzuges an. Im Bild werden hier nur 3 m ü. S. erreicht. Die Sande und vereinzelten Kiesreste werden fast durchgehend von einer Moordecke überlagert, die durch Melioration weitgehend in Nutzung genommen werden konnte. Die unmittelbar leeseitigen West- und Südufer werden von einer jüngsten Verlandungszone gebildet. In den Stillwasserbuchten sind die hellgrünen Algenwatten zu sehen, dem sich ein Röhrichtgürtel und ein Erlenbruchwaldgebüsch anschließen. Die braunen Flächen im See werden durch Armleuchteralgen (Characeen) hervorgerufen; die dunkelgrünen Flecken im Wasser stellen Teichbinseninseln dar.

Die *Hydrologie* des Dümmer, der als zweitgrößter Binnensee Nordwestdeutschlands (ca. 16 km²) nicht tiefer als 1,50 m ist, wird vom Durchfluß der Hunte bestimmt, deren Einmündung im SW und deren Ausfluß („Alte Hunte") im N sichtbar sind. Erkennbar ist noch der Ausfluß des Lohne-Baches (NO). Durch die Eindeichung (1950) wurde infolge des gehemmten freien Abflusses die jüngste Verlandung stark gefördert, die nur am Ostufer durch menschlichen Eingriff unterbunden wird.

Die kulturgeographische Situation im Bildausschnitt ist dadurch gekennzeichnet, daß am Ostufer die einst reinen Bauerndörfer Hüde und Lembruch durch ihre topographische Lage verkehrsmäßig besser erschlossen werden konnten, als dies am Westufer der Fall war. So führen heute die B 51 und die parallel verlaufende Eisenbahn (rechts oben) von Osnabrück nach Oldenburg und Bremen hier hindurch; sie schufen die Voraussetzungen für die jüngere Erschließung des Dümmer am Ostufer. Im Bild nicht sichtbar, jedoch für die Gesamtentwicklung von Bedeutung ist die Tatsache, daß das Ostufer und der gesamte See historisch zu Hannover, das Westufer aber zu Oldenburg gehörten. Die Feldsysteme am Westufer gehören zur Siedlung Dümmerlohausen (2 km vom Ufer entfernt); sie wurden nach der Eindeichung im vermoorten Gelände angelegt (Flurnamen: „Entenfang"), sie sind heute überwiegend Grünland.

Die Siedlungen Hüde und Lembruch am Ostufer sind Straßendörfer (Hüde am Westrand einer Sandinsel gelegen), deren Fluren im Lembrucher Gebiet stärker zusammengelegt sind (Flurbereinigung 1963), wobei die alten schmalen Parzellen noch im Bild erkennbar bleiben. Die Flur von Hüde zeigt dagegen noch die starke Zersplitterung an. Im Flurbild fallen außerdem die dunklen, zumeist größeren Grünlandflächen auf. Auch am Ostufer wurde das Niederungsgelände vor der Eindeichung vorwiegend durch Wiesen genutzt, die sich mit großen Parzellen im NO-Uferbereich noch um die wenigen großen Bauernhöfe („Eickhöpen") scharen. Die agrarwirtschaftlich bedingte, jüngste Vergrünlandung ist im gesamten Flurbild überall erkennbar.

Für die jüngste Erschließung des Dümmer-Ostufers wurde nach den technischen Maßnahmen der Meliorationen und des Deichbaus der Fremdenverkehr von größter Bedeutung. Das vorher unzugängliche versumpfte Ufer wurde durch den Deich begehbar. Während jedoch am Westufer nach dem ersten Bau eines kleinen Anlegers (1923) nur an dieser Stelle vor einem Gasthauskomplex ein kleiner Bootshafen errichtet wurde, sonst aber wegen des Schlickuntergrundes keine Erschließung erfolgte, wurde das Ostufer vor den Dörfern Hüde und besonders vor Lembruch bis zur Nordostecke des Sees weitgehend umgestaltet. Durch den Bau von Bootshäfen und Anlegern sowie durch den Ausbau von Wochenendhauszonen, Campingplätzen und Parkflächen wurde das Bild des Ostufers seit 10 Jahren stark verändert. Durch ständige Erweiterung gewinnt diese Fremdenverkehrszone allmählich Anschluß an die alten zurückliegenden Straßendörfer, die zwar noch nicht ihr Siedlungsbild, wohl aber Teile ihrer Funktionen geändert haben. Das verkehrsgeographische Gefüge mußte aufgrund des vorherrschenden Autoverkehrs ebenfalls neu gestaltet werden. Das Bild läßt diesen Ausbau gut erkennen. Als Verbindungsweg zum Westufer besteht dagegen nur die am Nordufer sichtbare ausgebaute Straße von Lembruch nach Damme.

Horst Mensching

# Porta Westfalica

In der Porta Westfalica durchbricht die von Süd nach Nord auf den Betrachter zufließende Weser den bewaldeten asymmetrischen Schichtkamm des Weser- und Wiehengebirges. Sie verläßt damit das zum deutschen Mittelgebirge gehörende reich gegliederte Weserbergland und tritt in die weiten Flächen des norddeutschen Tieflandes ein. Das Bild zeigt rechts den zum Wiehengebirge gehörenden Wittekindsberg mit dem Kaiser-Wilhelm-Denkmal und links den Jakobsberg, das Westende des Wesergebirges, mit Fernsehturm und Hotel.

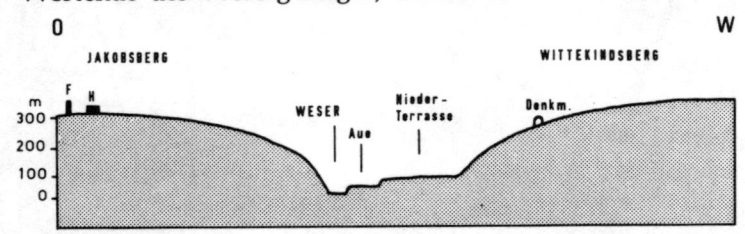

Harte Sandsteine und Kalksandsteine aus Dogger und Malm bauen diese langgestreckten Rücken auf. Die Schichten fallen mit etwa 20 Grad nach Norden, etwas steiler als die Oberfläche des Nordhanges, ein (vgl. Profil). Entsprechend dem Schichteneinfall sind Weser- und Wiehengebirge Schichtkämme mit steilem Südhang und etwas flacherem Nordhang. Am Kaiser-Wilhelm-Denkmal und am Jakobsberg, unmittelbar links von der Weserbrücke, ist das Gestein aufgeschlossen und auch auf dem Luftbild an der bräunlichen Färbung deutlich zu erkennen. Im Gegensatz zu diesem härteren und widerstandsfähigen Material wurden weichere Liastone im oberen (südlichen) Teil des Bildes ausgeräumt.

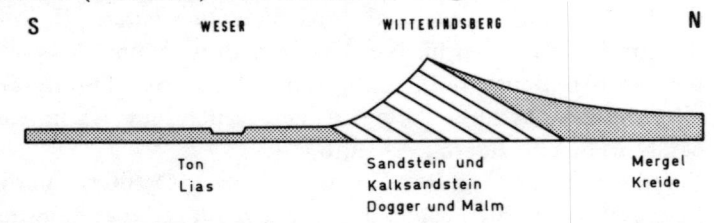

Die Weser entwickelte sich aus einem Abdachungsfluß auf der Nordabdachung („konsequente Talanlage"). Durch rückschreitende Erosion wurde das Gebirge schließlich durchbrochen. Die Gewässer auf der Südseite wurden angezapft und durch die Weser nach Norden umgeleitet. Während der vorletzten Vereisung, der Saalekaltzeit, drang das nordische Inlandeis durch die Porta nach Süden vor und verbreiterte den vorher vom Fluß geschaffenen Durchbruch. Innerhalb der fast 100 km langen Gebirgskette des Weser- und Wiehengebirges ist die Porta der breiteste, tiefste und damit verkehrsgünstigste Einschnitt. Von besonderer Bedeutung für die Entwicklung eines frühen Durchgangsverkehrs ist außerdem die Tatsache, daß die Porta genau gegenüber dem Bielefeld—Brackweder Paß liegt, dem tiefsten Durchlaß durch den Teutoburger Wald oder Osning. So ordnen und leiten Bielefelder Paß und Porta Westfalica den Fernverkehr vom Niederrhein und vom Ruhrgebiet nach Hannover und Berlin sowie nach den Nordseehäfen Hamburg und Bremen. Diesem Verkehr dient eine alte Straße, die später zur Bundesstraße 61 ausgebaut wurde. Sie verläuft auf dem linken Weserufer (rechts im Bild) durch die Porta hindurch auf der breiten, hochwasserfreien Niederterrasse gradlinig nach Norden auf Minden zu.

Demgegenüber war der Verkehr auf dem anderen Weserufer lange Zeit benachteiligt. Hier unterschneidet nämlich die Weser den Jakobsberg derartig, daß er als Prallhang äußerst steil zum Ufer abfällt und ursprünglich keinen Platz für eine Straße ließ. Erst im 19. Jh. konnten Straße und Eisenbahn in den Fels eingesprengt werden. Die 1847 in Betrieb genommene Köln—Mindener Eisenbahnstrecke gehört zu den ältesten und heute noch am meisten befahrenen Eisenbahnlinien in Deutschland. Sie ist dementsprechend vierspurig ausgebaut. Hingegen bot die Porta für die Autobahn Ruhrgebiet—Hannover keinen Raum mehr. Sie mußte über einen höher gelegenen Paß, außerhalb des Bildausschnittes, geführt werden. Zu beiden Seiten der Weser dehnt sich im Bild eine breite Aue mit Wiesen, Weiden und Äckern aus. Weil sie bis zur Regulierung des Flusses alljährlich von Überschwemmungen bedroht war, wurde sie von Siedlungen und Straßen gemieden; nur ein Campingplatz an der Brücke nutzt die Aue. Hingegen ist die mit deutlicher Stufe ansetzende Niederterrasse dicht besiedelt und mit Straßen und Wegen überzogen.

Dem Jakobsberg ist im Süden (oben im Bild) ein welliges, von vielen engen Tälchen zerschnittenes Hügelland vorgelagert, das sich mit steilem Anstieg bis zu 50 m über die Weserniederterrasse erhebt. Es wird aus geschichteten Sanden und Kiesen aufgebaut, die am oberen Bildrand an Neubauten aufgeschlossen sind. Diese sogenannten ‚Kames' wurden während der vorletzten Vereisung auf dem Grunde eines Stausees abgelagert, der sich zeitweise zwischen dem Wesergebirge und einer weiter im Süden gelegenen Toteismasse gebildet hatte. Diese ‚Hausberger Schweiz' ist heute dicht besiedelt. Zu dem alten Haufendorf Hausberge an der Porta sind zahlreiche Wohnsiedlungen, meist Einfamilienhäuser, in schönen Gärten getreten. Steile Hänge blieben bewaldet. Hausberge ist ein Luftkurort geworden mit einem entsprechenden Angebot an Übernachtungs- und Verpflegungsmöglichkeiten für Nah- und Fernerholung. Wiehengebirge und Wesergebirge sind wertvolle Erholungs- und Wandergebiete. Das Kaiser-Wilhelm-Denkmal, der Fernsehturm auf dem Jakobsberg und der schöne Wanderweg über den Kamm des Gebirges, der „Wittekindsweg", bieten prächtige Aussichten weit über unseren Bildausschnitt hinaus.

Aber auch die Industrie fehlt nicht. Mittelgroße Werke der Holzindustrie, der chemischen und Baustoff-Industrie liegen an der Eisenbahn und der Durchgangsstraße auf der rechten Weserseite und haben keinen störenden Einfluß auf die reizvolle Wald- und Erholungslandschaft um die Porta.

Adolf Schüttler

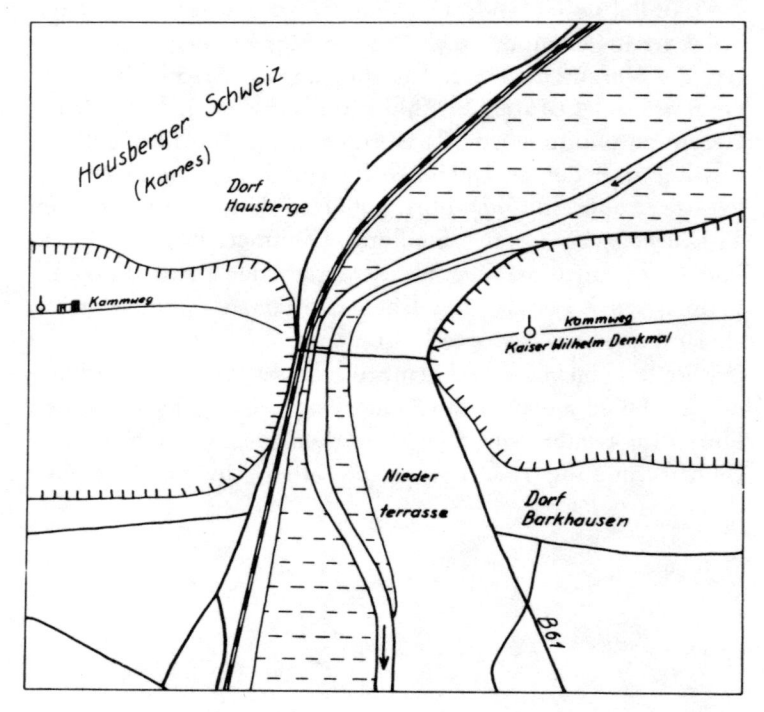

21  PORTA WESTFALICA
Weserdurchbruch zwischen Wiehen- und Wesergebirge

Aufnahmedatum: 17. August 1971, 12.15 Uhr
Flughöhe: 2300 m
Bildmaßstab: ca. 1 : 13 500

22  HANNOVER
Innenstadt und Vorort Linden

Aufnahmedatum: 17. August 1971, 11.35 Uhr
Flughöhe: 2750 m
Bildmaßstab: ca. 1 : 15 500

# Hannover

Der Ausschnitt des Luftbildes zeigt einen vielfältig genutzten, ausschließlich städtisch geprägten Raum, dessen funktionale Gliederung die Skizze generalisiert zeigt.

Naturräumlich beherrschend ist die das Bild querende Achse der Leine, die sowohl für die Lage und die räumliche Entwicklung Hannovers wie auch wasserwirtschaftlich von Bedeutung ist. Der breite Auenstreifen im Südosten zwischen eingedeichter Leine und Ihme hat die Besiedlung lange fern- und Raum für städtische Sondernutzungen freigehalten, die daher bis zum Kern der Stadt vorstoßen können: als Wassergewinnungsgelände (nicht mehr im Bild), zur Regulierung des Wasserstandes (am östlichen Bildrand: Anlage des Maschsees und des Teiches südlich des auf Pfählen im Auengelände errichteten Neuen Rathauses) sowie als Sport- und Erholungsgelände (Sportarenen, Hallenbad mit auffälliger Dachkonstruktion, Tennisplätze, Schützenplatz). Im NW gruppieren sich Kleingärten, Sportplätze, Parks und der Herrenhäuser Garten.

Dort, wo sich die Niederung verengt und ihre Überquerung erleichtert war, ist die Stadt entstanden, deren verschiedene Entwicklungsphasen sich teilweise aus dem Luftbild herauslesen lassen, auch wenn durch jüngere Straßenverbreiterungen und -durchbrüche der Grundriß verändert worden ist. Markant ist die Lage des Opernhauses auf dem Gelände einer früheren Bastion.

In der Altstadt konzentrieren sich auch in der Gegenwart die wesentlichsten zentralen Funktionen Hannovers. Ihr Schwergewicht hat sich vom Markt mit Kirche und Altem Rathaus weg in Richtung Hauptbahnhof verlagert. Das Bild zeigt im Kern das aus alten gewerblichen Traditionen heraus entwickelte Zentrum von Einzelhandelsgeschäften, das namentlich zwischen Hauptbahnhof und der westöstlichen Verkehrsachse durch größere Kauf- und Warenhäuser ergänzt wird. Dieser Komplex wird im Osten durch überregional bedeutende Banken und Versicherungen, im Süden durch Verwaltungsgebäude für die Stadt (die über 90 m erreichende Kuppel des Neuen Rathauses ist nahe dem mittleren östlichen Bildrand erkennbar) und für das Land Niedersachsen (das Leineschloß am südlichen Knick der Altstadt beherbergt das Landesparlament, in seiner Umgebung weitere Verwaltungsgebäude und Ministerien) umgeben. Die sich südwestlich anschließende Calenberger Neustadt mit ihren großen Plätzen sowie das Gelände um den Waterlooplatz (mit erkennbarer Säule) sind ebenfalls von staatlichen und regionalen Verwaltungen eingenommen.

Der gesamte nördliche Teil des Bildausschnittes umfaßt im 19. und 20. Jh. ausgebaute Wohnviertel der „Nordstadt" westlich sowie der „List" nordöstlich der Eisenbahn. Das Luftbild zeigt dicht bebaute Viertel von mehrstöckigen Mietshäusern, deren Grundriß und Baubestand in wesentlichen Teilen noch der Entstehungsphase angehören.

Zwischen der Nordstadt und den Parks liegt das im 19. Jahrhundert erbaute Welfenschloß, das seitdem der heutigen Technischen Universität als Domizil dient. Inzwischen hat sich ein Universitätsviertel entwickelt, das nach Norden in die sanierungsbedürftigen Wohnviertel vordringt.

Westlich der Ihme füllt die 1920 eingemeindete Stadt Linden den Bildausschnitt.

Aus früheren Ansätzen örtlicher Bodenschätze (Kalkstein und Salze) haben sich zahlreiche Industriebetriebe, namentlich der Maschinenbranche, entwickelt, die über die ehemaligen Bahnhöfe Küchengarten (etwa in der Bildmitte) und Fischerdorf im Süden Eisenbahnanschluß sowie über den später angelegten Stichkanal und Hafen (im Südwesten) eine Verbindung zum Mittellandkanal erhalten und sich flächenhaft ausgebreitet haben.

Der Lindener Berg (87 m ü. NN mit Wasserturm) trennt mit seinen Grünanlagen und dem Gartengelände die beiden Industriegebiete, die sich im Süden jenseits des Bildrandes fortsetzen.

Der hannoverschen Seite zugewandt liegen die durch bedeutende Straßen gegliederten zugehörigen Wohnviertelkomplexe. Sie werden durch weiteres Wohnquartier am westlichen Bildrand (Limmer) ergänzt.

Als markante Bänder treten die modernen, mehrspurigen Straßen auf Luftaufnahmen in den Vordergrund. Hannover verfügt über ein System innerstädtischer Schnellstraßen, von denen eine im Südwesten den Vorort Linden durchquert; nördlich der Leine sowie im Süden führen Zubringer bis unmittelbar in die Innenstadt.

Die modernen städtischen Verkehrsprobleme werden darin deutlich, daß trotz zahlreicher Parkhäuser und Tiefgaragen große freie Flächen von stehenden Kraftfahrzeugen besetzt gehalten werden.

Das Luftbild gibt auch einen Einblick in die Dynamik der Stadtentwicklung. Die hellen Flächen beiderseits des Hauptbahnhofs sind Großbaustellen für die den Bahnhof unterquerende U-Bahn. Südlich des Bahnhofs bezeichnet die Baustelle das Herz der Stadt, wo ehemals am Verkehrsknoten das Café Kröpcke stand. In der Bildmitte entsteht an der Ihme ein großes Geschäfts- und Wohnzentrum.

Götz Voppel

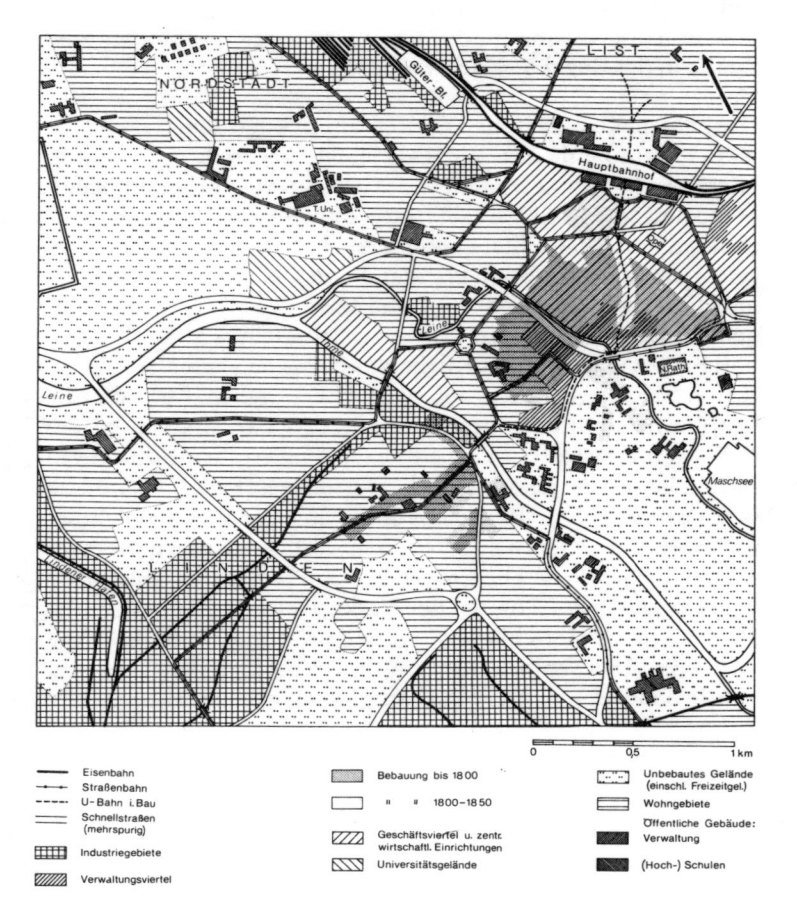

# Clauen

Ein Ausschnitt aus der Hildesheimer Lößbörde mit den Dörfern Rautenberg (oben), Clauen (unten) und dem Weiler Bründeln (rechts), dem Gebiet mit den höchsten Bodenwertzahlen (bis 100); die Ernteerträge liegen hier um ein Viertel bis ein Drittel höher als im Durchschnitt der Bundesrepublik. Bei zusammenhängender Bedeckung mit Lößlehm (1 bis 2 m dick) treten Höhenunterschiede sehr zurück. Der höchste Punkt liegt mit 98,8 m am linken Rand von Clauen bei der Kreuzung der Straße mit der (stillgelegten) Bahnlinie. Die Straße führt durch den Nordrand von Clauen, unterhalb Bründelns vorbei; sie verläuft genau auf der Längsachse eines schmalen Rückens, der sich 15 bis 20 m über das flachere Land erhebt, wo dann nur noch Höhendifferenzen um 5 m vorkommen. Zwischen Rautenberg und Clauen duchzieht der Bruchgraben von links nach rechts das Bild; an ihm liegt am rechten Bildrand der tiefste Punkt (66 m). Die Höhendifferenzen — obwohl nicht ohne Bedeutung für die Gestaltung der Kulturlandschaft gewesen — sind im Luftbild nicht mehr zu erkennen; eine einheitliche Bodennutzungsart — Ackerbau — beherrscht das Bild völlig. Es gibt hier weder Waldstücke noch Grünland.

Das auffälligste Merkmal ist daher die Parzellierung des Ackerlandes in durchweg geradlinig begrenzte, meist rechteckige Feldstücke, erschlossen durch ein schematisches Wegenetz. Es heben sich einige Gebiete mit charakteristischer Flurauftilung heraus: Um Bründeln fehlen Kleinparzellen; diese reihen sich dagegen beiderseits des Bruchgrabens, sie häufen sich außerhalb etwas im Gebiet oberhalb Clauens, rechts der Straße nach Rautenberg. Hierin spiegeln sich noch Besitz- und Nutzungsverhältnisse der jüngsten Vergangenheit. In Bründeln gab und gibt es nur vier große Höfe, für die die Flur bei der Verkoppelung (um 1865) in zusammenhängende Bereiche aufgeteilt wurde. Da Bodenunterschiede kaum auftreten, war kein Anlaß zur Streulage der Besitzstücke gegeben. Parzellengrenzen sind hier nicht immer auch Besitzgrenzen; sie markieren vielmehr die aus Fruchtfolgegründen gebotene Unterteilung nach den wichtigsten Anbaufrüchten (heute in der Regel 1/3 Zuckerrüben, 1/3 Weizen, 1/3 Gerste und Hafer).

Die beiden Kleinparzellenstreifen am Bruchgraben waren zunächst Grünland, das einzige Gebiet, das sich dazu anbot. Hieran hatte jeder Grundbesitzer einen Anteil erhalten, daher heute noch die Kleinparzellierung, obwohl das Land seit Jahrzehnten unter den Pflug genommen ist. Bei den schmalen Parzellen am oberen rechten Ortsrand von Clauen handelt es sich um Hof-Anschlußstücke der Gehöfte an der Straße. Der kleingeteilte Parzellenstreifen links von Bründeln — zu Clauen gehörig — besteht z. T. aus Kirchenland, das an ehemalige Klein- („Kuh"-)bauern verpachtet war. Diese haben fast alle die Landbewirtschaftung eingestellt und ihre Parzellen an größere Bauern verpachtet. Jetzt gibt es in Clauen fast nur noch, in Bründeln seit je ausschließlich, Betriebe mit mehr als 50 ha Betriebsfläche. Der Parzellenschnitt aus der Zeit der Mitbeteiligung von Klein- und Nebenerwerbslandwirten ist aber noch beibehalten. — Die großen Schläge rechts und links oben von Clauen sind schon bei der Verkoppelung entstanden; die Flächen dieser Höfe blieben seitdem im Wandel von Erbgang und Mitgiftflächen erhalten; in anderen Flurteilen hingegen wurde dadurch ein etwas bunterer Wechsel bewirkt.

Das Flurbild — nach der Verkoppelung unter Ausweisung zusammenhängender Besitzflächen angelegt — ist also seitdem im allgemeinen stärker zerstückelt worden. Der seit rund 20 Jahren gegenläufige Prozeß der Zusammenfassung zu größeren Bewirtschaftungseinheiten hat noch nicht zur Zusammenlegung von Kleinparzellen geführt. — Die Vereinfachung der Ackernutzung wird künftig noch zunehmen; schon heute wird vielfach gänzlich viehloser Ackerbau betrieben; die Humusversorgung und Lockerhaltung des Bodens wird durch Gründüngung und Unterpflügen des Strohes und der Rübenblätter gesichert.

Baumgruppen fehlen in diesen vernüchterten, von den Belangen technischer Ackerwirtschaft bestimmten Fluren fast ganz; sie beschränken sich auf einige Baum- und Buschreihen längs der Hauptwege und auf Obstgärten an und in den Ortschaften. Die einzige dichtere Baumreihe am linken Bildrand im Zuge des Bruchgrabens entstand im Gebiet ehemaliger Flachs-Röstgruben.

Die Dörfer der Lößbörde gehören fast alle zum Typ der „großen Haufendörfer" mit nur 2 bis 3 km Abstand voneinander. Clauen am unteren Bildrand zeigt, daß von einer völligen Unregelmäßigkeit nicht gesprochen werden kann: An zwei parallel von SSO nach NNW ziehenden Hauptstraßen reihen sich die alten großen Höfe; die Kirche liegt nicht in der Mitte, sondern an der rechten oberen Ecke des dadurch gebildeten Vierecks. Von der linken oberen Ecke aus hat sich aus dem Ortskern eine Reihe mit Kleinstellen nach der Verkoppelung entwickelt. In neuerer Zeit ist zuerst (1953) neben der Straße nach Rautenberg eine Kleinhausreihe für Vertriebene entstanden; das Gelände, ehemals Gartenland, stellte die Gemeinde nach Grundstückstausch zur Verfügung. 1962 kam am rechten Ortsrand, ebenfalls auf ehemaligem Gartenland, eine weitere Kleinhausreihe für Vertriebene und weichende Erben der Kleinstellen hinzu. Ortsfremde haben sich hier, relativ weit entfernt von größeren Arbeitsstätten (Hildesheim und Peine-Ilsede je 17 bis 20 km), nicht angesiedelt. Berufspendler gehen vor allem in die kleineren Gewerbebetriebe der Nachbarorte.

Im Bildausschnitt gibt es kaum Gewerbeanlagen. Am oberen Ortsrand von Clauen fällt eine Gärtnerei mit Gewächshäusern auf; sie baut ausschließlich Blumen an für die Märkte in Hildesheim und Hannover. Zwischen Clauen und Rautenberg liegt an der Straße und an der stillgelegten Kleinbahn die Zuckerfabrik Clauen. Der untere Komplex enthält die Fabrikationsanlagen und Lagerplätze; darüber sind auf dem Gelände einer ehemaligen kleinen Munitionsanlage Hilfsbetriebe (Werkstatt, Garagen usw.) entstanden. Daran schließen sich nach links Klärteiche zum Absetzen des Rübenschlamms, der jetzt von den Bauern nicht mehr zurückgenommen wird; er wird auf die tiefliegenden Flächen am Bruchgraben weiter links aufgespült.

Wir haben hier also ein Bild aus einer völlig zweckhaft für die Belange intensiver Ackernutzung organisierten Kulturlandschaft vor uns, das nur in den Ortschaften sowohl noch Relikte der früheren Sozialstruktur als auch Hinweise für eine bescheidene, neuere Ausgestaltung zeigt.

Rudolf Klöpper

## 23 CLAUEN
Braunschweig-Hildesheimer Lößbörde

Aufnahmedatum: 7. September 1971, 10.00 Uhr
Flughöhe: 3000 m
Bildmaßstab: ca. 1 : 16 500

## 24 SENNESTADT
Junge, geplante Industriestadt am Fuß des Teutoburger Waldes

Aufnahmedatum: 26. August 1971, 10.10 Uhr
Flughöhe: 2300 m
Bildmaßstab: ca. 1 : 13 000

# Sennestadt

Die Senne ist eine ausgedehnte Sandlandschaft am Fuße des Osnings oder Teutoburger Waldes zwischen Brackwede bei Bielefeld und Paderborn. Sie wird aus mächtigen Schmelzwasserablagerungen der vorletzten Vereisung, der Saalekaltzeit, aufgebaut. Als schiefe Ebene dacht sie sich allmählich nach SW ab und erhält nur hier und da durch aufgesetzte Dünen ein etwas bewegteres Relief.

Schon früh wurde der ursprüngliche Eichen-Birkenwald gerodet. Infolge der starken Beweidung durch die Schafhaltung dehnte sich seit dem Mittelalter die Heide aus. Aber seit über 100 Jahren ist die Senne aufgeforstet worden, vorwiegend mit Kiefern. So zeigt unser Bild die Sennestadt inmitten weiter, dunkelgrüner Kiefernwälder.

Von Bielefeld und Brackwede aus haben sich in den letzten Jahrzehnten viele Menschen in der Senne angesiedelt; zum großen Teil wohnen sie in Einfamilienhäusern. Auch die Industrie ist, vor allem an Straße und Eisenbahn, in die Senne vorgedrungen. Um eine planlose ‚Zersiedlung' zu unterbinden und um für die immer ausgedehntere Streusiedlung einen eigenen städtischen Mittelpunkt zu haben, wurde die Sennestadt als neues Zentrum mit allen städtischen Funktionen geplant und gebaut. 1958 konnten die ersten Wohnungen bezogen werden. 1954 wohnten im Bereich der späteren Stadt 4844 Menschen, 1960 11 643, 1964 16 329, 1968 19 000 und 1970 20 200.

In verkehrsgünstiger Lage konnte die Stadt ohne Rücksicht auf ältere Siedlungen und Straßenführungen nach modernen Bedürfnissen, Wünschen und Erfahrungen entwickelt werden.

Das Luftbild zeigt die Sennestadt am Schnittpunkt der Bundesstraße 68, die von Brackwede bei Bielefeld nach Paderborn führt, und der Autobahn Ruhrgebiet—Hannover. Die Bundesstraße durchzieht von links unten nach rechts oben das Bild. Die Autobahn verläuft senkrecht dazu. Die Bebauung der Sennestadt endet im Nordosten (nahe am linken Bildrand) am Rande eines ausgedehnten Waldgebietes. Hier läuft ein nur teilweise ausgebauter Sandweg entlang. Das ist der schon in vorgeschichtlicher Zeit begangene Senne-Hellweg, dessen Verkehrsfunktion später auf die etwas parallel dazu laufende Landstraße und spätere Bundesstraße 68 überging. Der mitten durch die Stadt laufende Bullerbach ist aufgestaut worden, so daß seine ganze Talsohle mit Wasser angefüllt ist. Außerdem legte man einen größeren kreisförmigen Stauteich unmittelbar an der Bundesstraße an.

Die Sennestadt gliedert sich in deutlich voneinander abgesetzte Stadtviertel oder ‚Nachbarschaften'. Zu beiden Seiten des Bullerbachs und der seine Ufer begleitenden Parkanlagen liegen die Oststadt und die Weststadt. Nach Nordosten (links) schließt daran die Nordstadt an. Auf der anderen Seite der Bundesstraße liegt die Südstadt, die bis an die Eisenbahn heranreicht.

In jeder Nachbarschaft gibt es Läden für die Güter des täglichen Bedarfs sowie eigene Grundschulen und Kindergärten. Ost- und Weststadt haben durchgehende Hauptstraßen als zentrale Achsen, die sich bis in die Nordstadt fortsetzen. Von ihnen zweigen kreuzungsfrei gegeneinander versetzte Wohnstraßen ab, die nur dem Anliegerverkehr dienen. Sie treffen immer im spitzen Winkel auf die Hauptstraße. Meist enden sie in Wendeschleifen, die durch Fußgängerwege oder kleine Nebenstraßen miteinander verbunden sind. Dieses an die Adern eines Laubblattes erinnernde „autogerechte" Straßennetz ohne die so gefährlichen rechtwinkligen Straßenkreuzungen hat sich bewährt. Die Zahl der Verkehrsunfälle in der Sennestadt liegt weit unter dem Durchschnitt anderer Städte. Alle Wohnbauten liegen inmitten weiter Grünflächen und Gärten. Mehrstöckige Mietreihenhäuser, einstöckige und zweistöckige Eigenheime, vielstöckige turmartige ‚Punkthäuser' wechseln in reizvoller Weise miteinander ab.

Oststadt und Weststadt werden im Norden (nahe am linken Bildrand) durch eine langgestreckte, rechteckige Senke von der Nordstadt getrennt. Das ist eine alte Sandgrube, die beim Bau der Autobahn entstanden war. Ihr feuchter Grund ist für Wohnsiedlungen nicht geeignet. Daher wurde die Senke zu ausgedehnten Sportanlagen umgestaltet mit Sportplätzen verschiedener Art, einem schönen Hallenbad und einer großen Sporthalle.

Die Sennestadt ist keine ‚Schlafstadt' geworden, in der nur Pendler wohnen, die tagsüber in Bielefeld oder Brackwede arbeiten. Sie hat vielmehr von Anfang an eine eigene Industrie entwickelt, die zum Teil aus Bielefeld abgewandert ist. Ein schmaler Kiefernwaldstreifen trennt die Wohnsiedlung der Weststadt von einem Industriegebiet unmittelbar an der Autobahn. Ein weiteres Industriegebiet ist in ersten Ansätzen im Süden entstanden. Hier liegt das zur Zeit größte Industriewerk, eine aus Bielefeld ausgelagerte Werkzeugmaschinenfabrik im Pavillonstil (in der rechten oberen Bildecke). Die Sennestädter Industrie ist vielseitig ausgerichtet. Sie produziert Armaturen, Werkzeugmaschinen und Stahlguß vorwiegend im Süden, während an der Autobahn Großhandelsbetriebe, Auslieferungsanlagen und Installationswerkstätten angesetzt wurden.

Repräsentatives Zentrum der Sennestadt wird die Halbinsel in dem aufgestauten Bullerbachteich, unmittelbar an der Bundesstraße, in deutlicher Mittelpunktslage zu Weststadt, Oststadt und Südstadt. Hier ist ein großes „Haus der Jugend" schon seit längerem seiner Bestimmung übergeben worden. Ein neues vielstöckiges Rathaus ist im Bau. Rings um den Rathausteich führt der Stadtring, von dem aus ein kreuzungsfreier Übergang über die Bundesbahn in die Südstadt abzweigt.

An der Westseite des Stadtringes beginnt das eigentliche Geschäftsviertel mit spezialisierten Läden für den gehobenen Bedarf, dem Postamt und Gaststätten. Es setzt sich in den südlichen Teil der Weststadt und vor allem der Oststadt fort. Auf der Freifläche zwischen Rathausinsel und dem Bullerbach wird alljährlich eine große Verkaufsmesse der ostwestfälischen Wirtschaft aufgebaut, die von Jahr zu Jahr stärker besucht wird.

Ausdruck des städtischen Lebens sind auch die modern eingerichteten weiterführenden Schulen mit überörtlichem Einzugsbereich: ein Gymnasium und eine Realschule. Beide sind eingebettet in die Grünanlagen nördlich (Gymnasium) und südlich (Realschule) des Bullerbachteiches und der Rathausinsel.

Adolf Schüttler

# Münster in Westfalen

Münster, das Verwaltungszentrum Westfalens mit etwa 200 000 Einwohnern, ist Bischofs- und Universitätsstadt, Einkaufsziel, kultureller und Verkehrsmittelpunkt des westfälischen Tieflandes, kurzum: eine kleine Metropole.

In seiner Mitte zeigt das Luftbild die vom Grüngürtel der „Promenade", dem einstigen Befestigungswall, kreisähnlich umgrenzte *Altstadt*, rechts davon (nach Westen) Schloß und sternförmigen Schloßgarten, darüber den Zentralfriedhof und das innerstädtische Erholungsgebiet mit dem Aasee. Ausgedehnte Wohnviertel kennzeichnen den nördlichen (unteren), südlichen und äußeren östlichen Stadtbereich. Die Verkehrsschneise der Bundesbahn im linken Bildteil erweitert sich schlauchartig in Höhe des mehrere hundert Meter langen Hauptbahnhofs- und Bahnpostgebäudes; sie fächert danach aus zum kleinen *Hafen- und Industriegebiet* am Dortmund-Ems-Kanal mit der bekannten „Halle Münsterland" (6000 Plätze). Zwischen Hauptbahnhof und Altstadt erstreckt sich ein im Gegensatz zum übrigen Stadtbild vielstöckig bebautes *Verwaltungs- und Behördenviertel* mit Hotels, Gaststätten und Kinos. Über die mit Geschäften besetzte Windthorststraße ist es mit der Altstadt weitgehend zusammengewachsen.

Zentrum der Stadt ist seit Gründung eines Klosters im späten 8. Jh. und der Ernennung des Abtes Liudger zum ersten Bischof von Münster (804) der *Dombezirk* mit der unmittelbar anschließenden Kaufmannssiedlung um Prinzipalmarkt, Rathaus und Lambertikirche. Dieser historische Altstadtkern lag 1945 zu 92 % in Trümmern, wurde aber in beispielloser Vollendung fast ganz im alten Stil wiederaufgebaut. Der Dom St. Paul (1165—1265) ist an seinem neuen, hellgrün leuchtenden Kupferdach gut zu erkennen. Mit seinem breitgelagerten, spätromanischen Langhaus und den beiden gotischen Querschiffen überspannt er eine Länge von hundert Metern. Das „Paradies", eine an das westliche (rechte) Querschiff zum Domplatz hin angesetzte spätgotische Vorhalle, enthält wertvolle romanische Apostel- und Heiligenfiguren aus dem 13. Jh. und ist, wie auch die Astronomische Uhr aus dem 16. Jh. im Inneren des Domes, eine vielbesuchte Sehenswürdigkeit.

Der nach Süden (oben) anschließende rechteckige Platz diente früher der in Münster „Send" genannten Kirmes, heute einem zweimaligen Wochenmarkt. An seiner Westseite befinden sich im Zuge der alten Domburg Kurie, Bischöfliche Residenz und Diözesanmuseum. Im Winkel zur Südseite erkennt man den quadratisch geschlossenen und T-förmig erweiterten Baublock der Philosophischen Fakultät, das nach dem Begründer der *Universität* (1773) benannte „Fürstenberghaus". Von hier aus erstrecken sich in lockerer Gruppierung, weit über den rechten Bildrand hinaus, die zahlreichen Gebäude der mit über 20 000 Studenten drittgrößten westdeutschen Universität.

An der Südseite des Domplatzes befinden sich die Neubauten von Landesmuseum, Hauptpost und Regierung. Ein kurzer Straßenzug führt nach links zum „Prinzipalmarkt", unmittelbar vor das am längeren Schattenwurf erkennbare hochgiebelige gotische Rathaus, in dessen Saal 1648 der Westfälische Friede geschlossen wurde.

Der *Prinzipalmarkt* ist das Geschäftszentrum von Münster, ein breit angelegter früherer Straßenmarkt, der von einer geschlossenen Front meisterhaft wiederaufgebauter alter Giebelhäuser mit Bogengängen gesäumt wird. Sie setzen sich fort im Verlaufe der Anschlußstraßen und bilden einen Halbkreis um den Dombezirk. Auf einer Länge von sechshundert Metern liegen hier dicht an dicht hochspezialisierte, überwiegend kleinere Fachgeschäfte, während sich Supermärkte, Waren- und Kaufhäuser an der nach Süden (oben) abzweigenden, geraden Ludgeristraße und an der östlich verlaufenden, historischen Salzstraße befinden. An der letztgenannten Straße liegen der barocke „Erbdrostenhof" (1757), der bedeutendste der früher zahlreichen Adelshöfe, und ebenfalls, noch unmittelbar zum Prinzipalmarkt gewandt, die dunkle gotische Hallenkirche St. Lamberti (1375—1450) mit den drei Käfigen der 1536 hingerichteten Wiedertäufer.

Der *äußere Altstadtbezirk*, der durch das schmale Band der nordöstlich fließenden Münsterschen Aa in zwei ungleiche Hälften geteilt wird, ist an fast allen der zwölf Radialstraßen mit Geschäften besetzt. Dazwischen finden sich Verwaltungsgebäude, Büros, Praxen und reine Wohnstraßen. Im rechten Teil liegen Universitätsgebäude und Studentenheime, mehr an der Peripherie Krankenhäuser und Schulen, darunter das von Karl dem Großen gegründete Gymnasium Paulinum. An seinem aus Zuschauerraum und Bühnenturm gebildeten schwarzweißen Oval ist das moderne Stadttheater zu erkennen. Auffallend zahlreich sind die Parkplätze innerhalb der Altstadt.

Das spätbarocke *Bischofsschloß* (1767—1773) rechts der Altstadt dient heute als Hauptgebäude der Universität. Der markante, fünfzackige Grundriß des Schloßgartens, in dem sich auch der Botanische Garten befindet, weist darauf hin, daß hier früher die mächtige Zitadelle des Fürstbischofs stand. Der künstlich aufgestaute *Aasee* mit dem kleinen Segelboothafen und den ausgedehnten Liegewiesen wird für den Wassersport genutzt und dient der Stadt aufgrund seiner Öffnung nach Südwesten gleichzeitig als Luftschleuse. An seinem Ostufer befindet sich neben mehreren Studentenwohnheimen die größere der beiden Pädagogischen Hochschulen Münsters. Sie ist als schmaler, mehrstöckiger Langbau am oberen Ende des Aasees, unweit der Brücke zu erkennen.

Obwohl Münster ursprünglich keine besonders naturbegünstigte Verkehrslage besaß, ist es heute als hochrangiges Dienstleistungszentrum an der Autobahn „Hansalinie" und am Dortmund-Ems-Kanal sowie als Kreuzungspunkt mehrerer Bundesstraßen und Eisenbahnlinien hervorragend in das nordwestdeutsche Verkehrsnetz eingegliedert.

Georg Kluczka

25 MÜNSTER IN WESTFALEN
Das Verwaltungs- und Kulturzentrum Westfalens

Aufnahmedatum: 26. August 1971, 10.30 Uhr
Flughöhe: 2300 m
Bildmaßstab: ca. 1 : 13 000

**26 BURG GEMEN**
Ein für das Münsterland typisches Wasserschloß

Aufnahmedatum: 7. Juli 1971, 12.30 Uhr
Flughöhe: 685 m
Bildmaßstab: ca. 1 : 4 000

# Gemen — Wasserschloß

Gemen mit dem bekannten Wasserschloß (Burg Gemen) liegt im parkähnlichen, überwiegend ebenen Westmünsterland, 2 km nördlich von Borken.

Typisch für diesen Landesteil Nordrhein-Westfalens ist der im linken Bildteil andeutungsweise erkennbare, oft rasche Wechsel von Wald, Weiden und Äckern, sind die zahlreichen, von hohen Niederschlägen und gestautem Grundwasser gespeisten Wasserläufe. Sie dienten in der Vergangenheit häufig zur Anlage von „Gräften", Wassergräben, die zum Schutz von Hab und Gut um Adels- und auch Bauernhöfe gezogen wurden und noch heute in großer Zahl erhalten sind.

Ein solcher ehemaliger Adelshof ist das in der Bildmitte gut erkennbare Wasserschloß Gemen. Die Technik dieser Schutzanlagen ist denkbar einfach: In unmittelbarer Nähe eines Wasserlaufes wurde ringförmig ein Graben ausgehoben und das Erdreich in seiner Mitte zu einem Hügel, einer „Motte", aufgeschüttet. Auf dieser künstlichen Insel errichtete man das gewünschte Gebäude und wässerte die Gräfte schließlich durch einen Verbindungsstich zum nahen Bach oder Fluß.

Der erstmals im Jahre 1017 urkundlich erwähnte Hof „Gamin" und die seit 1274 nachweisbare Burg Gemen mögen in dieser einfacheren Ausführung geschützt worden sein. Spätestens aber seit dem Neubau von 1411 und den Erweiterungen zum Schloß im frühen 17. Jh. entstand die kunstfertige Anlage, wie sie noch heute zu sehen ist.

Die Aufnahme zeigt, daß die vom oberen linken Bildrand (Osten) in einer Schleife herführende Bocholter Aa über ein Grabensystem zunächst in einen baumumstandenen Teich geleitet wird, der so groß ist, daß auf seiner Wasserfläche der danebenliegende Sportplatz bequem untergebracht werden könnte. Von hier aus regulieren Zuflüsse das Niveau der unmittelbar angrenzenden Gräfte, die über den ursprünglichen Graben hinaus erheblich erweitert worden ist und außer dem Schloß eine zweite, gärtnerisch gestaltete Insel umschließt.

Auf der Schloßinsel kann man den langgestreckten Palas aus dem 15. Jh. an seinem später aufgesetzten Walmdach und den zwei flankierenden, mächtigen Rundtürmen deutlich erkennen. Der geübte Bildbetrachter sieht auch die umlaufende Dachgalerie, die am nördlich anschließenden Flügel weitergeführt wird. Der kürzere Osttrakt birgt Baureste aus dem 13. Jh. Von den barocken Elementen der Anlage zeigt das Flugbild nur die Haube des Bergfrieds (oberer Turm, im Südosten), der ihretwegen volkstümlich Ballturm genannt wird.

Der Archivturm (unten, im Nordwesten) diente früher als Gefängnis.

Nur bis 1502 im Besitze der Herren von Gemen, erlebte das Wasserschloß eine wechselvolle Geschichte, bis es im Jahre 1946 „Jugendburg" des Bistums Münster wurde, eine Bildungsstätte mit verschiedenen, weithin bekannten Veranstaltungen wie dem jährlichen Internationalen Studententreffen.

Südwestlich (rechts) von Schloß und Vorinsel erkennt man die beiden nur durch eine Brücke miteinander verbundenen Ortskerne, deren Bezeichnung als „Freiheit" und „Flecken" auf ältere Stadtrechte hinweist. Sie fallen im Bild durch ihre enge, giebelständige Bebauung auf. Die Nutzung des alten Marktes als Pkw-Parkplatz ist gut zu erkennen.

Zwischen Flecken und Schloß liegt, vom gelenkten Lauf der Bocholter Aa rechtwinklig umflossen, der erweiterte Gebäudekomplex des ehemaligen Franziskanerklosters (1719), das jetzt verschiedene kirchliche Einrichtungen beherbergt. Dazu gehört die ausgedehnte gärtnerische Anlage mit dem von Wasserpflanzen bewachsenen ovalen Teich.

Die Entwicklung der historischen Burg- und späteren Handwerks- und Handelssiedlung wurde durch eine vorteilhafte Verkehrslage begünstigt. Hier zweigt die von Bocholt nach Coesfeld führende Bundesstraße 67 von der nordwärts verlaufenden B 70 (Wesel—Rheine) ab. Beide Bundesstraßen sind an ihrer Breite und den markierten Mittellinien gut zu erkennen. Die B 70 quert das Bild als leicht gewundene Diagonale und schneidet den alten Ortskern. Unmittelbar vor ihrer Überführung über die Bocholter Aa verläßt die B 67 die zuvor gemeinsame Trasse rechtwinklig und verläuft schnurgerade nach Osten.

Das Luftbild zeigt, daß der Siedlungsausbau von Gemen in Anlehnung an die vorgenannten Bundesstraßen erfolgt. Während im Bereich der B 67 vor allem Grünanlagen, Schule mit Erweiterungsbau und Turnhalle, angrenzender Parkplatz und vielleicht noch die beiden Kirchen ins Auge fallen, ist die B 70 mit ihren rippenförmigen Nebenstraßen Leitlinie des Wohnungsbaus, wobei Einfamilienhäuser mit Kleingärten vorherrschen. Eingestreut finden sich rechts oben und unten industrielle Unternehmen (Bauunternehmen, Stahl- und Metallbau, Weberei, holzverarbeitende Betriebe). Überwiegend in der Gesamtstruktur ist die Wohnfunktion. Deshalb wurde **Gemen im Jahre 1969** von der größeren Nachbarstadt Borken eingemeindet.

Georg Kluczka

# Wesel

In weitem Bogen fließt der Rhein durch das Niederrheinische Tiefland bei Wesel. Von Osten mündet die Lippe in den Strom. Wiesen und Weiden bedecken die hochwassergefährdeten Talauen der Flüsse. Auf der linken Rheinseite deutet die kleinparzellige Feldflur auf hochflutfreies Gelände. Hier schiebt sich eine niedrige Terrasse (Inselterrasse) nahe an den Strom heran. Auch die Stadt Wesel liegt auf einem Terrassensporn (Niederterrasse) am Prallhang des Rheines. Die Stromaue ist im Bereich des Bildausschnittes nur schmal ausgebildet und damit hervorragend geeignet für einen Flußübergang. Rhein und Lippe durchzogen vor ihrer Regulierung in vielen Mäandern die alluvialen Niederungen. Ein alter, heute verlandeter Rheinarm ist südlich der Lippemündung noch zu erkennen. Im Jahre 1784 wurde der Rhein begradigt, und es entstand zeitweilig eine künstliche Insel. Auch nördl. der Lippe hat der Rhein seinen Lauf geändert. Im Mittelalter floß er im Zuge des heutigen westlichen Grüngürtels zwischen der Altstadt und dem jetzigen Industriegebiet. Die Lage am Prallhang bedeutete eine ständige Gefährdung für die Stadt. Daher wurde das Strombett künstlich nach Westen verlegt.

Der Rhein verbindet als wichtigste Binnenschiffahrtsstraße Europas das Ruhrgebiet mit den niederländischen Nordseehäfen. Zahlreiche Frachtkähne und moderne Schubleichter transportieren vorwiegend Massengüter, unter anderem Mineralöle und Erz zu Berg, Kohle zu Tal. Die Schiffe fahren zumeist an der Stadt Wesel vorbei. Nur wenige gehen in dem kleinen Stadthafen vor Anker. Anders im Mittelalter. Wesel war bedeutendster Handelsplatz nach Köln am Niederrhein und seit 1407 Hansestadt. Sie lag schon damals an einem Rheinübergang und im Schnittpunkt mehrerer Landhandelswege. Auch die Lippe war bis ins 19. Jahrhundert hinein schiffbar.

In der Neuzeit verlor Wesel für nahezu 300 Jahre seinen Charakter als Handelsplatz. Der Rheinübergang und die Schutzlage zwischen Rhein, Lippe und Issel (östlich des Bildrandes) gaben Wesel eine hohe strategische Bedeutung. So wurde Wesel seit dem Beginn des 17. Jh. zur Festung ausgebaut. Die Festungszeit hat im Stadtbild deutliche Spuren hinterlassen. Die Innenstadt wird im Norden und im Westen von einem Grüngürtel umzogen, der an die Stelle ehemaliger, umfangreicher Befestigungswerke getreten ist. Südlich der Stadt entstand unfern der Lippemündung um 1700 eine zehneckige Zitadelle, deren sternförmige Anlage teilweise noch heute durch den Straßenverlauf erkennbar ist. Vorgeschobene Forts wurden am Rhein und an der Lippe errichtet. Linksrheinisch sind im Vorfeld der Straßenbrücke noch Reste des Forts Blücher sichtbar.

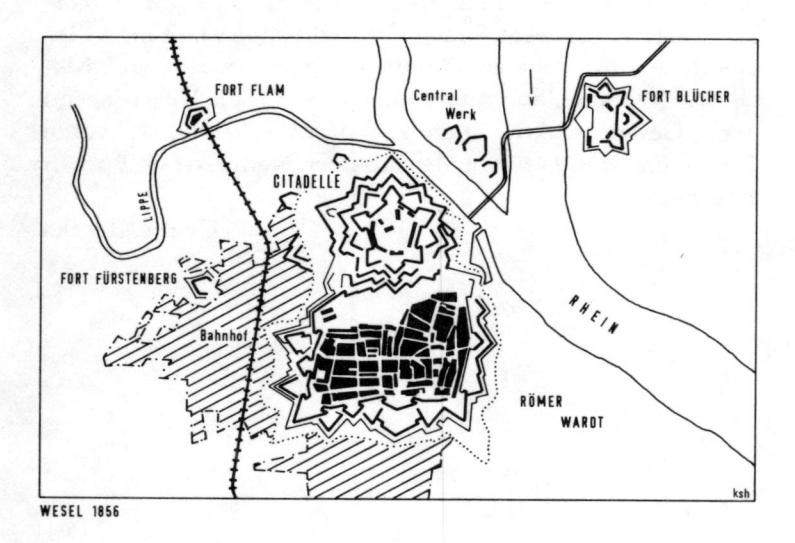

300 Jahre lang war die Garnison für Wesel eine sichere, aber wenig entwicklungsfähige Lebensgrundlage. Der Plan von 1856 zeigt deutlich die Einengung der Stadt durch die Befestigungswerke. Um freies Schußfeld zu behalten, war jegliche Bebauung außerhalb der Bastion untersagt.

Erst 1890—1895 wurden die Wehranlagen beseitigt, doch kam es bis zu Beginn des 2. Weltkrieges nicht zu größeren Stadterweiterungen.

Der Krieg brachte die völlige Vernichtung der Stadt durch Bombenangriffe und Artilleriebeschuß. Zerstört wurden auch die beiden Rheinbrücken, von denen nur die Straßenbrücke nach dem Kriege wieder aufgebaut wurde. Von der weiter nördlich gelegenen ehemaligen Eisenbahnbrücke sind beidseits des Stromes in der Rheinaue noch mehrere Brückenpfeiler zu erkennen. Alle übrigen Kriegsspuren sind beseitigt. Die Altstadt wurde in Anlehnung an den historischen Grundriß wieder aufgebaut. Südlich davon entstanden im Bereich der Zitadelle lockere, durchgrünte Wohnviertel. Jenseits des ehemaligen Befestigungsringes hat sich die Stadt auf der Niederterrasse nach Norden und Osten ausgedehnt und so aus der Umklammerung ihrer Wehranlagen gelöst.

Trotz des Verlustes der Eisenbahnbrücke besitzt Wesel noch immer eine hervorragende Verkehrslage.

Vierspurige Autostraßen, in den Grüngürteln verlaufend, umziehen die Innenstadt. Im Bereich der ehemaligen Zitadelle kreuzen sich die von der linken Rheinseite kommende B 58 (Geldern—Münster) und die B 8 (Köln—Niederlande). Parallel zur B 8 verläuft die Eisenbahnlinie Ruhrgebiet—Niederlande. Die Stadt sucht die Lagegunst durch die Ansiedlung von Industriewerken zu nutzen. Nach dem letzten Weltkrieg entstanden an Rhein und Lippe sowie an der Eisenbahnlinie Werke der Glas-, Keramik- und Elektroindustrie. Südlich der Lippe soll weiteres Industriegelände erschlossen werden. Hier sind erst vor wenigen Jahren an der Mündung des Wesel-Datteln-Kanales neue Hafenbecken mit Tanklagern entstanden.

Nach jahrhundertelanger Einengung durch Befestigungswerke und nach der totalen Zerstörung im letzten Weltkrieg ist Wesel heute ein aufstrebender Industrieort und Verwaltungssitz des Kreises Rees mit zunehmender Zentralität.

Wolfgang Feige

WESEL 1856

27 WESEL

Aufnahmedatum: 8. September 1971, 12.55 Uhr
Flughöhe: 2750 m
Bildmaßstab: ca. 1 : 16 500

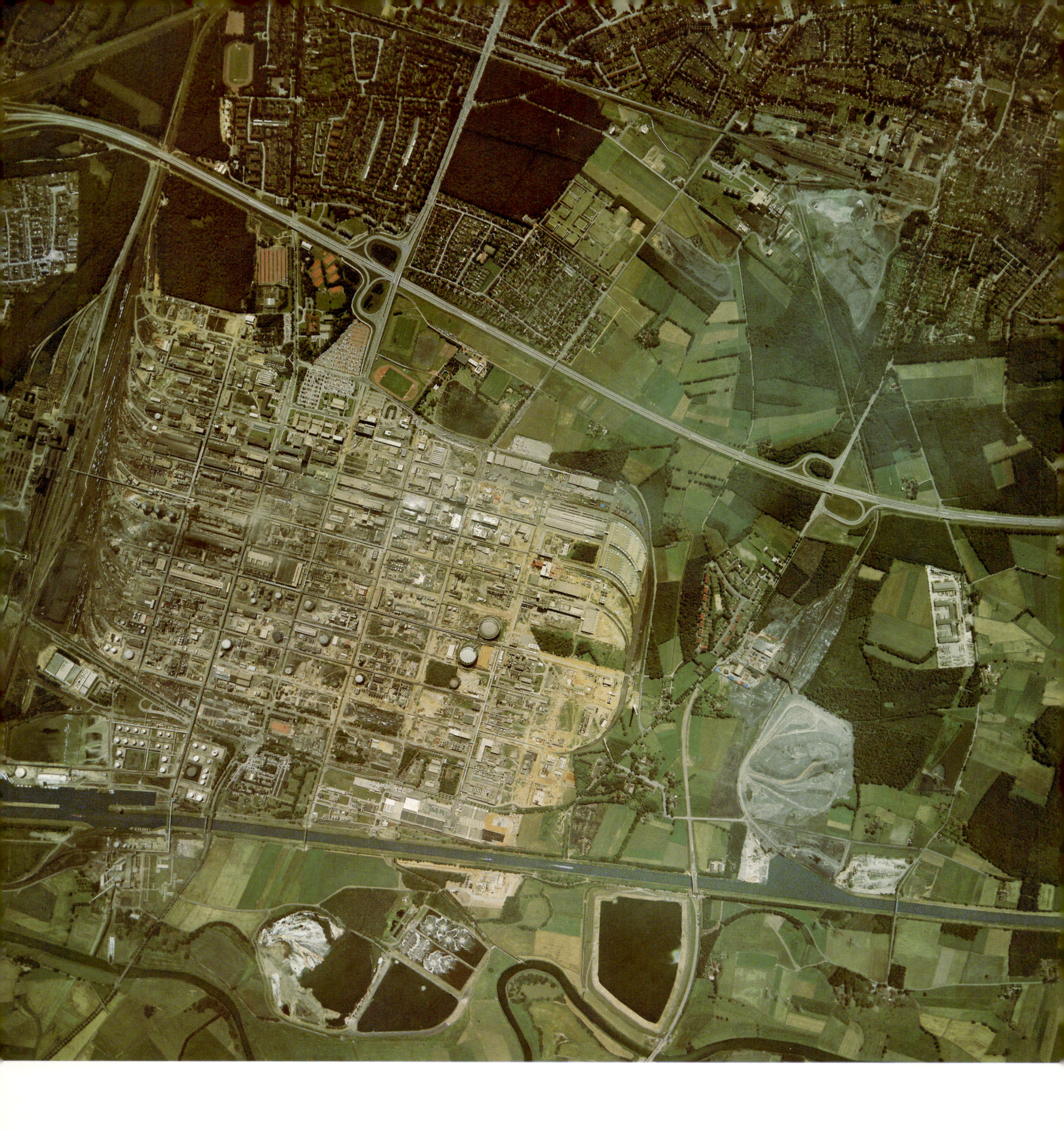

28 MARL
Moderne Chemiestadt im nördlichen Ruhrrevier

Aufnahmedatum: 7. Juli 1971, 11.45 Uhr
Flughöhe: 2750 m
Bildmaßstab: ca. 1 : 15 750

# Marl

Das Bild zeigt einen Ausschnitt aus der Lippezone des nördlichen Ruhrgebiets mit den Chemischen Werken Hüls und den Schachtanlagen der Zeche Brassert in Marl. Zwei große Verkehrslinien, ein Kanal und eine vierspurige, kreuzungsfreie Autostraße durchziehen das Bild von Ost nach West. Sie begrenzen eine stark von der Industrie geprägte Zone und trennen sie von einer vorwiegend agrar genutzten Flußniederung im Norden und einem Wohnsiedlungsgebiet im Süden. Die klare funktionale Gliederung der Landschaft unterscheidet sich stark von dem für weite Teile des Ruhrgebiets typischen Durcheinander von Wohnsiedlungen, Industrieanlagen und Verkehrswegen. Bergbau und Industrie haben im Zuge ihrer Nordwanderung erst relativ spät die Lippe erreicht. Durch raumplanerische Maßnahmen konnten daher Fehlentwicklungen, wie sie bei dem raschen und ungeordneten Wachstum der Hellweg- und Emscherzone eingetreten waren, weitgehend vermieden werden.

Bis um die Jahrhundertwende war der im Bild erfaßte Landschaftsausschnitt noch ausschließlich Agrarland. Überwiegend landwirtschaftlich genutzt wird heute nur noch die Flußniederung im Norden. Reste der Agrarlandschaft — Einzelhöfe, Felder und Hecken — haben sich aber auch zwischen Industriewerken und Wohnsiedlungen bis heute erhalten.

Um 1900 drang der Bergbau von der Emscher zur Lippe vor. 1906 wurde die Zeche Brassert mit den Schachtanlagen Brassert I/II südlich der heutigen Autostraße gegründet. An die Zeche lehnen sich im Westen und Süden Bergarbeitersiedlungen an. Neben dem Betrieb türmen sich Bergehalden. Eine Zechenbahn verbindet das Bergwerk mit dem Werkshafen am Lippe-Seitenkanal. Südlich des Kanals liegt eine weitere große Halde nahe dem Schacht Brassert III, der in den dreißiger Jahren abgeteuft, aber erst nach dem zweiten Weltkrieg in Betrieb genommen wurde. Neben dem Schacht entstand eine kleine Bereitschaftssiedlung. Sie hat ihre Funktion mittlerweile schon wieder verloren, da die Förderung 1962 eingestellt wurde. Mitte 1972 wird auch die Schachtanlage Brassert I/II stillgelegt.

Landschaftsbild und Wirtschaft werden heute nicht mehr vom Bergbau, sondern der Großchemie bestimmt. 1938 wurden zwecks Herstellung von Synthesekautschuk (Buna) die Chemischen Werke Hüls gegründet, deren planvolle, schachbrettartige Anlage das Luftbild beherrscht. Sie produzieren heute neben Buna auch Waschmittelrohstoffe, Lösemittel, Kunststoffe und Kunstfasern. Rohstoffbasis war in den ersten Jahren des Bestehens des Werkes die Kohle. Die für die Bunaherstellung notwendigen Kohlenwasserstoffe wurden von den nahegelegenen Hydrierwerken Gelsenberg und Scholven in Gelsenkirchen geliefert. Im Kriege erfolgte eine Umstellung auf Erdgas, das in einer Pipeline von Bentheim herangeführt wurde. Heute bildet Erdöl zu 86 % die Rohstoffbasis des Werkes. Die Chemischen Werke Hüls stehen durch unterirdische Rohrleitungen im Verbund mit den Raffinerien in Dinslaken und Gelsenkirchen westlich und südlich des Bildes. Rohstoffe der Petrochemie sowie große Mengen von Salz und Kohle werden auch auf dem Wasserwege, der Schiene und der Straße angeliefert. Das Werk besitzt einen eigenen Hafen mit siebzehn Schiffsanlageplätzen und einem Kugeltanklager und ist über eine vierspurige Autostraße an die Autobahn angeschlossen. Ein Netz von Schienensträngen durchzieht das gesamte Werksgelände. Ein- und Ausgang des Werkes verteilten sich 1970 auf die Verkehrsträger wie folgt:

Eingang: 2,6 Mill. Tonnen,
davon 36 % per Schiene,
29 % auf dem Wasserwege,
33 % auf der Straße.

Ausgang: 2,0 Mill. Tonnen,
davon 60 % auf der Straße,
24 % auf der Schiene,
16 % auf dem Wasserwege.

Die Mengendifferenz zwischen Ein- und Ausgang erklärt sich vor allem daraus, daß der größte Teil der angelieferten Kohle in werkseigenen Kraftwerken in Energie verwandelt wird. Eines der Kraftwerke liegt in der Nordostecke des Bildes zwischen Lippe und Lippe-Seitenkanal. Ein weiteres ist westlich davon zwischen dem Kanal und einer großen Kläranlage im Bau. Da für die Produktionsvorgänge im Werk nicht nur große Mengen von Strom, sondern auch von heißem Wasserdampf benötigt werden, der nicht über weite Strecken transportiert werden kann, liegen die Kraftstationen äußerst günstig in Werks- und Wassernähe. Der Lippe werden bis zu 48 000 cbm pro Stunde und dem Lippe-Seitenkanal bis zu 18 000 cbm pro Stunde Wasser vorwiegend für Kühlzwecke entnommen und unverschmutzt, aber aufgewärmt den Gewässern wieder zugeleitet. Ca. 3000 bis 4000 cbm pro Stunde kommen mit der Produktion in Berührung und bedürfen vor der Rückleitung in die Lippe einer Behandlung. Diese erfolgt in zwei zentralen Kläranlagen, von denen die eine südlich des Werkhafens, die andere zwischen Lippe und Kanal liegt. Während die Rauch und Geruch verursachenden Kraftstationen und Kläranlagen im Norden und damit bei vorherrschenden Südwestwinden im Lee des Werkes liegen, befinden sich Erholungs- und Siedlungsflächen auf der Südseite. Zwischen Werk und Autostraße erstreckt sich ein Grüngürtel aus Wald und Feld, in den Sport- und Erholungsstätten, Tennis- und Sportplätze sowie ein Badeweiher eingelagert sind.

Südlich der Autostraße beginnen die Außenviertel der Stadt Marl. Hier liegen neben den zumeist schon vor dem 1. Weltkrieg entstandenen Bergarbeitersiedlungen der Zeche Brassert großzügig angelegte Werkssiedlungen der CWH.

Durch weitsichtige und großräumige Planung ist im Bereich unseres Bildausschnittes eine sinnvolle Anordnung und Zuordnung von Arbeitsstätten, Wohnplätzen, Erholungszonen und landwirtschaftlichen Nutzflächen erreicht worden.

Wolfgang Feige

# Datteln

Zwischen Lippe- und Emscherniederung am Südrand der Münsterländer Bucht und wenige km nordwestlich der heutigen Stadtgrenze von Dortmund gelegen, erreichte Datteln als kleiner ländlicher Ort bis zur Jahrhundertwende die Bedeutung eines selbständigen Amtes mit einer Bevölkerungszahl von etwa 5000 Einwohnern. Die dünne Geschiebemergel- und Sandlößüberdeckung des Kreideuntergrundes ermöglichte eine intensive Landwirtschaft, welche auch heute noch große Flächen einnimmt und durch die randlich erhaltene Einzelhofsiedlung eine physiognomische Verbindung zum Münsterland herstellt. Erst die stürmische Expansion des Ruhrreviers in der 2. Hälfte des 19. Jh. wirkte sich mit einer gewissen Verzögerung auch auf Datteln aus und führte es zu seiner heutigen Bedeutung als Industriestadt (ca. 35 000 Einwohner) in der Lippezone. Die wichtigsten Stationen auf diesem Weg waren: 1899 die Eröffnung des Dortmund-Ems-Kanals (DEK), welcher den direkten Wasserweg zur Nordseeküste (Emden) erschloß; 1902—1906 die Abteufung der Großzeche Emscher-Lippe direkt am DEK; 1914 Fertigstellung des Datteln-Hamm-Kanals (DHK) sowie des Rhein-Herne-Kanals und damit Ausschluß auch des westl. Reviers und über die Duisburg-Ruhrorter Häfen Verbindung zum Rhein; 1930 schließlich Inbetriebnahme des Wesel-Datteln-Kanals (WDK), welcher als Lippe-Seiten-Kanal das inzwischen ebenfalls zu industrieller Bedeutung gelangte nördliche Revier anschloß.

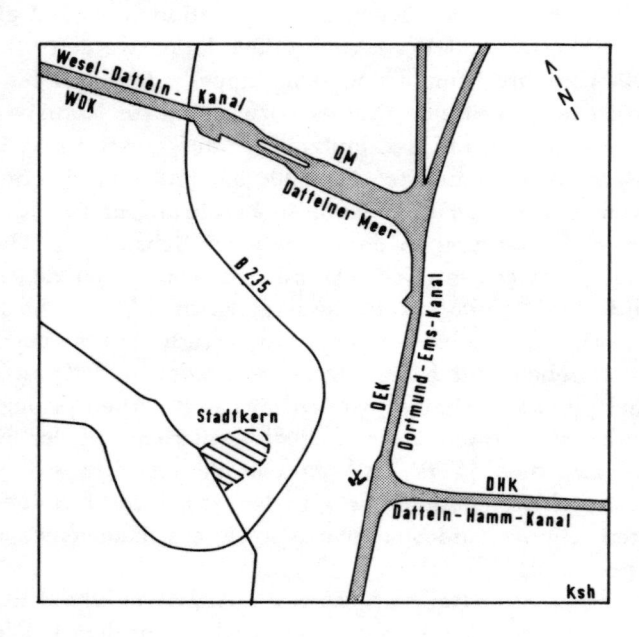

Deutlich dokumentiert das Luftbild die Entwicklung und heutige Struktur Datteln. Physiognomisch bestimmend wirkt sich die außergewöhnliche Lage am Knotenpunkt mehrerer großer Wasserstraßen aus, welche diesem Raum die Bedeutung der wichtigsten Verkehrsdrehscheibe im westdeutschen Kanalnetz verleihen. Z. Z. nur mit Ladeeinschränkungen für das 1350-t-Europaschiff befahrbar (im Bild zwischen sog. Dattelner Meer (DM) und DEK zu erkennen), ist der Ausbau inzwischen auf allen Strecken in Angriff genommen. Die Dattelner Schleuse überwindet 8 m Höhenunterschied und besitzt zwei Kammern, von denen die nördliche mit 220 m Länge als Schleppzugschleuse seit 1930 befahren wird, die südliche erst 1971 in Betrieb genommen wurde und mit nur 110 m der Entwicklung zum heute fast ausschließlich eingesetzten Selbstfahrer Rechnung trägt. Hier wurden 1970 etwa 34 000 Schiffseinheiten gezählt, welche ca. 13 Mill. t Ladung beförderten. Der oberhalb des DM sich verzweigende DEK mit einer weitgehend stillgelegten, älteren 1. Fahrt und einer neueren 2. Fahrt (rechts) weist zwei Sperrtore auf, welche im Katastrophenfall die zwischen Herne, Henrichenburg, Hamm, Datteln und Münster bestehende Scheitelhaltung (56,50 m ü. NN) wenigstens in einem Teilbereich gewährleisten sollen. Katastrophen können u. a. durch ein Leck in den Dammstrecken entstehen, welche Höhenunterschiede etwa bei Überquerung der Lippeniederung ausgleichen sollen. Sie erreichen als baumbestandene, breite Böschungen, z. B. am DM, Höhen von ca. 10 m und werden hier sogar von einem Abwasserkanal in Richtung des natürlichen Gefälles zur Lippe unterquert.

Diese Häufung von Wasserstraßen hat für die Wirtschaft Dattelns jedoch kaum eine Bedeutung. Mit einer gewissen Ausnahme der Steinkohlenzeche sucht man vergeblich nach kanalständigen Industrien. Die langen Dammstrecken erschweren den Zugang zum Kanal, und auch der kleine Hafen nordwestl. der Schleuse steht in keinem funktionalen Zusammenhang mit dem südl. anschließenden neuen Gewerbegebiet. Lediglich am diesseitigen Uferbogen zwischen DM und DEK sowie südl. davon im kleinen Stadthafen haben sich relativ bescheidene Service-Einrichtungen für die Schiffahrt (Bunkerdienst, Schiffsausrüstung, Lebensmittelverkauf, Gaststätte und Wasserschutzpolizei) sowie ein Baustofflager angesiedelt. Von ungleich größerer Bedeutung wurde dagegen der Bergbau. Die Zeche Emscher-Lippe mit den Schachtanlagen 1/2 (knapp südlich des Bildausschnittes) und 3/4 (an der Einmündung des DHK) ließ die Einwohnerzahl in kurzer Zeit von 5600 (1906) auf rund 20 000 (1926) ansteigen, was sich in den ausgedehnten Zechenkolonien physiognomisch deutlich manifestiert. Da jünger, unterscheiden diese sich durch aufgelockerte Bebauung und ansprechende Gärten deutlich von den bekannten Anlagen des vorigen Jahrhunderts. Die Kolonie am unteren Bildrand entstand um 1910, die Siedlung zwischen der Bundesstraße und dem DM erst in den 20er Jahren. Nach 1950 erfolgte dann die dritte großflächige Ausweitung westlich des Stadtkerns. Neueste Baugebiete sind südlich des WDK zwischen Gewerbegebiet und Zechenkolonie sowie unterhalb des Friedhofs erkennbar, befinden sich hauptsächlich aber südlich des Bildausschnittes. Auch die Innenstadt erfuhr durch die Entwicklung zur Bergbaustadt eine erhebliche Verdichtung (geschlossene Reihenbebauung entlang den Hauptstraßen), so daß der alte Stadtkern nordöstlich des Marktplatzes auch im Luftbild kaum noch erkennbar ist.

Neben dem Steinkohlenbergbau haben sich erst in jüngster Zeit auch andere Industrien meist peripher angesiedelt. Dazu gehören u. a. zwei Chemiewerke (unterhalb des Friedhofs und im Einmündungsbereich von DEK und WDK), eine Gummifabrik (westlich des Freibads), Maschinenindustrie und vor allem eine bedeutende Zinkhütte sowie ein Zinkwalzwerk (außerhalb des Bildes). Besonders auf die beiden letztgenannten Betriebe konzentrieren sich die Hoffnungen der Stadt Datteln, nachdem die Zeche — mit Ausnahme einer kleinen, Spezialkoks herstellenden Kokerei auf Schacht 3/4 — stillgelegt wurde und dadurch 26 % aller Arbeitsplätze sowie 40 % des Steueraufkommens verlorengingen.

Gerhard Cordes

29 DATTELN
Verkehrskreuz im westdeutschen Kanalsystem

Aufnahmedatum: 7. Juli 1971, 11.35 Uhr
Flughöhe: 2750 m
Bildmaßstab: ca.: 15 500

## 30 BECKUM
Zementindustrie in der Westfälischen Bucht

Aufnahmedatum: 7. Juli 1971, 11.20 Uhr
Flughöhe: 2300 m
Bildmaßstab: ca. 1 : 13 500

# Beckum

Mit stadtauswärts gerichteten Abbaufronten legt sich landschaftsprägend ein Ring von Steinbrüchen eng um die Stadt Beckum. Diese basieren auf wechsellagernden Schichten hochwertiger Kalkstein- und Kalkmergelvorkommen der Oberkreide, auf denen sich im 19. Jh. als Vorstufe die gewerbliche Kalkgewinnung, von der Jahrhundertwende an dann die heute stärkste Konzentration der (Portland-)Zementindustrie in der BRD entwickelte. Der Bildausschnitt zeigt nur einen relativ kleinen Teil dieses Zementreviers in der Beckumer Mulde, welches sich über Neubeckum und Ennigerloh bis etwa zum Finkenberg im Kernmünsterland erstreckt.

Wegen der Planlagerung und Geringmächtigkeit der Schichten (ca. 17 m) wandern die Kalksteinbrüche recht zügig und bilden dadurch ein dynamisches Element mit hoher raumprägender Wirkung, wobei sich ihre ursprünglich meist ovale Form aus dem angestrebten Ringverkehr der Feldbahnen erklärt. Den Brüchen zugeordnet entstanden mehrere große Werkskomplexe der Zementindustrie, physiognomisch gekennzeichnet durch hohe Silos und langgestreckte Maschinenhäuser für den heute weitgehend mechanisierten Produktionsablauf: Zerkleinern — Mahlen — Trocknen — Brennen — Kühlen — Mahlen — Verpacken — Versenden. Diese sehr kapitalintensiv, aber flächenextensiv arbeitenden Großunternehmen bildeten sich z. T. aus Fusionen vieler kleinerer Zementbetriebe, welche etwa ab der Jahrhundertwende die bis dahin relativ unbedeutende Ackerbürger- und Kreisstadt Beckum wirtschaftlich aufblühen ließen (1895: rund 5200 Einwohner, 1925: rund 11 000 Einwohner). Dieser Umstand spiegelt sich deutlich in der Siedlungsentwicklung wieder, welche bis etwa 1850 nur wenig über den ehemals umwallten mittelalterlichen Stadtkern hinausgewachsen war, sich dann aber vor allem entlang der radial verlaufenden Ausfallstraßen zwischen Innenstadt und den peripheren Werksanlagen orientierte oder in Form größerer Werkskolonien — besonders zwischen 1900 und 1914 — ganze Stadtteile neu entstehen ließ (unterer Bildrand, Bahnlinie bis Bruchgelände links). Das heutige Wachstum der Stadt vollzieht sich auf dem Wohnungsbausektor hauptsächlich nach Süden und Südwesten (Ausbau oberhalb des Stadtkerns in den 50er und 60er Jahren), auf dem gewerblich-industriellen Sektor, u. a. wegen der vorherrschenden Südwestwinde besonders nach Nordosten. Eine bereits früh einsetzende Mechanisierung führte dazu, daß die Bedeutung der Zementindustrie als Arbeitgeber immer mehr zurückging und sie heute darüber hinaus auch im Rahmen der Gesamtwirtschaft Beckums nicht mehr die beherrschende Rolle spielt (ca. 15 % der Industriebeschäftigten, 16 % des Gewerbesteueraufkommens). Entscheidend wichtiger geworden, was Arbeitsplatzangebot und Steueraufkommen betrifft, sind inzwischen u. a. die überwiegend mehr punkthaft über das Stadtgebiet verstreuten metallverarbeitenden Industrien, besonders des Maschinen- und Apparatebaus, welche längst ihrer ursprünglichen Zulieferfunktion (spez. Fördertechnik) für das Beckumer Zementrevier entwachsen und stark exportorientiert sind (ca. 56 % der Industriebeschäftigten, 23 % des Gewerbesteueraufkommens). Ihre im Luftbild an der vorherrschenden Flachbauweise leicht erkennbaren Standorte ziehen sich überwiegend entlang den Haupt- und Nebenbahnstrecken diagonal durch das Bild und haben z. T. aufgelassene Zementwerke (zwischen Bahn und der Straßengabelung nahe des mittleren linken Bildrandes) bzw. ehemalige Steinbruchareale aufgesucht (z. B. linke untere Bildecke).

Berücksichtigt man den Umstand, daß das gesamte Beckumer Revier z. Z. jährlich etwa 3,5 Mill. t Zement zum Versand bringt und pro 100 000 t Produktion etwa ein Hektar Steinbruchgelände benötigt wird (ca. 35 ha/Jahr), so wirft der flächenextensive Tagebau raumplanerische und landschaftsgestalterische Probleme auf, welche in Beckum aber weitgehend gelöst zu sein scheinen. Etwa zwei Drittel aller bisherigen Steinbruchareale im Stadtgebiet wurden seit 1920 rekultiviert und sind heute überwiegend land- und forstwirtschaftlich genutzt. Aber auch Wohnsiedlungen (z. B. parallel zum Waldstreifen der linken Bildhälfte), Industriebetriebe (großer Flachdachkomplex links neben der Bahnlinie in Bildmitte), Sportanlagen (rechter unterer Bildrand) u. a. m. wurden hier angesetzt. Heute erfolgt diese Rekultivierung recht zügig, indem das Ödland im Tempo des Fortschreitens der Bruchwand, z. B. durch Müll wieder aufgefüllt (linke untere Bildecke) und dann mit Abraum und Mutterboden abgedeckt wird. Zum Zwecke der Bodenverbesserung sät man meist Leguminosen (Lupine, Luzerne) o. ä. ein und pflanzt evtl. abschließend als Pionierholzart Pappeln (mittlerer linker Bildrand) bzw. Nadelbäume (obere linke Bildhälfte). Die Ausdehnung dieser Areale ist teilweise so groß, daß auch an die planmäßige Anlage eines attraktiven Naherholungsgebietes gedacht wird (linke mittlere Bildhälfte einschließlich des Sees). Durch Einbau wirkungsvoller Filteranlagen ist es der Zementindustrie inzwischen auch gelungen, die früher so charakteristischen weißen Staubniederschläge auf Vegetation und Gebäuden im Beckumer Stadtgebiet weitgehend zu vermeiden.

Gerhard Cordes

# Duisburg

In einem engmaschigen System bedeutender natürlicher und künstlicher Wasserwege, Eisenbahnlinien sowie Bundesfernstraßen gelegen, verdanken die Duisburg-Ruhrorter Häfen ihre heutige Bedeutung als größter Binnenhafen Europas (rund 21 Mill. t bzw. 42 Mill. t einschließlich der Werkshäfen an der Rheinreede) zunächst dem Steinkohlenbergbau, seit Ende des 19. Jh.s dann vor allem auch der übrigen Schwerindustrie des Ruhrgebietes. Über den Rhein-Herne-Kanal (4) und das anschließende westdeutsche Kanalnetz mit Mittel- und Norddeutschland, über den Rhein (3) und seine Nebenflüsse mit Süddeutschland, Frankreich, der Schweiz, Belgien und Holland sowie über den von Spezialschiffen durchgeführten Rhein-See-Verkehr mit den Anliegerstaaten der Nord- und Ostsee unmittelbar verbunden, entwickelten sie sich in ihrer 250jährigen Geschichte zum zentral gelegenen Umschlagplatz des Reviers und darüber hinaus des gesamten Rheinisch-Westfälischen Industriegebietes. Damit verfügen sie über ein für Binnenhäfen außergewöhnlich großes Einflußgebiet, dessen Wirtschaftsentwicklung und Strukturveränderung sich spiegelbildlich auch an Umschlag, Anlage und Ausrüstung des Hafensystems ablesen läßt.

Während sich — im Vergleich mit 1936 — der Umschlag von Erzen sowie Eisen und Stahl (einschl. Schrott) jeweils mehr als verfünffacht, der Mineralölumschlag (einschließlich Derivate) sogar nahezu verzwanzigfacht hat, sank demgegenüber der Anteil der Kohle auf etwa 25 %/o ab. An die Stelle der früher so charakteristischen Kohlenkipper (z. T. noch auf Insel e) und der dazugehörigen umfangreichen Halden (z. B. e, g, h) und Gleisanlagen traten u. a. Kranbrücken und Freilager für den Erzumschlag (besonders a—c), im Nordhafen (a/b) sogar durch eine Bandanlage direkt mit den Hochöfen der Phönix-Hütte (H) verbunden. Außerdem wurde eine ganze Insel (f) für die Lagerung und hochofenfertige Sortierung großer Schrottmengen eingerichtet. Durch teilweise Zuschüttung des Kaiserhafens (c/d) sind Erweiterungsmöglichkeiten für das bereits bestehende leistungsstarke Speditionstanklager geschaffen (auch hier früher Kohle), wodurch sich der wachsende Umschlag von Mineralöl bzw. Derivaten (Pipeline zu Raffinerien im Raum Gelsenkirchen) im Luftbild auch physiognomisch deutlich dokumentiert, verstärkt durch die südlich der Ruhrmündung (2) gelegenen Anlagen der Purfina. Mit diesen Strukturänderungen unmittelbar verbunden ist gleichzeitig auch ein teilweiser Rückbau der Gleiskörper (e), welche neuen Lagerplätzen für den LKW-Umschlag weichen, sowie ein verstärkter Ausbau der Hafen- und tangierenden Schnellstraßen. Im Luftbild nicht sichtbar ist dagegen die künstliche Hafenabsenkung bis zu 2 m durch gezielten Kohlenabbau unter den Becken. Diese Maßnahmen wurden notwendig, da die durch Regulierungen, Deichbauten, Kiesentnahme u. ä. seit etwa 1890 verstärkte Tiefenerosion des Rheins (rund 4 cm/Jahr) ein ständiges Absinken der Niedrigwasserstände zur Folge hatte. So wurde ohne Ausbaggerung und umfangreiche Uferbaumaßnahmen sichergestellt, daß alle auf dem Rhein verkehrenden Schiffstypen die Duisburger Häfen auch weiterhin anlaufen können.

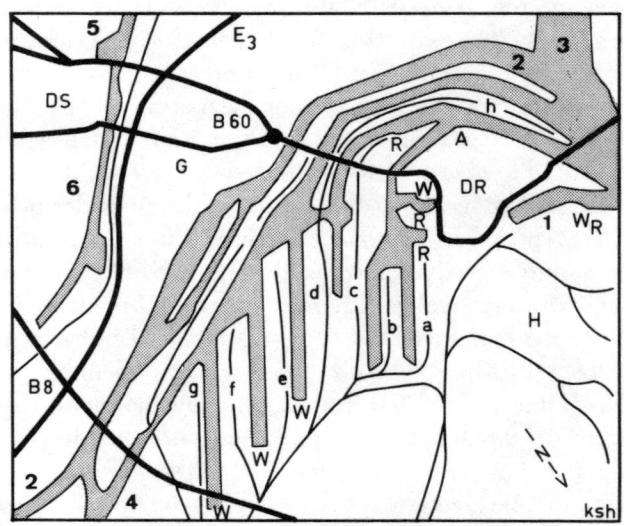

W = Werft, R = Reparaturwerkstatt, G = Großmarkt

Ebenfalls direkte Rheinverbindung haben die zur Gesamtanlage zählenden Becken des sogenannten Eisenbahnhafens (1), welcher ursprünglich dem Fährverkehr diente, sowie des bis an das Duisburger Stadtzentrum (DS) reichenden Außen- und Innenhafens (5, 6), welcher mit seinen zahlreichen Lagerhäusern (5) und Silos (6) besonders für die Stückgutverladung bzw. den Getreideumschlag eingerichtet ist. Während die Duisburger Innenstadt kaum eine funktionale Verbindung zum Hafen einging, darf Ruhrort (DR) als stark hafenorientiertes Viertel angesprochen werden und eine gewisse Eigenständigkeit beanspruchen, welche durch seine von Hafenbecken und Industrieflächen eingeschlossene Lage auch physiognomisch unterstrichen wird. Bei geringem Wohnwert und überaltertem Baubestand — die eigentliche Altstadt (A) wurde zum größten Teil saniert — erfüllt Ruhrort jedoch als Sitz von Reedereien, Schiffsausrüstern, Schiffergaststätten usw. in hohem Maße hafenabhängige Versorgungsfunktionen.

Unmittelbar daran anschließend verweist das ausgedehnte Industriegelände der Phoenix-Rheinrohr (H) auf Duisburgs Bedeutung als Zentrum der Hüttenindustrie, welche wegen ihrer Lage an einer leistungsstarken Großwasserstraße hier im Unterschied zum Kernraum des Reviers auch heute noch gute Standortvoraussetzungen findet und deshalb nicht zur Küste verlagert werden muß. Hafen und Hüttenwerk gehen dabei eine enge Verbindung ein, wie die Freilager und Verladeanlagen am Nord- und Südhafen (a—c) deutlich zeigen.

Gerhard Cordes

31 DUISBURG
Hafen- und Industriegelände

Aufnahmedatum: 8. Juli 1971, 13.15 Uhr
Flughöhe: 2750 m
Bildmaßstab: ca. 1 : 15 500

## 32 ESSEN-BOTTROP
Industrielandschaft am Rhein-Herne-Kanal

Aufnahmedatum: 8. September 1971, 12.10 Uhr
Flughöhe: 2750 m
Bildmaßstab: ca. 1 : 16 000

# Essen/Bottrop

Das Luftbild zeigt einen typischen Ausschnitt der Emscherzone des Ruhrreviers, charakterisiert durch eine starke Verdichtung von Industrie- und Gewerbegebieten, Siedlungsflächen sowie Verkehrs-, Ver- und Entsorgungsanlagen, welche — wie auch die beiden jew. bis zum Kanal reichenden Städte — nahezu übergangslos ineinanderfließen. Diese heute nachteiligen Folgen einer schnellen wirtschaftlichen Entwicklung besonders in der 2. Hälfte des 19. Jh. führen zur Einstufung dieses Raumes als vorrangige Ordnungszone. In der Genese stand am Anfang die Anlage von Bahnlinien (1847 Köln—Mindener Bahn, direkt südlich des Bildausschnittes), welche u. a. wichtige Standortvoraussetzungen schufen für die Steinkohlenzechen Chr. Levin (CL 1857), Prosper (P I 1863; P II 1875) und Emscher (EE 1877). Diesen zugeordnet wuchsen Bergarbeiterkolonien, die besonders Arbeitskräfte aus den Ostgebieten aufnahmen. Die 1914 erfolgte Eröffnung des Rhein-Herne-Kanals (RHK) als wichtigster Wasserstraße des Reviers schuf die Verbindung zum Rhein, nach Mitteldeutschland und zur Nordseeküste, erleichterte durch die Anlage von Werkshäfen z. B. den Kohleabsatz, förderte aber auch andere Massengüter verarbeitende Industrien (z. B. Erzaufbereitung, Rennanlage/RA).

Die Verdichtung dieses Raumes setzt sich auch in den letzten Jahren verstärkt noch fort und bildet damit gleichzeitig ein Dokument des wirtschaftlichen Strukturwandels im Revier. Während die Zechen z. T. stillgelegt wurden (P I 1929; CL 1960, EE bis 1975), — nur Prosper II mit Zentralkokerei bleibt noch bestehen — und auch die Rennanlage seit 1963 nicht mehr arbeitet, siedeln andere Unternehmen sich neu an als Folgebetriebe auf ehem. Zechengelände (P I, CL), als neue Industrie- und Gewerbebetriebe auf ehem. Freigelände (IG) oder als industrieller Großkomplex (Aluminiumhütte auf dem Gelände der ehem. Rennanlage). Dabei erfolgt sowohl in der Branchengliederung als auch der Betriebsgrößenstruktur eine starke Diversifikation. Ähnliche Entwicklungen vollziehen sich im Essener Stadthafen (EH 1934), dessen Ostufer durch Lagerhallen und Stückgutumschlag und die Westseite durch Massengutlagerplätze gekennzeichnet ist, während sich am Südkai eine kleine Raffinerie ansiedelte, welche auf die in der Emscherzone stark vertretene Schwerchemie verweist. Im Unterschied zu den monofunktionellen privaten Werkshäfen steht der multifunktionelle öffentliche Industrie-, Handels- und Stadtversorgungshafen der Gesamtwirtschaft offen, hat aber als überwiegender Empfangshafen (1,2 Mill. t : 0,1 Mill. t Versand) keine überregionalen Aufgaben zu erfüllen und konnte weder das Siedlungsbild beeinflussen noch einen größeren hafenabhängigen Raum entwickeln.

Die dieser Zone den Namen gebende kanalisierte Emscher (E) dient einem weiten Einzugsgebiet als Haupt-Abwasserträger und wird mit mechanisch-vorgereinigtem (K) kommunalen und industriellen Abwasser beschickt, welches vor Einmündung in den Rhein noch eine biologische Großkläranlage im Raum Oberhausen durchläuft. Die offene Wasserführung (auch der Vorfluter) erfolgt aufgrund bergbaubedingter, unterschiedlicher Absenkungen des Geländes. Die überwiegend in West-Ost-Richtung verlaufenden Linien von Emscher, Kanal, Bahn und Straße spiegeln die zonale Gliederung des Reviers wider (Ruhr-, Hellweg-, Emscher- und Lippezone). Neu ist der erst streckenweise fertiggestellte Emscherschnellweg (ESW), welcher etwa parallel zu Emscher und dem südlichen Ruhrschnellweg geführt wird und letzteren entlasten soll.

Der Wohnwert der in ihrer Genese hauptsächlich auf die Schachtanlagen zurückgehenden Siedlungen ist in der Regel gering, obwohl durch Haldenbegrünung, Anlage von Dauerkleingärten, private Nutz- und Ziergärten usw. eine relative Aufwertung versucht wird. Selbst intakte landwirtschaftliche Nutzflächen kommen (links unten) ins Bild und verweisen auf die nach Norden in die Lippezone hin allmählich zunehmenden Freiflächen.

Gerhard Cordes

# Wuppertal

Bewaldete Hänge im Norden und Süden, am rechten und linken Bildrand, begrenzen die langgestreckte, dicht besiedelte Wuppertaler Senke. In der Streichrichtung des varistischen Gebirges, von WSW noch ONO verlaufend, trennt sie das Niederbergische Land im Norden von dem Mittelbergischen im Süden. Unser Bild zeigt einen Ausschnitt aus der Mitte dieser Senke zwischen den alten Ortskernen Elberfeld im Westen (oben) und Barmen im Osten (unten).

Der größte Teil dieser Senke wird von einem weitgehend verkarsteten Kalkplateau eingenommen, das aus mitteldevonischen Massenkalken aufgebaut wird. Im Gegensatz dazu bestehen die seitlichen Hänge im Norden und Süden aus mittel- und oberdevonischen Grauwacken und Sandsteinen. Dabei steigen die südlicheren Hänge steiler, im Bildbereich bis auf 300 m an, während die nördlichen in allmählicherem Anstieg nur 200 m erreichen. Allerdings ist dieses asymmetrische Profil auf unserem Senkrechtluftbild kaum zu erkennen. Nur die Bewaldung läßt diese steilen Hänge, besonders auf der Südseite, erahnen. Auch die beiden Eisenbahntunnel im Vordergrund etwas rechts von der Bildhälfte und oben rechts, nahe dem oberen und rechten Bildrand, weisen auf eine stärkere Zertalung des Kalkplateaus hin.

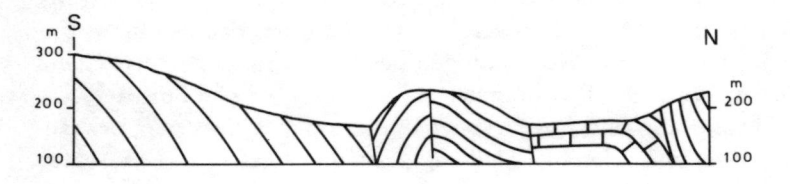

Die Wuppertaler Senke bildet mit ihrer äußerst dichten Besiedlung, ihrer ausgedehnten flächenhaften Bebauung und ihrer starken Industrialisierung den Schwerpunkt des Bergischen Landes. Mit 418 000 Einwohnern ist Wuppertal die größte Stadt des ganzen Rheinischen Schiefergebirges.

Im westlichen (oberen) Teil des Bildes erkennt man einen isoliert gelegenen, z. T. bewaldeten Rücken inmitten der langgestreckten, dicht bebauten Senke. Das ist die Hardt, was soviel wie ‚Höhe' bedeutet. Es handelt sich hier um einen Horst aus Grauwacken und Schiefern, der wegen der größeren Härte dieser Gesteine das verkarstete Kalkplateau überragt.

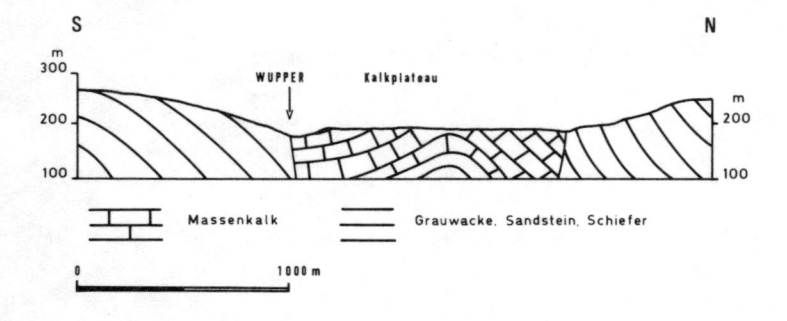

Die Hardt gliedert die Wuppertaler Senke in wirkungsvoller Weise in zwei Kammern: östlich, im Vordergrund des Bildes, entwickelte sich die bis 1929 selbständige Stadt Barmen. Im westlichen Teil (oben außerhalb des Bildes) liegt der Kern der ehemaligen Stadt Elberfeld. Die zum Teil auch heute noch mit Bäumen bestandenen Alleestraße, heute Friedrich-Engels-Allee, links von dem Wupperbogen und rechts von der Eisenbahn, zwischen den beiden alten Ortskernen, verlief noch vor hundert Jahren durch Felder und Wiesenbleichen, auf denen Garn gebleicht wurde.

Mit der Industrialisierung und zunehmenden dichteren Bebauung seit der zweiten Hälfte des vorigen Jahrhunderts wurden die Verkehrsprobleme in dem engen Tal immer schwieriger zu lösen. 1900 baute man die Schwebebahn über die Wupper, den einzig zur Verfügung stehenden Freiraum. Das war für die damalige Zeit ein äußerst schnelles Nahverkehrsmittel. Die Schwebebahn hat sich so bewährt, daß eine Verlängerung nach Osten ‚über Land' neuerdings geplant wurde. Ihre Stahlkonstruktion mit den vielen Ständern am Wupperufer ist auf dem Bilde deutlich zu erkennen. Die Ständer tragen die Schienen, an denen die Wagen mit den Rädern nach oben hängen. Zahlreiche Bahnhöfe der Schwebebahn sind an den Wupperbrücken auf dem Bild zu erkennen.

Zwei Eisenbahnlinien, die bergisch-märkische und die rheinische Strecke, werden an den Rändern der Senke entlanggeführt. Die erstere verläuft auf der Talsohle in unmittelbarer Nähe der Wupper. Die zweite wurde über das Kalkplateau geführt, wobei zahlreiche Täler überbrückt und Tunnel angelegt werden mußten.

Die gradlinige Durchgangsstraße auf der Talsohle zwischen Eisenbahn und Wupper wurde erst nach dem letzten Krieg angelegt und vierspurig ausgebaut. Eine neue Umgehungsstraße mit ebenfalls vier Fahrspuren am Nordrand des Kalkplateaus entlastet den Verkehr auf der Talsohle und bietet eine schnelle Verbindung nach Düsseldorf und zu den Autobahnstrecken Oberhausen—Frankfurt, Oberhausen—Hannover und Köln—Münster.

Wuppertal verdankt seine Entwicklung zur modernen Industriegroßstadt dem frühen Garnbleichergewerbe, das sich auf das weiche Wupperwasser stützte, denn der Fluß erhält kalkfreies Wasser aus dem Bereich der Schiefer und Grauwacken des oberbergischen Landes. Zudem war die Lage im West-Ost-Fernverkehr zwischen den Flachs- und Garnländern im Osten und den alten Städten und Märkten im Westen wie Köln, Frankfurt und den flandrischen Städten von Bedeutung. Zur Bleicherei traten bald Wirkerei, Flechterei und Weberei, besonders die Schmalweberei, später die Färberei und mit ihr schließlich die chemische Industrie, die heute mit weltbekannten großen Werken vertreten ist. Mit der Herstellung von Textilmaschinen für den Bedarf der ältesten Industriezweige entwickelte sich später eine vielseitige Maschinen- und Werkzeugindustrie, die auch durch den Bedarf des benachbarten Ruhrgebietes angeregt und gefördert wurde.

Heute ist die Wuppertaler Industrie durch große Vielseitigkeit bestimmt, wobei der einst beherrschende textile Sektor etwa $1/3$ aller in der Industrie Tätigen beschäftigt. Die Hardt und die bewaldeten Hänge im Norden und Süden sind wertvolle Erholungsgebiete geworden. Wegen der langgestreckten Gestalt der dicht bebauten Senke ist von jedem Punkt der Großstadt aus das nahegelegene Waldgelände schnell zu erreichen.

Auf der lange unbesiedelten Hardt fand das Mutterhaus der Rheinischen Mission seinen Platz. Später folgten die Kirchlichen und die Pädagogischen Hochschulen, die in Zukunft zu einer Universität ausgebaut werden sollen.

Adolf Schüttler

## 33 WUPPERTAL
Industriestadt des Bergischen Landes

Aufnahmedatum: 8. Juli 1971, 13.40 Uhr
Flughöhe: 2300 m
Bildmaßstab: ca. 1 : 14 000

## 34 LÜDENSCHEID
Industrie- und Höhenstadt des Sauerlandes

Aufnahmedatum: 17. Mai 1971, 12.40 Uhr
Flughöhe: 2300 m
Bildmaßstab: ca. 1 : 14 000

# Lüdenscheid

Lüdenscheid — 1067 Luidolvessceith, 1268 durch den Grafen von der Mark mit Graben und Mauer als oppidum befestigt und 19 Jahre später als Ludenscheit (mundartlich ‚Lüdenskeid') vollgültig mit städtischen Privilegien nach Dortmunder Recht ausgestattet, ist heute eine *Fast-Großstadt* von etwa 80 000 Einwohnern mit einem verschlungenen Rankenwerk von Straßenzügen und eigenwillig angelegten Siedlungszellen. Ursache des sehr arabesk erscheinenden Skeletts der Stadt ist aber weniger eigenbrötlerische Baugesinnung als vielmehr ein *lebhaft hügeliges Relief* der Oberfläche, deren wechselnde Skulptur sich in dem aus strukturell verschiedenen Zellen aggregierten Stadtgebilde widerspiegelt. Straßenführung und Bebauung passen sich feinfühlig den Geländeformen an, die aus Gesteinsaufbau und Höhenlage resultieren.

Maßgebend für die bauliche Entwicklung Lüdenscheids ist seine *topographische Lage* im Märkischen Oberland zwischen dem Volme- und dem Lennetal in einer vor dem Fuß des Ebbegebirges von Südwesten nach Nordosten streichenden, 8 km breiten Einsenkung der Westsauerländer Hochfläche, die den alten Heer- und Handelsweg Köln—Remscheid—Arnsberg—Soest (heutige Bundesstraße 229) durch das Bergisch-Sauerländische Gebirge über Lüdenscheid geleitet hat. Und zwar liegt Lüdenscheid, wie die im Bilde links zur Lenne und rechts zur Volme gehenden Täler von Schlittenbach und Rahmede, Elspe und Lösenbach einschließlich ihrer Quelläste erkennen lassen, auf der hier 420 m hoch gelegenen Volme/Lenne-Wasserscheide, eingebettet zwischen die Rahmenhöhen der Hohen Steinert (455 m) im Nordwesten (ganz unten) und des Ebberandes mit der Höh (492 m) im Südosten (hart über der Bildoberkante). Die in dieser „Hohlkehle" auf Devonschiefern der Lüdenscheider Mulde durch Einebnung der Faltensättel entstandene ‚Rumpffläche' ist durch die im Eiszeitalter neu belebte Tiefenerosion der Gewässer und das Bodenfließen in ein Mosaik sanft gerundeter Kuppen, Härtlingsrücken und Flächenriedel zwischen 30—60 m tiefen Muldentälern aufgelöst, die das ursprünglich ebene Profil der Hochfläche wie „Kimmen" einkerben. Dadurch kommt es im Stadtgebiet zu einem bewegten Auf und Ab und einer meist gewundenen, die Linien gleicher Höhe suchenden Führung der Straßen, die in z. T. konzentrischen Kurven die verschiedenen Erhebungen umfahren, aber an einigen Knotenpunkten zusammenlaufen.

Der *Verkehr* von außen hat die „Bergstadt" bis zur Freigabe der Sauerland-Höhenautobahn Hagen—Siegen—Gießen (1972), die Lüdenscheid von Osten her umgeht, nur durch stark gewundene Bergtäler erreicht. So gelangt die Stichbahn von Brügge (an der Volmestrecke Hagen—Dieringhausen), die sich unten rechts durch das Tal des Lösenbachs auf 6 km Länge 140 m hoch emporwindet, erst nach Untertunnelung der Volme/Lenne-Wasserscheide — kenntlich an der gestreckt nach unten zur Hohen Steinert führenden Heedfelder Straße — durch eine schmale Kerbe zwischen den Plateauhügeln des neuen ev. Friedhofs (links) und des alten (rechts) an ihren Kopfbahnhof in einer flachen Mulde der Stadtmitte. Von dort geht die wichtige Altenaer Straße schräg rückwärts durch die Pforte zwischen Tinsberghang und neuem Friedhof nach unten links ins Tal der Rahmede. Hinter dieser Pforte zweigt von ihr im rechten Winkel die breite Lennestraße nach Werdohl ab, die sich außerhalb des linken Bildrandes mit der durch den Peddensiepen führenden B 229 vereinigt. Letztere ist unterm oberen Bildrand als Umgehungsstraße vor dem Ebbefuß erkennbar; sie führt danach als ‚Talstraße' rechts abwärts an der Grenze der Bebauung mit scharfer Kurve in den Grund des Elspetals nach Brügge.

Im *Stadtgefüge* selbst fällt in der oberen Bildhälfte als winziges, kreisrundes Gebilde um die Stadtpfarrkirche die bis 1800 umwehrte *Altstadt* auf, die — kleiner als die Kaserne oben rechts am Baukloh (Buchenwäldchen) — im äußeren Ring nur 220 m Durchmesser und 3,5 ha Fläche hat. Sie wird schräg (von Ost nach West) gequert von der Wilhelmstraße, die als Teil der alten Köln—Soester Straße am früheren Osttor oben links in die Werdohler Straße abbiegt und sich am Westtor unten rechts in der Kölner Straße fortsetzt, welche weiter unten ein Kehre macht, ehe sie rechts vor dem Nattenberg (mit Sportgelände) in die ‚Talstraße' mündet.

Um die alte Stadt, die sich — nach fast völliger Brandzerstörung 1723 — erstmals um 1800 durch Aussiedlung der ‚Schmitten' (Drahtschmiede) vor das Westtor ausgedehnt und nach und nach spontan, je nach örtlichem Bedürfnis, auf die umliegenden Höhen und Täler erweitert hat (auf 88 qkm), gruppieren sich seit dem 19./20. Jh. verschiedene *neue Kerne und Bezirke* mit eigenen Kleinzentren und Straßensternen. Deren kaum gelenkte zeitliche und bauliche Entwicklung und besondere Funktionen können hier nicht verfolgt werden. Auffällig ist jedoch, daß sich in vielen von ihnen, über fast die ganze Stadt verstreut, kleinere Gebäudegruppen und -komplexe abzeichnen, die als Industriebetriebe anzusprechen sind. Diese können — nach dem seit alters hier gelebten Grundsatz landverbundenen Wohnens beim Arbeitsplatz — als Keime vieler eigenständiger Baubezirke gelten. Dafür spricht auch, wenn man von einigen größeren Gebäuden des Dienstleistungs- und Verwaltungssektors — z. B. am Marktplatz vor der Stirn des Bahnhofs — absieht, die große Zahl dicht gedrängter, aber einzeln stehender Häuser mit Gärtchen oder Hofwerkstätten im größeren Teil der Stadt. Nur entlang breiterer Straßenzüge schieben sich Miethauszeilen ein. Sichtlich jüngsten Ursprungs ist — außer Stadtrandneusiedlungen im Grünen — am Bildrand unten links die Wohnanlage Steinert mit ihren jetzt modern gewordenen Punkthäusern und großen Blöcken. Der Freizeit dienen viele Sport- und Fußballplätze und auch Freibäder.

Dies im 2. Weltkrieg kaum zerstörte, miniaturenhafte Stadtbild Lüdenscheids spiegelt also nicht nur das Relief der Bergstadt wider, sondern auch die *Wirtschafts- und Sozialstruktur* dieses alten Industrie- und Handelsplatzes, welche seit dem Mittelalter durch Bauernschmiedekotten, Osemund- und Drahthämmer — wie in Altena und Iserlohn — sowie seit dem 18. Jh. durch zahllos eingestreute kleinste bis mittlere Betriebe einer sehr speziellen Kleineisen-, Blech- und Aluminiumwarenproduktion, Knopf-, Besteck- und Ehrenzeichenherstellung und — jüngeren Datums — Kunstharz- und Elektroartikelfertigung geprägt ist. Der Anschluß an das Netz der Autobahnen hat die Abseitslage Lüdenscheids im Verkehrsnetz sehr gemildert. Er bringt auch die durch eine gut belüftete Höhenlage und raucharme Industrie umweltfreundliche Wohn- und Arbeitsqualität der rings von Laub- und Nadelwäldern eingefaßten Stadt am Rande des Naturparks Ebbe-Homert wieder stark zur Geltung.

Martin Bürgener

# Münden

Das Luftbild zeigt die Stadt Hann.-Münden (1970: 20 000 Einwohner) mit ihrem geschlossenen mittelalterlichen Stadtkern und den jüngeren Stadterweiterungsflächen. Bewaldete Bergsporne sowie die Flüsse Werra (auf dem Bild von oben kommend) und Fulda, die sich am „Unteren Tanzwerder" — erkenntlich an der parabolischen Baumreihe — zur Weser vereinigen, gliedern das Stadtgebiet in mehrere Teilflächen, die sich in ihrer Physiognomie deutlich voneinander unterscheiden.

Die Bergsporne, der Rabanenkopf (Reinhardswald) im rechten unteren Bildviertel und der Questenberg (Bramwald) am linken Bildrand sind Teile des Oberweser-Buntsandsteingewölbes, in dessen nördlich streichenden Scheitel sich die Weser antezedent bis 200 m tief eingeschnitten hat. Südöstlich des Bahnhofs (am oberen Bildrand) steigt das Gelände zum Kattenbühl, einem Ausläufer des Kaufunger Waldes an. Die Berge umschließen einen Talkessel, dessen einzige Öffnungen durch die drei Flußpforten, die, wie aus dem Bild ersichtlich, Zwangspunkte des Verkehrs darstellen, gegeben sind.

Der Boden des von den Flüssen ausgeräumten Talkessels ist von Flußsedimenten ausgefüllt: Neben dem feuchten — daher spät besiedelten — Aufstauungsdreieck zwischen Werra und Fulda umfaßt der Kesselboden zwei elliptische Flußterrassen, die im 140-m-Niveau (vgl. Isohypsen der Skizze) von ehemaligen Prallhängen begrenzt sind.

Diese lößbedeckten Terrassenflächen, wie auch die der Weser unterhalb des Rabanenkopfes, waren schon früh besiedelt. Ältere Siedlungen gingen jedoch nach Gründung Mündens durch Heinrich den Löwen (um 1175) ein. Nur Blume, die einzeilige Tallängssiedlung am rechten Werraufer gegenüber der Stadt blieb als „Vorstadt" erhalten.

Als Stadtgründungsimpuls wird weniger die Lage an einer Werrafurt ausschlaggebend gewesen sein, als vielmehr die Möglichkeit der Kontrolle der Flußschiffahrt, denn eine Felsbarre (Werrahohl) wenige Meter flußabwärts der Werrabrücke (erbaut 1329) — auf dem Luftbild aufgrund des extrem niedrigen Wasserstandes deutlich zu erkennen — zwang die Schiffer, die Schiffe zu leichtern, um dieses Hindernis zu überwinden. Die Kontrolle der Fuldaschiffahrt erzwang die Stadt durch den Durchstich des Mühlengrabens und die Abriegelung der Fulda durch eine Steinbarre (im Bild deutlich südlich der Fuldabrücke zu erkennen).

Die wirtschaftliche Blüte der Stadt als mittelalterliches Schifffahrts- und Handelszentrum endete mit der Aufhebung des seit 1247 bestehenden Stapelrechts (1827) und der Öffnung des Werrahohls durch eine Schleuse (1868). Zwar erlebte die Schiffahrt durch den Ausbau der Fulda (sieben Schleusen auf der 28 km langen Strecke bis Kassel, davon eine im Tanzwerder) und die Anlage eines Weserhafens — am rechten Weserufer oberhalb der Brücke — um 1900 wieder einen gewissen Aufschwung, die Mündener Wirtschaft hatte sich jedoch seit 1840 umorientiert. Gefördert durch den Bau der Eisenbahn (1856) und den Ausbau der Landstraßen und ermöglicht durch die Freigabe der Stadtbefestigung zur Bebauung im Jahre 1835 entstanden hier mehrere Industriebetriebe (Schmirgelfabriken, NE-Metallverarbeitung, Tabakfabrik, Gummi- und Asbestwerk, holzverarbeitende Betriebe).

Im Zusammenhang mit der Industrialisierung erfolgte eine starke Bevölkerungs- und Siedlungsexpansion. Aus dem Luftbild kann das unterschiedliche Alter der seit 1850 besiedelten einzelnen Teilflächen der Stadt abgelesen werden (vgl. auch Skizze): Deutlich hebt sich der mittelalterliche Stadtkern mit seinen überwiegend traufständigen Häusern mit Kleingiebeln, der im Grundriß mit den erschließenden Querstraßen an Lübeck erinnert, von den jüngeren Stadterweiterungsflächen ab. Die ältesten Ausbaugebiete werden gekennzeichnet durch eine lockere Bebauung mit villenartigen Gebäuden in parkähnlichen Grundstücken. Neuere Gebiete sind erkenntlich an der geringeren Hausgröße bei ähnlicher Bauweise wie in den ältesten Ausbaugebieten, und die jüngsten Stadterweiterungsflächen zeichnen sich besonders aus durch die Gleichartigkeit der Bebauung (Reihenhäuser, Einfamilienhäuser) und durch die strenge Ausrichtung der Häuser entlang einer straßenparallelen Fluchtlinie. Durch die Talkessellage ist die Ausdehnungsmöglichkeit der Stadt begrenzt. Daher weitet sich die Stadt heute jenseits des Questenberges in nördlicher Richtung aus. Neben der an der roten Bedachung erkenntlichen Landespolizeischule liegen hier ein weitläufiges Industriegebiet (nur z. T. im Bild) sowie neue Wohngebiete.

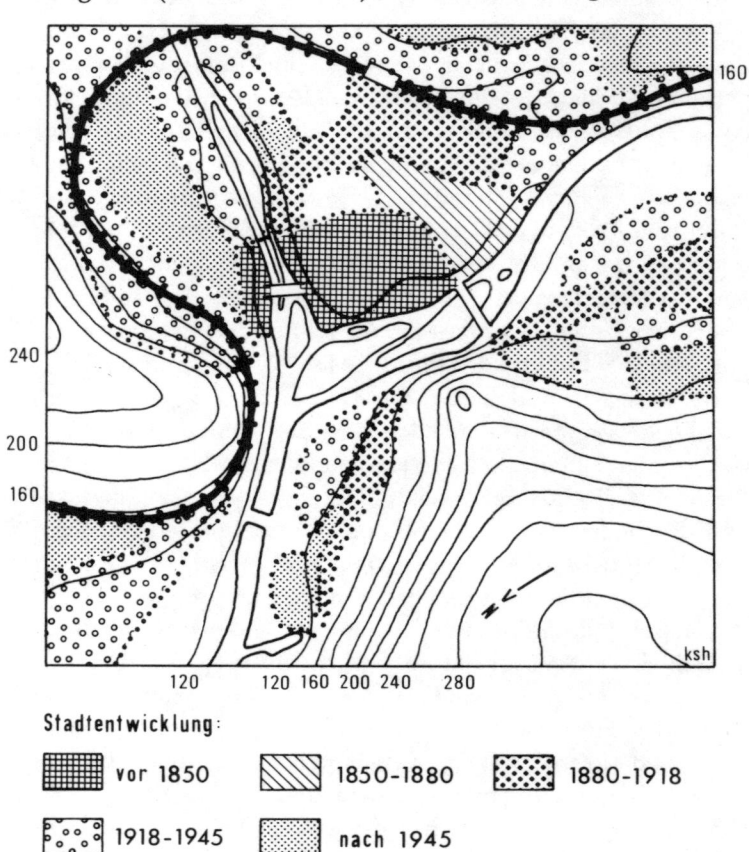

**Stadtentwicklung:**

| | | |
|---|---|---|
| ▓ vor 1850 | ▨ 1850–1880 | ▨ 1880–1918 |
| ░ 1918–1945 | ▒ nach 1945 | |

Die unmittelbaren Uferzonen eignen sich nicht zur Bebauung. Hier liegen Kläranlage (nordwestlich der Weserbrücke), Schwimmbad und Sportplatz (an der Fulda) und Schrebergärten. Auch der schmale Blümer Werder in der Werra weist die typische Kleinparzellierung von Schrebergärten auf.

Münden wird heute zwar von vielen Touristen besucht, die Zahl der Erholungsurlauber ist jedoch relativ gering. Die Stadt erhofft eine Urlauberzunahme nach Schaffung weiterer Fremdenverkehrsattraktionen im Zusammenhang mit dem geplanten Ausbau der Fulda (Wassersportmöglichkeiten auf dem Rückstausee der Mündener Staustufe). Erforderlich wäre dann aber gleichzeitig eine überregionale Zusammenarbeit auf dem Gebiete der Abwässerreinigung, die z. B. die häufig auftretende Schaumbildung auf der Fulda (aus einem Kasseler Chemiefaserwerk) unmöglich macht.

Ingo Greggers

35  MÜNDEN
Stadt am Zusammenfluß von Fulda und Werra

Aufnahmedatum: 24. August 1971, 12.00 Uhr
Flughöhe: 1530 m
Bildmaßstab: ca. 1 : 9000

**36  KASSEL-WILHELMSHÖHE**
Schloßanlage mit Kurviertel im Habichtswald

Aufnahmedatum: 13. Juli 1971, 16.20 Uhr
Flughöhe: 2300 m
Bildmaßstab: ca. 1 : 11 500

# Kassel – Wilhelmshöhe

Am Westrand der Stadt Kassel erstreckt sich das Naherholungsgebiet der Wilhelmshöhe mit Schloß, Park und dem Bauwerk des Herkules. Die im Luftbild gezeigten Flächen und Gebäude tragen heute zum größten Teil Erholungsfunktion. Dies war nicht immer der Fall, vielmehr führte vielfältiger Wandel zur heutigen Nutzung.

Auffällig ist die ost-westlich verlaufende, das Bild beherrschende Achse, deren östliches Teilstück bis zum Schloß – in hufeisenförmigem Grundriß – von der Wilhelmshöher Allee gebildet wird. Westlich des Schlosses durchquert sie die Parkanlagen und im oberen Teil – unterhalb des Felsenschlosses Herkules – sind die Kaskaden erkennbar.

Um das Schloß und beim Herkules liegen weiträumige Parkplätze, die dem Besucherstrom dienen, der über die Zufahrtsstraße herangeführt wird, die weiter südlich, als Druseltalstraße, im westlichen Bildrand austritt und westlich des Herkules wieder ins Bild eintritt. Neben vereinzelter Bebauung zu beiden Seiten ist weiter östlich, von Wald umgeben, der Aufschluß eines Basaltbruches zu sehen. Der Druselbach, dessen Talsohle dieser Verkehrsweg folgt, biegt an dieser Stelle nach NO ab und ist an der geschlossenen Baumreihe weiterzuverfolgen.

Die geschlossene Bewaldung folgt in etwa der Linie, die durch die Basaltgesteine des Habichtswaldmassivs gebildet wird. Die steilen Hänge, die anders kaum nutzbar sind, werden von zahlreichen Wanderwegen durchzogen; erst weiter im SW überwiegt die reine Forstwirtschaft. Die von Büschen bestandenen eingestreuten Freiflächen sind Teile ehemaliger Gemeinschaftsweiden, Hutungen, die heute vor Wiederaufforstung geschützt sind, da gerade Waldsäume und die ‚natürliche' Landschaft besonderen Erholungswert besitzen. Das Mittelgebirgsklima (über 500 m Höhe), wie die flachgründigen Böden waren Ursache für diese Art der Bewirtschaftung, die sich ursprünglich auf den heute besiedelten Flächen des Vorlandes fortsetzte. Die weitere Vergrünlandung der restlichen Ackerflächen (W-Herkules) wird vom Staat prämiert. Der erwähnte Basaltbruch ist nur begrenzt erweiterungsfähig, da die Waldkulisse zur Stadt hin nicht beeinträchtigt werden soll. Das Basaltmassiv des Habichtswaldes bewahrte abbauwürdige Braunkohlevorkommen. Dies findet im Bild dadurch seinen Niederschlag, daß die Bebauung im Druseltal ursprünglich durch Steigerhäuschen und Wirtschaftsgebäude der Zeche Neue Herkules bestimmt war, demgegenüber sind heute Ausflugslokale und Beherbergungsbetriebe stark vertreten. Nach der Stillegung (1966) speisen die Pumpwasser der Zeche nur noch den künstlichen See auf der Kuppe des Hunrodberges (gegenüber Basaltbruch), der den unteren Teil der Wasserspiele des Parkes versorgt. Somit erfüllt der Nachlaß dieses Wirtschaftszweiges heute indirekt ebenfalls Erholungsfunktion.

Wenden wir uns nun dem Kernstück dieses Erholungsgebietes zu: Im Scheitel jenes Teiles, wo sich das Habichtswaldmassiv nahezu parabelförmig dem Kasseler Becken öffnet, ließ Landgraf Carl von 1701–1718 das Felsenschloß des Herkules erbauen. Von hier geht die Mittelachse der barocken Parkanlage aus und teilt den Park nahezu symmetrisch in zwei Hälften. Daß die Anlage künstlich errichtet wurde, wird durch den Höhenunterschied verdeutlicht, der bis zum Schloß 238 m auf 1,5 km beträgt. Unter Einbeziehung der geomorphologischen Gegebenheiten versuchte der absolutistische Fürst, die wiederentdeckte Antike zu verherrlichen und die Landschaft in geometrische Formen zu bannen.

Das Schloß und der nördlich angrenzende Marstall entstanden erst sehr viel später unter Kurfürst Wilhelm I. (1785–1821). An der Stelle des ehemaligen Klosters Weißenstein erbaute er (1786–1803) in klassizistischem Stil das Schloß Wilhelmshöhe. Die südwestlich gelegene, als Ruine erbaute *Löwenburg* (1793–1798) wurde als romantisches Gegenstück errichtet. Im Geiste seiner Zeit wurden die bestehenden Gartenanlagen zum Landschaftspark umgestaltet und ergänzt. Hiervon legen die zwischen Solitärbäumen und Baumgruppen verschlungenen Spazierwege ein beredtes Zeugnis ab. Neben vielen reizvollen Besonderheiten wie Tempeln und Statuen, Aquädukten und Wasserfällen erschließen sich dem Auge des Betrachters vor allem die zahlreichen Teiche und Seen, die als Speicher und Auffangbecken den Wasserspielen dienen, die den Park talwärts durchziehen. Sie sind heute die Attraktion für die zahlreichen Besucher. Diese Mischung der Formelemente machen die Wilhelmshöhe zu einem der reizvollsten Bergparke überhaupt.

Direkten Einfluß nahmen die Anlagen von Schloß und Park auch auf die Entwicklung der angrenzenden Gebiete. So wurde nahe dem Park eine Baumschule errichtet, deren Flächen heute zum größten Teil Schrebergärten einnehmen (am östlichen Nordrand). Auf der südlich vom Schloß gelegenen Seite des Parkes bildete der Bau des chinesischen Dörfchens Mulang – einer Mode der Zeit folgend – unter Friedrich II. (1760–1785) den Ansatzpunkt für weitere Siedlungsentwicklung. Die anschließend querende unbebaute Zone des Druselbaches bildete zunächst eine Siedlungsbarriere, so daß das Viertel zwischen Bachlauf und Kohlenstraße erst in jüngster Zeit bebaut wurde. Parkähnliche Gärten umgeben die freistehenden Villen dieser Wohngebiete und deuten auf die bevorzugte Wohnlage im Westen der Stadt. Die Ausweitung der städtischen Bebauung findet heute an den steilen Hängen des Habichtswaldes nach Westen eine natürliche Begrenzung. Ebenso ist die Errrichtung eines Kurbetriebes (1935) in engem Zusammenhang mit den vorhandenen Anlagen des Bergparkes zu sehen. Diese Tradition wird heute durch das Schloßhotel (N Schloß) und durch das Pensionärswohnheim (Hochhäuser-O-Basaltbruch) fortgesetzt. Die Tennisplätze (rote Vierecke) zu beiden Seiten der Wilhelmshöher Allee und das Freibad Wilhelmshöhe (östlicher Bildrand Mitte) erweitern das Angebot für Erholungsuchende.

Auch das Wirken der Stadtplanung findet besonderen Ausdruck im Bild. Der obere Teil des ehemaligen Truppenübungsplatzes Dönche (SO Bildecke) sowie die Freiflächen östlich des Schloßhotels sind von der Bebauung freizuhalten (NO). Dieses sind Teile talwärts ins Stadtinnere verlaufender Schneisen, die als Grünflächen der Erholung dienen; zum anderen wird hierdurch eine Verbesserung des Stadtklimas durch Talwinde angestrebt.

Der Park und die ausgedehnten Waldflächen sind Teile des Naturparks Habichtswald. Hierin äußert sich das Interesse, auch die westlich angrenzenden Gebiete für Erholungszwecke attraktiver zu gestalten. Der Herkules ist, als monumentales Bauwerk absolutistischer Prachtentfaltung, zum Anziehungspunkt dieses Erholungsgebietes geworden.

Günther Haase

# Astengebiet

Im Kulturlandschaftsgefüge hat das Bild zunächst viel Ähnlichkeit — selbst im Farbenspiel — mit dem Bildausschnitt Wilseder Berg im Naturpark Lüneburger Heide (Bild 16). Hier wie dort zeigt sich dem Betrachter ein grobmaschiges Geflecht von Wäldern, Heide, Weide, Ackerland, wie es für im Mittelalter sporadisch in Kultur genommene Waldgebiete Deutschlands auf landwirtschaftlich geringen Böden typisch ist. Es sind spärlich besiedelte, aber nach Bewuchs und ästhetischem Aspekt wechselvolle Landschaften, die sich heute wegen ihres sonst wirtschaftlich geringen Potentials besonders für Ausflugs- und Erholungsaufenthalt ‚naturdurstiger' Stadt- und Industriegebietsbewohner eignen.

Und doch ergeben sich beim näheren Vergleich bezeichnende Verschiedenheiten, zunächst hinsichtlich der als helle Striche oder Bänder erscheinenden *Wege und Straßen*. Während diese im Bereich der Lüneburger Heide meist gestreckt verlaufen und sich in geometrisch strengen Winkeln schneiden, was auf eine dort flache bis nur leicht bewegte Oberfläche schließen läßt, umfahren sie hier — offensichtlich um größere Steigungen bzw. Gefälle zu vermeiden — in hangparallelen Bögen größere Erhebungen oder eingesenkte Talschlüsse.

In dieser Geländeabbildung aus der Aufsichtsperspektive, die als Einzelbild leider nicht stereoskopisch, d. h. geländeplastisch zu betrachten ist und deshalb ‚flach' wirkt, verbirgt sich also in Wirklichkeit ein *Mittelgebirgsrelief* mit gerundeten Berg- und Talformen, das nur dort flacher ist, wo sich, wie im Bilde oben und unten links, die Feldmarken von Alt- und Neuastenberg (Wohnplatz Lenneplätze) abzeichnen. Das stark gewundene helle Straßenband zwischen Neuastenberg im Südwesten und dem Winterberger Außenplatz Am Schneil im Nordosten (Bundesstraße 236 Dortmund—Winterberg—Marburg), von dessen scharfem Knick in der oberen Bildhälfte eine Nebenstraße in die Gemarkung von Altastenberg abzweigt, umgeht in der Bildmitte in einem Bogen die frei aufragende, 90 m höhere und bis zu 30° steile *Astenkuppel* (841 m) mit dem Astenturm (Wetterstation und Gaststätte) auf dem oben flachen Gipfel. Über eine s-förmige Zufahrtsstraße ist dieser zentrale Gipfel in der Rothaar und zugleich bedeutendste Gewässerknoten und Aussichtsberg des rechtsrhein. Schiefergebirges zu erreichen. Von ihm führen Wanderpfade sowohl zu zwei Parkplätzen an der Bundesstraße als auch in die 760—770 m hoch gelegenen Fluren von Alt- und Neuastenberg, die durch den tief zertalten Westfuß des Astens mit der Seifenschlucht, dem Hohen Knochen-Rücken (800 m) und dem Quelltal der Lenne geschieden sind.

Östlich der Bundesstraße wiederholt sich dies den Asten umzirkelnde *Formenspiel aus Rücken und Tälern*. Auf die Quellkerbe der zur oberen Eder fließenden Odeborn südlich des kleineren Parkplatzes folgen der von hier aus durch parallele Hang- und Kammwege markierte Wetzsteinrücken (772 m), die 180 m tiefe Nuhneschlucht und nördlich davon die 776 m hohe ‚Kappe' südlich des Wohnplatzes Am Schneil. Ganz im Norden erhebt sich östlich eines vom großen Parkplatz nach Nordwesten führenden Wiesengrunds als flacheres, wenig markantes Gegenstück zum Asten der am Westhang zur Zeit forstlich größtenteils abgetriebene Bremberg (809 m).

Mit diesen schlichten Formen ist die *Rothaar*, die den Scheitel des Sauerlandes bildet, von ihrer Skulptur her ein bescheidenes Gebilde. Als ein seit dem Endtertiär, vor allem aber im Eiszeitalter durch Zusammenschub der Erdkruste stark aufgewölbter Teil eines seit dem ausgehenden Erdaltertum zu einem flachen Schild aus gefalteten Devonschiefern und Grauwacken abgetragenen alten Gebirges zeigt sie morphologisch Züge eines erst von junger Erosion wieder belebten Reliefs, dem die schroffen Formen junger Faltengebirge fehlen. Dafür überzieht sie eine zwar nährstoffarme steinige, aber geschlossene Bodendecke, auf der bei windreichem *Hochlandklima* mit 1200—1450 mm Jahresniederschlag (¹/₃ Schnee) und nur wenig über 13° Juli-Mitteltemperatur von Natur ein knorriger *Bergbuchenwald* nebst anderen Baum- und Schluchtwaldarten gedeiht. Der heute deutlich aus verschiedenen Kulturarten und Altersstufen aufgebaute Wald aus Hochwaldschlägen, Abtriebsflächen und Jungkulturen mit Überhältern — z. T. ‚Winterberger Stadtforst' — ist nur an flacheren Stellen gerodet (Weidewirtschaft mit Feldfutter — Kartoffel — Haferbau) und fast zur Hälfte schon in *Fichtenaufwuchs* umgewandelt. Dieser tritt durch seine dunkle Farbe ebenso hervor wie die Wiesengründe durch ihr lichtes Grün. Am Kahlen Asten schließlich, dessen Stammwort ‚äsen' auf geschichtlich alte Weidenutzung deutet, zeigen sich Reste einer unter Naturschutz stehenden Hochheide (mit subarktischen Reliktpflanzen).

Im *Siedlungsbild* sind bäuerliche Anwesen spärlich. Nur links unten bei Neuastenberg sieht man in der Flur der Lenneplätze einen Weiler mit vier Hofstellen, kenntlich an den Gebäudeumfahrten, und daran angereiht Pendler- und Waldarbeiterhäuser (mit Fremdenzimmern) — ähnlich denen weiter rechts an der Straßenkurve. Sonst handelt es sich, wie unten beiderseits der Straße, um größere, dem Fremdenverkehr dienende Gebäude (Jugendherberge, Ferienheime). Das gilt besonders für den Winterberger Ortsteil Am Schneil mit seinen modernen Hotels, Erholungsheimen, Pensionen und von Tannenhecken umfriedeten Ferienhäusern. Dem Parkplatz nördlich des Astens gegenüber liegt ein größerer (Autofahrer-)Gasthof.

Diese Merkmale ergänzen, in Verbindung mit der an Kurven begradigten Autostraße und den vielen Wander- und auch Skiwegen, das strukturelle Bild einer gut erschlossenen *Erholungslandschaft für das Rhein-Ruhr-Gebiet*, die nicht nur dem Sommerfrischenaufenthalt in reiner Wald- und Bergluft dient, sondern vor allem auch dem Wintersport (1971 in Winterberg 390 000, in Alt- und Neuastenberg zusammen 80 000 Übernachtungen). Anzeichen für Wintersport, auch wenn Sprungschanzen im Bilde fehlen, ist eine von der Kappe rechts — südöstlich eines Park- und Warteraums im Fichtenwald — mit scharfen Kehren in die Silbecke führende Bobbahn.

Martin Bürgener

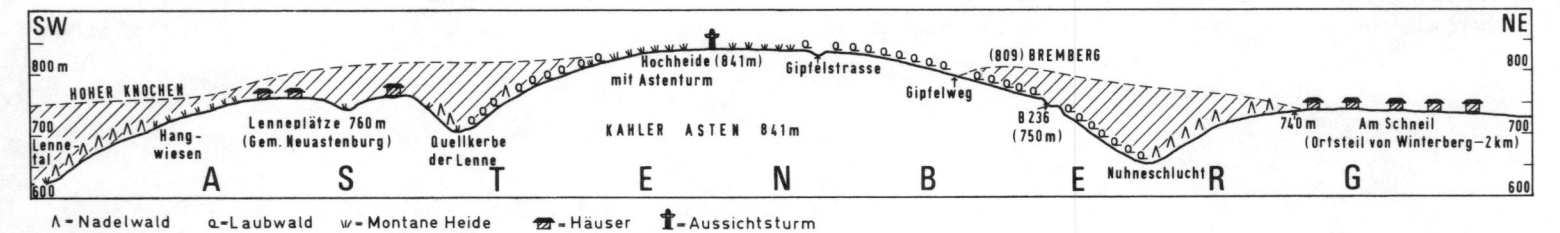

## 37 ASTENGEBIET
Naturpark Rothaargebirge

Aufnahmedatum: 7. Juli 1971, 10.45 Uhr
Flughöhe: 1900 m
Bildmaßstab: ca. 1 : 11 500

**38 KÖLN**
Brücken-, Dom-, Handels- und Industriestadt am Rhein

Aufnahmedatum: 6. Juli 1971, 14.15 Uhr
Flughöhe: 2750 m
Bildmaßstab: ca. 1 : 16 000

# Köln

Die rheinische Metropole, Dom-, Brücken-, Industrie- und Handelsstadt (860 000 Einwohner) breitet sich heute beiderseits des Stromes aus. Das Luftbild zeigt die Altstadt im halbkreisförmigen Rund der 1880 abgebrochenen Wallmauer von 1180, das 600 m breite, vorgelagerte Band der Neustadt der Jahre 1885–1905, den inneren Grüngürtel der Stadt im Bereich der Glacis des 2. preußischen Festungsringes und zum westlichen Bildrand (rechts) die innere Vorortsentwicklung der 2. Hälfte des 19. Jh. sowie rechtsrheinisch den Brückenvorort Deutz.

Der bei Köln 600 m breite Strom, heute durch Kaimauern gefaßt, ursprünglich von breiten Auen begleitet, bot einem römischen Lager und der 50 n. Chr. gegründeten Stadt auf dem Steilufer der Niederterrasse am Strombogen eine günstige Hafenanlage. Die Grenzlage im Römischen Reich am linken Flußufer wurde zum trächtigen Siedlungserbe der mittelalterlichen Stadt, während das rechtsrheinische Deutz, ursprünglich nur militärischer Brückenkopf, auf einem weitgespanntem Gleithang liegt, der in den Anlandungen und in den Grünflächen des Messegeländes deutlich zum Ausdruck kommt.

Die räumliche Entwicklung der Stadt ist im Grundriß abzulesen. Es ist erstaunlich, wie die Mauerumgürtung der römischen Stadt noch heute die Straßenführung bestimmt und sich im Bilde abhebt. Der in etwa 500 m Entfernung vom Strom fast gradlinige N–S verlaufende Straßenzug (Severinstraße, Hohestraße, Eigelstein) ist Teil der über Köln nach Neuß führenden Römerstraße. Die rechtwinklig zur Hohestraße gradlinigen Querstraßen sind Zeugen des ursprünglichen Straßengitters. Im Süden der Römermauer hebt sich ein rechtwinkliges Straßenquadrat ab; es bildet die Gittermasche von 1600 römischen Fuß der unter Kaiser Augustus um 40 v. Chr. durchgeführten ersten Landesvermessung rheinischen Landes. Sie bestimmt auch mehrere der auf die Stadt zulaufenden Radialstraßen, wie z. B. die Luxemburger-, Venloer- und Subbelrather Straße. Die erste Erweiterung der Stadt, die Rheinvorstadt, auf Inselgelände als Handelssiedlung entstanden, ist durch schmale Gassen und enge Parzellierung gekennzeichnet. Während die mittelalterliche Stadt ein unterschiedlich gewachsenes Straßennetz zeigt, hebt sich die Neustadt mit Sternstraßenmuster als geplante Stadterweiterung ab. Die Vorortsiedlungen, wie Sülz und Zollstock, zeigen demgegenüber rechtwinklige Straßenführung individueller Bauerschließung. Die quadrierte Grünfläche in der unteren rechten Ecke ist das Melatengräberfeld, das als erster Zentralfriedhof der Stadt an der Aachener Straße 1810 angelegt wurde.

Von den acht Brücken der Stadt liegen vier im Bildausschnitt. Die Hohenzollernbrücke (im N) ist die älteste feste Rheinbrücke, 1859 gebaut, 1913 erneuert und, nach der Zerstörung im 2. Weltkrieg neuerrichtet, dient sie dem Eisenbahnverkehr. Der gleich nördlich vom Dom errichtete Hauptbahnhof entläßt den Ankommenden sofort in die Stadtmitte. Die Bahntrasse führt in großem Bogen um den Außenrand der Neustadt, um im SO sich in die Strecke Köln–Bonn–Koblenz mit breitem Rangierbahnhof (Eifeltor) und in eine Güterbahnlinie zu gabeln, die über die Südbrücke zum rechten Rheinufer führt und zur Entlastung der Hohenzollernbrücke 1913 gebaut wurde. Der Güterverkehr äußert sich in den aufgefächerten Gleisanlagen des Güterbahnhofes Bonntor mit der hier in den 20er Jahren errichteten Großmarkthalle. Der im N der Stadt gelegene, mit dem Hauptbahnhof 1859 gleichzeitig angelegte Gereonsgüterbahnhof reicht gerade am nördlichen Bildrand hinein.

Als jüngere Durchbrüche heben sich die durch die Brücken bedingten Verkehrsadern und Stadtautobahnen ab, die heute die Innenstadt in ihrem einheitlichen Halbrund aufgerissen haben. Der erste Einbruch erfolgte 1915, als im Zuge der quer zum Strom verlaufenden Hauptstraße von Deutz eine feste Brücke errichtet wurde und in ihrer Verlängerung der Durchbruch der Gürzenichstraße zur Schildergasse erfolgte, im Zeichen des Autoverkehrs in den 50er Jahren durch einen zweiten Paralleldurchbruch verstärkt. Gewiß bringen diese Verkehrshauptadern, insbesondere die von der Severinbrücke (zweite von S) ausgehenden Stadtautobahnen, den Autoindividualverkehr sehr zügig in die Stadt, aber sie üben auch eine starke, trennende Wirkung aus.

Die Industrie der Stadt ist aus kleinen Anfängen entstanden und besitzt — abgesehen von Stollwerk AG — bezeichnenderweise keine großen Ausmaße. Die Enge der Altstadt ließ flächenfordernde Industrien ihren Standort vor der Stadt suchen.

Von den acht Häfen und Kaianlagen des Stadtgebietes liegen im engen Stadtbereich nur der ältere Rheinauhafen, der den alten Zollhafen an der Lände vor St. Martin ablöste, und der 1907 angelegte Deutzer Hafen. Der Rheinaustückguthafen ist heute Schutzhafen für kleine Boote. Der Deutzer Industriehafen hat auch nur beschränkten Umschlag. Der Eingang des Hafens wird von dem langgestreckten Gebäude der Aurora-Mühle bestimmt.

Die turmreiche Silhouette der Stadt kommt im Senkrechtbild nur bedingt zum Ausdruck. Vorherrschende Schieferbedachung weist auf die Lage zum Schiefergebirge hin. Im Gegensatz zur Rheinstadt, tritt die heutige City deutlich durch ihre größeren Gebäudekomplexe hervor (Warenhäuser, Verwaltungs-, Bank- und Versicherungsbauten, Museen und Theater). Das Parken auf Dächern (z. B. im Falle des Warenhauses „Kaufhof") täuscht im Bilde gelegentlich Plätze vor. Mehr und mehr durchsetzen Hochbauten (Gerlinghaus untere Bildmitte und das Verwaltungshochhaus der Lufthansa auf der Deutzer Seite) die 3- bis 4stöckige Baustruktur der Stadt. Lufthansahaus sowie das flachere Gebäude des Landschaftsverbandes Rheinland (zwischen Deutzer- und Hohenzollernbrücke) und die Messebauten zeigen an, wie die zentralörtliche Funktion der Stadt heute auf die rechte Stromseite übergreift.

Während in der Innenstadt das Grün bis auf den Park des Bischofssitzes (untere Bildmitte) zurücktritt, hebt sich die Neustadt durch lockere Bebauung ab mit ihren Gärten und zwei größeren Parkflächen, im NW der Stadtgarten, eine alte Waldfläche vor den Toren der Stadt, und im SW der 1898 angelegte Volksgarten, neuerdings durch einen Grünstreifen mit dem äußeren Grüngürtel verbunden. Der Glacisgrüngürtel ist verhältnismäßig spät vom „städtischen Leben" der Stadt einbezogen worden und ist in seiner Bebauung uneinheitlich. Neben Wasserflächen und Sportplätzen liegt hier die nach dem 1. Weltkrieg neugegründete Universität.

Emil Meynen

# Braunkohlentagebau Fortuna-Garsdorf

Dieses Bild vermittelt Einblick in eines der gigantischen Operationsfelder des Braunkohleabbaues im Tagebaubetrieb westlich von Köln in der nördlichen Ville. Es ist der Tagebau Fortuna-Garsdorf, der heute größte und modernste Braunkohlentagebau der Welt. Erst um die Wende vom 19. zum 20. Jh. begann mit dem industriellen Abbau (Schrämbagger, Eimerkettenbagger, 1907) und der Transportfähigkeit der Kohle (Brikettpresse 1877) die Entwicklung des Rheinischen Braunkohlenreviers, das heute die Hauptlast der Brikett- und Stromversorgung der Bundesrepublik trägt. Von der südlichen Ville, wo das Flöz vor seinem Abbau direkt unter der Oberfläche lag, sinkt es — durch die große Verwerfung des Erftsprunges aufgespalten — nach Norden auf 250—500 m ab und erfordert entsprechend größere Tiefe und größere Weite der Tagebaue sowie immer mächtigere Abraumbewegungen (vgl. Profil). Allein die auf dem vorliegenden Luftbild gemessene Ausdehnung der vom Tagebau in Anspruch genommenen Fläche von über 5 km × 3 km läßt die Dynamik ahnen, die diese einst beschauliche, in Jahrhunderten gewachsene Ackerbaulandschaft erfaßt hat. Und wenn man beim genaueren Hinsehen nur drei, allerdings riesenhafte Schaufelradbagger von 200 m Länge und 70 m Höhe entdeckt, die soviel wie eine Rheinbrücke wiegen (7600 t) und täglich je 100 000 cbm bewältigen, kann man die Sorge mancher Bewohner um das Schicksal des ursprünglichen Landschaftsbildes begreifen. Doch sollte dieser Zyklus des umlaufenden Kohleabbaues als eine für die Energieversorgung in einem Industriestaat notwendige, wohlüberlegte Technik schöpferischer Art verstanden werden, „für welche die Bergbaulandschaft der Braunkohle eine der bemerkenswertesten Formen wirtschaftslandschaftlicher Entwicklung überhaupt ist, von jener Größe, die alles sinnvolle Menschenwerk auszeichnet" (Th. Kraus). Bergbaugesetzgebung und Empfehlungen des von Planung, Verwaltung und Industrie gebildeten Braunkohlenausschusses sorgen für eine sofort einsetzende Wiederauffüllung und Rekultivierung der ausgekohlten Tagebaue.

Der Bildausschnitt gestattet eine deutliche Dreigliederung in den eigentlichen Tagebau (rechts), in den von Bahngleisen und Zufahrtswegen eingenommenen Verkehrsstreifen (Mitte) und in die damit in funktionalem Zusammenhang stehenden Wohn-, Industrie- und Ackerflächen (links).

Der Abbau im Groß- und Tieftagebau Fortuna-Garsdorf wurde 1955 mit dem Einsatz des ersten Großschaufelradbaggers eingeleitet; umfaßt z. Z. eine Fläche von 1330 ha und geht in Etagen bis zum Liegenden in 250 m Tiefe.

Der Tagebau selbst läßt wiederum drei funktionell unterschiedliche Abschnitte deutlich erkennen: das Abräumen des Deckgebirges im unteren Bildteil, wobei besonders die gelbliche Tönung des lößlehmhaltigen Ackerbodens auffällt, der Abbau der Kohle und schließlich das Verkippen des Abraumes auf die ausgekohlten Flächen. So wandert dieser Tagebau von Süden nach Norden. Im Liegenden der Kohle sind zwei Großbagger auf Raupen an der Arbeit. Ein Netz von schnellaufenden (5 m/sec) Förderbändern, die z. T. die früher gebräuchlichen Lorenbahnen ersetzen und das komplizierte Gleisverlegen vermeiden, überzieht ihn in allen Teilen. Die Kohlenförderung aus dem Tagebau erfolgt mittels Förderbänder, wobei die Transportbänder über einen offenen 1 km langen Bunker (Bildmitte) laufen, von wo wiederum gedeckte Förderbänder direkt zum Kraftwerk bzw. zur Brikettfabrik und zur Bahnverladung führen.

Auf der Kippe erkennt man zwei an Förderbänder angeschlossene Großabsetzer (Tagesleistung je 100 000 cbm), die den Abraum in den ausgekohlten Tagebau verkippen und abschließend den wertvollen Mutterboden auftragen.

Die Wasserhaltung auf der tiefsten Sohle ist mit ihren reflektierenden Teichoberflächen äußeres Zeichen für das komplizierte Entwässerungssystem dieses riesigen Tieftagebaues. An der nördlichen Front des Tagebaues (unten rechts) erkennt man die Spuren von außerhalb des Bildausschnittes operierenden Räumbaggern, die mit einem Förderband und Bahngleisen, auf denen mehrere Züge stehen, mit dem Verschiebebahnhof der 31 km langen bergbaueigenen Nordsüd-Bahn, der Kohlensammelschiene des Reviers, verbunden sind. Während die Ortschaften Garsdorf und Frauweiler bereits von der Tagebaufront „überrollt" sind, erkennt man im Nordwesten die Gehöftspuren von Wiedenfeld, dessen noch bebaute Ackerflur von den Baggern bereits angefressen ist. Am unteren Bildrand neben der Bahnschleife sind die ersten Häuser vom umgesiedelten Neu-Garsdorf zu erkennen.

Im Zentrum des dritten (linken) Bildabschnittes steht das öffentliche Kraftwerk Niederaußem, das sich offensichtlich noch im Ausbau befindet. In ihm laufen Turbogeneratoren mit einer Leistung von 300 000 kW, für die pro Tag je 10 000 t Kohle aus dem Tagebau benötigt werden. Ein Ausbau des Kraftwerks auf insgesamt 2,7 Mill. kW ist geplant bzw. bereits im Bau. Zwischen Kraftwerk und Kohlenbunker ist die Brikettfabrik Fortuna-Nord an dem schneeweißen Wrasen zu erkennen, der aus der Trocknung durch die Elektro-Entstaubung aufsteigt. Vor dem Tagebau sowie den Industrie- und Bahnanlagen liegt, durch Grünflächen abgeschirmt, der Wohnort Niederaußem verkehrsgünstig zu den Arbeitsstätten und zur nur 4 km entfernten Kreisstadt Bergheim/Erft.

Mehr als bei jedem anderen Luftbild dieses Bandes liegt hier eine „Momentaufnahme" einer bereits bei der Beschreibung überholten Situation vor; mehr als in anderen Fällen wird das Senkrechtbild zum nachprüfbaren Dokument einer Landschaftsoperation großen Stils.

Sigfrid Schneider

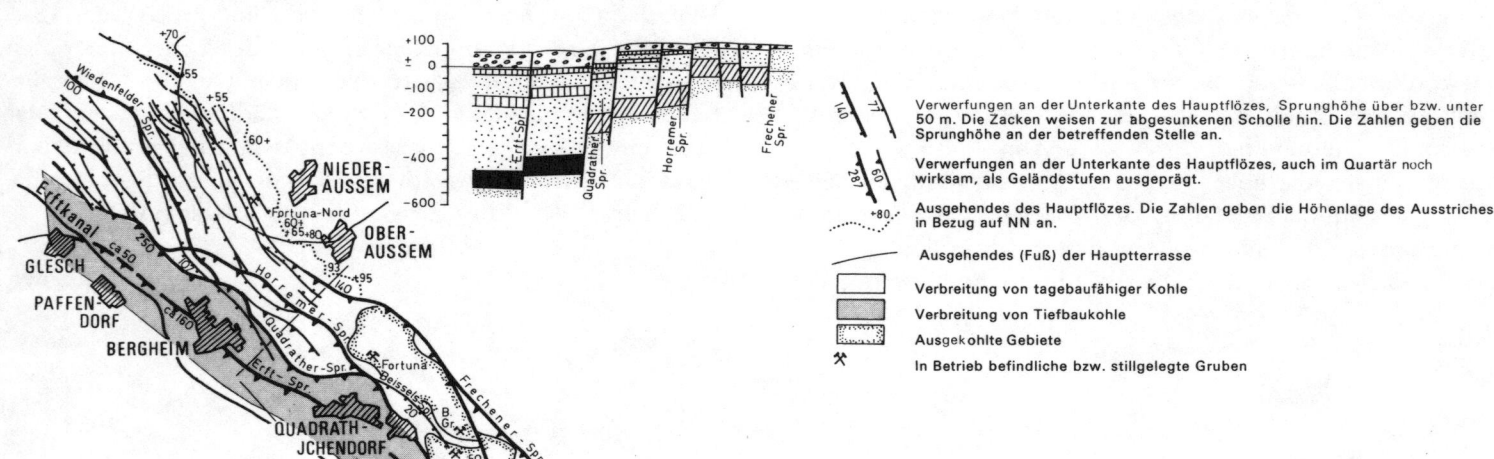

**39 TAGEBAU FORTUNA–GARSDORF**
Rheinisches Braunkohlenrevier

Aufnahmedatum: 8. Juli 1971, 13.00 Uhr
Flughöhe: 2750 m
Bildmaßstab: ca. 1 : 15 500

**40 LIBLAR**
Rekultiviertes Wald- und Seengebiet im südlichen Kölner Braunkohlenrevier

Aufnahmedatum: 6. Juli 1971, 14.00 Uhr
Flughöhe: 2300 m
Bildmaßstab: ca. 1 : 13 500

# Liblar – Rekultivierung

Der Bildausschnitt bietet ein anschauliches Beispiel für die im südlichen Kölner Braunkohlenrevier sich allmählich vollendende Neugestaltung der Landschaft nach der Auskohlung. Wenn man von dem in der unteren Bildmitte noch offen gehaltenen, hell leuchtenden Abbau absieht, findet der Betrachter ein hügeliges Wald- und Seengebiet vor, das zum Wandern, Baden, Fischen und Jagen einlädt. Nur wenige, sich besonders im Senkrechtbild markierende Züge erinnern an die einstige Nutzung. Die auf den Hauptterrassenkiesen der Ville künstlich entstandenen Grubenseen, der an den Ortsrändern von Liblar und Köttingen (SW) verlaufende ehemalige Rand der Tagebaue Gruhlwerk, Roddergrube und Vereinigte Ville sowie die besonders auf den Ackerflächen im Abraum erkennbare Streifenstruktur der Absetzerstrossen sind Merkmale des einst hier umgehenden Bergbaues. Die weißlich-hell schimmernden Flächen umfassen Tonlagerstätten und auf Halde liegenden Ton, der unterhalb des Kohleliegenden ansteht. Der Abtransport erfolgt über ein Förderband. Die nahegelegene Frechener Steinzeugindustrie, deren erste Fabriken um 1870 entstanden, ist als Hauptabnehmer ganz besonders abhängig von den hier anstehenden Tonvorräten, die fast ausschließlich für die Steinröhrenherstellung benötigt werden.

Der Bildausschnitt umschließt ungefähr den Raum zwischen Knapsack im Norden und Liblar im Süden, westlich von Brühl/Köln, wo um die Jahrhundertwende der Abbau begann und dem ca. 10–20 m starken Deckgebirge aus Kiesen und Lehmen ein bis zu 40 m starkes Braunkohlenflöz entspricht. Trotz dieses günstigen Verhältnisses kann nach dem Abbau mit der Verfüllung die alte Geländehöhe nicht wieder erreicht werden. So liegen im Südrevier unter 20–30 m hohen Abraumkippen ebenso tiefe Restgruben, die sich wie hier im Tagebau Vereinigte Ville über wasserundurchlässigem Ton des Liegenden mit Wasser gefüllt haben. Infolge der Umlagerung und Vermischung des Deckgebirges sind die bisher wirksamen Grundwasserleiter zerstört und neue hydrogeologische Verhältnisse geschaffen worden. Ein neuer Grundwasserhorizont bildet sich erst im Laufe der Zeit, wobei die Restseen als Rückhalte- und Vorratsbecken für Niederschlagswasser einen gewissen Wasserausgleich vornehmen. Sie sind seit ihrem Bestehen noch nie versiegt. Als Badeseen und Fischweiher haben sie ihre Funktion im Erholungsgebiet Waldville bereits eingenommen; darüberhinaus haben sie als Rast- und Überwinterungsplätze von Zugvögeln wie Graureiher, Höckerschwan, Möven, 14 Waldvogelarten und 8 Entenarten eine besondere unerwartete Bedeutung gewonnen. Dies hier entstandene abwechslungsreiche Gelände bietet sich als Naherholungsgebiet an, zumal für den Kölner Industrieraum dafür ein ausgesprochenes Bedürfnis besteht. Mit der Zunahme der vom Braunkohlenbergbau in Anspruch genommenen Flächen trat bereits sehr früh auch die Frage nach der Wiedernutzbarmachung an den Bergbau und die öffentliche Verwaltung heran. Schon nach 1920 begannen die ersten Versuche im Südrevier, Kippen forstlich zu bepflanzen. In der Bergpolizeiverordnung von 1929 wird erstmals auf Grund des § 196 Allg. Berggesetz die Forderung nach Wiedernutzbarmachung der ausgekohlten Flächen gestellt und in späteren Vorschriften und Gesetzen ergänzt. So unterliegt der Braunkohlenbergbau der Verpflichtung zur sofortigen Rekultivierung der in Anspruch genommenen Flächen mit der gleichen früheren Nutzungsart. Deshalb ist dieses der „Wald-Ville" zugehörige Gebiet vorwiegend forstlich rekultiviert worden.

Während in dem von Tagebauen nicht berührten Umland der Eichen-Hainbuchenwald und der Eichen-Birkenwald die Waldlandschaft prägen, sind es auf den rekultivierten Flächen die Pappel-Erlenforste und die Robinienforste, durchmischt von Schwarzkiefern, Roteichen, Eschen und Hainbuchen. Die im Bilde erkennbaren Bestände sind meist Pappel-Rekultivierungen verschiedenen Alters. Die bisweilen spitz zulaufenden Forstparzellen sind aus der Abbaufolge und den im Zusammenhang damit entstandenen Geländeformen zu erklären.

Zwei die Ville querende Hauptverkehrslinien durchlaufen den Bildausschnitt. Einmal ist es die durch den Abbau verlegte über Liblar laufende Bundesbahnstrecke von Köln nach Schleiden, die in einer Kurve zwischen zwei Grubenseen den Bildausschnitt verläßt. Zum zweiten ist es die ebenfalls durch den Bergbau verlegte Bundesstraße 265 Köln–Schleiden, die hier, als sogenannte Luxemburger Straße bekannt, einst einer alten geradlinigen Römerstraße folgte. Die unter ihr anstehende Braunkohle wurde nachträglich abgebaut, so daß noch im gegenwärtigen Senkrechtbild Spuren ihres Verlaufs aufgefunden werden können. Die neue 1951 eröffnete Luxemburger Straße führt durch ausgekohltes Gelände und bildet sich als eine von Südwest nach Nordost verlaufende markante Leitlinie im Bilde ab. An ihr liegen Ackerbauparzellen auf bereits Anfang des Krieges rekultiviertem Gelände und Gartenland, das während des Krieges von werksangehörigen Pächtern bewirtschaftet wurde und inzwischen eine Reihe massiver Häuser trägt; damit wird eine neue Komponente in die bis dahin hier völlig siedlungsleere Ville gebracht. Besonders eindrucksvoll bildet sich das gut besuchte Strandbad am großen Liblarer See ab, dessen heller Badestrand mit zwei Bootsstegen ebenso wie die großen Park- und Campingplätze die Planung einer großzügigen Erholungsanlage für mit dem Auto anreisende Besucher, vorwiegend aus Köln, kennzeichnen. Auch am östlichen und südlichen Ufer ist Bade- und Bootsbetrieb zu beobachten.

Das Wald- und Seengebiet des südlichen Braunkohlenreviers der Waldville ist als eine Landschaft von hohem Erholungswert anzusehen, die bereits heute teilweise unter Natur- und Landschaftsschutz gestellt ist.

Sigfrid Schneider

*Profile im südlichen Braunkohlerevier vor und nach dem Abbau (Nach Bauer/Darmer 1969)*

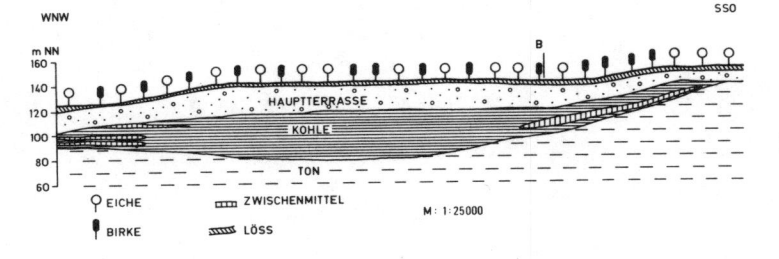

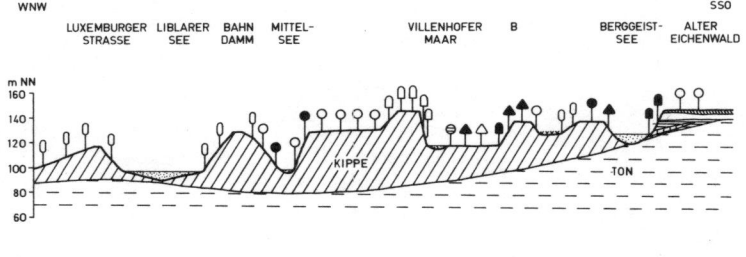

# Rurtalsperre

Mit einer Staukapazität von 205 Millionen cbm ist die Rurtalsperre Schwammenauel am Nordrand der Eifel der größte deutsche Stausee. Hinter dem 70 m hohen, dem Landschaftsbild gut angepaßten Staudamm dehnt sich die 785 ha große Seefläche aus. In dem über 20 km langen Staubecken kann der gesamte mittlere Jahreszufluß der Rur aufgespeichert werden. Damit ist die Hochwasserregulierung voll gesichert. Darüber hinaus aber kann die Industrie im Düren–Jülicher Raum jederzeit auf ein sicheres Wasserreservoir zurückgreifen.

Für das Seegebiet selbst hat sich in der Nachkriegszeit der Fremdenverkehr zu einem bedeutenden Wirtschaftszweig entwickelt. Das touristische Einzugsgebiet reicht infolge des günstigen Autobahnanschlusses über das Aachen–Eschweiler und Düren–Jülicher Industriegebiet weit hinaus bis in den Köln–Düsseldorfer Raum und ins Ruhrgebiet. Die auf den Tourismus hinweisenden Einrichtungen sind mannigfacher Art: die großzügig dimensionierten Parkplätze an beiden Enden des Staudamms, die zahlreichen Bootsanlegestellen am Nordufer des Sees (untere Bildseite), der große Campingplatz am Staubecken Heimbach unterhalb des Staudamms. Dazu kommen ausgedehnte Wanderwege, etwa der 50 km lange Seeuferweg und das dichte Wegenetz in den großen zusammenhängenden Forsten des Kermeterwaldes im Süden (oberer Bildrand) und des Buhlert im NW. Von den hohen Investitionskosten zur Erweiterung der Staukapazität in den 50er Jahren diente rund ein Viertel der Pflege und Verschönerung des Landschaftsbildes und trug damit wesentlich zur touristischen Inwertsetzung des Seerandgebietes bei.

Für die Anlage der Talsperre steht ein vorzügliches natürliches Potential zur Verfügung: Oberflächenformen, Bau und Beschaffenheit des Untergrundes sowie klimatische Bedingungen schaffen nahezu ideale Voraussetzungen. Bis zu 300 m tief ist das Tal der Rur in die randlichen Hochflächen eingeschnitten. Kermeterwald und Buhlert steigen auf 525 m bzw. 505 m an, während die Talsohle hinter dem Staudamm bei 220 m liegt. Auf die Rur als lokale Erosionsbasis eingestellt, haben auch zahlreiche Nebenflüsse stark an der Zergliederung der Hochfläche mitgewirkt und den potentiellen Stauraum vergrößert. Die hohe Taldichte zeigt sich deutlich an dem stark zerlappten Rand des Stausees: jede Einbuchtung entspricht dem Einlauf eines Seitenbaches.

Den Untergrund bilden Gesteine des Unterdevon mit Wechsellagerung von Schiefern und Sandsteinen. Der Abfluß der Niederschläge findet daher vorwiegend oberflächlich statt. Klimatisch ist der atlantische Einfluß bezeichnend; die hohen Niederschläge im Venn und im Zitterwald von über 1300 mm fallen ganzjährig mit zwei Spitzen im Juni bzw. Dezember/Januar. Nach Ostern nehmen die Niederschläge ab: Schmidt (am unteren Bildrand) hat im 60jährigen Mittel 863 mm, davon im Juni 85 mm, im Dezember 82 mm.

Bis zum Beginn des 20. Jh. blieb der Wasserreichtum der Nordeifel ungenutzt, ja, er wirkte sich durch katastrophale Überschwemmungen in den Tälern von Rur, Urft und Olef eher negativ aus. Das günstige Naturangebot — Relief, Untergrund, Niederschlagsmenge — wurde erst genutzt, als wirtschaftliche Interessen ins Spiel kamen: Gewinnung elektrischer Energie, Versorgung der Industriebetriebe im Düren–Jülicher Raum, Trinkwasserversorgung des Aachener Gebietes. Dazu dienten die Sperren der ersten Ausbauperiode: Gileppe (1874, 12 Mill. cbm), Urfttalsperre (1904, 45 Mill. cbm), Dreilägerbachsperre (1912, 4 Mill. cbm).

Ein weiterer starker Ausbau des Talsperrensystems in den 30er Jahren ging ebenfalls auf die Initiative des Industriereviers zurück. In dieser Periode entstand die Rurtalsperre von Schwammenauel, zunächst konzipiert für ein Fassungsvermögen von 100 Mill. cbm. Sie diente ebenso wie die beiden Warche-Talsperren (1932, 19 Mill. cbm) der Energiegewinnung und der Versorgung der Industrie.

Nach dem Kriege, also in einer dritten Ausbauperiode, wurde zunächst in Belgien die Wesertalsperre (1949, 25 Mill. cbm) zur Trinkwasserversorgung des Eupener Landes vollendet. Wenige Jahre später wurden als letzte Projekte auf deutscher Seite die Kapazität der Rurtalsperre auf 205 Mill. cbm verdoppelt sowie die Oleftalsperre (1959, 20 Mill. cbm) zur Trinkwasserversorgung des Schleidener und die kleine Perlenbachsperre zur Versorgung des Monschauer Gebietes fertiggestellt. Damit beträgt das Stauvolumen am Nordrand der Eifel gegenwärtig rund 340 Mill. cbm.

Otmar Werle

41 RURTALSPERRE
Naturpark Nordeifel

Aufnahmedatum: 19. Mai 1971, 11.20 Uhr
Flughöhe: 2450 m
Bildmaßstab: ca. 1 : 14 500

## 42 MONSCHAU
Alte Tuchmacherstadt und Fremdenverkehrsort im Rurtal

Aufnahmedatum: 19. Mai 1971, 11.45 Uhr
Flughöhe: 1300 m
Bildmaßstab: ca. 1 : 7500

# Monschau

Bestimmende Reliefmerkmale des Monschauer Vennrandgebietes sind die weitgespannten Hochflächen über unterdevonischen Grauwacken, Schiefern und Sandsteinen, die von dem rund 100 m tief steilwandig eingekerbten Rurtal und seinen Seitentälern eindrucksvoll gegliedert werden. Die fünf durch Talungen getrennten Hochflächensegmente rings um die im Bildmittelpunkt gelegene Stadt Monschau korrespondieren in ihrer Höhenlage von 500—530 m miteinander und weisen darüber hinaus viele weitere Gemeinsamkeiten auf. Das Vorherrschen der Grüntöne weist auf die dominierende Rolle des Wiesen- und Weidelandes hin, während ackerbauliche Nutzung nur an ganz wenigen Parzellen abzulesen ist. Auffallendes Stilelement der Hochflächenlandschaft sind die Hecken, die einzelne Parzellen oder Parzellenkomplexe umfrieden. Es sind Hecken oder Baumzeilen von Rotbuchen, die als Schutz gegen die auch im Lee des Hohen Venns sehr heftigen Weststürme und gleichzeitig der Einkopplung des Weidelandes dienen. Dieser Typus der „Monschauer Rotbuchen-Heckenlandschaft" beschränkt sich vorwiegend auf Höhenlagen über der 500-m-Isohypse.

Die starke Grünlandwirtschaft des Monschauer Landes kann als Anpassungsform an die herrschenden ökologischen Verhältnisse angesehen werden. Niederschläge über der 1100-mm-Isohyete (Monschau 450 m, 1122 mm; Mützenich, nordwestlich der Eisenbahnlinie ca. 600 m, 1282 mm) führen bei den schweren Tonschiefer- und Grauwackenverwitterungsböden zur Staunässe und gestalten in Verbindung mit der recht exponierten Höhenlage von über 500 m den Ackerbau äußerst schwierig. Über den noch weniger durchlässigen kambro-ordovizischen Phyllitschiefern wenige Kilometer westlich von Monschau entstanden im Hohen Venn ausgedehnte Moorgebiete.

Zum Haupttal der Rur und den Unterläufen der Seitentäler hin brechen die Hochflächen mit steiler Erosionskante ab, während die Seitenbäche im Oberlauf zur Hochfläche vermitteln. Die Steilhänge sind bewaldet, heute vielfach mit Nadelhölzern aufgeforstet, während der standorttypische Schluchtwald sich aus Laubgehölzen aufbaut.

Außerhalb des Rurtales herrscht eine lockere, für das Hohe Venn typische Siedlungsform vor, deren Leitlinien Straßen und Wege sind. Einen relativ dichten Siedlungskern, vermutlich durch die Enge des Flußtales bewirkt, weist Monschau auf, die einzige Stadt im weiten Umkreis. Ihre Gründung geht auf eine Klosteranlage des 12. Jh. zurück. Der Ort erhielt 1352 die Stadtrechte. 1543 wurde die Stadt während der Geldernschen Fehde völlig zerstört. Ihr neues Gesicht, das im wesentlichen bis in die Gegenwart hinein erhalten blieb, erhielt die Stadt beim Wiederaufbau etwa 100 Jahre später. Damals entstanden Kirche, Rathaus, Amtshaus und zahlreiche Bürgerhäuser. Bestimmender Gewerbezweig wurde die Tuchmacherei, für die das kalkfreie Wasser der Rur günstige natürliche Voraussetzungen bot. Eine ortsansässige Zunft erhielt starken Zuzug durch Aachener Tuchmacher, die ihrer Religionszugehörigkeit wegen aus der Reichsstadt ausgewiesen wurden. Seinen Höhepunkt erreichte das Gewerbe im 18. Jh. durch die Initiative von J. H. Scheibler, der anstelle der Wolle des Vennschafes spanische Wolle importierte und mit seinen Produkten Märkte in ganz Europa gewann. Zeitweise beschäftigte er mehr als 6000 Arbeiter. Schon in den Wirren der Französischen Revolution, besonders aber mit dem Verlust des Auslandsgeschäftes nach 1815 ging die Bedeutung der Tuchmacherei entscheidend zurück. Dazu trug auch die verkehrsferne Grenzlandlage bei, die erst 1885 durch eine Eisenbahnlinie erschlossen wurde. Diese kam aber für die Sanierung des Tuchmachergewerbes viel zu spät.

Gegenwärtig spielt das Textilgewerbe nicht mehr die dominierende Rolle, wenn auch im Stadtkern noch nahezu jedes Haus an die ehemalige Funktion erinnert. Repräsentativ für die moderne, fabrikmäßig betriebene Textilherstellung ist die große Streichgarnspinnerei der Rheinischen Wollwerke (am oberen rechten Stadtrand). Größeres Gewicht als alle übrigen Funktionen hat der Fremdenverkehr. Großräumige Parkplätze in der Stadtmitte und an den wichtigsten Ausfallstraßen werden in den Spitzenzeiten des Wochenend- oder Feiertagsausflugsverkehrs des Zustroms kaum Herr. Für Dauergäste stehen in Monschau mehr als zwanzig Hotels und Pensionen zur Verfügung. Das Interesse der Besucher gilt insbesondere dem Kulturangebot der Stadt: dem palaisartigen Roten Haus und anderen stattlichen Bürgerhäusern aus der Blütezeit Monschaus, der Burg und dem Haller (vermutlich ein Wachtturm), dem pittoresken Panorama der Fachwerkhäuser beiderseits der Rur und den sehr geschlossen wirkenden Straßenzeilen der Innenstadt mit den barocken Tuchmacherhäusern. Darüber hinaus liegt die Stadt sehr günstig für Wanderungen und Fahrten ins Hohe Venn und zu den zahlreichen Talsperren der Nordeifel.

Otmar Werle

# Bonn

Quer durch das Bild zieht sich der Rheinstrom, von links nach rechts fließend; er ist im Süden Bonns aus dem Schiefergebirge ausgetreten und durchfließt hier die ebene Bonner Bucht, die Südwestecke der Niederrheinischen Tieflandsbucht. Wie aus der überall verbreiteten Besiedlung zu erkennen, reicht die hochwasserfreie Niederterrasse im ganzen Bildbereich nahe an das Ufer des Stromes heran. In der Bildmitte erkennt man zwei Frachtschiffe, die für die Bergfahrt die günstigeren Strömungsverhältnisse nahe des Ufers ausnützen.

Die obere Bildhälfte beherrschen ältere und jüngere südwestliche Erweiterungen von Bonn. Die Bundesstraße 9 kommt zweibahnig am linken Bildrand herein und verzweigt sich sodann am sogenannten Bundeskanzlerplatz, wo zur Zeit der Aufnahme die Arbeiten an der künftigen Unterpflasterstraßenbahn vorangehen. Geradeaus folgt die Konrad-Adenauer-Allee, die bekannte einstige Koblenzer Straße, welche ursprünglich den Durchgangsverkehr nach rechts in die Altstadt führte. Heute wird dieser vom Bundeskanzlerplatz nach Westen auf die innerstädtische Umgehungsstraße (Reuterstraße) geleitet, die in der zweigeteilten Reuterbrücke die Bundesbahn überspannt. Sonst wird der Bahnkörper im Bilde nur von schienengleichen Übergängen gequert, was, da es auch sonst in Bonn die Regel ist, wegen der hohen Zugdichte zu einer schmerzhaften Zweiteilung des Verkehrsraumes führt. Die Reuterbrücke bildet die ungefähre Südgrenze des bis zur Jahrhundertwende bebauten Bonner Stadtgebietes. Rechts davon läßt unser Luftbild deutlich verschiedene Bebauungsformen erkennen. In der rechten oberen Bildecke dominiert der geschlossene Reihenbau aus den charakteristischen rheinischen Einfamilienhäusern — zwei bis drei Fenster breit, meist zwei Stockwerke hoch und an manchen Straßen mit schmalen Vorgärten versehen. Dahinter erstrecken sich hausbreite Gärten. Diese meist in der zweiten Hälfte des 19. Jh. entstandenen Wohnungen des gehobenen Bürgertums sind seit den Inflationsjahren nach dem Ersten Weltkrieg in Mehrfamilienhäuser, heute oft mit einliegenden Büros, umgewandelt oder durch Neubauten ersetzt worden.

Zur Adenauerallee und Reuterstraße zu erstreckt sich ein Übergangsgebiet in z. T. lockerer Bauweise, dessen Häuser meistenteils in diesem Jahrhundert entstanden sind. Durch das fast rechtwinklige, auf die alte Koblenzer Straße ausgerichtete Straßennetz verläuft quer ein Straßenzug, der den Ostrand der Niederung eines alten Rheinarmes, der „Gumme", markiert, die — beim Ausbau der Stadt vielfach aufgefüllt — heute nur noch hier und da in den tiefergelegenen Gärten zu erkennen ist. An der Adenauerallee stehen verschiedene öffentliche Bauten, so in der oberen Bildmitte der größere Komplex (mit Lichthof) des Naturhistorischen Museums Alexander Koenig, ferner Bauten der Wirtschaft und der Universität.

Zwischen Adenauerallee und Rhein erstreckte sich einst das vornehmste Wohnviertel Bonns mit großen Villen in geräumigen, kunstvoll angelegten Parks, die nach 1948 vielfach Einrichtungen der neuen Bundesverwaltung aufgenommen haben. Die Villa Hammerschmidt (in der Bildmitte oberhalb des Rheinufers) ist die heutige Residenz des Bundespräsidenten. Ihr Park geht nach links über in das größere Gelände des Palais Schaumburg, des Sitzes des Bundeskanzleramtes. Zwischen beiden Bauwerken erkennt man den unregelmäßigen Grundriß des „Kanzlerbungalows", des Wohnsitzes des Bundeskanzlers. Rheinabwärts liegen das Auswärtige Amt mit seinem Hochhaus (ca. 6 cm vom rechten Bildrand) und die um einen quadratischen Innenhof gelegenen Flügel des Bundespostministeriums.

Links vom Park des Palais Schaumburg erkennt man am Rheinufer den langgezogenen Komplex des Bundeshauses, das aus der 1933 errichteten Pädagogischen Akademie entstanden ist und Bundestag und Bundesrat beherbergt. Zur Behebung des Raummangels wurde im sich rheinaufwärts anschließenden Sportgelände der „Gronau" 1970 das 29geschossige Abgeordnetenhochhaus („Langer Eugen") in Betrieb genommen, dessen langer Schatten von der noch hohen Sommernachmittagssonne zum Rhein zu fällt; wegen der verhältnismäßig geringen Flughöhe und der Lage nahe zum Bildrand kann die Vorderfassade, wenn auch verkürzt, deutlich erkannt werden.

Das Abgeordnetenhochhaus ist das höchste von mehreren Hochhäusern in diesem Bereich. Am linken Bildrand ist unterhalb der Bundesstraße das Hochhaus des „Tulpenfeld-Komplexes" zu erkennen, worin sich das Bundesministerium für Bildung und Wissenschaft befindet; um verschiedene Innenhöfe ordnen sich hier in sehr gelungener Weise ein Hotel und weitere Bürobauten. Zwischen Bundeskanzlerplatz und Bahnlinie erhebt sich das Hochhaus des „Bonn-Center" mit einem Hotel darin, dessen Schatten auf ein- bis zweigeschossige Flügel mit Geschäften um einen Innenhof fällt.

Die linke obere Bildecke wird durch neuere Wohnbauten und einige gewerbliche Betriebe geprägt, die in das bis zum Kriege hier bestehende Gartenland hineingewachsen sind.

Auch das jenseits des Rheins liegende, zur Gemarkung der 1969 mit Bonn vereinigten Stadt Beuel gehörig, war bis zum letzten Kriege überwiegend landwirtschaftlich genutzt. Hier sind in den letzten Jahrzehnten ausgedehnte Wohnsiedlungen entstanden, meist in niedriger Bauweise, aber hier und da unterbrochen von höheren Bauten und einzelnen Gewerbebetrieben. Das alte Feldwegenetz wird von neuen Verkehrssammlern durchschnitten. Die trennende Wirkung des hier 400 m breiten, von keiner Brücke überspannten Rheinstroms wird an der völligen baulichen und funktionalen Beziehungslosigkeit beider Uferbereiche deutlich sichtbar. Die wichtigsten Verkehrslinien verlaufen alle stromparallel.

Rolf D. Schmidt

**43 BONN**
Regierungsviertel am Rhein

Aufnahmedatum: 6. Juli 1971, 15.00 Uhr
Flughöhe: 1530 m
Bildmaßstab: ca. 1 : 9000

44  MARBURG AN DER LAHN

Aufnahmedatum: 13. Juli 1971, 15.25 Uhr
Flughöhe: 2300 m
Bildmaßstab: ca. 1 : 12 000

# Marburg an der Lahn

Die Genese und die heutige Gestaltung Marburgs werden im hohen Maße durch die Reliefgegebenheiten bestimmt. Östlich des Flußlaufes bilden die steilen Buntsandsteinhänge der Lahnberge eine noch heute wirksame Begrenzung für das Siedlungswachstum. Westlich der Lahn wurden die Buntsandsteinablagerungen im Tertiär und Pleistozän durch zahlreiche Verwerfungen in variskischer Streichrichtung (SW—NO) gestört. Längs der Verwerfungslinien tieften sich steilwandige und etwa geradlinige Täler ein, wie z. B. das Marbachtal im nordwestlichen Bildteile (rechte Bildhälfte oben). Auch die südlich dieses Tales aufragenden, waldbestandenen Buntsandsteinkuppen des Dammelsbergs und Schloßbergs ordnen sich in variskischer Richtung an.

Auf dem Marburger Schloßberg wurde Anfang des 12. Jh. durch die Landgrafen von Thüringen eine Burg errichtet. Sie haben die bald danach am Südhang des Schloßberges entstandene Burgmannensiedlung zur Stadt ausgebaut. Um 1200 erhielt Marburg Stadtrechte. Zum etwa rechteckigen Altstadtbezirk (südlich des Schloßberges) trat seit der Mitte des 13. Jh. der in nördlicher Richtung langgestreckte Straßenzug der Neustadt, der in der unteren Marbach (Ketzerbach) schließlich eine andere mittelalterliche Siedlungszelle erreichte. Hier war in einem Hospitalbezirk des Deutschen Ritterordens seit 1235 die Grabeskirche der Hl. Elisabeth errichtet worden, eine der wichtigsten mittelalterlichen Wallfahrtsstätten in Deutschland. Östlich der Lahn schloß das Straßendorf Weidenhausen direkt an die Altstadt an, die Verbindung zwischen Stadt und Dorf bzw. Brückenvorstadt gewährleistete eine vor 1250 erbaute Steinbrücke.

Nach Einführung der Reformation wurde 1527 die Universität gegründet. Nur zeitweise konnte Marburg in der frühen Neuzeit wichtigere Residenz- und Verwaltungsfunktionen erfüllen, es war in erster Linie neben Kassel geistiger Mittelpunkt Nordhessens. Bis in das 19. Jh. verblieb die Stadt jedoch weitgehend hinter den mittelalterlichen Mauern. Das in der zweiten Hälfte des 19. Jh. einsetzende Wachstum der Stadt war durch einen Bedeutungsaufschwung der Universität und vor allem durch die Eröffnung der Main-Weser-Bahn 1852 bedingt. Der relativ weit von der Altstadt errichtete Bahnhof, dessen Gleisanlagen am rechten Bildrand sichtbar sind, lenkte die Erweiterung des Stadtgebietes längs der die „Lahninsel" kreuzenden Bahnhofstraße zunächst in nordöstliche Richtung. Im Umkreis des Deutschordensgebietes an Elisabethkirche und Elisabeth-Hospital begann sich das Klinikviertel der Universität auszubilden, das nach 1880 durch die Kliniken auf der „Lahninsel" südöstlich der Bahnhofstraße ergänzt wurde. Unterhalb der Altstadt wuchsen nach Süden vorgelagerte neue Stadtteile heran, die sich in lockerer Bauweise mit breiten, parallel verlaufenden Straßen deutlich vom Gassengewirr der Altstadt absetzen.

Im 20. Jh. schob sich die Stadt westlich der Lahn vor allem in südlicher Richtung vor, hier entstanden die relativ locker bebauten Wohngebiete des „Südviertels". Nach Westen erreichte die den Straßen folgende Bebauung die Dörfer Ockershausen und Marbach, die sich am oberen Bildrand kaum noch als ältere eigenständige Siedlungen von der jüngeren Bebauung unterscheiden. Östlich der Lahn beschränkte sie sich zunächst auf das Villenviertel des Ortenberges mit überwiegend hangparallelem Straßenverlauf auf unteren Lahnbergeterrassen; erst nach dem Zweiten Weltkrieg wuchs die Bebauungsdichte vor allem an den von den Lahnbrücken kommenden Straßen. Seit einigen Jahrzehnten entstehen große Wohnsiedlungen am südöstlichen Stadtrand im früheren Waldgelände.

Obwohl Schloß und Altstadtviertel nur noch kleine Teile des Stadtareals einnehmen, beherrschen sie doch das Stadtbild. Mit anheimelnden Gassen und Fachwerkbauten erinnert die Altstadt an kleinbürgerliche Strukturen und Studentenromantik des 19. Jh., sie behielt auch wichtige Geschäftsstraßen. In der Talniederung westlich der Lahn zeichnen sich die Entwicklungsphasen der jüngeren Viertel und ihre Funktionen deutlich ab. Nordöstlich der Altstadt und auf der Lahninsel überwiegen die größeren Bauten von Behörden, Universitätseinrichtungen, Kliniken und Schulen. Südlich der Altstadt geht die zunächst lockere Einzelbebauung in Wohnsiedlungen mit größeren Gebäuden und schließlich in typische Stadtrandanlagen, wie das Sportplatzgelände, über. Einen völlig anderen Charakter tragen wiederum die den Tälern folgenden Siedlungsweisen im westlichen Stadtgebiet und die in Straßenführung und Reichweite dem gestuften Relief angepaßten Wohnvierteln an den Hängen der Lahnberge. Vor allem an den südöstlichen Stadträndern und an den Lahnbergen finden sich auf Hangverflachungen, die durch waldbestandene Steilstufen voneinander getrennt werden, in sich gleichförmig gestaltete Wohnsiedlungen, die jeweils mit Ein- oder Mehrfamilienhäusern ungleicher Gestalt und Größe die in den letzten Jahrzehnten wechselnden Baukonzeptionen veranschaulichen.

Die Lahn, die zur vierspurigen Schnellstraße ausgebaute B 3 und die Bahnlinie sind innerstädtische Barrieren, die nur an wenigen Stellen gekreuzt werden. Zwischen Flußlauf und Verkehrslinien befinden sich südlich von Weidenhausen Schwimmbad und Sportanlagen. Nördlich der alten Brückenvorstadt entstanden Mensa, Universitätsbibliothek, der Gebäudekomplex der Philosophischen Fakultät und verschiedene städtische Einrichtungen, die als z. T. wuchtige Hochbauten mit einzelnen neuen Baublöcken unmittelbar nordöstlich der Altstadt dem Bild der Stadt einen neuen Akzent verleihen. Die wichtigsten äußeren Kennzeichen der Stadt Marburg bleiben trotzdem noch das harmonische Nebeneinander von Altstadt und jüngeren Vierteln, die Einpassung der meisten Stadtteile in das steilwandige und kuppige Relief des Buntsandsteins und die dadurch bedingte Verzahnung von locker bebauten Wohnvierteln mit unterschiedlich großen und geschlossenen Waldarealen.

Martin Born

# Amöneburg

Das Amöneburger Becken bildet das südlichste Glied der sogenannten westhessischen Senkenzone. Senkungen, Bruchtektonik und vulkanische Vorgänge schufen im Tertiär das Becken, Lößablagerungen verliehen ihm im Pleistozän eine besondere Bodenfruchtbarkeit. Das Relief des Beckens ist flachwellig bis hügelig und so keineswegs eintönig. Die markantesten Gegensätze finden sich am Nordostrand des Beckens: Über die flache, von Mooren durchsetzte Ohmniederung (rund 180 m ü. NN) erhebt sich in schroffem Anstieg die Amöneburg (362 m ü. NN). Es handelt sich hierbei um die Reste eines im Miozän entstandenen kleinen Basaltgebirges, dessen Hänge nicht nur durch ihre Steilheit, sondern auch durch spärlichen Graswuchs und lockere Baum- und Strauchbestände eindrucksvoll zu den Ackerland tragenden sanft-welligen Riedeln unterhalb des Berges kontrastieren. Lediglich im Norden, wo tertiäre Ton- und Sandablagerungen erhalten blieben, ist dem Steilhang zur Beckenniederung eine breite gewellte Fläche vorgelagert, an einzelnen Stellen des relativ hohen Osthanges verursachen Klippen mit Säulenbasalten eine besondere Steilheit. Seinen Namen erhielt der stattliche Berg von der Ohm, barockisierende Schreibweise machte aus „Ohmburg" Amöneburg.

Durch das Basaltgebirge wird die 1—2 km breite Ohmniederung in einem kurzen Abschnitt auf rund 400 m Breite eingeengt, der Ohmlauf (Bildrand unten links) tritt hier dicht an hochwasserfreies Gelände heran. Hier bestand die beste naturgegebene Möglichkeit zur Überquerung der Ohmniederung für die seit urgeschichtlicher Zeit das Becken durchziehenden Fernverkehrswege, die Amöneburg gewährte eine wirksame Kontrolle der Furt und des gesamten Beckens. Wie bei Ziegenhain (vgl. Bild Nr. 46), Fritzlar und Kassel in den anderen Beckenlandschaften der westhessischen Senkenzone bestimmte die Engstelle der Talniederung den Standort des politisch-militärischen Beckenmittelpunktes.

In der Spätlatènezeit scheint auf der Amöneburg ein keltisches Oppidum bestanden zu haben. Über die Besiedlung in der Völkerwanderungszeit sind wir nicht hinreichend unterrichtet. Im frühen Mittelalter trug sie eine fränkische Landesfestung, deren Befehlshaber Bonifatius 721 antraf. Der Berg gelangte im hohen Mittelalter in den Besitz des Erzbistums Mainz, das hier vor 1145 eine Burg baute und Anfang des 13. Jh. eine Stadt gründete. Als mainzischer Stützpunkt spielte Amöneburg in den spätmittelalterlichen Auseinandersetzungen mit den Landgrafen von Hessen eine gewichtige Rolle. 1352 gelang den Landgrafen von Hessen mit der Gründung der nur rund 3 km nördlich gelegenen Stadt Kirchhain die verkehrsmäßige Isolierung des Berges, der Fernverkehr nutzte jetzt nicht mehr die alte Ohmfurt bzw. -brücke bei der Brücker Mühle (Bildteil links unten), sondern verlief über Kirchhain. Amöneburg blieb Mittelpunkt eines kleinen mainzischen Amtes und Festung, die vor allem im 30jährigen Krieg heftig umkämpft wurde. Seit der zweiten Hälfte des 17. Jh. überquerte der Fernverkehr die Ohm wieder bei der Brücker Mühle. 1803 wurde ein auf der Amöneburg befindliches Kollegiatstift aufgehoben, im gleichen Jahr fielen Stadt und Amt an Hessen. Jetzt wurde Amöneburg endgültig zum Ackerbürgerort, an die früheren Funktionen erinnern nur noch die Reste von Burg und Stadtbefestigung, der städtische Grundriß und ein bischöflich humanistisches Gymnasium.

Die Gipfelflächen der Amöneburg lassen die Merkmale einer seit dem späten Mittelalter stagnierenden oder sogar rückläufigen Entwicklung am deutlichsten erkennen. Die Stadt (1964 1200 E.) ist hier nicht über ihre Mauern hinausgewachsen. Mit einer einigermaßen regelhaften Straßenführung und einem viereckigen Marktplatz besitzt der Ackerbürgerort charakteristische Formenbestandteile nordhessischer Kleinstädte. Aus der relativ gleichförmigen Bauweise heben sich nur die größeren Gebäude des Gymnasiums, die ehemalige Stiftskirche (Neubau 1870) bei den spärlichen Ruinen der Burg und der größere hellfarbige Bau eines Schülerwohnheimes am Südwestrand der Stadt ab. Die Stadt, in der die Zahl der Ackerbürger ständig abnimmt, bemüht sich um ein gepflegtes Ortsbild.

Dynamischer hat sich die Kulturlandschaftsentwicklung im näheren Umkreis der Amöneburg vollzogen. Der Basaltsteinbruch nördlich der Stadt bot den Ackerbürgern Gelegenheit zum Nebenerwerb, er hat die Silhouette des Berges noch nicht allzusehr beeinträchtigt. Die Gewanneinteilung des vorwiegend mit Getreide bestellten Ackerlandes entstammt dem 19. Jh., auf ältere Flureinteilungen mit streifenförmigen Wirtschaftsparzellen deuten die mit Bäumen und Hecken bestandenen Ackerraine nordöstlich des Berges hin. Im späten Mittelalter war die dörfliche Besiedlung dichter: an die Standorte mittelalterlicher Dörfer erinnern als Rest- oder Nachfolgesiedlungen die Kapelle von Lindau (zwischen einigen Bäumen halbrechts unter dem Steinbruch) und die Brücker Mühle. Die Steilhänge zwischen Ackerbürgerort und Ackerland hatten von jeher die Bewirtschaftung der Fluren erheblich erschwert. So sind dann zahlreiche Aussiedlerhöfe unterhalb der alten Amöneburg errichtet worden. Kleine Wohnsiedlungen entstehen östlich unterhalb des Berges und am Bahnhof bei der Brücker Mühle, sie übernehmen das vorgegebene Feldwegenetz.

Die Amöneburg ist nicht allein eine markante Landschaftsmarke und bedeutsame historische Stätte, die verschiedene Entwicklung auf dem Berg und im unterhalb gelegenen Becken veranschaulicht eindrucksvoll die heutigen Probleme der Landwirtschaft und der nordhessischen Kleinstädte. Sie zeigt Strukturwandlungen und Funktionsveränderungen auf, durch die überkommene Züge im Bild der ländlichen Kulturlandschaft verdrängt und schließlich auf Stellen mit besonderen Standortgegebenheiten, wie sie die Gipfelflächen der Amöneburg besitzen, beschränkt werden.

Martin Born

## 45  AMÖNEBURG
### Westhessisches Hügel- und Beckenland

Aufnahmedatum: 13. Juli 1971, 15.30 Uhr
Flughöhe: 2000 m
Bildmaßstab: ca. 1 : 9 500

**46 ZIEGENHAIN**
Mittelpunkt der Schwalm

Aufnahmedatum: 13. Juli 1971, 15.45 Uhr
Flughöhe: 1530 m
Bildmaßstab: ca. 1 : 7 500

# Ziegenhain

Innerhalb der sogenannten „Westhessischen Senkenzone" besitzt das Schwalmbecken eine zentrale Lage zwischen Fritzlar-Borkener Becken und Amöneburger Becken. Sein eigentliches Kerngebiet bildet die breite Schwalmniederung zwischen Ziegenhain und Treysa, ein tischebenes Wiesengelände, das bei Schwalmhochwasser unter ausgedehnten Überschwemmungen zu leiden hat. Diese natürliche Verkehrsbarriere wurde an der Stelle, an der der Lauf der „Alten Schwalm" (in diagonaler Richtung im südwestlichen Bildteil) am dichtesten an das hochwasserfreie Gelände herantritt, von der seit frühgeschichtlicher Zeit bedeutsamen Fernverkehrsstraße „durch die Langen Hessen" gekreuzt. Zum Schutze dieses Schwalmüberganges entstand Ziegenhain.

Der Gegensatz zwischen feuchten und trockenen Ökotopen ist an den südwestlichen und nordöstlichen Ecken des Luftbildausschnittes ersichtlich. Im Süden deckte sich die Grenze des früheren hochwasserfreien Gebietes etwa mit dem bogenförmigen Verlauf der Bahnlinie, im Nordosten zeigt eine Ackerparzelle nördlich des Stadtrandes den Beginn des trockenen Areals an. Die Straße „durch die Langen Hessen" erreichte von Südwesten kommend die Schwalmniederung, verlief im Zuge der heutigen Ziegenhainer Hauptstraße über die „Alte Schwalm" zunächst etwa nach Norden, dann nach Osten und schließlich nach Nordosten.

Wenig nördlich des Straßenknicks in der Talaue scheint etwa um 900 eine steinerne Rundburg errichtet worden zu sein, um 1050 wurde die „Siggenbrücke" des Schwalmüberganges erstmals in der schriftlichen Überlieferung genannt. Seit der Mitte des 12. Jh. wurde Ziegenhain zum Mittelpunkt der gleichnamigen Grafschaft, die sich bis 1450 zwischen die nieder- und oberhessischen Teile der Landgrafschaft Hessen schob und erst damals an diese fiel. Noch heute erinnert die Schwälmer Tracht in den Kernräumen der früheren Grafschaft an die territoriale Sonderstellung des Gebietes im späten Mittelalter. Die bei der gräflichen Burg entstandene Siedlung ist durch die mittelalterlichen Verkehrsgegebenheiten und den Wechsel der territorialen Zugehörigkeit in ihrer Entwicklung entscheidend geprägt worden. Im Luftbild zeichnen sich verschieden alte „Schichten" der Stadtentwicklung deutlich ab. Im durch Wasserläufe, Verkehrslinien und Reste früherer Befestigungsanlagen gegebenen Liniengefüge bilden die seit 1967 geschaffenen Dämme des Rückhaltebeckens Treysa-Ziegenhain den jüngsten, sachlich-rationell und damit fast etwas störend wirkenden Bestandteil: sie besitzen westlich der Stadt gebogenen Verlauf, folgen im Süden der „Alten Schwalm", verlaufen dann geradlinig nach Nordosten, überqueren die mäandrierende Schwalm und münden schließlich in ältere Befestigungslinien ein. Am Westrand der Stadt sind direkt hinter dem Damm auf früher hochwassergefährdetem Gelände Wiesen zu Ackerparzellen umgebrochen worden. Kleinere Industriebetriebe haben sich fast nur am Bahnhof (südwestlicher Bildteil) angesiedelt, auch dieses Gelände wird durch einen Damm gegen die „Alte Schwalm" geschützt. Jüngere, überwiegend nach dem Zweiten Weltkrieg erbaute Wohnviertel mit zumeist Einfamilienhäusern erstrecken sich nördlich der Stadt, im Straßennetz blieben der frühere Feldwegeverlauf und die Parzellenaufteilung erhalten. Der frühen Neuzeit entstammen die Reste der Befestigungsanlagen. Zunächst beschränkten sie sich auf die eigentliche Altstadt in der zentralen Schwalmniederung, wo seit etwa 1470 nach den Plänen Hans Jakob von Ettlingens eine von zwei Wassergräben umzogene Wallanlage mit vier halbrunden Eckbastionen erbaut wurde. 1635 traten im Gelände zwischen dem erhaltenen inneren Wassergraben und dem im Osten nicht mehr deutlich sichtbaren äußeren Graben vier Schanzen hinzu, nur der Umriß der nördlichen dieser Schanzen ist aus dem rechtwinklig abknickenden Verlauf eines Weges noch zu sehen. Stauschleusen, Dammsysteme und Zuleitungsgräben ermöglichten bei Gefahr die Überflutung weiter Teile der Schwalmniederung, Spuren solcher Anlagen zeichnen sich im südöstlichen Bildteil an einzelnen Stellen mit dunkleren Farben noch schwach neben den hellen Linien des heutigen Segelfluggeländes ab. Bereits 1625 war nordöstlich der Schwalm die straßenförmige Vorstadt „Weichhaus" in das Befestigungssystem einbezogen worden, der Verlauf dieser Wälle hat sich an ihrem Ostrand in den heutigen Hochwasserschutzbauten und auf der anderen Seite in einem geradlinigen Feldweg erhalten. 1807 wurde die Festung geschleift.

Infolge der Konkurrenz des älteren und größeren Treysa, das nur rund 3 km weiter westlich liegt, und aufgrund der ungünstigen Naturgegebenheiten in der Schwalmniederung erlangte Ziegenhain keine besondere wirtschaftliche Bedeutung.

Die wichtigste Geschäftsstraße Ziegenhains findet sich im südwestlichen Teil von „Weichhaus", das mit dicht aufgereihten, giebelständigen Fachwerkhäusern und einigen Ackerbürgergehöften ein einheitlich gestaltetes Ortsbild bietet. Zwischen Schwalm bzw. Westrand von Weichhaus und innerem Festungsgraben vermittelt ein locker bebautes Behördenviertel zwischen „Weichhaus" und eigentlicher Altstadt. Die Altstadt innerhalb der Gräben wird beherrscht vom früheren Schloß im nördlichen Altstadtteil, das seit dem 15. Jh. an die Stelle einer Burg der Grafen von Ziegenhain trat; seit 1842 dient es als Zuchthaus. An den Festungs- und Garnisonscharakter erinnern in der Altstadt vor allem der fünfeckige „Paradeplatz" südwestlich des Schlosses und der langgestreckte Fruchtspeicher an der südwestlichen Eckbastion.

Die klare Gliederung Ziegenhains in unterschiedlich alte und verschieden gestaltete Stadtviertel erklärt sich nicht allein aus der Lage in der Schwalmniederung, sie beruht auch auf anderen, bei vielen nordhessischen Kleinstädten wirksamen Entwicklungsfaktoren. Auf die spätmittelalterliche Stadtgründung folgte in der frühen Neuzeit meist eine Stagnation und dabei oft ein Absinken zum Ackerbürgerort, die erst mit der modernen Verkehrserschließung im 19./20. Jh. endete. Für Ziegenhain wurde die frühneuzeitliche Stagnation durch die Festungsfunktion zwar abgeschwächt, — dieser Zeitabschnitt erbrachte sogar die wichtigsten Grundrißmerkmale, — trotzdem zeichnet sich im heutigen Ortsbild die abrupte Phasenhaftigkeit nordhessischer Kleinstadtentwicklung deutlich ab.

Martin Born

# Weißenthurm

Weißenthurm war vor seiner Stadtwerdung (1936) die größte Gemeinde im damaligen Landkreis Koblenz. Es bezeichnet sich gerne als „3-B-Stadt". Gemeint sind die Bimswerke, die Brauerei und die Blechwarenfabrik. Ein viertes „B" sollte dabei aber nicht ganz vergessen werden, das ist die Brücke über den Rhein.

Seinen Aufstieg zur Stadt verdankt Weißenthurm nicht nur der Baukonjunktur der fünfziger Jahre und der Verpackungsfreudigkeit der sechziger Jahre dieses Jahrhunderts, sondern überhaupt seiner günstigen Verkehrslage im Mittelrheinischen Becken gerade gegenüber von Neuwied. Das Weichbild der Stadt ist durchzogen von der alten Hauptverkehrsstraße Koblenz—Köln, die aber inzwischen als autobahnähnliche Schnellstraße (B 9) außerhalb des Bildrandes verlegt worden ist. Dicht am Rheinufer entlang führt die Hauptbahnlinie in gleicher Richtung, die sich durch besonders starken Fernschnellverkehr auszeichnet und inzwischen längst, wie es die Schatten der Masten auch erkennen lassen, elektrifiziert worden ist.

Mehr als die anderen Verkehrsanlagen fällt aber die Rheinbrücke mit dem Weißenthurmer Brückenkopf ins Auge. Sie ist ein Werk des 20. Jahrhunderts und führt die Eifelstraße Mayen—Weißenthurm (B 256) über Neuwied weiter in den Westerwald. Die Brücke ist jedoch nicht ganz ohne Vorgänger, denken wir an die beiden festen Rheinbrücken Cäsars, wahrscheinlich zwischen Engers und Neuwied, in den Jahren 55 und 53 v. Chr., an die Schiffsbrücken des Marschalls Turenne im Jahre 1763, an die preußischen Manöverschiffsbrücken im 19. Jh. und an die Rückzugsbrücken der deutschen Fronttruppen im Jahre 1918. Dies alles waren militärische Angelegenheiten, für den zivilen Verkehr genügte eine „Fliegende Brücke", d. h. eine Fähre, wie sie seit 1817 ständig eingerichtet war. Mit dem Aufkommen der Industrie und dem gleichzeitigen Anwachsen des Verkehrs wurde alsbald der Ruf nach einer festen Brücke laut.

1887 legte der Neuwieder Brückenbauingenieur Anton Gutacker den ersten Entwurf vor; die Ausführung scheiterte aber an finanziellen Schwierigkeiten. So kam es erst nach der Währungsstabilisierung zu einer ernsthaften Planung, und im September 1933 wurde der Entschluß gefaßt. Am 3. November 1935 wurde die Brücke dem Verkehr übergeben, im Januar 1945 wurde sie durch einen Fliegerangriff zerstört, 1949 wurde sie behelfsmäßig wieder in Betrieb genommen und am 3. April 1951 wurde sie in der alten Form dem Verkehr freigegeben. Wir sehen hier nur die Brückenauffahrt und den 216 m langen Teil von Weißenthurm bis zur Insel; das ganze Bauwerk hat eine Länge von 457 m. Wie das Verkehrsaufkommen im Bild zeigt, ist sie trotz der 1965 fertiggestellten Bendorfer Autobahnbrücke eine Verkehrsdrehscheibe ersten Ranges geblieben, so daß man schon eine neue Brücke weiter südlich plant, da die 8,5 m breite Fahrbahn den Verkehr nicht mehr aushalten kann. Errechnete man 1936 ein Verkehrsaufkommen von 173 Fahrzeugen und 1950 von 341 Fahrzeugen stündlich, so muten die Zahlen der Gegenwart mit 1237 Fahrzeugen geradezu astronomisch an:

Dabei handelt es sich vorwiegend um Nahverkehr, wobei der LKW-Verkehr eine besondere Rolle spielt, denn hier im Mittelrheinischen Becken herrscht wegen der Schwemmsteinindustrie die größte Lastkraftwagendichte in der BRD.

Damit ist das zweite „B" angesprochen: der rheinische Bimsstein, dessen Entstehung auf eine urzeitliche Katastrophe zurückgeht. Der letzte Ausbruch im Laacher-See-Gebiet fand vor 10 000 Jahren, in der Alleröd-Zeit, statt. Das ganze Becken wurde mit einer mehrere Meter mächtigen Schicht dieses später so wertvollen Materials überschüttet. Seine chemische Zusammensetzung ist etwa: 55 % $SiO_2$, 22 % $Al_2O_3$, 12 % $K_2O + Na_2O$, 3 % $Fe_2O_3$, 2 % $CaO$ und dazu noch ein kleiner Anteil wasserlöslicher Salze. Allerdings ist Bims (von lat. pumex) ein Strukturbegriff, d. h. bis 85 % des Volumens können aus Hohlraum bestehen. Dies bedingt die hervorragenden technologischen Eigenschaften der rheinischen Bimsbaustoffe: Wärme- und Schalldämpfung, leichte Form- und Bearbeitbarkeit, Verwitterungsbeständigkeit durch die Bindemittel, gute Transportfähigkeit infolge niedrigen Gewichts und damit Konkurrenzfähigkeit durch großen Transportradius. Das wirkte sich besonders während der großen Baukonjunktur 1948 aus. Die Produktion stieg von 173 000 t (1946) auf 1 434 000 t (1949) an. In der Zeit der Hochkonjunktur (1954) gab es über 70 Betriebe der Bimsbaustoffproduktion in Weißenthurm, bis in die Gegenwart haben sich jedoch nurmehr weniger als die Hälfte als krisenfest erwiesen. Der hohe technische Stand der verbliebenen Werke läßt auch die Zahl der Arbeitskräfte immer geringer werden; es sind noch etwa 700. Aber auch die Produktion selbst ist hier rückläufig. Wir erkennen dies im Bild an den Flächen, wo die Bimssteine in Form der sog. „Arken" zum Trocknen aufgeschichtet werden. Auf dem Luftbild im Luftbildatlas Rheinland-Pfalz (Nr. 55) aus dem Jahre 1965 waren noch alle Flächen mit Arken besetzt, jetzt (1971) sind manche leer geworden.

Das dritte „B" gehört der Bierbrauerei. Unten am Bildrand bemerken wir die Betriebsgebäude der Brauerei „Zur Nette". Ausschlaggebend für die Standortbildung dieser und anderer Brauereien war die günstige Verkehrslage, als man nach der Erfindung der künstlichen Kälterzeugung nicht mehr auf die Niedermendiger Basaltkeller angewiesen war.

1921 wurden die Weißenthurmer Blechwarenwerke gegründet, das letzte „B" im Wirtschaftsleben. Wir erkennen die Betriebsanlagen im Dreieck zwischen Brückenkopf, Bahn und Hauptstraße. Sie stellen heute neben Feinblech Verpackungsmaterial aus Plastik, Pappe und sonstigen Folien her. Der Umsatz ist von 8,3 Mill. DM (1950) auf 75,6 Mill. DM (1969) gestiegen; das stellt alle anderen Wirtschaftszweige in den Schatten.

Weißenthurm als Industriestandort und als Wohngemeinde für eine große Zahl von Auspendlern (1969 3240 Arbeitnehmer, 1180 Auspendler, 522 Einpendler), als kulturelles Zentrum und als Glied der mittelrheinischen Städteagglomeration ist nur denkbar durch seine Verkehrslage. Während die „Bimsstadt" an Bedeutung verliert, gewinnt sie als Brückenstadt weiter an Gewicht.

Walter Sperling

## 47 WEISSENTHURM
Bimsabbaugebiet am Mittelrhein

Aufnahmedatum: 21. Juli 1970, 9.45 Uhr
Flughöhe: 1075 m
Bildmaßstab: ca. 1 : 5750

**48  DAS PULVERMAAR**
Vulkaneifel

Aufnahmedatum: 14. Juli 1970, 8.55 Uhr
Flughöhe: 1530 m
Bildmaßstab: ca. 1 : 9500

# Das Pulvermaar

Dies ist das Charakterbild der Moseleifel: Eine wellige, in Hügel und Riedel aufgelöste Hochflächenlandschaft um 400 bis 450 m Höhe, gegliedert durch Talsysteme, deren steile Flanken von Wald oder — wie hier im Bild — von Buschwerk und Ginster, dem „Eifelgold", überzogen sind; kleine Dörfer mit blaugrauen Schieferdächern in Quellmulden und Talverzweigungen, umgeben von kleingliedrig aufgeteilten Fluren, in denen Acker und Grünland vielfältig wechseln. Seinen besonderen Reiz erhält dieser Teil der Eifel durch die über die Hochfläche emporragenden bewaldeten Vulkankuppen und die Maare, in deren fast kreisrunden Kesseln stille, tiefe Maarseen im Kranze von Buchenwäldern liegen.

Das Pulvermaar gehört zu den Tiefenmaaren der Eifel. Vor etwa 10 000 Jahren sprengte ein Gasausbruch von vulkanischen Laven, die nicht selbst an die Oberfläche gelangten, diesen Trichter von etwa 900 m Durchmesser in den devonischen Gesteinsmantel. Dieser bildet die Flanken des Maartrichters und ist z. B. an der ins Maar führenden Straße aufgeschlossen. Die bewaldeten Trichterflanken fallen steil um 50 m zum Maarsee ab, der einen Durchmesser von etwa 700 m hat und mit 74 m Wassertiefe der tiefste aller Eifeler Maarseen ist. Die Gewalt der Gaseruption durchbrach die geschlossene Ringform im NW und verflachte dort die Trichterwandung, wo im Bild der sonst geschlossene Waldkranz aussetzt. Die Eruption schuf in der Umgebung des Maares eine geschlossene Decke von vulkanischen Aschen. Diese von devonischen Gesteinstrümmern durchsetzte Tuffdecke wird am Maarrand bis zu 10 m mächtig. Die dunkel- bis hellgrauen Tuffe sind in den beiden Gruben sichtbar, wo sie als Bau- und Füllsand abgebaut werden. Die Abbauzone ist begrenzt, denn das Maar steht unter Naturschutz.

Südlich des Pulvermaares erkennen wir in der bewaldeten Kuppe des Römerberges und dahinter im Strohner Maarchen weitere vulkanische Formen aus derselben Zeit. Nach CIPA (1955, 1956) steigt der Vulkanschlot, der das Strohner Maarchen schuf, schräg aus südlicher Richtung empor. Die Auswurfschlacken des Schlotes häuften sich daher hufeisenförmig um den Nordrand des Maarchens und bildeten den Römerberg. Beide Formen deutet Frechen (1962, S. 137) als finales Maar, das sich ... „aus dem Förderschlot eines Schlackenvulkans durch seitliche Ausräumung von Nebengestein bei späteren Gaseruptionen entwickelt hat".

Der ovale Trichter des Strohner Maarchens ist 210 m lang und 140 m breit. Der Maarboden ist von einem 9 m mächtigen Hochmoor bedeckt, das im Luftbild olivfarben erscheint. So zählt dieses kleine Maar zu den Trockenmaaren, die keine Wasserfläche bergen.

Seit langem schon zieht das Pulvermaar wie die anderen Eifelmaare Einzelwanderer und Wandergruppen an. In den letzten Jahren sieht sich die Gemeinde Gillenfeld als Eigentümer des Maares einem zunehmenden Touristenstrom gegenüber, der an den schönen Wochenenden des Hochsommers seinen Höhepunkt erreicht. Eine Reihe von Investitionen förderten diese Entwicklung, wie der Ausbau der ins Maar führenden Straße mit ausgedehnter Parkzone und Wendeschleife am nordöstlichen Seeufer, die Schaffung weiterer Parkplätze an verschiedenen Stellen des Kraterringes, die Gestaltung der Rundwanderwege und Rastplätze und die Anlage von zwei Campingplätzen und zwei Ferienkolonien mit festen Ferienhäusern (vgl. Kartenskizze). Das Schwimmbad und die Bootsstege liegen am Ende der Parkzone, und das ganze Seeufer bietet Anglern gute Standplätze. Die beiden Feriendörfer meldeten 1971 ca. 1800 Gäste mit 21 000 Übernachtungen, der Campingplatz am Maar 1700 Besucher mit 14 000 Übernachtungen, beachtliche Zahlen für eine so kurze Saison, die im wesentlichen nur den Juli und August umfaßt.

An einem Wochenende im Juli findet die Saison ihren Höhepunkt mit dem Fest „Pulvermaar in Flammen". Im Luftbild erscheint das große Festzelt am Seeufer. 1971 folgten hier über 10 000 Besucher den Musik-, Gesangs- und Tanzdarbietungen des vom Eifelverein veranstalteten Festes, sahen abends das Feuerwerk und die bunte Maarbeleuchtung.

Der zunehmende Tourismus am Maar hat bisher noch wenig auf die am Bildrand erscheinende Gemeinde Gillenfeld übergegriffen. Viele kleinbäuerlichen Betriebe des ca. 1300 Einwohner zählenden Ortes sind heute aufgegeben oder zu Nebenerwerbsstellen geworden. Von ihnen bestehen z. Z. noch etwa 50. Die kleinparzellierte Flur in Dorfnähe gehört vorwiegend zu diesen Betrieben. Im Ort bestehen vier Vollerwerbsstellen, sechs weitere liegen als Aussiedlerhöfe in der Flur, kenntlich auch an der großzügigeren Parzellierung und an den Windschutzhecken in den sie umgebenden Flurteilen. Ein Großteil der Erwerbstätigen arbeitet in der Schuhfabrik am Rande des Maarringes, die in den 50er Jahren aus einem ehemaligen Barackenlager entstand, und in den Industrien von Daun und Wittlich.

Für den Fremdenverkehr bietet Gillenfeld zwei Hotels, zwei Gasthäuser, eine Pension und eine Reihe von Privatzimmern mit insgesamt 115 Betten. Die Feriengäste kommen vorwiegend aus dem Ballungsgebiet an Niederrhein und Ruhr sowie aus dem Saarland. Die Übernachtungszahlen von 7000 (1971) sind im Vergleich mit denen am Pulvermaar noch gering.

Gerold Richter

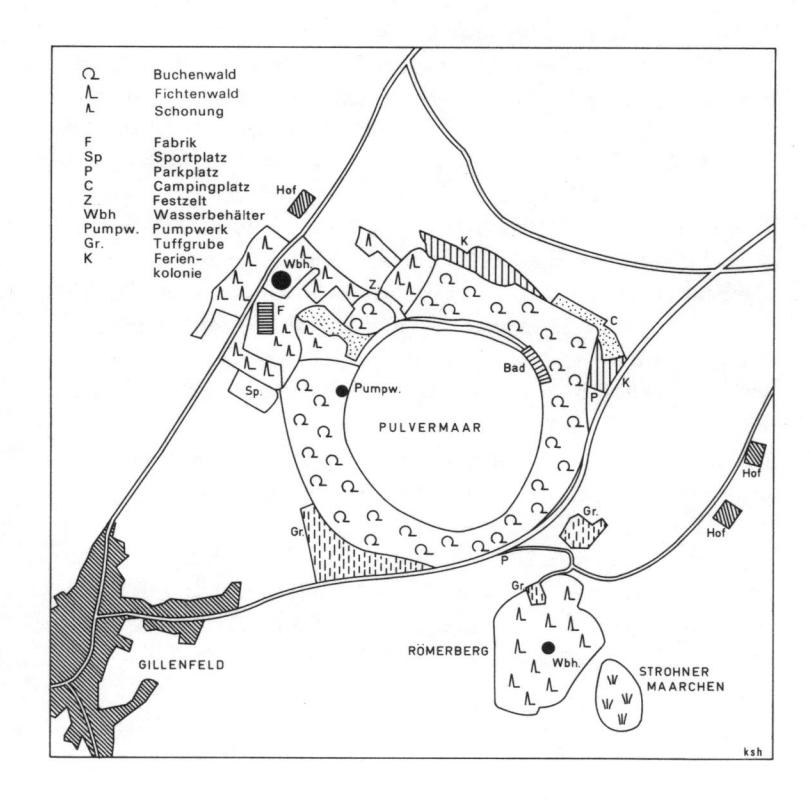

# Das Moseltal

Der Ausbau der Mosel zur Großschiffahrtsstraße, der durch den Staatsvertrag zwischen dem Großherzogtum Luxemburg, der Französischen Republik und der Bundesrepublik Deutschland am 17. Oktober 1956 endgültig besiegelt wurde, hat die stille Mosellandschaft, die unsere romantische Phantasie gerne mit Weinseligkeit und Liebeskummer (Binding) in Verbindung bringt, gründlich gewandelt. Heute, nachdem das Werk vollendet ist und seine ersten Auswirkungen gezeigt hat, geben nüchterne Technologie und bewußte Landschaftsgestaltung dem Moseltal das Gepräge.

Schon vor 2000 Jahren wurde die Mosel als Schiffahrtsweg benutzt. Als im 4. Jh. Kaiser Konstantin in Trier residierte, schrieb Ausonius sein Lobgedicht „Mosella", wobei er auch der Schiffahrt gedenkt. Kaiser Karl der Große reiste zu Schiff auf der Mosel, im ganzen Mittelalter wurde sie als Verkehrsweg und für Wallfahrten (die erste Form des Fremdenverkehrs!) benutzt. Als jedoch das Straßennetz immer stärker ausgebaut wurde, ging ihre Bedeutung immer mehr zurück; selbst die Trierischen Kurfürsten benutzten, um zu ihrer Sommerresidenz in Koblenz zu gelangen, schließlich den Landweg. Als zuletzt die Moselbahn 1879 in Betrieb genommen wurde, erwuchs der Schiffahrt die größte Konkurrenz.

Schon früh im 19. Jh. tauchten die ersten Ausbaupläne auf. In der preußischen Zeit wurden zahlreiche Buhnen und Leitwerke gebaut, die aber keine spürbare Besserung des Schiffsverkehrs zur Folge hatten. Nacheinander wurden drei weitere Ausbaupläne vorgelegt: 1893 von Schönbrod, 1904 von Wernburg und 1920 von Wulle. Sie unterscheiden sich von dem vor dem Zweiten Weltkrieg begonnenen Ausbau durch mehr Schleusenwerke und kürzere Haltungen.

Eine große Rolle spielen die natürlichen hydrologischen Verhältnisse der Mosel. Zwar ist der Unterlauf ziemlich geradegestreckt, von Cochem bis Schweich jedoch gibt es große Mäanderbögen. Die Wasserführung zwischen Trier und Koblenz ist sehr unregelmäßig. Unterhalb von Trier kommt nur noch wenig Wasser dazu, so daß die Wasserführung in Trier schon 94 % derjenigen von Koblenz beträgt. Der Winteranteil der abfließenden Wassermenge ist mehr als doppelt so groß wie der sommerliche. Bei Trier verhält sich der Abfluß bei niedrigstem Niedrigwasser zu Mittelwasser zu höchstem Hochwasser wie 1 : 11 : 267, bei Koblenz ist die Wasserführung ein wenig ausgeglichener.

Die Hochwässer treten meist im Winter auf, jedoch wirken sich die sommerlichen Niedrigwässer genauso nachteilig auf die Schiffahrt aus. An der Staustufe Lehmen betragen die Abflüsse bei NNW 25 m$^3$/sec, bei MW rund 250 m$^3$/sec und bei HHW 4100 m$^3$/sec, wobei bei Hochwasser ein Zuwachs an Wasserspiegelhöhe von 0,2 m und mehr je Stunde erreicht werden kann.

Bei der Staustufe Lehmen tritt nach Angaben des Wasser- und Schiffahrtsamtes Koblenz-Mosel ein Oberwasser (Normalstau) von NN + 72,50 m und ein Unterwasser (hydrostatischer Stau) von NN + 65,00 m auf. Die dreiteilige Wehranlage, die man im Bild deutlich erkennen kann, hat drei Felder von je 40 m Breite, dagegen sind die beiden Wehrpfeiler nur 4 m breit. Die Sektorenwehrkörper können bei Hochwasser hydraulisch nach unten gesenkt werden. Die Schleusenkammer, in der sich gerade eine Schiffseinheit befindet, die nach dem Unterwasser fährt, ist 170 m lang und 12 m breit, bietet also auch den 1500-t-Schubschiffen Raum. Die maximale Hubhöhe beträgt 7,50 m. Zwischen der Wehranlage und der Schleuse erkennt man die Bootsschleuse mit einer Kammerbreite von 3,50 m und einer Länge von 18 m. Außerdem gibt es eine Sportbootüberschleppe. Auf der Gegenseite erkennt man den Fischpaß.

Die Kraftwerksanlage (am linken Ufer) hat eine Breite von 50 m. Hier gibt es vier Rohrturbinen mit einem Schluckvermögen von 380 m$^3$/sec, die 20 MW Strom erzeugen können. Die maximale Stromerzeugung pro Jahr beträgt 81,6 GWh (Bruttoarbeit). Die Anlage wurde von der Moselkraftwerk GmbH gebaut.

Seit der Inbetriebnahme (1964) stieg das Verkehrsaufkommen beträchtlich. 1965 waren es 3,75 Mill. t, 1970 schon fast 20 Mill. t. 1971 war das Verkehrsaufkommen jedoch infolge der niedrigen Rheinwasserstände leicht rückläufig.

Unsere besondere Aufmerksamkeit beanspruchen alle Maßnahmen der Uferpflege, die man im Bild gut ausmachen kann. 840 000 m$^3$ Massen wurden beim Bau der Staustufe bewegt, davon wurden 540 000 m$^3$ wieder verwendet, der Rest von 280 000 m$^3$ wurde im Würzlaytal auf Halde gekippt. Es ging dabei vor allem um die Aufhöhung der Vorländer und der Reiherschußinsel unten im Bild. Die aufgekippten Stellen wurden sämtlich gesichert, begrünt und bepflanzt. Schon jetzt, wenige Jahre nach der Fertigstellung, fügt sich die Anlage harmonisch in das Landschaftsbild ein.

Man erkennt im Ausschnitt auch etwas vom Leben an der Schleuse. Das rechte Wehr ist gerade geöffnet, und mächtig stürzt das Wasser herab. In der Schleusenkammer befindet sich gerade ein Motorschiff, und aus ihr strömt ebenfalls das Wasser. Im Unterwasser erkennen wir einen schwimmenden Bagger, der die Fahrrinne tief genug hält, was im Oberteil der Haltungen teilweise ein ständiges Problem ist.

Die letzten Häuser von Lehmen reichen unten links in das Bild hinein. Zusammen mit dem Ausbau des Flusses wurden auch die beiden Moselseitenstraßen verbessert und teilweise neu trassiert, vor allem höher gelegt. Auf der oberen Bildseite (nach Osten) dominiert auf der Hauptterrasse der Wald, der ursprünglich scharf mit der Terrassenkante abschloß. Die oberen Parzellen tragen keine Rebstöcke mehr („Sozialbrache"), der Wald ist hier im Vordringen. Die Weinbergsmäuerchen werfen ihre Schatten und geben dem Hang eine entsprechende Skulptur. Am Gegenhang erkennen wir ebenfalls Weinbergmäuerchen, von der Sonne hell angestrahlt. Hier ist der Weinbau weniger gepflegt, die Flächen der Sozialbrache sind umfangreicher, und der Niederwald ist weiter den Hang hinab gedrungen. Eine Hochspannungsleitung, von der wir oben im Tälchen zwei Masten erkennen, endet an einer Schaltanlage oberhalb des Kraftwerkes. Gegenüber der Reiherinsel am rechten Bildrand sehen wir einige Campingzelte, die auf den im Moseltal ansteigenden Fremdenverkehr hinweisen.

Walter Sperling

**49  DAS MOSELTAL**
Moselregulierung bei der Staustufe Lehmen

Aufnahmedatum: 21. Juli 1970, 9.20 Uhr
Flughöhe: 685 m
Bildmaßstab: ca. 1 : 5000

## 50 DIE LORELEY
Engtal des Mittelrheins

Aufnahmedatum: 10. Juli 1970, 10.50 Uhr
Flughöhe: 920 m
Bildmaßstab: ca. 1 : 5000

# Die Loreley

Eine der markantesten Felsbastionen, durch Sage und Lied der bekannteste Punkt im Mittelrheintal, ist der Loreleyfelsen. Das Mittelrheintal hat die Form eines 120–150 m tiefen Canons, dessen Sohle fast vollständig vom Strom eingenommen wird. Tal- und Strombreite wechseln je nach Härte und Lagerung der unterdevonischen Gesteinsserien (Schiefer, Grauwacken, Grauwackensandsteine und Quarzite). Hier zwischen Betteck und Loreley liegt die engste Stelle: Der sonst um 300–400 m breite Strom verengt sich auf 100–150 m, und auch die oberen Talkanten rücken bis auf 500 m Distanz aneinander.

Vom Aussichtspunkt Mariaruh auf der westlichen Talkante, der am oberen Bildrand gerade noch sichtbar ist, erscheint daher der massige Felsklotz der Loreley zum Greifen nahe. Seine steil zum Rhein abfallenden Flanken sind von Gebüsch und wärmeliebendem Eichen-Elsbeerenwald überzogen. Weiter geht der Blick über die vielfältig von Terrassenmauern aufgelösten Weingärten beiderseits der Loreley, Reste eines noch vor wenigen Jahrzehnten weit ausgedehnteren Weinbaues. Auch auf der gegenüberliegenden Talseite treffen wir aufgegebene Weinbergterrassen an, deren Mauern durch die Beleuchtungsverhältnisse besonders plastisch herausgearbeitet werden. Im Rückgang des Weinbaues spiegelt das Landschaftsbild die ganze Problematik wider, die mit vorherrschendem Kleinbetrieb, der Besitzerzersplitterung und der Unmöglichkeit der Mechanisierung in einer derart ungünstig gegliederten Flur zusammenhängt.

Ganz anders ist das Flurbild auf der Verebnung der Hauptterrasse oberhalb der Loreley. Dieser in der Mindelvereisung entstandene ehemalige Talboden des Rheins trägt eine Lößdecke. Die relativ großzügige Gliederung der Feldflur geht hier auf die Flurbereinigung Bornich zurück, bei der erstmalig landwirtschaftliche Betriebe in die Feldmark ausgesiedelt wurden (*Sperling* 1970). Damals, 1950–1954, entstanden die vier Aussiedlerhöfe auf dem Loreleyplateau, zu denen die Ackerflur gehört.

Der Stromabschnitt zwischen Oberwesel und St. Goar gehört wegen seiner scharfen Krümmungen, wegen Stromverengung, Eisstau in der Engstelle und rasch wechselndem Gefälle zu den schwierigen Strecken der Rheinschiffahrt. Oberhalb der Loreley sinkt das Gefälle auf 0,1 ⁰/₀₀. Hier hat der Strom mit ca. 20 m seine größte Tiefe. An der Loreley versteilt es sich auf 1,2 ⁰/₀₀, die Strömung beschleunigt sich und bildet Strudel. In der Stromverbreiterung unterhalb der Loreley bildete sich eine Kiesbank, die das Fahrwasser teilte.

Die Regulierung des schwierigen Fahrwassers geht auf die Arbeit der 1851 gegründeten Rheinstrom-Bauverwaltung in Koblenz zurück, durch die der Strom im Abschnitt Koblenz–Oberwesel bis 1900 auf mindestens 120 m Breite und 2 m Wassertiefe ausgebaut wurde. Die Kiesbank unterhalb der Loreley, das „Grün", wurde später durch einen 700 m langen Paralleldamm überbaut, eine wirksame Maßnahme gegen unerwünschte Geröllsedimentation unterhalb der Engstelle. Gleichzeitig erhielt man dadurch einen 605 Ar großen Schutzhafen, der gerade in Zeiten des winterlichen Eisganges und bei Blockierung des engen Fahrwassers durch Eisbarrieren sehr wertvoll ist.

Längst vergangen ist die Zeit der getreidelten Getreideschiffe und der „Salmwaage", hölzerner Nachen, in denen man nachts mit Netz und Fackel in den tiefen Gewässern unter der Loreley auf Salmfang ging. Auch die letzten Radschlepper mit ihrem Gefolge von Kohlenschleppzügen, die so lange das Bild der Schiffahrt beherrschten, sind verschwunden. Sie machten einer Frachter- und Tankerflotte schneller „Selbstfahrer" und den großen Schubschiffseinheiten Platz, die die Loreley in fast pausenloser Folge umrunden, pro Tag heute 300–400 Schiffe. Ihrer Sicherheit dienen zwischen St. Goar und Oberwesel vier „Wahrschaustationen", von denen eine im Bild gegenüber der Loreley erscheint. Sie liegen an engen Strombiegungen, überwachen den Strom mit Fernseheinrichtungen und warnen die bergwärts fahrenden Schiffe durch Lichtbalken vor dem entgegenkommenden Verkehr. Schließlich nehmen die Schiffe in St. Goar für die Bergfahrt Lotsen an Bord.

Der vielbefahrene Strom wird beiderseits von Straßen und zweigleisigen Eisenbahnen begleitet. Dieses fünffache Verkehrsband macht das Mittelrheintal zu einer der dichtesten Verkehrsadern der Welt.

In den Ferienmonaten des Sommers erhält der unablässige Strom von Gütern und Reisenden zusätzlich eine besondere, farbige Note durch den Tourismus. Dann füllen sich die Campingplätze auf der Loreley und gegenüber im St. Goarer Ortsteil Zum Garten. Die weißen Schiffe der „Köln-Düsseldorfer" umrunden die Loreley. Die Hotels im Tal sind besonders auf die Reisegruppen der Touristikunternehmen eingestellt. Parkplätze, Kioske, die Sportanlagen und eine Freilichtbühne auf der Loreley ergänzen die Ausstattung eines der vielbesuchten Touristenschwerpunkte im Mittelrheintal.

Gerold Richter

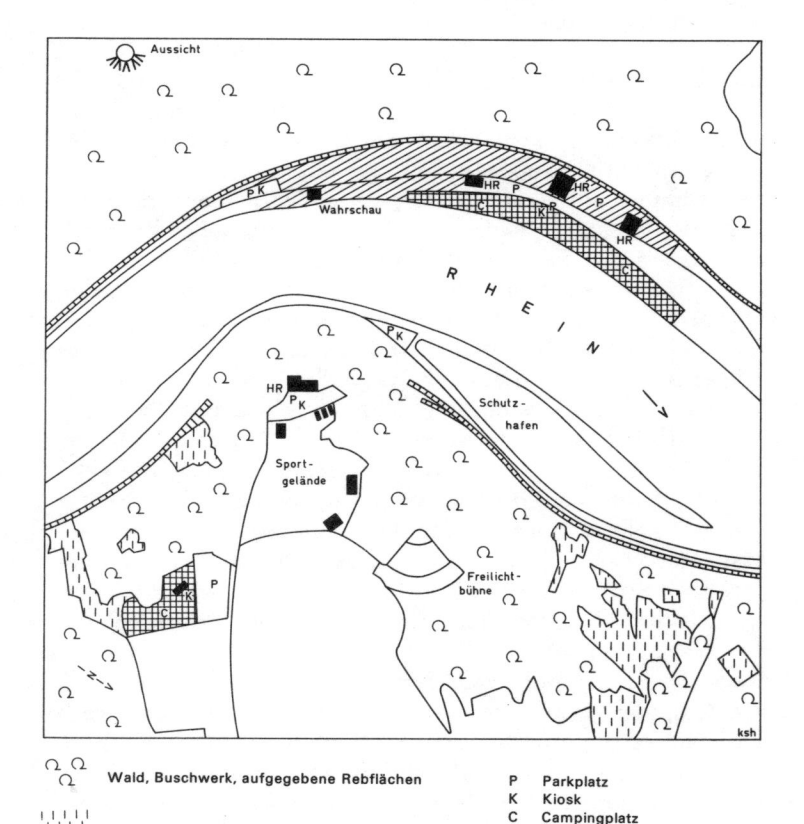

# Trier

Das heutige Zentrum der Stadt um Marktplatz und Dom (s. Skizze) liegt links im Bild. Demnach scheint der Ausschnitt der Luftaufnahme zu weit nach Süden gerückt. Orientiert man sich jedoch am Mittelpunkt der Römerstadt Augusta Treverorum, so bildet er fast genau die Mitte des Luftbildes: das westlich der Kaiserthermen (4. Jh.) gelegene Forum, dessen Reste jedoch völlig überbaut wurden. Zu ihm führten die Hauptstraßen, die z. T. noch im gegenwärtigen Grundriß — wenn auch meist leicht versetzt — lokalisierbar sind. Die Nord-Süd-Achse (s. Nordpfeil in der Skizze) verband die Porta Nigra mit dem Südtor, das nicht mehr erhalten ist und auch außerhalb des Ausschnittes läge. Die Querachse dazu kam von der Moselbrücke, die auch heute noch auf den römischen Pfeilern steht, und führte zu dem auch als Stadttor dienenden Amphitheater (um 100 n. Chr.). Von den Zeugnissen der Römerzeit sind im Luftbild außerdem die Barbarathermen (2. Jh.) und die Aula des Palastes Konstantins des Großen (residierte 306—324 in Trier) zu erkennen. Auch der Kernbau des Domes stammt aus dem 4. Jh. Die Kleingärten südwestlich des Amphitheaters überdecken einen gallo-römischen Tempelbezirk. Vom 6,5 km langen Mauerviereck der etwa 80 000 Einwohner umfassenden Römerstadt ist jedoch außer vereinzelten Fundamentresten nur noch die Porta Nigra vorhanden.

Die mittelalterliche Stadt — im Umfang am Alleengeviert erkennbar — war kaum halb so groß wie die der Antike und hatte höchstens 10 000 Einwohner. Nur im Norden und an der Mosel grenzte sie an die alte Mauer. Weniger die Zerstörungen im 3. und 5. Jh. durch Alemannen und Franken (bzw. der Verfall durch abwandernde Römer) als die Verwüstung im Jahre 882 durch die Normannen verwischten auch das typische Schachbrettmuster der Straßenzüge bis auf geringe Reste. Städtische Kontinuität blieb, abgesehen von der im Palastbezirk entstandenen Pfalz, nach dem Ende der Römerzeit um 480 wahrscheinlich nur im Dombereich erhalten, der sich nach dem Normanneneinfall mit einer Mauer umgab. Ihren Verlauf als Dombering zeichnet das Bild der heutigen Straßenzüge noch deutlich nach (Skizze). Daran schloß sich ein Marktplatz mit den Häusern der Fernhändler und Handwerker an. Von dort lief ein Weg diagonal über die Trümmer zur Römerbrücke, ein anderer über einen Stapelmarkt (s. Straßenstern) zu Fischersiedlungen, die nordwestlich vor den Toren lagen. Im Luftbild an der Vielzahl kleiner Grundstücke noch erkennbare weitere Siedlungszellen auf dem Gelände der ehemaligen Römerstadt (insgesamt waren es nach Kempf zwölf) sind das alte Hafenviertel, das Brückenviertel, die ehem. Fischersiedlung St. Barbara südwestlich der Barbarathermen und das überbaute Dörfchen Löwenbrücken vor dem Südtor („Neutor") der mittelalterlichen Stadtmauer (12./13. Jh.). Deren Viereck ist nie ganz ausgefüllt worden. Das liegt nicht nur daran, daß frühzeitig mehrere Klöster mit großen Gartenflächen innerhalb der Mauer angelegt wurden, sondern es fehlte auch der Bevölkerungsdruck. Dadurch dürfte Trier noch heute unter den europäischen Städten den mittelalterlichen Stadtkern mit den meisten Grünflächen besitzen.

Erst einige Jahrzehnte nach dem 1815 erfolgten Anschluß an Preußen, der Trier zur Garnisonsstadt machte, und nach der 1860 fertiggestellten ersten Eisenbahnverbindung (nach Saarbrücken) wuchs es allmählich über das Mauerviereck hinaus, das von 1868 an abgerissen wurde. Die Haupterweiterung ging nach Süden. Dort pauste sich das römische rechteckige Straßenmuster noch einmal teilweise durch, denn die mit Steinplatten belegten Straßen waren als Feldwege zum Teil erhalten geblieben und wurden nun erneut zu Straßen. Kleine Industriebetriebe wurden errichtet wie eine Maschinenbaufabrik (nahe des Bahnhofes), Brauereien (z. B. beim Amphitheater), Sektkellereien (südwestlich der Kaiserthermen) und Tabakfabriken (am Südrand).

In der heutigen Struktur und Funktion der einzelnen Stadtviertel, die sich auch im Luftbild widerspiegeln, ist die historische Entwicklung noch deutlich zu erkennen. Die Domstadt mit dem ehemaligen kurfürstlichen Palais wird heute geprägt durch Verwaltung und kirchliche Einrichtungen. Große ummauerte Gärten kennzeichnen die alten Kurienhöfe. Das Fernhändler- und Handwerkerviertel besteht heute aus Warenhäusern, Banken, Gaststätten und Spezialgeschäften, obwohl es keine echte City wurde. Der Ring von Klosteranlagen um den Altstadtkern enthält Krankenhäuser, Altersheime, Schulen und die Kommunalverwaltung, aber auch noch aktive Klöster. In einer sogar im Luftbild auffälligen Klostermauer (s. Skizze), die den heutigen Hospitalgarten umschließt, sind noch Reste eines gallo-römischen und merowingischen Mauerzuges erhalten. Die Ausbauten des 19. Jh. sind Wohnviertel, gemischt mit kleinen Industrie- und Handwerksbetrieben. Die neuen Wohnsiedlungen der Nachkriegszeit werden nur im südöstlichen Bildeck noch angeschnitten, während die seit 1970 planmäßig angelegten Industrieviertel, die wiedergegründete Universität und die zwei neuen Moselbrücken (1913 und 1973) außerhalb des Bildausschnittes liegen.

Ralph Jätzold

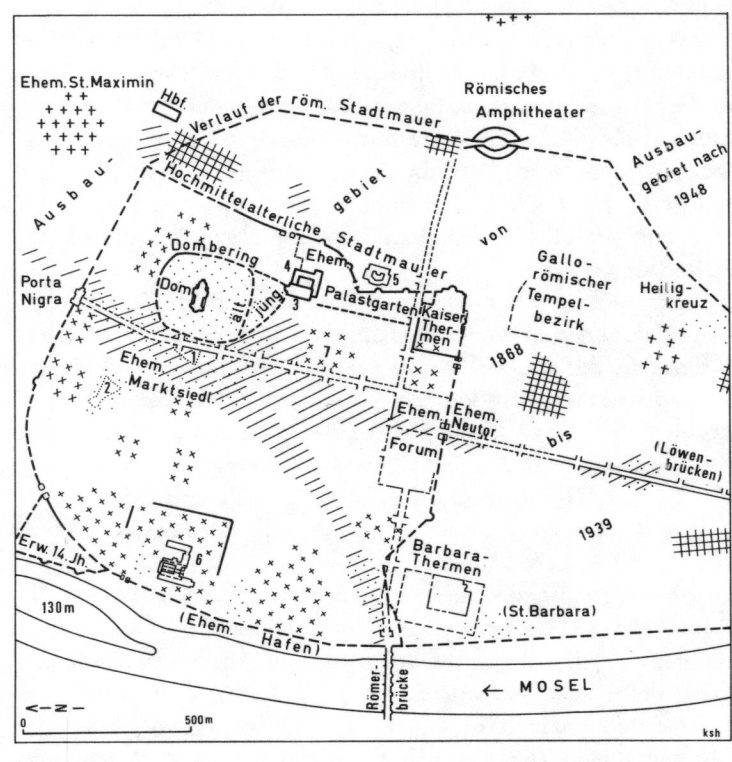

1 Marktplatz  2 Ehem. Stapelmarkt
3 Ehem. Aula des Kaiserpalastes
4 Ehem. fürstbischöfliches Palais (heute Sitz der Bezirksregierung)
5 Landesmuseum (spez. auf Römerzeit)
6 Ehem. Kloster St. Irminen (heute Bürgerhospital) mit Resten der röm. Speicher
7 Ehem. Universität, heute Sitz der Kath.-theol. Fakultät

---- Ehem. Verlauf wichtiger Mauern
—— Erhaltene bedeutende Mauerreste
===== Verlauf der röm. Hauptstraßen  a = gleicher heutiger Verlauf
···· Erkennbare nachröm. Siedlungskerne
× × × × Ehem. Klosterring der Altstadt
+ + + + Sonstige Klöster
//// Heutige Geschäftsviertel
#### Erste kleine Industriegebiete

51 TRIER
Kultur- und Wirtschaftszentrum
an der oberen Mosel

Aufnahmedatum: 14. Juli 1970, 9.45 Uhr
Flughöhe: 1530 m
Bildmaßstab: ca. 1 : 8800

**52 BINGEN**
Die Nahemündung

Aufnahmedatum: 10. Juli 1970, 10.35 Uhr
Flughöhe: 1530 m
Bildmaßstab: ca. 1 : 8000

# Bingen

Zwischen Bingen und dem Stadtteil Bingerbrück durchbricht die von Süden kommende Nahe einen vorspringenden Riegel des Rheinischen Schiefergebirges und mündet in den Rhein, der hier (von Osten aus dem Rheingau bzw. der Ingelheimer Rheinebene kommend) mit scharfem Knie nach Nordwesten in das Schiefergebirge eintritt. Obwohl die Landschaft im Bildausschnitt weitgehend von Menschen geformt ist, ermöglicht die farbige Senkrechtaufnahme auch Aussagen über die Entstehung der Oberflächenformen.

Auffallend ist einmal die andersartige Färbung des Nahewassers gegenüber der des Rheinwassers. Sie gibt Aufschluß über die Herkunft der Nahe, die einmal die Rotliegend-Mulde des oberen Naheberglandes, zum anderen aber auch teilweise das Gebiet lößbedeckter Tertiärhügel im Alzeyer Hügelland und im unteren Naheland entwässert. Das Nahewasser wird von der Rheinströmung erfaßt und in einem schmalen Saum entlang des linken Rheinufers in Fließrichtung geschleppt.

Erheblich sind die Höhenunterschiede, auf die zumindest aus dem Verlauf der Zufahrtswege zum Rochusberg östlich der Nahe und zum Rupertsberg bzw. zum Münsterer Wald westlich der Nahe geschlossen werden kann. In der Tat weisen die drei Berge eine gleiche Höhenlage um 240 m auf; gleich ist ihnen auch die verebnete Hochfläche, die besonders beim Rochusberg und beim Rupertsberg augenfällig ist, die sich jedoch auch in der Anordnung der Flurstücke bzw. des Wegenetzes widerspiegelt. Steil sind die jeweiligen Abfälle zur Nahe; an der Fußzone der Berge bleibt nur wenig Raum für die naheaufwärts führenden Verkehrswege (z. B. Bahnlinie, Bundesstraße 9). Diese Talenge deutet auf ein junges Durchbruchstal hin; für eine junge Ausformung der Landschaft spricht auch das tiefeingeschnittene Erosionstal des Mühlbachs zwischen Rupertsberg und Münsterer Wald. Auch schroffe Hangformen, insbesondere Felsbildungen am Rochusberg und an der Elisenhöhe (unt. rechter Bildrand) weisen darauf hin. Die randlichen Hochflächen können somit eigentlich nur das alte Talniveau des Rhein-Nahe-Systems bezeichnen. Schotterfunde (so am Aussichtsturm — A. T. — auf dem Rochusberg) haben diese Höhen als Hauptterrassen von Rhein und Nahe ausgewiesen.

Eine großflächige Ebenheit zeigt auch das tiefste Niveau, das von den Anlagen des Verschiebebahnhofs Bingerbrück ebenso ausgefüllt ist wie von den rheinnahen Teilen der Stadt Bingen, insbesondere deren Altstadt. Ein Höhenvergleich an den Rheinanlagen (mit Länden) von Bingen ergibt, daß es sich um die pleistozäne Niederterrasse handeln muß, die sich auch ins Nahetal hineinzieht und dort endigt, wo die Verkehrslinien in spitzem Winkel an die Naheufer gepreßt werden. Die Straßenführung in den jüngeren Stadtbereichen von Bingen und die der B 9 bei Bingerbrück kennzeichnen den zunächst allmählichen Anstieg zu den höheren Terrassen; der herausragende Klotz der Burg Klopp (130 m) ist nach Lage und Einordnung in das Terrassensystem am Rhein ein Rest der Mittelterrasse („Burgenterrasse").

Der rötlich-weiß schimmernde Aufschluß im Baugelände südöstlich der Burg Klopp deutet auf Taunusquarzit hin, der zusammen mit devonischen Schiefern den Rochusberg aufbaut und damit noch dem Schiefergebirge zuordnet. Die schon erwähnten Felsbildungen im Wald am Rochusberg gehören zu den schon von Goethe 1815 entdeckten Klippen aus Quarzitbrekzie entlang der Rochusberg-Verwerfung. Die gelbliche Farbe der Ackerfurchen auf dem Rupertsberg und vor dem Münsterer Wald geht auf die Lößdecke zurück, welche die hochgelegenen Schotterflächen dem Ackerbau geöffnet haben. Am Rande eines Römerkastells (Drusus-Brücke noch auf alten Fundamenten) entstand die Stadt Bingen als Eingangsort zum Nahetal mit Weinbau und Weinhandel; sie füllte die Niederterrasse aus, während der jüngere Weinort Bingerbrück am Hang angelegt wurde. So war hier beim Bau der Rheintal- und der Nahebahn die Niederterrasse verkehrsgünstiges Entwicklungsgebiet und Bingerbrück wurde Verkehrsknotenpunkt. Es behielt seine Weinbaufläche fast ganz bei, während diese in Bingen durch die Hangbebauung schrumpfte. Auf der schattseitigen Exposition des Rochusberges stockt Laubwald.

Heinz Fischer

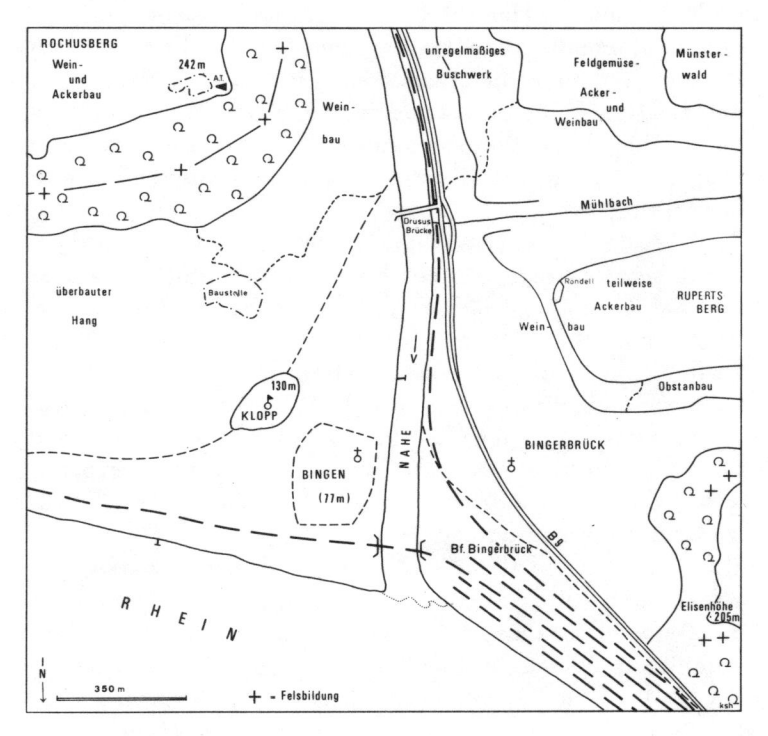

# Königstein im Taunus

In dem Luftbild tritt uns ein Ausschnitt aus dem Vortaunusland entgegen, das, durch bewaldete, nach S zur Mainebene vorspringende Riedel und meist waldfreie, ins Gebirge eingreifende Vorlandsbuchten gegliedert, heute ein beliebtes Wohnsiedlungsgebiet für die Bevölkerung des rhein-mainischen Ballungsraumes darstellt. In diesem mehr oder weniger lockeren Siedlungsband, das sich, die Lagegunst am Südabfall des Gebirges nutzend, gartenstadtähnlich vor den Höhen des Gebirges hinzieht, war und ist bis heute Königstein einer der Kristallisationskerne der Besiedlung.

Auf dem erfaßten Ausschnitt grenzt die rumpftreppenartige Vorstufe, durch Bachläufe gegliedert und von bewaldeten Kuppen, zu denen die Burgberge von Falkenstein und Königstein gehören, modelliert, in steilem Abfall an die Hornauer Bucht im W (rechter Bildrand). Die weitausholende Trassenführung der Eisenbahn läßt den Höhenunterschied (rund 100 m) erkennen. Das Tiefland der Bucht wird ebenso wie die im Osten den Riedel gliedernde Quellmulde des Kronberger Baches und das kleine Woogtal, das sich hinter dem Königsteiner Burgberg emporzieht, von Grünland, Acker und — für das Taunusvorland charakteristisch — Obstkulturen eingenommen. Die Kuppen sind bewaldet, die Hänge und Sättel tragen die Siedlungen.

Das heute 9750 Einwohner zählende Königstein nimmt mit seinem Kern den Raum zwischen zwei Bergkuppen ein, wächst nach Süden längs eines Sattels und auf dessen zur Bucht gerichteten Hang und zieht sich nach Norden am Gebirgsrand empor. Angeschnitten vom Bildausschnitt wird im Westen noch mit seinen jungen Ausbauten das frühere Dorf, die heutige Arbeiterwohngemeinde Schneidhain und im Osten die kleine Burgsiedlung Falkenstein, die um ihren Burgberg herum mit Königstein zusammenzuwachsen sich anschickt.

Am Fuße des Burgberges schmiegt sich das alte Burgstädtchen, durch seine unregelmäßige, haufendorfähnliche Bebauung und die roten Ziegeldächer gut herausgehoben. Ihre Bedeutung erhielt die 1313 mit Stadtrechten ausgestattete Burgsiedlung durch die Lage am Anstieg der alten Frankfurt—Kölner Straße zu den Taunushöhen. Der durch die Frankfurter Messe recht rege Verkehr auf dieser Straße, die den Ort rechtwinklig abgeknickt durchzog, erforderte Vorspannleistungen für die Auffahrt zu dem Taunuspaß, den die Königsteiner gerne gegen Entgelt anboten.

Der östlich an den alten Stadtkern anschließende, mäßig aufgelockerte Siedlungsbereich, der sich in einem Halbrund um die Tennisplätze und das benachbarte Ursulinenstift, die frühere Stadtmühle, im Woogtal legt, verdankt der Entwicklung des 19. Jh. seine Entstehung, als Königstein zu einem beliebten Erholungs- und Luftkurort für die Stadtbevölkerung des Rhein-Main-Gebietes wurde. Fremdenheime, Pensionen und Hotels, später dem Lauf des Baches ins Reichenbachtal folgend auch Sanatorien und Kurheime, bildeten hier ein erstes Kurviertel. Daneben siedelten sich reiche Frankfurter Familien wie die Rothschilds, Andraes, Bethmanns, Borgnis u. a. hier an und erwarben große Grundstückskomplexe an den Hängen, wo sie schloßähnliche Villen in großen Parks anlegten. Der Bau der Eisenbahn förderte diese Entwicklung und initiierte sogar einige kleinere Industriebetriebe in Bahnhofsnähe. Vorrangig blieb jedoch die Funktion als Erholungsort und Zweitwohnsitz des Frankfurter Großbürgertums. Es wurde damit eine Entwicklung vorweggenommen, die heute den gesamten Taunusrand erfaßt hat.

Wenn auch die Besatzungszeit nach dem 1. Weltkrieg die Stadt zeitweise vom Herkunftsgebiet ihrer Kurgäste abtrennte, so wurde die Grundfunktion als Kur- und Erholungsort jedoch nicht grundsätzlich verändert. Zwar machten Inflation und Wirtschaftskrise aus den Prachtvillen und Grandhotels (z. B. am oberen Bildrand) Kurheime der Sozialversicherung, Schülerheime oder städtische Kureinrichtungen. Der Ausflugsverkehr wuchs jedoch besonders mit dem Aufkommen des Kraftwagens weiter an. So blieben die kleinen Pensionen, Hotels, Privatkurheime und Kaffeehäuser im Bereich der alten Kurviertel bestehen. An der Frankfurter Straße und an den Querstraßen entstanden Wohnhäuser für die wachsende einheimische Bevölkerung. Zwischen Frankfurter Straße und Bahnhof beherbergen die in den zwanziger Jahren erbauten Kasernen heute das Albert-Magnus-Kolleg. Durch moderne Bauten ist es inzwischen zu einem besonderen Siedlungskomplex erweitert worden.

Nach dem 2. Weltkrieg setzte sich die Entwicklung zum Ausflugs- und Erholungsort in verstärktem Maße fort. Es lebte bald aber auch die Funktion als Erst- oder Zweitwohnsitz für die im rhein-mainischen Ballungsraum tätige Bevölkerung wieder auf, und zwar in viel größerem Umfange als je zuvor, wobei es zu einer auch im Luftbild deutlich ablesbaren sozialen Differenzierung zwischen den neuen Siedlungsteilen kam. Eine Einfamilienhaussiedlung mit kleinen, als Hausgärten genutzten Grundstücken, z. T. mit Kleinviehhaltung, randlich inzwischen auch durch Mehrfamilienhäuser des sozialen Wohnungsbaus ergänzt, bewohnt zumeist von Einheimischen und z. T. auch Flüchtlingen, die in die Industrie des Rhein-Main-Gebietes pendeln, entstand westlich des Bahnhofs am Hang zur Hornauer Bucht. Jüngeren Datums sind die Einfamilien-, Einzel- und Reihenhäuser südlich und südwestlich des Bahnhofs am gleichen Hang. Die offensichtlich größeren Häuser deuten schon auf gehobenere Einkommensklassen hin. Von anderer Prägung sind jedoch die Villensiedlungen in den aufgeteilten Parks der früheren Luxusvillen, wo moderne Landhäuser mit eigenwilliger Architektur und Gartengestaltung in den letzten Jahren entstanden, die ihr soziales Niveau durch die auffallend große Zahl der Swimmingpools bezeugen. Leitende Angestellte und Unternehmer der rhein-mainischen Wirtschaft haben sich hier ein Refugium geschaffen.

Ein neues Gymnasium (am Verteilerkreis), Sportplätze, Badeanstalt im unteren Woogtal und ein privater Tierpark (am linken Bildrand mit Freigehegen und Parkplätzen) tragen dieser Funktionsentwicklung Rechnung.

Heinz Schamp

## 53 KÖNIGSTEIN IM TAUNUS

Aufnahmedatum: 14. Juli 1971, 10.30 Uhr
Flughöhe: 2450 m
Bildmaßstab: ca. 1 : 11 500

54  FRANKFURT AM MAIN

Aufnahmedatum: 14. Juli 1971, 10.45 Uhr
Flughöhe: 2300 m
Bildmaßstab: ca. 1 : 11 000

# Frankfurt am Main

Von dem Luftbild einer Stadt mit bedeutender historischer Vergangenheit erwartet man, ihre Geschichte gewissermaßen in Jahresringen (eng bebaute Altstadt, mittelalterliche Befestigung, Stadterweiterungen, Wallanlagen, neustädtische Bebauung) ablesen zu können. Ein Luftbild Frankfurts aus den dreißiger Jahren hätte diese Auffassung bestätigt. Das heutige Luftbild dieser Großstadt zeigt eine Umkehrung dieser „normalen" Verhältnisse. Zwar fällt auch hier das an den Main angelehnte Polygon einer auf die Stadterweiterung von 1333 zurückgehenden Stadtumwallung mit den von Grünanlagen eingenommenen Resten Vauban'scher Befestigungsanlagen des 17. Jh. ins Auge. Doch innerhalb dieser Umgrenzung sucht man vergebens nach einer typischen Altstadtbebauung. Der letzte Krieg hat diese Altstadt nahezu vollständig zerstört. Eine gegenüber anderen Städten schon sehr früh nach Kriegsende durchgeführte Bodenneuordnung hat ein neues Stadtinneres entstehen lassen, das sich aber nur zum Teil mit der City des modernen Frankfurt deckt. Denn besonders innerhalb der mittelalterlichen Stadtummauerung, die man an der Innenseite des von der Untermainbrücke (am rechten Bildrand) im Halbrund verlaufenden Straßenzuges sich vorzustellen hat, wurden auf dem arrondierten Boden mehrgeschossige, moderne Wohnblocks und Wohnhöfe errichtet. Dieses altstädtische Wohn-Neubaugebiet wird heute von einem nördlich des Rundbaues der Paulskirche vorbeiführenden Straßendurchbruch durchschnitten.

Hauptgeschäftsviertel bilden dagegen die von Warenhäusern und Großkaufhäusern gesäumte Zeil, der Platz um die heute von der U-Bahn unterfahrenen Hauptwache — mit den westlich benachbarten Plätzen in einem Verkehrskreisel mit „fußläufigem" Inneren verbunden — und die von hier nach W und SW ausgehenden Straßenzüge. Großflächige, sechs- bis achtstöckige Flachdachbauten lassen im Luftbild diesen wiedererstandenen, zentralen Einkaufs- und Citybereich erkennen. Nördlich der Hauptwache hat hier der kompakte Bau der Börse den Krieg fast unversehrt überstanden. Dieser die NW-Hälfte der ehemaligen „Altstadt" einnehmende Citybereich, in dem im Laufe des Wiederaufbaus bei steigenden Bodenpreisen die Wohnhäuser immer mehr zurücktraten, setzt sich jenseits des Anlagengürtels in den zum Hauptbahnhof und zum Westend führenden Straßen fort. Gerade diese vom Bildausschnitt nicht mehr erfaßten Zonen sind heute zu funktional unterschiedlichen Citygebieten geworden, in denen die Hochhäuser der Banken und Versicherungen emporsprießen.

Innerhalb des Anlagengürtels setzen nur vereinzelt Hochhäuser besondere Akzente, da der Wiederaufbau hier schon relativ früh begonnen und weitgehend vollendet war, bevor der Bauboom die Grundstückspreise und damit auch die Geschoßzahl in die Höhe trieb. Nur wenige Baulücken scheinen noch vorhanden bzw. durch Abbruch älterer Gebäude entstanden zu sein. Als einzig größere zusammenhängende Fläche harrt noch die Kernzone des alten Frankfurt zwischen dem an seiner Kreuzform kenntlichen Dom und dem aus einer Vielzahl früherer, z. T. wiederaufgebauter Bürgerhäuser (Römer u. a.) zusammengesetzten Rathauskomplex noch der Bebauung.

Senkrecht zu den flußparallelen Hauptstraßenzügen verläuft die alte N-S-Verbindung zur Mainfurt, die der Stadt den Namen gab, und später zur Alten Brücke an der Maininsel, in einem neuen, breiten Straßenzug durch die neue Altstadt. Er ist gegenüber der alten „Fahr"-Gasse um einen Baublock nach O verlegt. Südlich des Mains hat dieser hier nach W umbiegende, neue Straßenzug die ehemalige Altstadt des Brückenkopfes Sachsenhausen, die sich um die Dreikönigskirche am Mainufer scharte, zerschnitten. Ihre frühere Umgrenzung läßt sich an dem Verlauf des in Höhe der schmalen Fußgängerbrücke (Eiserner Steg) ausgehenden, mehrfach abgewinkelten Straßenzugs wenigstens teilweise noch ablesen. Die heute die Wall- und Grabenzone einnehmenden Grünanlagen sind von öffentlichen Großbauten unterbrochen. Das an seinen Bühnenhäusern kenntliche „Große Haus" an der Stelle des früheren Schauspielhauses und die Ruine des alten Opernhauses in der NW-Ecke zeigen dies beispielhaft. Die im Zuge der alten Befestigung von 1333 am inneren Rand des Glacis entlangführenden, typisch abgeknickten Wallstraßen werden gerade hier im W von großen Verwaltungsgebäuden, meist Banken, gesäumt.

Dort, wo der Anlagengürtel am früheren Ober- bzw. Untermaintor den Main berührt, queren heute zwei weitere Brücken den Fluß, denen sich flußaufwärts eine dem Baustil nach offensichtlich junge Entlastungsbrücke und schließlich die Süd- und Ostbahnhof verbindende Bahnbrücke hinzugesellen. Hier finden sich auch städtische Versorgungsbetriebe, so südlich des Mains der Schlacht- und Viehhof, nördlich des Mains die Großmarkthalle. Oberhalb der Eisenbahnbrücke beginnen auf der Nordseite die Anlagen des Osthafens mit Lagerflächen und Industriebauten. Auf der Südseite greifen neben Sportanlagen noch landwirtschaftlich genutzte Flächen in die bebaute Zone ein, die — aus dem Vorkommen von Glashäusern und der starken Parzellierung zu schließen — gartenbaumäßig bestellt werden.

Der übrige vom Bildausschnitt erfaßte Raum außerhalb des Anlagengürtels wird vorwiegend von Wohngebieten eingenommen, wobei die Viertel südlich des Mains zum Südbahnhof hin und z. T. auch jenseits des Bahngeländes nach Straßenführung, Bebauungsdichte und Grünanteil den Charakter einer gartenstadtähnlichen Anlage der Jahrhundertwende zeigen. An der zum Sachsenhäuser Berg (oberer Bildrand) ansteigenden Ausfallstraße nach S haben sich einige Industrieanlagen, der günstigen Quellwasserversorgung wegen besonders Brauereien, angesiedelt. Die Wohngebiete nördlich und nordöstlich des Anlagengürtels zeichnen sich dagegen durch engere Bebauung, kleinere Grünflächen — mit Ausnahme des in sie eingebetteten Zoologischen Gartens — und insgesamt höhere Wohndichte aus. Wenn auch durchsetzt von Neubauten ist hier der aus der ersten Hälfte dieses Jahrhunderts stammende Baukörper noch weitgehend erhalten und seiner Wohnfunktion treu geblieben, wobei jedoch durch die Erhaltung der alten Bausubstanz (Altbauten ohne modernen Wohnkomfort) das soziale Niveau gegenüber der Vorkriegszeit abgesunken ist.

Heinz Schamp

# Obernburg am Main

Im Nordwesten Bayerns, zwischen Aschaffenburg und Miltenberg, liegt am linken Mainufer die Kreisstadt Obernburg (rechte untere Bildecke). Die in den Main mündende Mümling (Mitte des rechten Bildrandes) entspringt im Odenwald, dessen Ausläufer sich unmittelbar bis vor Obernburg erstrekken. Gegenüber der Flußmündung dehnt sich das Gelände der Glanzstoffindustrie aus. Die Kreisstadt Obernburg gab diesem Werk jedoch nur den Namen, denn es liegt auf den Gemarkungen der etwa 2 km mainaufwärts gelegenen Stadt Erlenbach und des in der linken Bildhälfte erkennbaren Marktes Elsenfeld. In der linken oberen Bildecke treten die bewaldeten Ausläufer des Spessarts bis nahe an Elsenfeld heran.

Die Geschichte Obernburgs reicht bis in vorchristliche Zeit zurück, als wahrscheinlich die Kelten hier einen Ort namens Nemaninga gründeten. Um 85 n. Chr. wurde unter Domitian im Zusammenhang mit der Anlegung des Limes etwa im Bereich der heutigen Stadtmitte ein Kastell errichtet. Ungefähr 200 Jahre später entstand nach der Eroberung des Limes auf dem Gelände des römischen Dorfes ein alemannisch-fränkischer Ort. 1313 erhielt das Dorf „Overemburg" vom Erzbischof Peter von Mainz die Stadtrechte. Im folgenden Jahrhundert geschah ein großzügiger Ausbau der Stadt sowie der Befestigungsanlagen, denn man maß dieser Stadt am Untermain strategisch eine ziemlich große Bedeutung zu. Noch heute geben der Almosenturm, der Runde Turm und das Obere Tor, das bis in die Mitte des vorigen Jahrhunderts den Abschluß nach Süden bildete, der Stadt ein mittelalterliches Aussehen. Die Römerstraße, die die Stadt im Bild deutlich sichtbar durchschneidet, wird vornehmlich von Fachwerkhäusern eingesäumt, die zum Teil noch aus dem späten Mittelalter stammen.

Die neuere Geschichte Obernburgs wurde ausschließlich von dem am gegenüberliegenden Mainufer befindlichen Glanzstoffwerk geprägt. Bereits unmittelbar nach dem ersten Weltkrieg war mit dem Abholzen des Geländes zwischen dem Mainufer und der 1876 in Betrieb genommenen Eisenbahnlinie Miltenberg—Aschaffenburg begonnen worden. Heute jedoch reichen schon, wie am rechten Bildrand ersichtlich ist, die Werksanlagen über die Eisenbahn, die sich längs durch das Bild zieht, hinaus. Das 1924 in Betrieb genommene Werk Obernburg bildet innerhalb des 1899 gegründeten Glanzstoffkonzerns vor allem das Werk der technischen Garne. 1924 begann man zunächst mit der Herstellung von Kunstseide. Zahlreiche Kleinbauern und Heimarbeiter aus dem Gebiet des Untermains, des Spessarts und des Odenwalds fanden im Glanzstoffwerk einen gesicherten und besseren Arbeitsplatz. Zudem änderte sich das Bild der Stadt Obernburg grundlegend, denn der durch das Werk gebrachte Wohlstand kam in erster Linie in den vor den Toren des mittelalterlichen Obernburgs neu erbauten Häusern zum Ausdruck. Die Einwohnerzahl Obernburgs hat sich in den letzten 30 Jahren mehr als verdoppelt (1939: 2300 Einwohner; 1970: ca. 5000 Einwohner). Dasselbe gilt für das am Gegenufer liegende Elsenfeld, und hier treten die neuen, großzügig angelegten Siedlungsanlagen im Bild besonders deutlich hervor. Das Glanzstoffwerk Obernburg hat nach dem 2. Weltkrieg den Bau von über 2000 Wohnungen und Eigenheimen gefördert. Das Werk beschäftigt gegenwärtig 6200 Mitarbeiter, die aus mehr als 100 Gemeinden der näheren und weiteren Umgebung kommen. Die Pendler erreichen das Werk entweder mit der Eisenbahn oder werden mit vom Werk eingesetzten Omnibussen von ihrem Heimatort abgeholt und wieder zurückgebracht. Außerdem hat der gesamte Konzern in Obernburg ein Forschungsinstitut und ein Institut für textile Anwendungstechnik gegründet, in dem sich Physiker, Chemiker und Ingenieure um eine ständige Qualitätsverbesserung der Produkte bemühen. Die Herstellung der synthetischen Chemiefasern führt über die chemische Grundstoffindustrie. Das Werk erhält die zu Zwischenprodukten verarbeiteten natürlichen Rohstoffe (Kohle, Erdöl, Erdgas) und wandelt diese unter teilweise hohem Druck und hoher Temperatur in Substanzen um, aus denen sich synthetische Chemiefasern spinnen lassen. So finden die verschiedenen Faserarten Enka Perlon, Enka Nylon und Diolen eine vielfältige Verwendung für Bekleidungsstücke, Wäschestoffe und Gardinen. Der Verwendungszweck der Chemiefasern erstreckt sich aber über den textilen Sektor hinaus bis in den technischen Bereich: Sicherheitsgurte, Textileinlagen für Flugzeugreifen und mit Kunstharz beschichtete Gewebe als LKW-Planen, Silos und Container.

Im Werk selbst werden 35 000 Kw Strom/Std. erzeugt, und der Wasserverbrauch entspricht dem einer Stadt von 300 000 Einwohnern. Die 3 Turmkessel der Energiezentrale (im Bild auf Grund der Senkrechtaufnahme nicht so gut erkennbar) ragen 120 m hoch auf und kündigen schon von weitem die wirtschaftliche Bedeutung des größten Betriebes am bayrischen Untermain an.

Richard Graafen

**55 OBERNBURG AM MAIN**
Glanzstoffindustrie

Aufnahmedatum: 3. August 1971, 9.45 Uhr
Flughöhe: 1530 m
Bildmaßstab: ca. 1 : 8500

**56 SAARSCHLEIFE BEI METTLACH**

Aufnahmedatum: 6. Juli 1971, 9.45 Uhr
Flughöhe: 3050 m
Bildmaßstab: ca. 1 : 17 500

# Saarschleife bei Mettlach

Zu den bekanntesten Sehenswürdigkeiten und Ausflugszielen im Saarland gehört die Saarschleife bei Mettlach. Vom Aussichtspunkt Cloef, der mit rund 340 m NN noch etwa 170 m über der Saar liegt, blickt man in südöstlicher Richtung flußaufwärts in den weiten Talraum bei Merzig, wo Talaue und pleistozäne Schotterterrassen in den Mittleren Buntsandstein eingebettet sind. Ziemlich genau mit dem oberen Bildrand beginnt dann die Engtalstrecke der Saar im unterdevonischen Taunusquarzit, einem für diesen Raum außerordentlich harten Gestein. Mit dieser geologischen Grenze geht auch eine markante Landschaftsgrenze einher, denn hier treffen das von Westen her vorstoßende mesozoische Schichtstufenland und der Hunsrück als Teil des paläozoischen Rheinischen Schiefergebirges aufeinander.

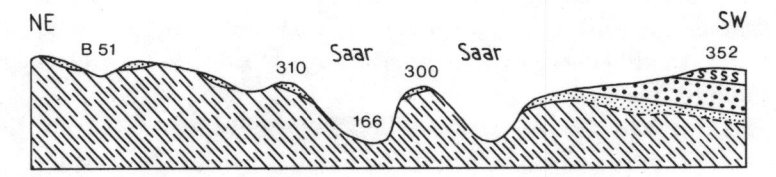

Schnitt durch die Saarschleife bei Mettlach nach LIEDTKE 1969

- Taunusquarzit (Unterdevon)
- Mittlerer Buntsandstein
- Oberer Buntsandstein
- Unterer Muschelkalk

Die Profillinie verläuft parallel zum unteren Bildrand etwa in der Höhe, wo der langgezogene Sporn am schmalsten ist

Die beiden im Bild gezeigten großen Mäanderbögen tieften sich mit Sicherheit erst seit dem Pliozän in das Grundgebirge ein. In der Zeit davor wurden sie im damals noch vorhandenen Deckgebirge, dem Buntsandstein, angelegt, und zwar in einer auf die heutigen Verhältnisse bezogenen Höhenlage von 300 m NN. Reste dieses mesozoischen Deckgebirges finden sich unter anderem in den höchsten Teilen des langen Sporns, und zusammenhängende Schichten der unteren Trias schließen sich fast unmittelbar an die steileren Hangpartien des oberen Laufstücks im rechten Viertel des Bildes an. Sie sind zum Teil an den waldfreien landwirtschaftlich genutzten Flächen zu erkennen.

Die vorpliozäne Anlage des hier gezeigten antezedenten Flußabschnitts ist im wesentlichen erhalten; geringfügige Modifikationen ergaben sich durch dortige etwa NW—SO gerichtete Kluftsysteme und durch eine dem mittleren Laufabschnitt folgende Verwerfung. Sie wurden natürlich erst nach der Ausräumung des Buntsandsteins wirksam, und auch die Modellierung der Prall- und Gleithänge ist das Ergebnis der quartären Flußgeschichte.

Der größte Teil des abgebildeten Geländeausschnitts ist mit Wald bestanden. Dank des Farbfilms lassen sich von vornherein Nadelwald und Laubwald deutlich voneinander unterscheiden, aber auch die durch Kronenformen bedingte Textur ermöglicht zusätzlich eine solche Unterscheidung. Bei den Nadelwäldern handelt es sich um reine Fichtenbestände, die Laubwälder sind meist der ursprünglichen Vegetation dieses Gebietes nahekommende Hochwälder der Rotbuche. Die Flächen, auf denen sie stocken, liegen überwiegend im Bereich des Taunusquarzits, der — zumal in Verbindung mit ungünstigen Reliefverhältnissen — ein für die landwirtschaftliche Nutzung wenig attraktives Substrat darstellt.

Die schon erwähnten offenen Ackerflächen im rechten Bildteil gehören zu Gemeinden des Saargaus, der sich nach Westen im mesozoischen Schichtgestein anschließt. Vom Saartal nach rechts aufsteigend, gelangt man vom Mittleren über den Oberen Buntsandstein bald in den Unteren Muschelkalk. Abgesehen von den quartären Flußablagerungen ist dieser das jüngste Gestein im Bereich unseres Luftbildes. Dort wird das Bild der Agrarlandschaft mitgeprägt von solchen Flächen wie jener in der unteren Hälfte des rechten Randes: Kleinparzellierte Gewannfluren mit — im Gegensatz zu vielen Bereichen des übrigen Saarlandes — wenig Brachflächen und dem charakteristischen hohen Anteil von Obstbaumparzellen, hier vorwiegend Äpfel. Die eingangs erwähnte Naturraumgrenze schlägt sich also auch in der Kulturlandschaft nieder; die offenen Gauflächen stoßen unvermittelt auf bewaldete Mittelgebirgsteile.

Als einzige größere Siedlung ist Mettlach mit dessen Ortsteil Keuchingen zu nennen. Mettlach selbst liegt am rechten Saarufer in einem kleinen Talkessel, dessen obere Begrenzung ein durch den Verlauf des Bildrandes nicht vollständig erkennbarer ehemaliger Prallhang des zweiten Mäanderbogens darstellt. Das Ortsbild wird von den Anlagen der keramischen Werke Villeroy & Boch beherrscht, einem großen Unternehmen mit überregionaler Bedeutung und internationalem Ruf. Mehr als 6000 Beschäftigte zählen allein die in Mettlach befindlichen Fabriken dieser Weltfirma, die im Jahre 1809 in den verlassenen Gebäuden einer ehemaligen Benediktinerabtei gegründet wurde. Aus der Physiognomie des links der Saar auf dem Gleithang gelegenen Ortsteils Keuchingen geht nun schon dessen Funktion hervor: Es handelt sich hier ganz offensichtlich um eine fast reine Wohngemeinde, deren Bewohner zu einem nicht geringen Teil in den naheliegenden Fabriken arbeiten.

Durch den linken Bildteil zieht, zur Hochfläche ansteigend, die Bundesstraße 51 entlang. Sie kommt von Saarbrücken her und führt über Trier und Köln weiter nach Norddeutschland. Die entsprechende Bahnlinie dagegen folgt dem Saartal, allerdings ohne den Umweg der Saarschleife mitzumachen. Diesen kürzt sie mit Hilfe eines Tunnels ab, dessen Eingang am oberen Bildrand gerade noch zu erkennen ist.

Volkmar Kroesch

# Völklingen

Das nebenstehende Bild ist auf Infrarot-Farbfilm aufgenommen. Dieser Film — auch als Falschfarbenfilm oder Camouflage-Detection-Film bezeichnet — ist aus militärischen Gründen entwickelt worden. Er hat statt einer auf blau eine auf infrarot sensibilisierte Filmschicht und bildet daher infrarotreflektierende lebende Vegetation farblich anders (rot) als mit blattgrün imitierender infrarotabsorbierender Farbe angestrichene Objekte (purpur bis blau) ab. Der Falschfarbenfilm hat sich auch im zivilen Bereich als sehr nützlich erwiesen. Er wird vor allem zur Beurteilung von Vegetationsbeständen auf ihre Artenzusammensetzung, Pflanzenkrankheiten u. a. verwandt. Für Aufnahmen von Dampf emittierenden Industriebetrieben bietet er sich an wegen seines im Vergleich zum gewöhnlichen Farbfilm größeren Dunstdurchdringungsvermögens infolge des Fehlens einer für kurzwelliges Licht empfindlichen Schicht.

Das Bild zeigt den Kernbereich der Völklinger Hütte, des mit 16 000 Beschäftigten bedeutendsten Eisenhüttenwerkes des Saarlandes. Das gesamte Werksgelände ist etwa doppelt so groß wie der im Bild dargestellte Bereich; die Rohstofflager schließen nach oben, weitere Bearbeitungsbetriebe nach unten an. In der Skizze sind die größeren Gebäude und Apparaturen des Werkes hell gerastert. Die ungerasterten Pfeile stellen schematisch die wichtigsten Materialflüsse dar.

Das Werksgelände ist durch die Gleisanlagen der Bundesbahn zweigeteilt. Rechts der Gleisanlagen befinden sich das Hochofenwerk und die wichtigsten Nebenbetriebe, links die Stahlwerke und die ersten Stahlbearbeitungsbetriebe.

Die Grundstoffe der Eisenerzeugung, Erz, Kohle und Kalk, werden durch die Bahn angeliefert. Die Kohle wird in 5 Koksbatterien verkokt. Der Koks geht in das Hochofenwerk. Das Koksgas wird, soweit nicht im Werk selbst benötigt, in das öffentliche Netz gegeben, der Rohteer im Kohlenwertstoffbetrieb zu einer ganzen Serie von chemischen Erzeugnissen weiterverarbeitet. Zur Hälfte als Stückerz, zur Hälfte als Sinter aus Feinerz und Gichtstaub wird das Erz über einen breiten Schrägaufzug an die 6 Hochöfen transportiert. Die großen Apparaturen der Hochöfen und Winderhitzer heben sich deutlich von den Gebäuden der meisten übrigen Betriebsteile ab. Das Roheisen wird unter den Gleisanlagen hindurch in das Thomasstahlwerk gebracht. Das Gichtgas deckt den größten Teil des Energiebedarfes des Werkes. Die Hochofenschlacke wird granuliert und zur Hüttenstein- und Zementherstellung weitergegeben.

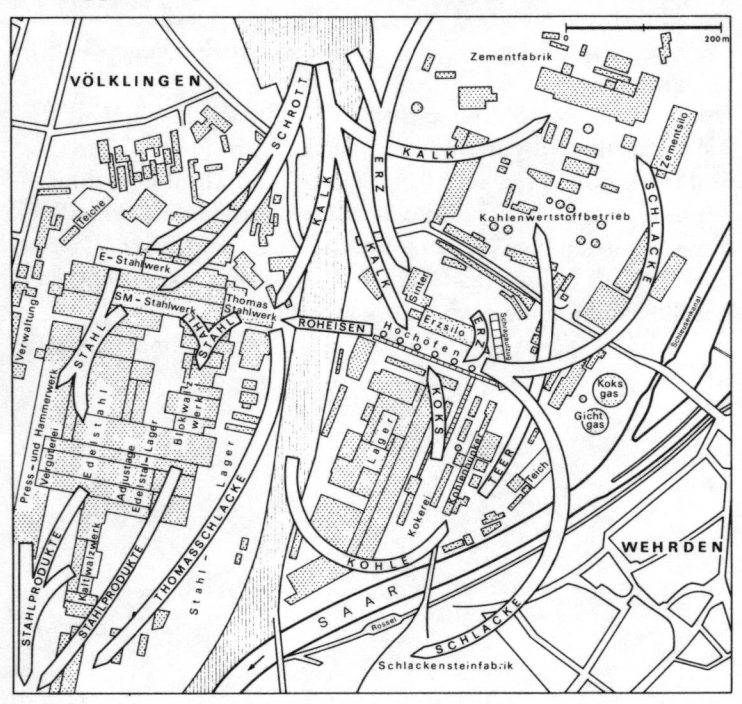

In 4 Konvertern wird z. Z. (1973) noch Thomasstahl erzeugt. OBM-Stahl wird in 2 weiteren Konvertern mit Sauerstoff erblasen. Zum Zeitpunkt der Aufnahme war erst ein OBM-Konverter in Betrieb, dessen damals noch ungefilterte Rauchfahne im Bild zu sehen ist. Der Rohstahl geht über die Blockstraßen, die sich an das Blasstahlwerk anschließen, in die Massenstahlwalzwerke zur Herstellung von Trägern, Schienen, Draht u. v. a. Die Konverterschlacke wird in den außerhalb des Bildes liegenden Thomasmühlen gemahlen und anschließend in der Mischdüngerfabrik zu Granulatdünger weiterverarbeitet.

Schrott geht als Grundstoff in die 3 Siemens-Martin-Öfen und die 5 Lichtbogen-Elektroöfen. Sie liefern niedrig- und hochlegierte Edelstähle in zahlreichen Qualitäten. Im Edelstahlwalzwerk wird eine Vielzahl von Profilen ausgewalzt, Edelstahlblöcke werden im Preß- und Hammerwerk zu Walzen, Turbinenwellen usw. geschmiedet. In der Vergüterei beeinflußt man durch Glühen, Abschrecken und andere Behandlungsmethoden das innere Gefüge des Stahls bis zu den gewünschten Eigenschaften. Kaltwalzwerk und Kaltprofilierung, die Federn- und die Hartmetallfabrik, Zieherei, Schälerei und Schleiferei und die Edelstahlbearbeitungswerkstätten mit riesigen Dreh- und Bohrbänken, Fräs- und Hobelmaschinen sind weitere z. T. außerhalb des Bildes liegende Stationen auf dem Weg des Edelstahls zum auslieferungsfertigen Produkt.

Ein Hüttenwerk mit einer so breiten Produktionspalette benötigt große Flächen zur Lagerung der Erzeugnisse, nicht weil auf Vorrat produziert würde, sondern weil die verschiedenen Erzeugnisse eines Kundenauftrages nicht gleichzeitig fertig werden, aber zu einer kompletten Sendung zusammenzustellen sind. Neben den im Bild zu erkennenden Stahllagern gibt es noch weitere, vor allem auch überdachte für rostempfindliche Edelstahlprodukte.

Über das Werksgelände verteilt ist eine Vielzahl von Betrieben, Werkstätten, Labors und Büros, die nur mittelbar mit der Produktion zusammenhängen. Von ihnen aus werden die Anlagen betriebsbereit gehalten, hier wird die Fertigung geplant und überwacht, Forschung betrieben, Qualitätskontrolle durchgeführt und die Unternehmung gesteuert. Rund ein Drittel der Beschäftigten ist hier tätig.

Neben dem Werksgelände und den Gleisanlagen sind im Bild Teile der Siedlungen zu sehen: rechts unten der Stadtteil Wehrden, eine industrialisierte (Hüttensteinfabrik, Kraftwerk) Arbeiterwohnsiedlung, links oben das Geschäftszentrum der Stadt. Völklingen ist mit 39 400 Einwohnern (März 1973) nach Saarbrücken, Neunkirchen und Saarlouis viertgrößte Stadt des Saarlandes.

Die Saar ist flußabwärts bis Völklingen kanalisiert und für 270-t-Schiffe befahrbar. Eine Schleuse erkennt man neben den Gasbehältern. Die Schaumbildung auf dem Fluß unterhalb eines Wehres rührt vom Detergentiengehalt des Wassers her.

Heinz Quasten

**57 VÖLKLINGEN**
Infrarot-Farbbild eines Eisenhüttenwerkes
an der Saar

Aufnahmedatum: 18. Mai 1971, 11.30 Uhr
Flughöhe: 1600 m
Bildmaßstab: ca. 1 : 4500

58  SAARBRÜCKEN

Aufnahmedatum: 18. Mai 1971, 11.15 Uhr
Flughöhe: 1600 m
Bildmaßstab: ca. 1 : 9 800

# Saarbrücken

Ausgehend von der schmalen Brücke in der Bildmitte trifft man in deren Verlängerung nach links auf ein im Grundriß deutlich abgrenzbares Halboval, das in seiner Längserstreckung 300 m mißt. Dies ist der älteste Stadtkern von St. Johann. Seit dem Zusammenschluß mit Malstatt-Burbach und Alt-Saarbrücken im Jahre 1909 bildet es das heutige Saarbrücken, inzwischen Landeshaupt-, Messe- und Universitätsstadt mit 127 526 Einwohnern (1971). Auf der anderen Seite weist die erwähnte Brücke auf den mittelalterlichen Kern Alt-Saarbrückens, der sich aufgrund der starken Zerstörung im letzten Weltkrieg auf dem Luftbild nur unvollständig erkennen läßt. Die durch seine Längsachse führende Straße zielt geradlinig auf das Schloß zu. In seiner heutigen Form entstand es, nachdem die im 18. Jh. errichtete Barockresidenz 1793 durch einen Brand zerstört wurde. Im 17. Jh. stand an der gleichen Stelle ein Renaissanceschloß, das wiederum einen Vorgänger hatte, nämlich in Form einer im Jahr 999 zum ersten Mal urkundlich erwähnten Burg.

300 m westlich des ältesten Stadtkerns von Alt-Saarbrücken stößt man auf die 1762—75 von F. J. Stengel erbaute Ludwigskirche mit den schönen, sie im Rechteck umgebenden Barockpalais. Der sich zur Bildmitte anschließende und wieder an den alten Kern grenzende Komplex zeigt einen rechtwinkligen Grundriß. Auch er geht auf die Bauepoche des Barock zurück, die zugleich eine Blütezeit Saarbrückens darstellt.

Als in der Mitte des vorigen Jahrhunderts der Bau der westöstlichen Bahnlinie vollendet war, begann für die Stadt ein neuer Zeitabschnitt, charakterisiert durch eine moderne industrielle Entwicklung. Die schon vorher bestehende Neustadt vor den westlichen Toren des alten St. Johann dehnte sich in Richtung Bahnhof aus. Die breite Bahnhofstraße, die vom St. Johanner Markt auf den unteren Bildrand zu führt, ist heute die Hauptgeschäftsstraße Saarbrückens. Sie ist die Achse der „City", die sich von der Saar bis zur parallel der Bahnhofstraße führenden Kaiserstraße erstreckt und ungefähr durch die Verlängerung der beiden unteren Brücken begrenzt wird. Besonders auffällig sind in dieser City die vollbelegten Parkplätze.

Am anderen Saarufer läßt sich in der oberen Bildhälfte das „Behördenviertel" als weitere Einheit abgrenzen. Hier findet man unter anderem das Landtagsgebäude, das Land- und Oberlandesgericht sowie vier Ministerien mit zahlreichen Dienststellen. Nach rechts schließ sich ein durch viel Grün hervorstechendes Wohngebiet an. Es erstreckt sich über eine Erhebung im Buntsandstein, die durch Talrinnen in die drei Teile Triller, Nußberg und Reppersberg gegliedert ist. Mit einer Höhenlage von 50—60 m über dem Saarspiegel zählen sie zum Teil, trotz Nord- bis Nordostexposition, zu den bevorzugten Wohnlagen Saarbrückens. Von hier hat man eine prächtige Aussicht auf die Stadt. Jenseits der durch das rechte obere Bilddrittel verlaufenden Feldmannstraße, die dem Durchgangsverkehr zur nahen deutsch-französischen Grenze dient, erhebt sich steil der Winterberg mit einer Höhe von 302 m NN. Er ist als Auslieger der weiter im Süden gelegenen Schichtstufe des Oberen Buntsandsteins, der sog. Spicherer Höhen, zu betrachten. Die vor wenigen Jahren auf dem Winterberg errichteten Städtischen Krankenanstalten, ein Schwerpunktkrankenhaus mit 1000 Betten sowie Personal- und Schwesternhäusern, sind oben rechts gerade noch zu sehen.

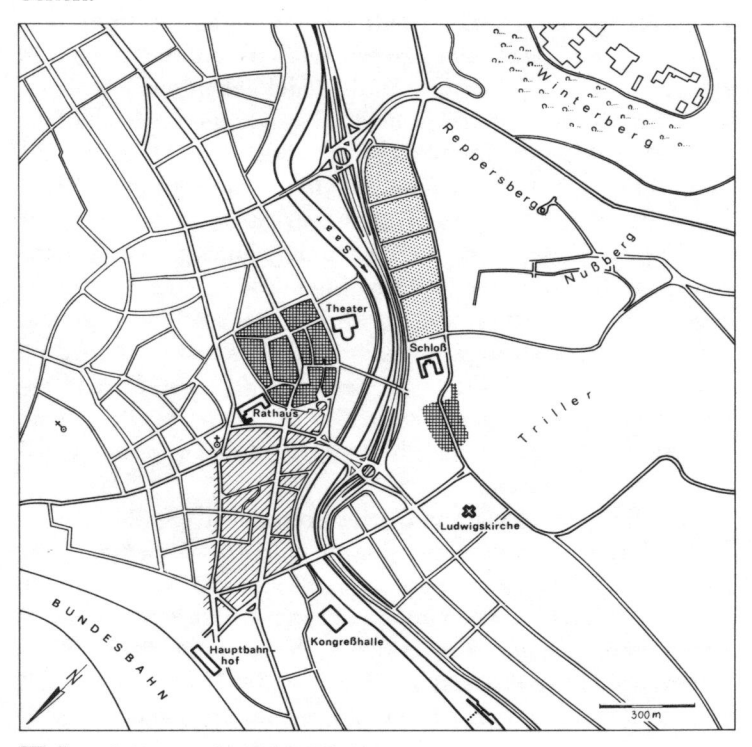

Älteste Stadtkerne von Saarbrücken und St. Johann
Ungefähre Ausdehnung der „City". Behördenviertel

Als auffälligste Leitlinie des Verkehrs erscheint im Bild die autobahnähnliche B 406 am linken Saarufer, hier als „Stadtautobahn" bezeichnet. Es ist ein Teilstück der über Völklingen und Saarlouis nach Trier und Luxemburg führenden „Saaruferstraße". Östlich gewinnt sie nach 2—3 km Anschluß an die Bundesautobahn nach Mannheim. Das Saarbrücker Stadtgebiet durchquert sie kreuzungsfrei. Der Verteilerkreis im oberen Bildteil ermöglicht den Zugang zur schon erwähnten Feldmannstraße und zu den stärker durch Industrieansiedlungen charakterisierten östlichen Teile des Saarbrücker Stadtgebiets. Der untere Verteilerkreis an der achtspurigen Wilhelm-Heinrich-Brücke liegt praktisch im Zentrum der Stadt und führt unter anderem auf die Bundesstraße 41, die das südliche Saarland in südwestlich-nordöstlicher Richtung durchläuft.

Von den insgesamt 53,02 qkm, die von der Stadtgrenze Saarbrückens umfaßt werden, entfallen auf unseren Bildausschnitt nur rund 5,3 qkm, also ein Zehntel. Die Gebiete außerhalb des abgebildeten Bereichs beherbergen weitere Stadtteile, denen überwiegend Wohnfunktion zukommt, außerdem die 4 km vom Stadtzentrum entfernte Universität, ein großes Stahlwerk im Stadtteil Burbach und sehr viele Waldflächen, denn 36 % des Saarbrücker Stadtgebietes sind Wald.

Volkmar Kroesch

# Pirmasens

Pirmasens liegt im Grenzbereich zweier Naturräume: des Pfälzerwaldes, eines Buntsandstein-Berglandes, und des Westrichs, einer Landterrasse im tonigen Oberen Buntsandstein und Unteren Muschelkalk. Deutlich heben sich die bewaldeten Bereiche des Pfälzerwaldes (rechts) vom offenen Westrich (links) ab. Die Stadt liegt in einem hydrographischen Knoten: zahlreiche Tälchen reichen von allen Seiten in sie hinein. Die Flächenreste und Riedel geben ein unebenes, hügeliges Gelände ab, das in beiden Naturräumen bis in Höhen um 400 m reicht (rechte Skizze). Aus dieser Reliefbeschaffenheit erklärt sich das auslappende Bild des Stadtgrundrisses.

Eines der sofort ins Auge fallenden Strukturelemente des städtischen Baukörpers ist eine unregelmäßig oval verlaufende Straße um die Stadtmitte. Sie markiert eine alte Stadtbegrenzung. Allerdings hat es mit der Mauer, die hier einmal stand, die merkwürdige Bewandtnis, daß sie erst 1763 errichtet wurde, zu einer Zeit, als derartige Bauwerke als Befestigungsanlagen bereits wertlos waren. Die Mauer hatte die seltene Funktion, nach innen zu schützen, nämlich Deserteuren die Flucht zu verwehren.

An der Stelle eines kleinen Dorfes gründete der spätere Landgraf Ludwig IX. von Hessen-Darmstadt 1741 eine Garnison. Er brachte seine Truppe auf schließlich 2400 Mann. Bis zu seinem Todesjahr 1790 baute er Pirmasens zu einer ansehnlichen Stadt aus, in der er residierte, die aber mit einer der üblichen Rokokoresidenzen weniger vergleichbar war als mit einem Heerlager. Von den 9000 Einwohnern gehörten 6800 zum Militär. Im Gegensatz zum hohen Niveau der Exerzierkunst war die wirtschaftliche Lage der Stadt miserabel. Die Frauen der Soldaten trugen zum Lebensunterhalt u. a. dadurch bei, daß sie aus Abfällen einer Tuchfabrik sogenannte „Talwendsocken" zusammennähten und verkauften.

Wie ein Vergleich des Planes von 1780 mit dem Bild zeigt, ist das Straßennetz der Garnisonsstadt erhalten geblieben. Die ehemals als Gärten dienenden Flächen innerhalb der Mauer sind heute überbaut. Der ursprünglich 4 ha große Exerzierplatz ist auf ein Viertel verkleinert worden. Die Bauwerke des 18. Jh. einschließlich der Stadtmauer und -tore sind fast sämtlich verschwunden.

Die heutige funktionale Gliederung der Stadt und der eingemeindeten Siedlungen ist im rechten Kärtchen skizziert. Ihm und dem Luftbild ist zu entnehmen, daß es an der Peripherie der Stadt wenige nur kleinflächige Industriebereiche gibt. In ihnen liegen neben Dienstleistungsbetrieben einige aus der Innenstadt ausgesiedelte Industriebetriebe. Im Luftbild nicht auszumachen sind die übrigen der insgesamt über 200 (1970) Industriebetriebe der Gemeinde. Dies ist das Charakteristische der Siedlungsstruktur: die Betriebe sind fast über die ganze Siedlung verteilt; in und um den alten Kern und auch in den ehemaligen Dörfern sind Wohnhäuser und Industriebetriebe eng vermischt. Mehr oder weniger reine Wohngebiete gibt es nur am Stadtrand. 60 % der Industriebetriebe mit 63 % der 13 000 Industriebeschäftigten (1970) sind Schuhfabriken. Weitere 20 % der Betriebe mit 27 % der Beschäftigten gehören zu den Industriezweigen Maschinenbau, Kunststoffverarbeitung, Chemie und Papier- und Pappeverarbeitung. Aus den Produkten dieser Werke — z. B. Stanzmaschinen bzw. Kunststoffleisten bzw. Klebstoffe bzw. Verpackungsmaterial — ist abzulesen, daß sie aus Zulieferbetrieben der Schuhfabriken hervorgegangen sind, jetzt aber ein erweitertes Produktionsprogramm haben. Heute kommt jeder dritte in der BRD hergestellte Schuh aus dem Raum Pirmasens. Zwei Drittel der Schuharbeiter sind allerdings in Betrieben im Stadtumland beschäftigt.

Diese Industriestruktur der Stadt, die ergänzt wird durch zahlreiche Schuhhandelsunternehmungen, die Messe „rund um den Schuh", die Schuhfachschule u. a., hat ihre Wurzel in der alten Garnison. Nach dem Tode Ludwigs IX. löste sein Nachfolger sie auf. In der Stadt zurück blieben Bauern, Handwerker, Kaufleute und invalide Grenadiere und Beamte. Die Einwohnerzahl sank auf weniger als die Hälfte. Die Stadt war ihrer nahezu einzigen Existenzgrundlage beraubt. Für viele Einwohner wurde der handgenähte Wollschuh zur einzigen Erwerbsquelle. Um 1800 war der hausierende Pirmasenser „Schlappenmacher" schon zu einem Begriff geworden. Einige Daten zur Entwicklung der Schuhstadt: 1802: 50 Schuhmacher; um 1830: 300 Schuhmacher, erste Verlage und Manufakturen; um 1860: Einführung von Maschinen, erste Schuhfabriken; um 1870: Einwohnerzahl von 1790 wieder erreicht, 3700 Schuharbeiter; 1882: erstmals höhere Leder- als Stoff-Schuhproduktion; um 1900: 120 Schuhfabriken, 35 Gerbereien und Schuhzubehörfabriken, 15 000 Schuharbeiter, 30 000 Einwohner; 1910: 38 500, 1925: 42 600, 1939: 48 700 Einwohner.

Trotz der Zuwanderung von 6000 Flüchtlingen hat die Stadt in den alten Grenzen heute nicht mehr Einwohner als vor dem Krieg, abgesehen von der amerikanischen Garnison mit rund 4000 Menschen. Einschließlich 8 eingemeindeter Dörfer beträgt die Zahl der Zivilbevölkerung 61 000 (1972).

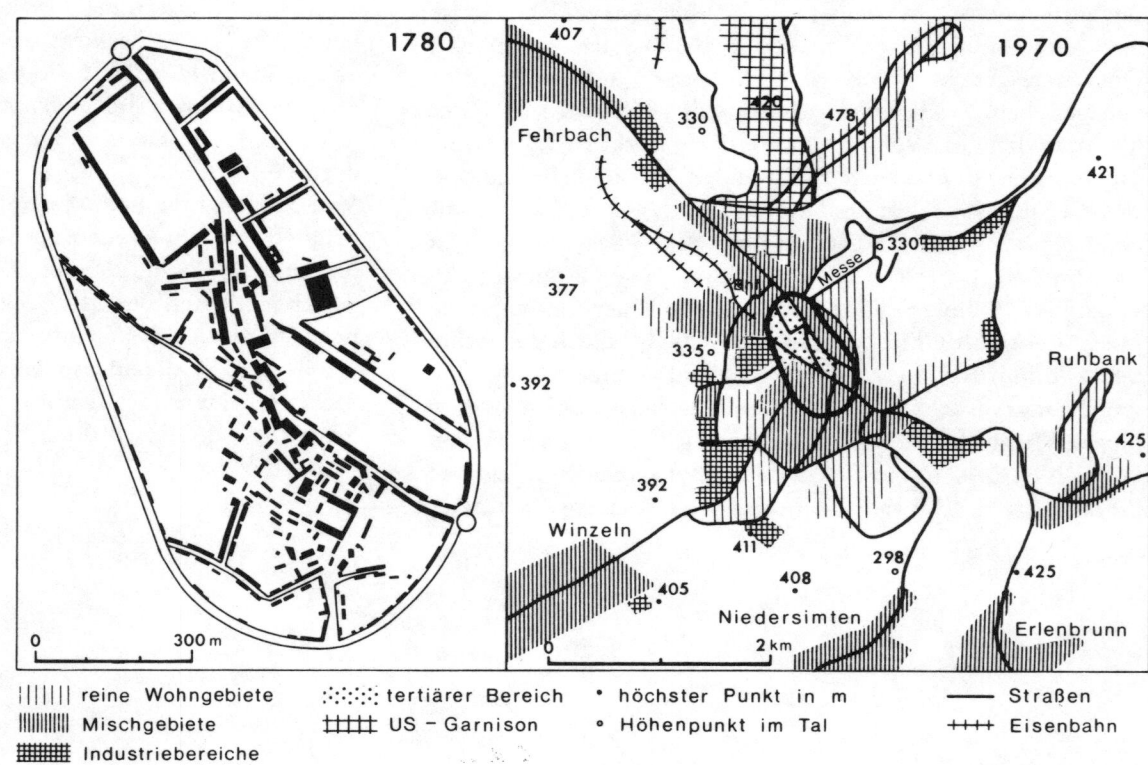

| | | | |
|---|---|---|---|
| ‖‖‖ reine Wohngebiete | ⋮⋮⋮ tertiärer Bereich | • höchster Punkt in m | —— Straßen |
| ‖‖‖ Mischgebiete | ╫╫╫ US - Garnison | ∘ Höhenpunkt im Tal | ++++ Eisenbahn |
| ▓▓▓ Industriebereiche | | | |

Heinz Quasten

## 59  PIRMASENS
Industriestadt am Rande des Pfälzer Waldes

Aufnahmedatum: 13. Juli 1970, 15.40 Uhr
Flughöhe: 3800 m
Bildmaßstab: ca. 1 : 23 500

60  ALTER UND NEUER RHEIN BEI SPEYER

Aufnahmedatum: 28. Juli 1970, 11.40 Uhr
Flughöhe: 2500 m
Bildmaßstab: ca. 1 : 15 000

# Alter und neuer Rhein bei Speyer

Das im Gegenlicht blinkende, einheitlich 250 m breite Bett des Rheins weist sich durch seine weite Krümmung als Menschenwerk aus, während die alten Schleifen mit Wellenlängen von 4 km dem mittleren Hochwasserabfluß von 4000 m³/sec entsprechen. Von Basel bis Rastatt ist der Rhein einst in zahlreiche Arme verzweigt gewesen, von dort bis Oppenheim in weiten Mäanderbögen geflossen, weil er weniger mit Geröll belastet war und ein geringeres Gefälle hat. Auf dem Bild sieht man den Otterstädter Altrhein trotz aller modernen Veränderungen noch deutlich, außerdem viele parallele Bogenstrukturen in Feld und Wald.

Der Auwald erscheint auf dem Sommerbild in einheitlicher Färbung, nur die Weidenbüsche heben sich durch ihr zartes Grün ab; so würde man nicht vermuten, daß dieser Auwald mit 30 Baumarten die größte Vielfalt unter den deutschen Wäldern birgt. Der Untergrund besteht aus jüngsten Sedimenten und schwankt in seiner Höhe nur um 2 m, davon hängt aber die Dauer der sommerlichen Überflutung ab, die in das Leben von Pflanze und Tier entscheidend eingreift.

Bei jedem Hochwasser nagt der Strom an seinem Prallufer und schüttet auf der Innenseite einen Wall aus Geröll auf, bei fallendem Wasserstand eine 20—50 cm dicke Schlickschicht. So entstehen die typischen 1—1,5 m hohen Kiesrücken mit den „Schluten" (Rinnen) dazwischen. Bei Katastrophenhochwässern verlagerte sich der Strom um eine volle Breite nach außen. Zwischen den geschädigten und den gewinnenden Gemeinden, ebenso zwischen dem Bischof von Speyer und dem Kurfürsten von der Pfalz, ergaben sich im Bereich unseres Bildes immer wieder Streitigkeiten, wem ein neugebildeter Uferwall zustehe.

Die Weidenbüsche, die ihre roten Wurzeln nicht nur in den Schlick, sondern auch ins Wasser strecken, ertragen Überflutungen am längsten, ihr silbriggrünes Laub zeigt Gelände im Bereich des Mittelwasserstandes an. Ihr einziger Wert besteht darin, daß sie Schlick auskämmen; um diesen Effekt zu verstärken, hat die Forstverwaltung (in der Mitte des linken Bildrandes) Dämme quer zur Strömung des Altrheins aufschütten lassen. So hoch wie ein mittleres Hochwasser steigt, nämlich 1—2 m über Mittelwasser, herrschen von Natur aus Pappeln vor, heute in Hochzuchtsorten als Reihen gepflanzt. Höher steigt das Wasser nur in einzelnen Jahren und nur kurze Zeit, so daß es den Pflanzen der Hartholzaue wenig schadet. Hier ist die Gefahr der Austrocknung größer, weil sich noch kein wasserspeichernder Boden gebildet hat. Die Forsteinrichter schlagen Ahorn, Esche, Schwarznuß (Hickory) und Ulme vor, auf Dämmen die Kirsche, auf Kiesrücken Kiefer.

Die zwischen den Waldbögen sich erstreckenden Wiesen geringer Bodengüte folgen durchweg den Schlickrinnen. Wo der kalkhaltige Schlick höher liegt, z. B. durch künstliche Aufschüttung (Bildmitte), können die Ackerzahlen auf 90 steigen. Seit der Aufnahme des Bildes sind etliche Rinnen zugeschüttet worden. Im Frühsommer 1970 standen Rhein und Grundwasser monatelang ungewöhnlich hoch und vernichteten die Kulturen in den Rinnen, die auf dem Bild als hellbraune Lücken erscheinen; am 28. Juli war der Spiegel wieder gefallen. Dem Grünland hatte die Nässe nicht geschadet, es steht in den Rinnen sogar dunkler und kräftiger als auf den Rücken.

Im Jahr 1590 hat der Rhein bei Roxheim den Hals einer Schlinge durchbrochen, später hat man etliche absichtlich abgeschnitten. Nach einheitlichem Plan, aber mit bescheidenen technischen Mitteln hat dann im 19. Jh. *Tulla* den Strom um $1/3$ verkürzt, den neuen „Talweg" zunächst durch Faschinen, später durch Steinschüttung gesichert. Er fließt jetzt schneller und hat seine Sohle hier um 1—2 m tiefer gelegt; entsprechend sank auch der Grundwasserspiegel, was in diesem Ausmaß durchaus beabsichtigt war. Der Schiffsverkehr endete im 19. Jh. in Mannheim, nur wenige Schleppzüge liefen bis Speyer. Erst mit der Eröffnung des Straßburger Hafens 1892 begann der dichte Verkehr auf dieser Strecke.

Der neue Rheinlauf sollte vertragsgemäß Baden gegen die damals bayrische Pfalz abgrenzen, sobald er von der Hauptmasse des Wassers durchströmt wurde (1839). Für die Festung Germersheim wünschte aber Bayern einen rechtsrheinischen Brückenkopf und gab dafür die Koller-Insel (Bildmitte, „Kolden" war eigentlich ein Wasserarm) an Baden, sie ist über eine Wagenfähre zu erreichen. Um 1820 gab es auf der höheren SO-Seite der Insel (links) einige Wiesen, den Rest bedeckte der Auwald. Während der Rheinkorrektion wurde gerodet, man legte weitere Wiesen an und schüttete 1848 den Ringdeich auf. In der linken Inselhälfte werden 54 ha vom Kollerhof aus bewirtschaftet, dagegen hat das Liegenschaftsamt die rechts gelegenen, schmalen Felder an Otterstädter Bauern verpachtet.

Bis vor einigen Jahren wurde hier Schlick abgebaut und zu den Ziegeleien in Brühl gefahren. Die Gruben fallen als künstliche, sternförmige Strukturen in der linken unteren Ecke auf. Viel größere Flächen nimmt seit 1935 der Abbau von Kies durch Schwimmbagger in Anspruch. 1963 wurden durch einen neuen Deich 50 ha von der Koller-Insel abgetrennt und parzellenweise zum Abbau freigegeben; mit dem Abraum werden die Felder der Insel aufgehöht. Die Seen folgen den Mäanderbögen, auf den Inseln und am Ufer lagern an Sonntagen Tausende von Erholungsuchenden; am Otterstädter Altrhein gibt es sieben Segelklubs. Die tiefen, ruhigen Seen erscheinen stahlblau; wo gebaggert wird, ist das Wasser trüb (oben Mitte), während die Farbe des Rheins, die auch in die Nebenrinnen ein Stück weit hineinwirbelt, dazwischen liegt. Es wäre zu wünschen, daß Kiesgewinnung, Landwirtschaft, Erholungsfläche und Wasserschutzgebiete in größeren Flächen vereinigt würden.

Fritz Fezer

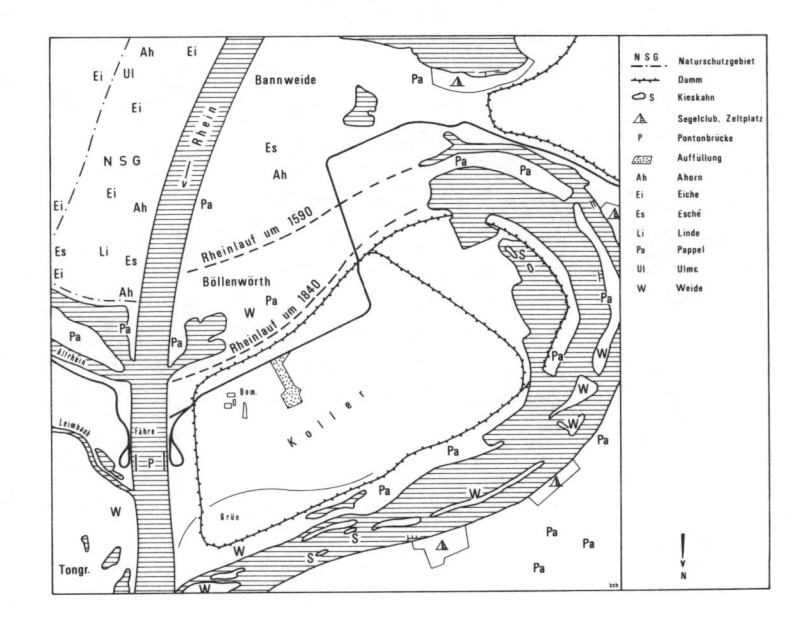

# Mannheim

Das Mannheim von heute, das in seinem Kern auf dem Luftbild gezeigt wird, ist aus den vier Zerstörungen von 1622, 1689, 1795 und 1943—45 mit aller Kraft stets neu hervorgegangen. Die 1606 gegründete und 1607 mit Stadtrechten privilegierte Stadt und ihre Festung Friedrichsburg — an der Stelle des im Lorcher Codex 766 urkundlich erwähnten Fischerdorfes Mannenheim auf einer Terrasse im weithin verwilderten Flußgelände von Rhein und Neckar — nützte bei jedem Wiederaufbau die Stunde, z. B. 1652 durch die „Peuplierung" mit gewerbeerfahrenen Hugenotten und Wallonen. Nach der zweiten Zerstörung erfolgte im Wiederaufbau die Einbeziehung beider, bislang getrennter Stadtbestandteile, der Quadrate-Stadt und der Festung, in einen gemeinsamen Festungsring. Durch die Verlegung der Hofhaltung von Heidelberg nach Mannheim 1720 erhob Kurfürst Carl Philipp Mannheim zur kurpfälzischen Residenz. Von 1720—1760 entstand nach Versailler Vorbild an der Stelle der alten Festung das größte Barockschloß Deutschlands. 1742 blühte unter Kurfürst Carl Theodor das wirtschaftliche, geistige und künstlerische Leben auf, das seinen Höhepunkt 1763 in der Gründung der „Kurpfälzischen Akademie der Wissenschaften" fand. Damit hat die heutige Universität (seit 1967), die 1955 als Staatliche Wirtschaftshochschule den Ostflügel des Schlosses (rechter Teil) bezog und nunmehr der Schloßherr des gesamten, wiedererrichteten Schlosses ist, ihre Tradition. Auch war die junge Stadt der Quadrate bis zum zweiten Weltkrieg eine Barockstadt mit baulichen Prunkstücken, von denen heute nur noch die Jesuitenkirche (1733) und die berühmt gewesene Sternwarte (1772) beim Westflügel des Schlosses, das alte Rathaus (1700) und die Pfarrkirche (1706) am Marktplatz in der Unterstadt an jene Zeit erinnern. Das alte, in der Theatergeschichte bedeutsame Nationaltheater (1778), in dem 1782 Schillers „Räuber" uraufgeführt wurden, hat seinen hochmodernen Nachfolger auf dem Goetheplatz draußen vor dem Friedrichsring (rechts oben). 1778 sank Mannheim infolge des Wegzuges des Hofes nach München, wo Carl Theodor das bayerische Erbe antrat, zur Provinzstadt herab. Mannheim dessen Festungswälle 1799 geschleift wurden, kam 1803 mit der rechtsrheinischen Kurpfalz zu Baden. Dadurch erlitt die natürliche Gunst der Lage an zwei großen, schiffbaren Flüssen und im Schnittpunkt der Fernstraßen zunächst eine empfindliche Einbuße, die wegen der nahe gelegenen Ländergrenzen von Rheinland-Pfalz und Hessen noch nachwirkt.

Trotzdem hat Mannheim auch diesen Rückschlag in kluger Ausnützung der Oberrheinregulierung bis Mannheim durch Tulla 1818—1872, der Einrichtung der Dampfschiffahrt (1825) und der Eisenbahn (1840) zu meistern gewußt. Zielbewußte Hafenpolitik ließ 1816 den Neckarhafen und 1834 den Rheinhafen, der seit 1840 zum größten binnenländischen Umschlags- und Stapelplatz für Produktions- und Verbrauchsgüterindustrie wurde, entstehen. 1876 waren der Mühlauhafen (Mitte links), 1899 der Handelshafen und 1907 der Industriehafen, als Ausgleich für die nunmehrige Oberrheinregulierung bis Basel, vollendet. Der Weitblick und die Nüchternheit der Mannheimer Bürger schufen aus der Handelsstadt eine Industriestadt, in der der Maschinen- und Fahrzeugbau, die elektrotechnische, feinmechanische und optische, chemische und Papier- und Zellstoffindustrie dominieren.

Dies ist die Grundlage für die heutige Großstadt von rund 330 000 Einwohnern. Im weiten Halbrund fügen sich die zahlreichen eingemeindeten Dörfer ein. Der Kern ist die Quadrate-Stadt geblieben. Zwischen dem Rhein im SW (Vordergrund) und dem Neckar im NO kennzeichnet das modern ausgebaute Ringstraßensystem den Verlauf der äußeren Befestigung, die einzigen schräglaufenden Straßen innerhalb den der inneren Befestigung. Vom Schloß aus gesehen links zählt man die Quadrate von A bis K, rechts die von L bis U. Der Fremde ist erstaunt, daß dieses Buchstaben- und Zahlensystem postalisch genügt.

Die Mittelachse vom Schloß zur Kurpfalzbrücke und die Querachse — im inneren Abschnitt die Planken genannt — bilden ein Achsenkreuz und teilen die Stadt in die westliche und östliche Oberstadt in Schloßnähe und in die westliche und östliche Unterstadt. Die Oberstadt, ehemals die Stadt der gehobenen Schichten, die ihre Palais Ämtern und Behörden überließen und ihre Villen in der Oststadt bauten (oberer rechter Bildrand), die Unterstadt als Stadt des Handwerks und Gewerbes, in der heute bedeutende Industrien ihren Anfang nahmen. Die längst fällige Sanierung wird dort ebenso das Stadtbild verjüngen, wie es der sehr regen Bautätigkeit der Banken, Versicherungen, Behörden und des Staates für die Universität seit der letzten großen Zerstörung bereits in wohltuender Sachlichkeit gelang.

Die jüngsten Akzente werden durch die Brücken gesetzt. Der Mannheimer Brückenkopf der neuen Nordbrücke (links) als der zweiten innerstädtischen Brücke über die Hafenbecken und den Rhein nach Ludwigshafen (Einweihung Juni 1972) macht die Querachse mit dem engsten Citybereich in den Planken noch deutlicher, die auf den ovalen Platz der Jahrhundertwende mit dem im Jugendstil erbauten Wasserturm als Mannheimer Wahrzeichen stößt und über die Augusta-Anlage direkt in die Autobahn einmündet. Die Mannheimer Rheinbrückenauffahrt (1959) schleust über die bislang einzige innerstädtische Rheinbrücke (heutige Konrad-Adenauer-Brücke) den gewaltigen Verkehrsstrom der beiden Industriestädte, der drüben in Ludwigshafen (unterer Bildrand) über Hochstraße (1968) und Rheinbrückenabfahrt weitergeleitet wird. Die Rheinseite des Mannheimer Schlosses und der ehemals sehr große Schloßpark sind sicher durch die Verkehrsbauten von Straße und Bahn beeinträchtigt worden. Dennoch entbehrt das kunstvolle Gefüge der Straßenbänder hoch über den gepflegten Anlagen, der Verbund der dichtbefahrenen Straßen- und Eisenbahnbrücke und der von vielen Schiffen und Kähnen belebte Rhein mit seiner Mannheimer und Ludwigshafener Hafenfront keineswegs des Reizes. Man empfindet von dort die lebensvolle Zusammengehörigkeit beider Städte am Rhein, in dessen Mitte noch die Ländergrenze verläuft.

Gudrun Höhl

**61 MANNHEIM**
Die Quadratestadt

Aufnahmedatum: 10. September 1971, 10.10 Uhr
Flughöhe: 1600 m
Bildmaßstab: ca. 1 : 9500

**62 WALDHUFENDORF IM ODENWALD**
  Winterkasten

Aufnahmedatum: 14. Juli 1971, 15.15 Uhr
Flughöhe: 2000 m
Bildmaßstab: ca. 1: 10 000

# Waldhufendorf im Odenwald

Winterkasten liegt im kristallinen Odenwald, dessen Relief durch Tektonik, vielfältige Gesteine und dichte Zertalung bestimmt ist. Als Reihendorf mit Waldhufenflur erstreckt es sich mehr als 2 km am Mergbach entlang, der an der zweithöchsten Erhebung des Odenwaldes, der Neunkircher Höhe (außerhalb des rechten Bildrandes), entspringt. Aller Wahrscheinlichkeit nach bildet dieser Berg den etymologischen Ursprung des Ortsnamens, denn bei der Abgrenzung der Heppenheimer Mark im Mittelalter wird dieses Bergmassiv Wintercasto genannt.

Das Waldhufendorf ist charakteristischer und häufig auftretender Siedlungstyp im Bereich des Odenwaldes. Die beinahe symmetrische Anlage des Waldhufendorfes kommt durch die Luftaufnahme besonders klar und deutlich zum Ausdruck. Das gilt in erster Linie für den mittleren Teil des Ortes, und allein die unregelmäßige Aufteilung der Felder in breitere und untereinander nicht mehr parallele Streifen an den beiden Ortsenden läßt vermuten, daß diese Bereiche später eingeteilt und bebaut wurden. Die erste Besiedlung des damals fast menschenleeren, unwirtlichen und vornehmlich mit Wald bestandenen Odenwaldes reicht bis in die karolingische Zeit zurück. Damals haben die aus Königsgut hervorgegangenen Klöster mit ihrem ausgedehnten Waldbesitz die Aufgabe der inneren Kolonisation übernommen. Ein Ausgangspunkt für die Besiedlung des Gebietes zwischen Main und Neckar war die Benediktinerabtei Lorsch. Zunächst umfaßte der Besitz des Klosters nur die Michelstädter Waldmark, im Jahre 773 wurde er durch die kaiserliche Schenkung (Karl der Große) der Heppenheimer Mark wesentlich vergrößert. Die Gründungen der ersten Waldhufendörfer datieren aus der Jahrtausendwende, während man die von Winterkasten wahrscheinlich erst um 1200 vermutet. Die Kolonisation des Odenwaldes war nach dem Niedergang des Klosters Lorsch von weltlichen Herren bis etwa 1250 zu Ende geführt worden. Nach der Art planmäßiger Aufteilung in Waldhufen kolonisierte man in den darauffolgenden Jahrhunderten weite Teile des nördlich des Mains gelegenen Spessarts sowie des nördlichen Schwarzwaldes.

Auf dem Luftbild lassen sich die einzelnen Waldflächen zu einem geschlossenen Kranz ergänzen, der die Rodungsinsel umgibt. Vom Bach und der Straße bis zu den beiderseitigen Waldrändern hin steigt das Gelände im allgemeinen um durchschnittlich 50 m an. Die Hofgüter befinden sich auf der dem Beschauer zugewandten Seite der Straße, die, von Lindenfels (linke obere Bildecke) kommend und nach Neunkirchen weiterführend, den Ort in seiner gesamten Länge durchzieht. Die von den Gehöften ausgehenden Hufen erstrecken sich unmittelbar hinter dem Anwesen den anfänglich ziemlich steilen Talhang hoch bis zu den Waldflächen im Vordergrund des Bildes. Sie setzen sich gleichzeitig fort von der gegenüberliegenden Straßenseite des Gehöfts bis zum Waldrand im Bildhintergrund. Auf den Grenzen zwischen den einzelnen Hufen sind meist Wege angelegt, wodurch die wirtschaftliche Nutzung der Felder erleichtert wird. Da die Territorialherren in ihrem Streben nach sicheren landwirtschaftlichen Einkünften eine Aufteilung der Höfe verhinderten und da die seit dem 19. Jh. frei über ihren Besitz verfügenden Bauern an der Einzelerbfolge und an der ungeteilten Übergabe ihrer Höfe weiterhin festhielten, sind heute in den Waldhufendörfern Flurbereinigungen nicht erforderlich. Siedlungsmäßiger Ausbau konnte am ehesten an den beiden Ortsausgängen und allenfalls auf der den Gehöften gegenüberliegenden Straßenseite erfolgen. Im Bild kommt zum Ausdruck, daß der steilere Teil des Talhanges bis unmittelbar an die Gehöfte mit Bäumen (meist Obstkulturen) bestanden ist. Das entspricht, abgesehen von der besonderen Geländeform, der allgemein gebräuchlichen Nutzung als hausnahes Garten-, Obst und Weideland.

Von den Erwerbstätigen insgesamt sind 60 % im Ort selbst beschäftigt, 40 % (= 120 Personen) fahren nach auswärts zu ihren Arbeitsplätzen. Die Arbeitsplätze im Ort sind heute nicht mehr vornehmlich durch die Landwirtschaft bestimmt. Es gibt zur Zeit noch 14 Vollerwerbslandwirte; im Jahre 1960 waren es 18. Sie sind besonders auf Viehzucht und Milchwirtschaft ausgerichtet. Vielfach wird die Landwirtschaft im Nebenerwerb betrieben. Das zeigt sich darin, daß in Winterkasten noch insgesamt 32 Rindvieh- und 46 Schweinehaltungen bestehen.

Die 120 Auspendler des 839 Einwohner zählenden Ortes fahren zum Teil täglich bis zu den Industriebetrieben nach Bensheim und Darmstadt, zumeist aber in die nähere Umgebung. In Winterkasten selbst befinden sich 3 kleinere Schlosserwerkstätten, mehrere Schreinereien und ein kleineres Sägewerk. Seit einigen Jahren gewinnt der Fremdenverkehr immer mehr an Bedeutung. In neuester Zeit wurde diese Entwicklung verstärkt durch die Eingemeindung von Winterkasten in die schon lange vom Tourismus geprägte Stadt Lindenfels. Die klimatisch günstige Höhenlage (ca. 450 m) hat die Landesversicherungs-Anstalt dazu veranlaßt, ein Sanatorium für Herz- und Kreislaufkranke am nördlichen Ortsausgang zu errichten (rechte untere Bildecke). Winterkasten verfügt über mehrere Gaststätten und Privatpensionen (insgesamt über 100 Betten), die vorwiegend von Dauergästen besucht werden, und die Zahl der Übernachtungen belief sich im Durchschnitt der letzten Jahre auf ca. 10 000.

Richard Graafen

# Die Bergstraße bei Dossenheim

Wo auch immer das Oberrheinische Tiefland auf seine Randgebirge trifft: überall ist die Grenz- oder Übergangszone als Landschaftsraum besonderen Charakters ausgebildet; so auch dort, wo der Odenwald die Neckar-Rheinebene östlich begrenzt. Entlang dieser Grenzlinie verläuft die Bergstraße, eine naturräumliche Einheit von 60 km Länge und nur 1,5 bis 2 km Breite, deren kulturlandschaftliche Merkmale freilich über eine größere Fläche besonders über eine größere Breite, verteilt sind.

Einen Ausschnitt aus diesem Übergangssaum zeigt das Luftbild, das nach S ausgerichtet, auf der linken Hälfte den Odenwald, rechts hingegen die Bergstraße zeigt; die Siedlung im oberen Bilddrittel ist das Dorf Dossenheim, die den rechten Bildrand entlang verlaufende Straße ist die Bundesstraße 3 (Frankfurt—Darmstadt—Heidelberg—Karlsruhe—Basel); die parallel ziehende Lokalbahn (OEG) ist wegen ihrer schmalen Spur weniger deutlich sichtbar.

Der höher gelegene Odenwald ist flächig mit Wald bedeckt, der sich nach Farbe, Kronentextur und Schattenwurf als Laubwald bestimmen läßt. Das Waldkleid ist allerdings mehrfach unterbrochen; offensichtlich planmäßig ausgehauene Flächen (1) sind im Zustand erneuter Aufforstung, kleinere Flächen (3) zeigen die Merkmale von Baumschulen oder (4) von noch aufzuforstenden Flurstücken, auf denen noch sog. „Überhälter" als Schattenspender stehengeblieben sind. Quer zum Hang verlaufende Waldriegel (4) sollen entweder die gerodeten Flächen vor Abspülung oder die jungen Pflanzungen vor Windeinbrüchen schützen. All diese Erscheinungen deuten auf eine sorgsame forstliche Waldnutzung hin.

Der Wald überdeckt allerdings die Merkmale der Oberflächengestaltung weitgehend. Direkt anzusprechen sind die Tiefenlinien (5) einiger kurzer, dem Neckar zulaufender Kerbtäler und (vornehmlich am Schattenwurf und an Strukturlinien im Waldbild) die Firstlinien (6) der die Täler trennenden Bergrücken. Vier große Aufschlüsse lassen jedoch einen Blick in den geologischen Untergrund des Odenwaldes zu (7). Die grellhelle Farbe schließt Buntsandstein aus. In der Tat gehört dieser Teil des Odenwaldes zum rheinseitigen kristallinen Odenwald, der vorwiegend aus grobkristallinen Tiefengesteinen, Graniten und Dioriten, aufgebaut ist. Am Südflügel des kristallinen Bereichs tritt als älteres Ergußgestein der Quarzporphyr zutage, der bei Dossenheim abgebaut wird. Weithin leuchten die bloßgelegten Berghänge dort, wo der Abbau gegenwärtig im Gange ist; im Luftbild sind Betriebsanlagen (8) sichtbar. Wo, wie beim Bruch am unteren Bildrand, der Abbau eingestellt ist, überzieht sich das Areal nach und nach mit Sekundärvegetation, wenigstens in Vertiefungen; die Kanten der Abbausohlen sind (am Schatten) noch feststellbar.

Die Klimagunst (mittl. Januartemp. 0–1 °C, mittl. Julitemp. 18 °C. 700–750 mm Jahresniederschlag, davon weniger als 10 % als Schnee) sowie eine jungpleistozäne Lößdecke (Farbe der Felder) haben am Fuße des Gebirges und auf der Diluvialterrasse eine intensiv nutzbare Agrarlandschaft entstehen lassen. Eine (offensichtlich ältere) Wegeführung (9) und die unterschiedliche Größe und Anordnung der Flurstücke machen die Trennung zwischen dem wein- und obstbaugenutzten Gebirgsfuß (10) und der Terrasse (11) deutlich. Beiden Räumen einheitlich ist die Kleinparzellierung und die intensive Nutzung; die Terrasse ist darüber hinaus Siedlungs- und Verkehrsträger.

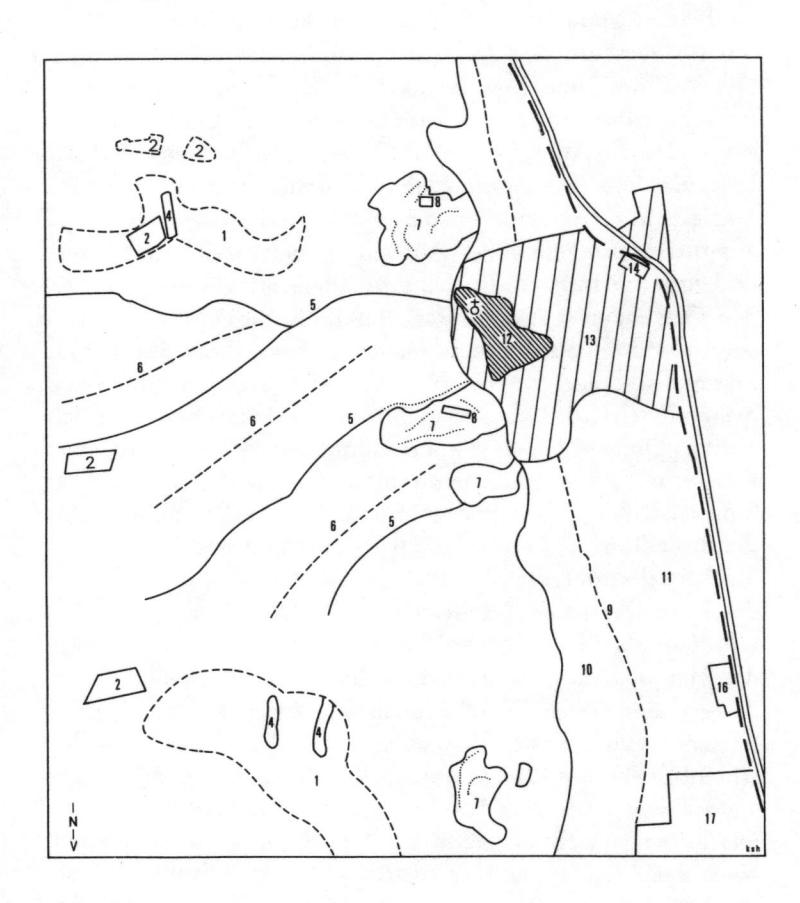

Dossenheim (Ortskern) (12) entstand auf den Schwemmkegeln zweier Odenwaldbäche (5) und breitete sich später über den Schwemmfächer aus (13); an der Peripherie liegt der Bahnhof (14). An Rande des Dorfes, zwischen Bahn und Straße, befindet sich ein Rangier- und Verladegelände (15) der Steinbruchfirmen, weitere, jedoch nicht dem Sektor „Steine und Erden" zugehörige Industrieflächen liegen ebenfalls an der Bahn, aber abseits des Dorfes (16). Ein Neusiedlungsgebiet in der rechten unteren Bildecke (17) nutzte die Ausbreitungsmöglichkeiten der ebenen Terrasse ebenso wie die Nähe der B 3, zu der eine modern ausgebaute Zufahrt verläuft.

Wohl kaum ein anderes Medium als das senkrechte Luftbild kann den Gegensatz zwischen dem nördlichen Oberrheintiefland und seinem Randgebirge in dieser Totalität widerspiegeln.

Heinz Fischer

**63 DIE BERGSTRASSE BEI DOSSENHEIM**
Quarz- und Porphyrsteinbruchgebiet an der Bergstraße

Aufnahmedatum: 3. August 1971, 10.35 Uhr
Flughöhe: 2300 m
Bildmaßstab: ca. 1 : 15 000

**64 WÜRZBURG**
Innenstadt und Feste Marienberg

Aufnahmedatum: 3. August 1971, 9.20 Uhr
Flughöhe: 2350 m
Bildmaßstab: ca. 1 : 14 000

# Würzburg

Beherrschend im Bilde ist die dichte, mannigfache Besiedlung, die durchschnitten wird durch den geschwungenen Lauf des Mains. Neben ihm gliedern Eisenbahnlinien und Grünanlagen das Stadtbild, das eingerahmt wird durch Weinberge, Wald und Ackerland. Das Relief — die Felder im Nordosten und Südwesten liegen etwa 150 m über dem Main — erschließt sich dem Beobachter von oben nur indirekt.

Die Altstadt liegt im Würzburger Talkessel, der in die Muschelkalkplatten des Fränkischen Gäulandes eingesenkt ist; sein Ostrand wird ungefähr durch den Verlauf der Bahnlinie nach Ansbach in der linken Bildhälfte angezeigt, deren Trasse stellenweise in den Hang eingeschnitten ist. Hufeisenförmig zeichnet sich der heute in Grünanlagen umgewandelte barocke Bastionenring ab. In sein Zentrum führt von der Alten Mainbrücke in Bildmitte, die heute baulich mit einem Stauwehr und (rechts) einer Doppelkammerschleuse für den Schiffsverkehr verbunden ist, die breite Domstraße auf den romanischen Kiliansdom zu. Dieser liegt inmitten des engeren Altstadtkerns mit winkligen Gassen, der durch ein dem Main angelehntes, im Luftbild gut erkennbares Straßenfünfeck von ca. 700 m Durchmesser umgrenzt wird. Unterhalb der Domstraße erkennt man den Marktplatz, an dessen Nordseite die Marienkapelle steht. Im Osten stößt das Fünfeck an den geräumigen Residenzplatz mit der mehrflügeligen, von Balthasar Neumann errichteten Residenz der Fürstbischöfe, deren barocke Gartenanlagen sich in zwei erhaltene Bastionen schmiegen. Im Kranz der ältesten Vorstädte innerhalb des Bastionenrings liegen größere öffentliche Gebäude der Universität und Justiz sowie Schulen. Hier fällt am Nordrand des Fünfecks das längliche Rechteck des Juliusspitals mit seinem Park ins Auge. Der Wiederaufbau der kurz vor Kriegsende durch Bomben verwüsteten Altstadt hat die alten Grundrisse weitgehend erhalten.

Seit Aufhebung der Festungseigenschaft (1867) sind auch außerhalb des Bastionenrings Vorstädte entstanden, so die Sanderau am oberen Bildrand zwischen Bahnlinie und Main, ein dicht besiedeltes Wohngebiet. Östlich der Bahnlinie zieht sich der Stadtteil Frauenland mit seinen Villenstraßen um den Komplex von Pädagogischer Hochschule, gewerblicher Berufsschule und einem Gymnasium den Hang empor.

Das untere Bilddrittel wird vom Hauptbahnhof und der Bahnlinie nach Frankfurt gegliedert. Hier liegt am linken Bildrand der vornehmlich von Arbeitern bewohnte Stadtteil Grombühl, das ehemalige Eisenbahnerviertel, über dem sich Weinberge den nach Süden exponierten Hang emporziehen. Nach rechts schließen sich die berühmten Weinberglagen „Schalksberg" und „Steinberg" an; die abgeschlossene Flurbereinigung ist an den hellen neuen Wirtschaftswegen zu erkennen, die das noch durchschimmernde Netz der alten Stützmauern z. T. queren. Auf der Hochfläche beginnt das Ackerland, wo die Getreideernte im Gange ist.

In der rechten unteren Bildecke drängt sich der Main an den Prallhang des Steinberges, wo Eisenbahn und Bundesstraße 27 kaum Platz nebeneinander haben. Im Winkel zwischen Eisenbahn und Main erkennt man das Becken des Alten Hafens (der neue Hafen liegt flußabwärts), während sich am gegenüberliegenden Ufer der breite Talkessel der Zellerau ausdehnt. Wohnviertel mit einigen Gewerbebetrieben und ein Ausstellungsgelände am Main kennzeichnen ihr Gesicht. Im Mainviertel zwischen den beiden nördlichen Brücken erkennt man noch Grundrisse alter Bastionen und langgestreckte einstige Kasernenbauten; sie gehören zum linksmainischen Festungsring, dessen Kernstück, die Festung Marienberg, die Mitte der rechten Bildhälfte beherrscht.

Auf einem schmalen Bergsporn aus Muschelkalk zwischen Zellerau im Norden und Kühbachtal im Süden liegt die Festung beherrschend über dem Maintal, von z. T. guterhaltenen Bastionen umgeben. Am Süd- und Osthang wächst Qualitätswein (Lagen „Leisten" und „Schloßberg"). Deutlich ist links der Innenhof mit Rundkapelle und Bergfried zu sehen. Das Viertel um die St. Burkardkirche zwischen Festung und Main, mit dem Mainviertel zu den ältesten Siedlungskernen gehörend, hat nach den Zerstörungen des Zweiten Weltkrieges viel Fläche dem Verkehr überlassen müssen.

An der Südseite des Kühbachtales ziehen sich Villenstraßen den Nikolausberg hinan — eine der geschätztesten Wohnlagen Würzburgs. An seiner Nordostecke führt ein baumbestandener Prozessionsweg den Berg empor bis zur Wallfahrtskirche „Käppele", die vor der Waldkulisse die Stadt überschaut. Hinter dem Walde ist das sanft ansteigende Gelände von Ackerfluren eingenommen.

Der Main, der am oberen Bildrand in nördlicher Richtung ins Bild eintritt, wo noch einige Altwasser erhalten sind, ist reguliert und wird im Bildbereich von drei Brücken, wenig außerhalb desselben von drei weiteren überquert. Gleichwie er durch Aushöhlung des breiten, klimatisch begünstigten Tales den Standort für Würzburg geschaffen hat, zeichnet er mit seinen Nebentälern das Netz der Verkehrswege vor, ist Verkehrs- und Lebensader zugleich.

Rolf D. Schmidt

# Mainschlinge bei Volkach

Etwas ungewohnt ist der Blick von Norden auf die Volkacher Mainschleife, kennt man doch vom Atlas her die weit nach Osten ausholende, elegant geschwungene Flußschlinge im östlichen Maindreieck. Auch fehlt nach Süden hin (oben) ein Blick auf den weiteren eigenwilligen Lauf des Mains mit dem nach Westen auspendelnden, fast plumpen Flußbogen von Sommerach. Diese für die Schiffahrt hinderliche, für den Main aber charakteristische Mäanderfolge hat die Rhein-Main-Donau AG um 1950 durch den Bau eines geradlinigen Umgehungskanals zwischen Volkach (Mitte links) und Gerlachshausen bei Sommerach verkürzt. Dem Durchstich allein, der bis zu 20 m mächtige mittelaltpleistozäne Talverfüllungen durchschneidet, wird es auch nicht gelingen, aus dem Main eine rege Schiffahrtsstraße zu machen. Aber er bewahrte — wie ursprünglich die Bezeichnung „Volkacher Maindurchstich" befürchten ließ — die Volkacher Schlinge mit dem Vogelsburger Sporn vor einem Eingriff, der eine der schönsten, landschaftlich lebensvollsten Flußstrecken verstümmelt hätte. Er ist, im Gegenteil, dem natürlichsten Durchbruch des Mains an der schmalsten Stelle des Halses, dort, wo die Vogelsburg hoch über den steilen Prallhängen liegt, zuvorgekommen. Altwasserseen und Wiesenbögen verraten noch etwas von der früheren Kraft des Flusses. Heute sorgen Staustufen (links) des durchweg kanalisierten Mains für gleichmäßig hohen Wasserstand, der ihn als Binnenwasserstraße von Wasserklemmen unabhängig macht.

Wie die Verbreitung von Ackerland, Weinbergen, Obstanlagen und Wald nahelegt, handelt es sich um eine Landschaft, deren Dominanten leichtgewellte Muschelkalkhochflächen mit Lettenkeuper und Löß und tief in den Quaderkalk eingeschnittene Täler in mustergültigem Wechsel von Prall- und Gleithang sind. Dies ist die Gäulandschaft der mainfränkischen Platten, in viele Teile gegliedert, nach alten Gauen und ihren Hauptorten genannt, Sinnbild alter, fruchtbarer Siedlungslandschaft. Weinbau an günstig exponierten, steilen und flachen Talhängen, teilweise ersetzt durch Obstbaumkulturen (Zwetschgen) als Nachfolgekultur, Gemüsekulturen (Spargel, Bohnen) auf Niederterrassen und Flugsandfeldern (mit Kiefernforsten), Ackerbau auf den Platten, stark parzelliertes Gewannflursystem heute mehrfach flurbereinigt. Der Vogelsburg-Sporn, der tektonisch im Volkacher Sattel seinen Ursprung hat, zeigt dieses Anbaumuster deutlich. Die um 1960 durchgeführte Weinberg-Bereinigung hebt das beste Rebgelände durch das neue Wegenetz klar ab.

Im Gegensatz zu anderen sehr bekannten Talspornen aber, die auf der Höhe seit alters städtische Gemeinwesen mit Burg, Mauer und Türmen tragen, trägt der von Volkach nur die Vogelsburg inmitten der Weinberge, ehemals mit königlicher Eigenkirche, 889 an Fulda geschenkt. Schon in Hanglage, an der Oberkante des Quaderkalks, liegt (Mitte rechts) der Weinbauort Escherndorf (Lage ‚Escherndorfer Lump'). Die anderen sind Weinbaugemeinden im Tal: Köhler als schmale Zeile am Prallhangfuß (rechts oben), Nordheim gegenüber Escherndorf, Astheim gegenüber Volkach und Fahr (rechts unten) auf Gleithängen. Die Stadt Volkach nützt die Gunst dieses Raumes. Vorort des Volkfeldes, Kreuzungspunkt der Straßen Schweinfurt—Kitzingen und Würzburg—Gerolzhofen, Mainübergang, 906 mit der Vogelsburg erstmals urkundlich genannt, fuldisch, seit 1158 würzburgisch, 1258 Stadt der Grafen v. Castell und dann der Bischöfe von Würzburg. Stadtrecht, Markt- und Münzrecht zeichneten die ummauerte Zweitoranlage aus, deren alter Stadtkern und die Vorstädte noch gut im Grundriß zu erkennen sind. Als würzburgischer Amtssitz und als Amtsstadt des 19. Jh. erlebte es eine wirtschaftliche und bauliche Blütezeit, verlor aber dann bis in jüngste Zeit eine Behördenfunktion nach der anderen — Schicksal der kleinen Städte. Heute ist Volkach Mittelpunkt seines bäuerlichen Umlandes mit Großmarkt für Wein, Obst und Gemüse, mit Obstbrennereien, Winzergenossenschaften und Konservenfabriken. Die Industrie hat Einzug gehalten (Basaltwolle, Glaswaren, Kugellager), der Hafen auch (Gipsumschlagplatz). Industrie- und Wohngelände wurden erschlossen.

Wesen und Charakter der Landschaft werden aber dadurch nicht gestört. Die Städter finden Erholung am Fluß, sie bewundern Tilman Riemenschneiders ‚Madonna im Rosenkranz' in der Kirche am Kirchberg in Astheim. Sie trinken den fränkischen Boxbeutel, der Bedächtigkeit, wie die Landschaft sie gibt, verlangt.

Gudrun Höhl

65  VOLKACH
Die Mainschlinge

Aufnahmedatum: 6. Oktober 1971, 8.50 Uhr
Flughöhe: 3300 m
Bildmaßstab: ca. 1 : 18 500

## 66  DER SCHWANBERG BEI IPHOFEN
Weinort am Steigerwaldrand

Aufnahmedatum: 6. Oktober 1971, 8.40 Uhr
Flughöhe: 3050 m
Bildmaßstab: ca. 1 : 15 500

# Der Schwanberg bei Iphofen

Deutlich heben sich im Bildfeld zwei Landschaftstypen mit einer Übergangszone ab: Die bewaldeten Bergstufen des Steigerwaldes im süddeutschen Schichtstufenland, das von Osten her zwei Bergsporne nach Westen vorschiebt, und das rund 205 m tiefer gelegene fruchtbare Flachland von Ochsenfurter Gäuland und Steigerwaldvorland mit ihren Feldfluren und Siedlungen. Zwischen beiden senkt sich der Abhang des Steigerwaldtraufs ab, der hier, vom Klima begünstigt, weithin Weinberge trägt. Wald, Wein, Feld und Siedlung — das ist der Dreiklang dieser Landschaft.

Das untenstehende Profil erläutert den Aufbau dieser Landschaftsformen: Die Steigerwaldberge werden hier von flachliegenden Gesteinen des mittleren Keuper gebildet, einer etwa 160 Jahrmillionen zurückliegenden Zeit von wüstenhaftem Klima; die Hochfläche des 474 m hohen Schwanbergs im linken unteren Bildviertel wird vom sogenannten Blasensandstein, die des 50 m niedrigeren Kalbberges im linken oberen Bildviertel vom Schilfsandstein gebildet; zwischen beiden Schichtpaketen sind Tone und Mergel der Lehrbergschichten abgelagert worden. Der größte Teil des darunterliegenden Hanges wird überwiegend aus Mergeln des Gipskeupers aufgebaut. Wo dieser auf dem das Vorland bildenden Letterkohlenkeuper aufliegt, sind in dieser Gegend verschiedentlich Gipslager eingeschlossen, welche im oberen Bildteil abgebaut werden.

Die sandigen Hochflächen von Schwanberg und Kalbberg sind von Laubwald bedeckt, der sich am ersteren bis an die deutlich erkennbare darunterliegende Schilfsandsteinstufe hinabzieht. Auf einem Südwestvorsprung liegt das Schloß Schwanberg, eine weithin sichtbare Landmarke für das ganze Steigerwaldvorland. Dahinter liegen in einer Rodungsinsel der zugehörige Gutshof und eine Försterei. Lang fallen die Schatten der tiefstehenden Herbstmorgensonne auf die abgeernteten Felder.

Im Bereich des Gipskeupers herrscht der Weinbau, der unter den günstigen klimatischen und Bodenbedingungen sogar den Nordhang des Schwanberges besetzt und bis an den Rand des Winzerdorfes Rödelsee (an der rechten unteren Bildecke) reicht. Hier gedeihen berühmte Kreszenzen, der „Rödelseer Küchenmeister" am Westabfall des Schwanberges sowie am Südwest- und Südhang der „Kronsberg" und „Julius-Echterberg" auf Iphöfer Gemarkung. Das Luftbild zeigt in interessanter Weise ein Zwischenstadium in der z. Z. laufenden Flurbereinigungsaktion für den hiesigen Weinbergbesitz: Auf der Nord- und Westseite des Schwanberges heben sich die arrondierten und neuangepflanzten Weinberge mit den neuen, dem Verlauf der Höhenlinien angepaßten, im Bild weiß erscheinenden Wirtschaftswegen deutlich ab. Am Südhang von Schwanberg und Kalbberg sind noch die alten Weinbergsstrukturen zu erkennen wie auch im flacheren Bereich nach Iphofen zu. Im Lichte der tiefstehenden Sonne heben sich die Weinstockbestände durch ihre Schatten deutlich ab; ebenso erkennt man die überall verstreuten Winzerhütten. Dazwischen sind die Flurbereinigungs- und Wegebauarbeiten noch im Gange; die Weinstöcke sind gerodet, und Einebnungsarbeiten werden durchgeführt.

Das Ackerland im Vorland zeigt das Braun der abgeernteten Getreidefelder und verbreitet das Grün von Hackfruchtfeldern und Wiesen. Der Obstbau spielt in dieser Weinbaugegend keine Rolle.

Das obere rechte Bildviertel wird vom alten Winzerstädtchen Iphofen beherrscht, dessen vollständig erhaltene mittelalterliche Ummauerung samt Stadtgraben deutlich zu erkennen sind. Die Altstadt wird durch eine z. T. grasbewachsene Senke deutlich in zwei Teile gegliedert: Das aus einem älteren Dorf erwachsene „Krebenviertel" im Südwesten, das wahrscheinlich vor 1300 mit einem Flechtzaun (= Kreben) gesichert war, und eine 1293 daneben gegründete städtische Neusiedlung; im 15. Jahrhundert wurden sie mit einem gemeinsamen Mauerring umgeben, nachdem beide Teile nun dem Würzburger Hochstift gehörten. In der „gegründeten Stadt" liegen Marktplatz und Hauptkirche (auf unserem Bild im rechten, unteren Viertel); das Straßennetz ist unregelmäßig und läßt keine gerade durchgehende Straße erkennen. Tatsächlich verlief die Fernstraße, die alte Krönungsstraße Köln—Frankfurt—Nürnberg—Regensburg, das ganze Mittelalter hindurch südlich an Iphofen vorbei und durch die Hellmitzheimer Bucht in den Steigerwald hinein, — etwa dort, wo heute Eisenbahn und Bundesstraße 8 (im rechten oberen Bildwinkel) verlaufen. So hatte Iphofen Bedeutung im wesentlichen nur als Grenzfestung, Weinbau- und Gipsabbauort mit einigen Verwaltungsfunktionen; letztere gingen nach der Verwaltungsneugliederung zu Anfang des 19. Jahrhunderts an Scheinfeld verloren; Iphofen rückte an die äußerste Grenze Mittelfrankens und sank zu einem Ackerstädtchen herab.

Erst die jüngste Entwicklung hat ihm — zugleich mit dem Fremdenverkehr — nun Impulse gegeben, die in den Ausbauten rings um die Altstadt zum Ausdruck kommen. An der Bundesbahnstrecke Nürnberg—Würzburg und Bundesstraße 8 hat sich einige Industrie, darunter ein bedeutendes Gipsverarbeitungswerk, angesiedelt, worin das in fünf Gipsbrüchen der Umgebung gewonnene Material verarbeitet wird.

Rolf D. Schmidt

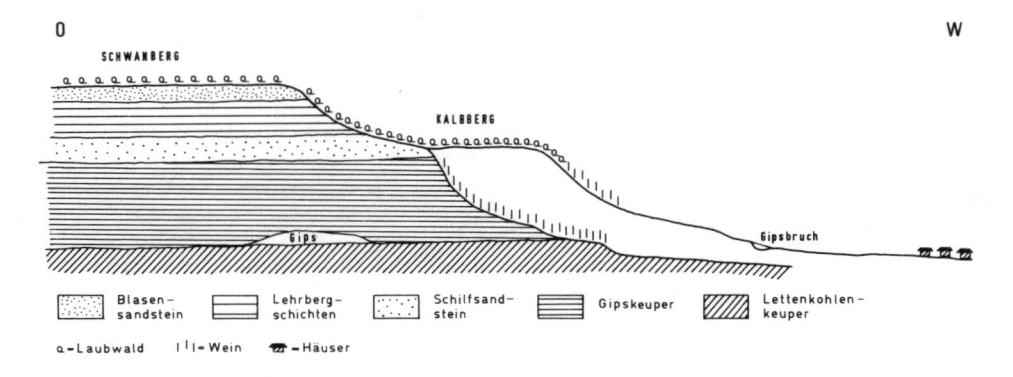

# Gößweinstein

Für den von Wiesent und Püttlach entwässerten Teil der Nördlichen Frankenalb ist, wohl seit dem Zeitalter der Romantik, der werbewirksame Name „Fränkische Schweiz" üblich geworden. Unser Luftbild, zu Beginn der herbstlichen Laubfärbung nach dem trockenen Sommer 1971 aufgenommen, zeigt einen charakteristischen Ausschnitt aus dieser durch Kalk- und Dolomitgesteine der oberen Juraformation geprägten „Karstlandschaft".

Die tiefen Schlagschatten, die sich von der Ortslage von Gößweinstein zur Talaue der windungsreichen Wiesent hinabziehen, geben einen plastischen Eindruck von der Steilheit des hier über 170 m hohen Hanges („Martinswand"), der von der weithin sichtbaren, leider neugotisch restaurierten Burg überragt wird. Besser aber sieht man auf der hell beleuchteten Sonnenseite die senkrecht abstürzenden Felswände, die mächtigen Dolomittürme und -kanzeln durch das Laubdach hindurchragen. Sie bilden eindrucksvolle Kontraste zu den flachwelligen, von trockenen Talmulden durchzogenen Ackerfluren der Alb-Hochflächen.

Die Verteilung von Waldparzellen und Ackerland gibt bereits einen recht genauen Überblick über die Verbreitung der wichtigsten geologischen Elemente. Der Frankendolomit (dolomitisierter Kalkstein des oberen Malm) tritt überall in steil aufragenden Kuppen, sog. „Knöcken", und Felsgruppen hervor, deren Feinstruktur freilich zu dieser Jahreszeit von dem üppigen Laubwaldbestand verschleiert wird. Die ausgedehnten offenen Ackerflächen dazwischen verdanken ihre fruchtbaren Böden lehmigen Verwitterungsprodukten der „Albüberdeckung", die in den Senken zwischen den Dolomitrücken einige Meter Mächtigkeit erreichen kann. Stellenweise, so z. B. im Waldgebiet südlich von Gößweinstein, findet man auch Reste der früheren Kreide-Überdeckung in Form großer Quarzitblöcke („Kallmünzer Blöcke").

Straßen und Wege auf der Albhochfläche und teilweise bis in das Wiesenttal hinab folgen meist dem Verlauf von Trockentälern. Nach starken Regenfällen können diese Trockentalzüge gelegentlich etwas Wasser führen und durch periodisch schüttende Quellen, sog. „Hungerbrunnen", gespeist werden. Aber schon nach kurzer Laufstrecke versickert das Wasser in Schlucklöchern und Dolinen und wird in den klüftigen Dolomit- und Kalkgesteinen in die Tiefe geleitet, um erst auf einer undurchlässigen Schicht (Ornatenton) sich wieder zu stauen. Da im Bereich unseres Luftbildes der Ornatenton-Horizont noch unter der Wiesent-Talaue liegt, sind hier die Verhältnisse des „tiefen Karstes" gegeben: keine Quellen auf der Hochfläche und an den Talhängen, dagegen einige ergiebige Karstquellen (Qu) im Wiesenttal, z. B. bei der Stempfermühle, die zur Wasserversorgung der Hochflächensiedlung (über Pumpwerke und Hochbehälter) herangezogen werden.

Neben den Dolinen, die vor allem im Umkreis von Leutzdorf in typischen Formen gruppenweise auftreten, weist in diesem Ort auch die „Hüle", eine offene, von den Dachtraufen der umliegenden Häuser gespeiste Zisterne, auf die einst sehr schwierige Wasserversorgung der Albdörfer hin, die heute durch Gruppenversorgungsanlagen gesichert ist. Die interessantesten Karstformen aber, die Höhlen, sind im Luftbild nicht unmittelbar zu erkennen, sondern liegen in waldbedeckten Felsgruppen (vgl. die Kartenskizze: 1—4) verborgen. Weitere Höhlen, darunter die bekannte „Fellner-Doline", liegen knapp 1 km östlich von Gößweinstein.

Die Dörfer der Albhochfläche — im Luftbild erkennt man die Orte Leutzdorf (L), Etzdorf (E) und Moritz (M) — haben ihren ländlichen Charakter bisher weitgehend bewahrt und liegen am Rande des lebhaften Ausflugsverkehrs, der im Sommer vor allem den Markt- und Wallfahrtsort Gößweinstein (G), aber auch die Talsiedlung Behringersmühle (B) durchflutet. Behringersmühle, Endpunkt der Wiesenttalbahn, eröffnet den Touristen die reizvollen Tallandschaften der Püttlach, des Ailsbachs, der oberen Wiesent und der Aufseß und ist deshalb als Ausgangspunkt für Wanderungen besonders beliebt. Auch den übrigen Mühlen, die den Talgrund der mittleren Wiesent beleben, scheint der Verlust ihrer ursprünglichen Funktion und ihre Umwandlung in Ausflugsgaststätten nicht schlecht bekommen zu sein.

Die nach Plänen von Balthasar Neumann 1731—36 erbaute prächtige Wallfahrtskirche beherrscht den dicht bebauten Ortskern von Gößweinstein, dessen enge Straßen und kleiner Marktplatz modernem Verkehr längst nicht mehr gewachsen sind. Doch in den Randbezirken zeichnen sich bereits Ortserweiterungen in aufgelockerter Bauweise ab. Daß der Bahnhof Gößweinstein-Sachsenmühle fast 3 km von der Ortsmitte und über 100 m tiefer im Wiesenttalgrund liegt, dürfte im Zeitalter des motorisierten Verkehrs kein entscheidendes Hindernis für die zunehmende Beliebtheit Gößweinsteins als Wohn- und Ausflugsort sein.

Ernst Schmidt-Kraepelin

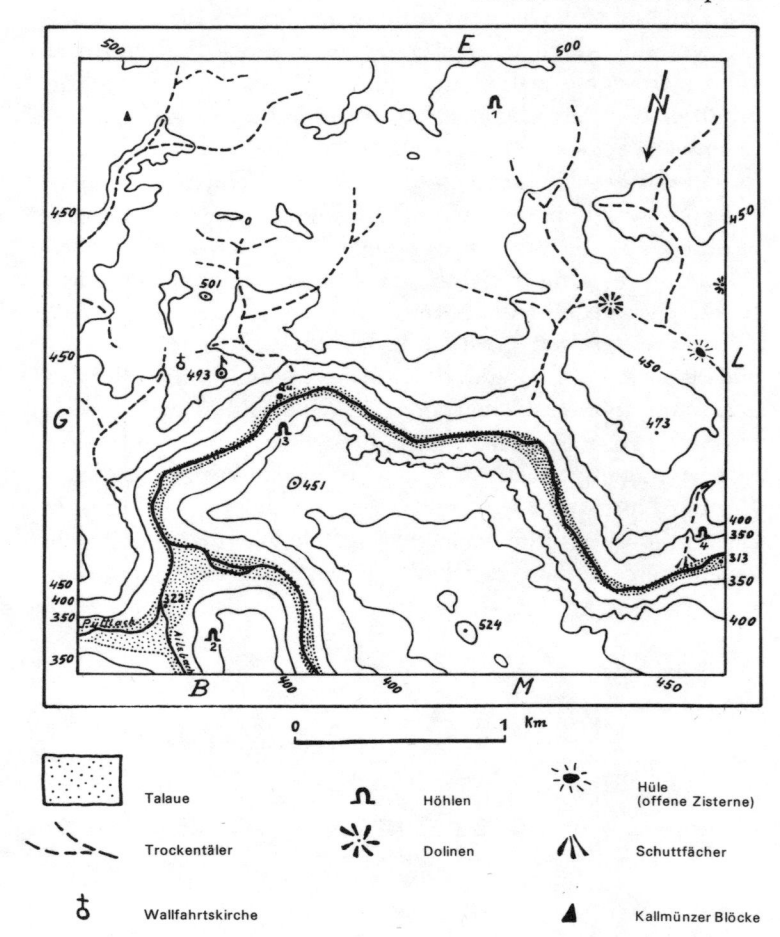

## 67 GÖSSWEINSTEIN
Fränkische Schweiz

Aufnahmedatum: 6. Oktober 1971, 9.25 Uhr
Flughöhe: 2200 m
Bildmaßstab: ca. 1 : 12 500

**68 SULZBACH–ROSENBERG**
Maximilianshütte

Aufnahmedatum: 6. Oktober 1971, 9.40 Uhr
Flughöhe: 1530 m
Bildmaßstab: ca. 1 : 8000

# Sulzbach-Rosenberg

In Anbetracht der weltweiten Verlagerungstendenz der eisenschaffenden Industrie in die Küstenbereiche wird der Standort eines Stahlwerkes in der Oberpfalz bei einem Blick auf eine wirtschaftsgeographische Karte zunächst überraschen. Diese Industrie kann jedoch auf eine lange Tradition zurückblicken, die im ausgehenden Mittelalter mit den Schwerpunkten Sulzbach-Rosenberg und Amberg ihren Höhepunkt erreichte.

Nach dem damaligen Stand der Technik war hier die optimale Kombination der benötigten Produktionsfaktoren gegeben: leicht abzubauende, an der Oberfläche anstehende Erzlager, genügend Holz zur Gewinnung der Holzkohle (zusammen mit Einnahmen aus dem Transport eine Hauptverdienstquelle der Landwirtschaft), Wasser sowohl zum Betrieb der Hämmer als auch für Erz- und Produktentransport sowie hinreichend Arbeitskräfte.

Nach einer Krisenzeit führte der Materialbedarf für die ersten Eisenbahnlinien in der zweiten Hälfte des 19. Jh. zum Bau größerer, rationell arbeitender Werkseinheiten der Eisenwerk-Gesellschaft Maximilianshütte in Haidhof (1853), Sulzbach-Rosenberg (1863) sowie der Luitpoldhütte in Amberg (1883). Die Entwicklung neuer Technologien (Erzverhüttung mit Koks) stellte diese Industrie jedoch vor grundlegende Strukturprobleme, als deren Folge und mangelnder Erzbasis die Luitpoldhütte 1968 stillgelegt wurde. Somit blieb die Maxhütte die einzige große eisenschaffende Unternehmung im süddeutschen Raum, die durch ihre Eingliederung in den Flick-Konzern wirtschaftliche Vorteile genießt.

Zu den wichtigsten Faktoren für die Beibehaltung des Standortes zählt der werkseigene Erzbergbau in unmittelbarer Nähe (1971: 770 000 t). Gefördert werden hochwertige (über 40 % Fe-Gehalt) direkt zu verhüttende Erze, die aber den Auslandserzen unterlegen sind und durch Importe aus Schweden und Brasilien ergänzt werden. Der Sulzbacher Schacht St. Anna im NW außerhalb des Bildausschnittes, mit dem Werk über eine deutlich sichtbare Seilbahn verbunden, bringt nur mehr weniger als die Hälfte der Eigenerzversorgung und wird bis 1975 ausgebeutet sein. Deshalb wurde am Eichelberg ein umfangreiches Lager neu erschlossen (Schachtanlage mit Schlemmteich im SW des Werkes). Das Werk erstreckt sich, im S beengt durch den Eichelberg, als integrierte Produktionsanlage in WO-Richtung entlang der Bahnlinie Nürnberg—Amberg im Rosenbachtal, so daß die Produktion von den 6 Hochöfen (beim Endpunkt der Seilbahn; Erzeugung 1971: 696 000 t Roheisen) über das anschließende Stahlwerk (Thomas- und Elektrostahl 1971: 842 000 t) zum Walzwerk läuft, das überwiegend Profile herstellt (vgl. Profillager im O des Werkes). Um das Werk gruppiert sich eine Reihe von Nebenanlagen: Schrottzerkleinerung und Sauerstofferzeugung im W bzw. S der Hochöfen, Kühltürme und Ölkraftwerk südlich des Stahlwerkes, das Strom nach außen abgibt, sowie eine Thomas-Schlackenmühle neben dem Lagerplatz, die aus der bei der Stahlherstellung anfallenden Schlacke Phosphat-Düngemittel erzeugt, während die Ausbeute der Schlackenhalde für Zement- und Straßenbaumaterial-Herstellung anderen Firmen überlassen wird. Werksberufsschule und Entwicklungsabteilung im SW des Werkes weisen auf die Anstrengungen der Entwicklung und Einführung neuer Technologien hin, die Verwaltung ist im wesentlichen nördlich des Werkes an der Bahnlinie konzentriert. Im NO liegt um das 1954 eröffnete weitgehend mechanisierte Röhrenwerk noch Erweiterungsgelände der Maxhütte.

1971 beschäftigte die Hütte 3717 Arbeitskräfte sowie 736 Personen im Bergbau. Die für die letzten Jahre feststellbare Abnahme der Beschäftigungszahl ist neben Rationalisierungsmaßnahmen vor allem mit strukturellen Problemen des Industriezweiges, aber auch Beschäftigtenabwanderung, zu begründen, so daß sich dem Werk, das sich zeitweise durch Kurzarbeit der Marktlage anpassen mußte, ein Arbeitskräfteproblem stellt. Als größter Arbeitgeber der Region mit $3/4$ der industriellen Arbeitsplätze erschließt das Werk durch mehrere Werksbuslinien den umliegenden Arbeitsmarkt.

Damit wirkt es nicht nur strukturbestimmend, sondern auch siedlungsprägend. Der hier abgebildete Ortsteil Rosenbergs mit ca. $1/3$ der Einwohner der Stadt, erst 1934 mit Sulzbach zu einer Stadt vereinigt (1971: ca. 18 900 Einwohner), gruppiert sich um den Burghügel, der ein aufragendes Kriegerdenkmal trägt. Im S und SO daran anschließend liegt der alte Siedlungskern Rosenbergs. Er ist auch heute noch durch einige landwirtschaftliche Betriebe in der Nachbarschaft der Kirche gekennzeichnet, die ortsnahe Flächen bewirtschaften. Infolge der räumlich beengten Lage wurden einige Betriebe ausgesiedelt, andere im Zusammenhang mit Neubauvorhaben aufgelassen. Der Großteil der auf dem Bilde sichtbaren Nutzflächen wird von benachbarten Gemeinden aus bewirtschaftet. Die Siedlungsanlage Rosenbergs ist im wesentlichen gekennzeichnet durch offene Bebauung mit Einfamilienhäusern, deren Hausgärten und Nebengebäude für Bergwerksorte typisch sind. Zu diesen überwiegend werksgeförderten Arbeiter-Wohnsiedlungen treten (z. B. östlich des Stahlwerkes) einige ältere Werkssiedlungen und Neubaublocks. Eine Ausbildung eines Zentrums ist aus dem Bild nicht zu erkennen, allenfalls einige neuere Geschäftshäuser an der Hauptstraße unter dem Burgberg, die im wesentlichen den kurzfristigen Bedarf decken. Die größeren Gebäude im O bzw. NW (Volksschulen) bzw. zwischen Rosenbach und Hauptstraße (Hallenbad) weisen auf kommunale Einrichtungen hin, allerdings ist Rosenberg insgesamt mit tertiären Diensten relativ schlecht versorgt. Zur Stagnation dieses Ortsteiles tragen die beträchtlichen Emissionen des Werkes bei, die bei den vorwiegenden SW-Winden den Wohnwert der Siedlung erheblich beeinträchtigen.

Gerhard Thürauf

# Nürnberg

Im Stadtgrundriß, in den Verkehrswegen, in wichtigen Baudenkmälern und in der Ummauerung tritt uns noch heute die alte Reichsstadt Nürnberg entgegen. Die im Luftbild gut erkennbare Altstadtmauer (erbaut zwischen den Jahren 1350 bis 1450) grenzt die Altstadt gegen die jüngeren Ausbauten ab. Bis zur Mitte des 19. Jh. bewegte sich die Stadtentwicklung Nürnbergs innerhalb der Ummauerung, bereits 1600 wohnten in diesem Gebiet 40 000 Menschen.

Die Altstadt Nürnbergs läßt sich klar in einen südlichen und einen nördlichen Teil gliedern, die durch den Flußlauf der Pegnitz getrennt sind. Zentrale Entwicklungskerne beider Stadtteile waren die Sebalduskirche (S) im Norden und die Lorenzkirche (L) im Süden. Sebalder Viertel und Lorenzer Viertel waren bereits in den Jahren 1320–1325 von einer gemeinsamen Mauer umgeben, deren Verlauf sich gerade bei einer Luftaufnahme im heutigen Straßengrundriß gut nachvollziehen läßt (vgl. auch Skizze). Kennzeichen der Altstadt ist die im NW gelegene Burganlage, die erstmals im Jahre 1050 erwähnt wurde und durch mehrere Erweiterungsbauten im Mittelalter ihre heutige Gestalt gefunden hat. Ihre topographische Lage auf einem Keupersandsteinsporn 60 m über dem Niveau des Pegnitzflusses verleiht ihr eine physiognomisch dominante Stellung.

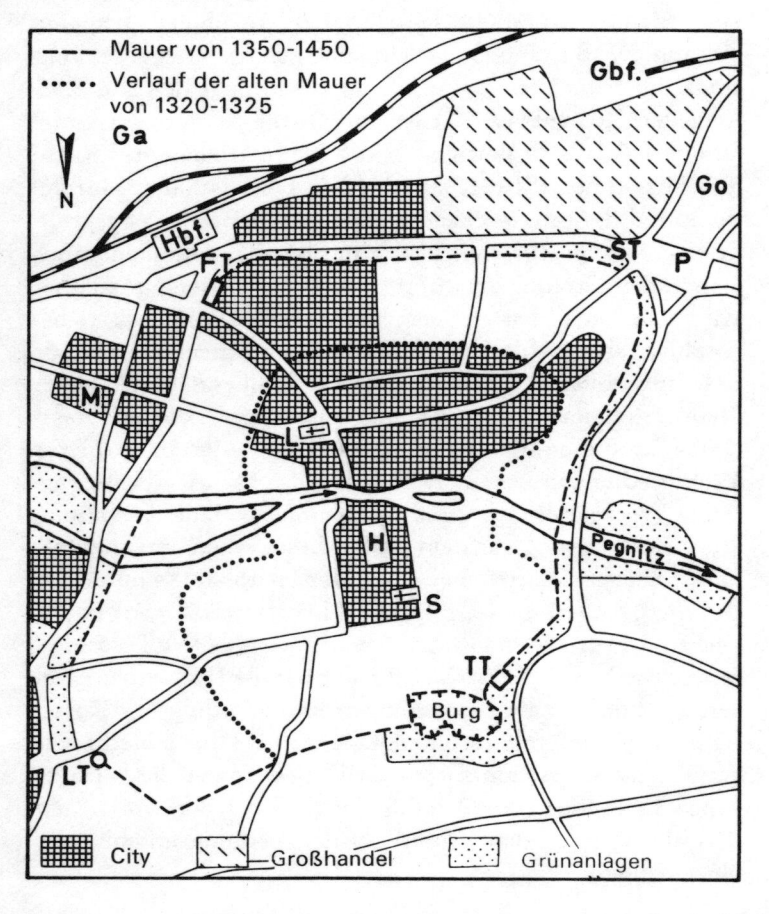

Mit der sprunghaften Vergrößerung der Stadt in der 2. Hälfte des 19. Jh. ging auch die wehrhafte Bedeutung der Altstadtummauerung zu Ende; bis 1866 war Nürnberg offiziell „Festungsstadt". Die Ausweitung neuer Stadtviertel außerhalb der Mauer (z. B. seit 1859 die Marienvorstadt (M)) erzwang neue Verkehrsverbindungen zur Altstadt. Zusätzlich zu den 4 Altstadttoren (Tiergärtner Tor TT, Laufer Tor LT, Frauentor FT und Spitler Tor ST) wurden neue Straßendurchlässe in die Mauer geschlagen. Westlich der Altstadt wurden die weiten Gartenflächen in Richtung der seit 1518 außerhalb Nürnbergs liegenden Friedhöfe St. Johannis und St. Rochus locker bebaut. Obwohl moderne Wohnkomplexe nach dem 2. Weltkrieg dieses „Gartenviertel" Nürnbergs immer stärker umgestalteten, belegt das Luftbild noch gut die Reste der flächenhaften Verbreitung der Gärten.

Wenn auch ein breiter O-W-ziehender Gleiskörper der Eisenbahn eine Barriere im N-S-Wachstum der Stadt darzustellen scheint, war es auf der anderen Seite gerade die Lage des Hauptbahnhofs (Hbf.) an der SO-Ecke der Altstadt, der die südliche Ausweitung Nürnbergs beschleunigte. Im Luftbild können wir entlang der Gleisanlagen gut das in der Gründerzeit planmäßig angelegte Straßennetz erkennen, das von den Mietskasernen der Stadtteile Galgenhof (Ga) und Gostenhof (Go) gesäumt ist. Entsprechend der damaligen Konzeption einer engen Nachbarschaft von Wohn- und Arbeitsstätte treffen wir in den Hinterhöfen der Miethausblöcke das typische innerstädtische Hinterhofgewerbe, das in Nürnberg vorrangig der Metallwarenbranche zuzuordnen ist. Beim Wiederaufbau dieser Viertel nach dem 2. Weltkrieg wurden zwar aus betriebstechnischen Gründen häufig die Produktionsstätten durch Lagerräume oder Großhandlungen ersetzt, da aber die alte Blockeinteilung aus Gründen der Infrastrukturkosten beibehalten wurde und die Wohnverdichtung ähnliche Ausmaße wie vor dem 2. Weltkrieg einnimmt, haben sich nur wenige Strukturmerkmale des gründerzeitlichen Viertels geändert.

Der gute Gleisanschluß und der Verlauf des ehemaligen Ludwig-Donau-Main-Kanals (im Luftbild oben rechts zu erkennen) förderten die Ansiedlung der Industrie im südwestlichen Nürnberg. Daneben entstand um den Güterbahnhof (Gbf.) das Transport- und Großhandelsviertel, dessen Lage noch durch den Bau einer breiten Ringstraße, die westlich, südlich und östlich an der Altstadt vorbeiführt, begünstigt wird.

Trotz der großen Zerstörungen während des 2. Weltkrieges ging man besonders in der Altstadt daran, die alten Baulinien beizubehalten. Die streng gefaßten Bauvorschriften ermöglichten in vielen Fällen eine Beibehaltung der Wohnhausgrundrisse, was in Ergänzung zur Restaurierung vieler historischer Bauwerke den „Altstadtcharakter" Nürnbergs erhalten konnte.

Bis auf wenige Lücken im östlichen Bereich wurde auch die Altstadtmauer aus touristischen Gründen wieder aufgebaut. Das bedeutet aber nicht, daß die Altstadt nur „musealer Bestandteil" der Stadt Nürnberg ist. Tatsächlich liegt heute im Kernraum des Lorenzer Viertels das zentrale Geschäftsviertel, die City Nürnbergs. Im Gegensatz dazu haben sich im Sebalder Viertel nur im unmittelbaren Nahbereich des Hauptmarktes (H) Cityfunktionen angesiedelt, während die restlichen Teile weitgehend bewohnt oder in geringerem Maße gewerblich genutzt werden. Durch die Lage des Hbf. und die Führung der Ringstraße verlagern sich die Wachstumsspitzen der City jedoch allmählich außerhalb der Altstadt. Vor allen Dingen Versicherungsgesellschaften errichten entlang der südlichen und östlichen Ringstraße große Bürogebäude. Nach der weitgehenden Verbannung des Durchgangsverkehrs aus der Altstadt sind der Bahnhofsplatz und der Plärrer (P) die zentralen Verkehrsknotenpunkte. Gut erkennbar ist im Luftbild auch die vom Plärrer in nord-westliche Richtung führende Fürther Straße, Trasse der ersten deutschen Eisenbahn Nürnberg–Fürth.

Helmut Ruppert

69  NÜRNBERG

Aufnahmedatum: 5. August 1971, 11.05 Uhr
Flughöhe: 2825 m
Bildmaßstab: ca. 1 : 11 500

70 SPALT
Hopfenanbaugebiet in Franken

Aufnahmedatum: 5. August 1971, 10.30 Uhr
Flughöhe: 1530 m
Bildmaßstab: ca. 1 : 8500

# Spalt

Das Luftbild stellt einen Ausschnitt aus dem mittelfränkischen Keuperland dar. Die flachwellige Hügellandschaft wird durch das Tal der Fränkischen Rezat klar gegliedert, die den Bildausschnitt von West nach Ost durchfließt.

Die topographische Situation zeigt eine deutliche Dreiteilung: Im Norden steigen die in den oberen Partien stark bewaldeten Hügel bis ca. 450 m über NN an. Das auf Senkrechtaufnahmen zumeist schwer erkennbare Relief läßt sich aus der gewundenen Straßen- und Wegeführung gut erschließen. Dieser Hügelbereich wird nach Süden abgelöst von der deutlich ausgeprägten, ca. 250–350 m breiten Talsohle der Fränkischen Rezat. Gut sichtbare Prall- und Gleithänge markieren die überschwemmungsgefährdete Talaue, die im vorliegenden Bild etwa von der 360-m-Isohypse begrenzt wird. Das kleine Flüßchen zeigt ein schwaches Gefälle, das der Hauptabdachungsrichtung der fränk. Keuperplatte nach Osten bzw. Südosten entspricht. Von dem anschließend wieder erfolgenden Anstieg zu den Höhen des vereinzelt schon mit Liasablagerung bedeckten Keuperhügellandes ist auf dem Bildausschnitt nur ein schmaler Teil zu sehen.

Besondere Siedlungsstrukturen und Nutzungsgefüge sind die zwei hervorstechenden Charakteristika dieser Aufnahme. Beide sind in gewisser Weise typisch für den noch stärker agrarwirtschaftlich orientierten Bereich des fränkischen Beckens.

Die Siedlung Spalt beherrscht mit ihrem traditionellen schildförmigen Grundriß die untere Bildhälfte. Klar hebt sich die Hauptstraße ab, die sich etwa in der Mitte zu einem Dreiecksplatz erweitert. Sie wird hier von relativ großen spitzgiebligen Gebäuden flankiert. Die Höhe bzw. die Zahl der vorhandenen Trockenböden repräsentierte lange Zeit den Reichtum der Hopfenproduzenten. Bezeichnenderweise finden sich andererseits an dem weniger bevorzugten Stadtrand, insbesondere in unmittelbarer Nachbarschaft der parallel zur begrenzenden Straßentrasse noch erhaltenen Stadtmauer die Wohnplätze der „kleinen Leute", die in der Physiognomie der Gebäude deutlich sichtbar werden.

Innerhalb des alten Ortsgrundrisses fällt sodann im Osten ein Bereich auf, der sich durch größere Gebäude, ja sogar trotz aller Enge innerhalb der Stadtmauer durch Freiflächen auszeichnet. Hier handelt es sich um die Gebäude der Kirche (Stiftskirche und Pfarrkirche) sowie der öffentlichen Hand. So spiegelt die Physiognomie der Gebäude bis heute eine im Ansatz klare Viertelsgliederung wider, die z. T. auch in den Ausbauten zu beobachten ist.

Inzwischen ist die Besiedlung längst über den mittelalterlichen Stadtgrundriß hinausgewachsen. Entlang der Ausfallstraßen greifen die Wohnhäuser zahlreicher Pendler in die agrarwirtschaftlich genutzte Umgebung aus (besonders im Westen), während einige gewerblich orientierte Bauten an der Straße und der Trasse der Privatbahn nach Georgensgmünd sichtbar sind. Unmittelbar am Vorfluter wurde vor einiger Zeit die Kläranlage errichtet.

Das hervorstechendste Moment innerhalb der Agrarlandschaft ist zweifellos die starke Verbreitung des Hopfenanbaues. Diese Spezialkultur bedeckt hier weit mehr Flächen als man es gemeinhin in den Hopfenbaugebieten erwarten kann. Dabei ist der größte Teil der Hopfenflächen im südlichen Gemarkungsbereich vom Luftbild gar nicht erfaßt.

Die Hopfengärten stehen oft jahrzehntelang auf den leichten Sandböden, die durch jahrhundertelange Kultivierung zu einem Kultursubstrat wurden. Von einer regelhaften Rotation kann in den kleinbetrieblichen Strukturen kaum die Rede sein. Voraussetzung für die starke Orientierung auf diese Spezialkultur war früher das Vorherrschen von Neben- und Zuerwerbsbetrieben, die als „Doppelexistenzen" über die notwendigen Einnahmen aus dem gewerblichen wie auch agrarwirtschaftlichen Sektor verfügten. Nur so konnten einerseits der hohe Kapital- und Arbeitskräftebedarf erfüllt, andererseits aber auch der spekulative Charakter, d. h. die hohen Preisschwankungen beherrscht werden.

Der beachtliche Holzbedarf — bis weit in dieses Jahrhundert hinein wurde der Hopfen an einzelnen Stangen gezogen und erst in den letzten Jahrzehnten setzen sich die Gerüstanlagen durch — wurde meist aus kleinbäuerlichem Waldbesitz gedeckt. Wegen des geringen Anteils an Getreidebau fehlte auch die Strohproduktion, so daß hier die Streugewinnung herhalten mußte. Die Spuren der verschiedenen Nutzungen zeigen sich noch heute in der Waldvegetation.

Der Spalter Hopfenbau, der bereits seit dem 14. Jh. belegt ist und eine Nachfolgekultur des Weinbaus darstellt, besitzt noch heute innerhalb der deutschen Hopfenproduktion durch seine Qualität eine besondere Stellung, wenn er auch hinsichtlich Fläche und Produktionsmenge weit von der Hallertau übertroffen wird. Die Anbaustrukturen wandeln sich jedoch langsam. Stark ist der Einfluß des nahen Nürnberger Industriezentrums, zu dessen Region Spalt heute gehört. Wenn auch die traditionellen Bindungen noch stark sind, so zeigen sich doch innerhalb der Betriebsorganisation Veränderungen, die von einer starken Rationalisierung und dem Mangel an Arbeitskräften gekennzeichnet sind.

Die vom Hopfenbau geprägte Agrarlandschaft, die teilweise gärtnerische Züge trägt, sowie das gut erhaltene mittelalterliche Ortsbild könnten einen Anreiz für den Naherholungsverkehr darstellen, vorausgesetzt, daß die notwendige Infrastruktur vorhanden ist. Die Lage abseits großer Durchgangsstraßen muß dafür nicht unbedingt als Nachteil gewertet werden.

Karl Ruppert

# Kochertal bei Künzelsau

Das Luftbild zeigt einen Ausschnitt aus der Gäulandschaft der Hohenloher Ebenen, die von den Flußtälern von Kocher, Jagst und (ganz im Norden) Tauber durchschnitten werden. Speziell das Kochertal ist ein Engtal mit kastenartigem Profil, das nur im Mündungsbereich kräftiger Nebenbäche Weitungen aufweist. In einer solchen Weitung liegt die Stadt Künzelsau.

Der Kocher durchzieht das Bild von SO nach NW (links oben — rechts unten). Seine anfänglich schmale Talsohle (1) weitet sich in dem Moment, wo von S her einmündende Seitenbäche (2) einen mächtigen Schwemmfächer in das Haupttal hineingeschoben haben und den Kocher zur Unterschneidung seiner Nordhänge (3) zwangen. Dadurch entstand die (218 m hoch liegende) Weitung der „Künzels-Aue" (4), die heute von der Stadt fast völlig bedeckt ist.

Die aus dem Flußtal herausführenden Wege und die Anordnung der Flurstücke lassen auf kurze und steile Talhänge schließen (3, 5), die in einiger Entfernung vom Flußlauf in Hochflächen (6) übergehen. Diese sind teils bewaldet, teils auch mit Acker- und Wiesenflächen bedeckt; Getreideanbau (gelbe Flächen) und Anbau von Hackfrüchten (zeilige Streifen auf Grünparzellen) überwiegen. Der hellgelb durchschimmernde Untergrund grüner Flächen deutet auf eine Lößdecke hin, die Hochflächen sind demnach mindestens zum Teil fruchtbares Ackerland.

In der Tat sind die (hier um 400 m hoch liegenden) Gäuflächen Teile der nordwürttembergischen Kornkammer. Sie bestehen aus den Kalken des oberen oder Hauptmuschelkalks, der auch im Steinbruchbetrieb (7) als Werkstein gewonnen wird. Dem Muschelkalk liegt eine dünne Decke aus Lettenkeuper und ein Lößschleier auf. Dort, wo diese Decke erhalten ist, herrscht Ackerbau; wo sie seit ihrer Ablagerung wieder abgetragen worden ist, wo also bloßer Kalk ansteht, herrscht Laubwald vor, da hier der Boden wenig bindig, nährstoffarm und steinig ist.

Das am Rande der Hochfläche liegende Dorf Garnberg ist ursprünglich ein reines Bauerndorf auf der Gäufläche gewesen. Man erkennt noch den alten Dorfkern als den eines Haufendorfes (8) mit bäuerlichen Anwesen. Die der Ausfallstraße entlang liegenden Wachstumsspitzen zeigen hingegen überwiegend kleine Wohnhäuser (8a). In einem Neubaugebiet (8b) scheinen allerdings — nach den Grundrissen zu urteilen — Bauernhöfe erstellt zu werden, offensichtlich Aussiedlerhöfe, wie schon mehrere vorhanden sind (9); ein Bildungs- und Sportzentrum, wahrscheinlich eine Mittelpunktschule, ist bei (8c) in der Entstehung.

Das Luftbild zeigt hier die Auswirkung der Veränderung in der Wirtschaftsstruktur. Das alte Dorf mit der Gewannflur (I—IV, wobei IV wahrscheinlich die alte Allmende ist) ist — wohl unter dem Einfluß der Künzelsauer Industrie (107) — auf dem Wege zum Arbeiterbauerndorf oder zur Arbeiterwohngemeinde. Um die restliche Landwirtschaft am Leben zu erhalten, waren Sanierungsmaßnahmen erforderlich: Flurbereinigung (neues Wegenetz) und Aussiedlung bäuerlicher Betriebe sollen die Landwirtschaft rentabler machen. Anscheinend sind diese Bemühungen erfolgreich, da z. Z. neue Aussiedlerhöfe entstehen (8b).

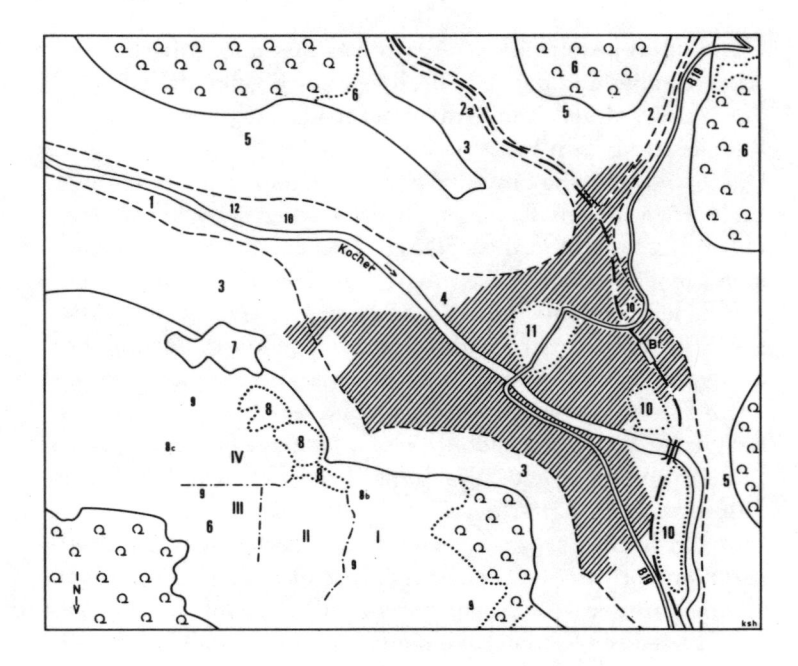

Auch die Steilhänge des Kochertals sind von alters her genutzt. Auf sonnseitigen Lagen wurde Weinbau betrieben, dessen Flächen heute allerdings zugunsten von Garten- und Obstbau reduziert sind (3); schattseitige Hänge tragen Hangwald oder isohypsenparallel angelegte Feldfluren. Der ehemalige Marktflecken und spätere Amtsort und Kreisstadt Künzelsau (Stadtkern: 11) ist nicht mehr in erster Linie Weinbaugemeinde, sondern eine flächig entwickelte Industriestadt, die trotz ihrer beengten Lage Anschluß an die Bahnlinie ins Neckarbecken und an die Bundesstraße 19 (Ulm—Würzburg) hat. Beide Verkehrslinien queren hier das Kochertal, welches besonders oberhalb von Künzelsau sehr eng und verkehrsabweisend ist. Nur die Industrie (10) ist auch hierher vorgedrungen, nach und nach die alten Mühlenbetriebe verdrängend; lediglich die Hofratsmühle (12) mit einem Wasserkanal ist noch erhalten. Die Stadt Künzelsau mit rund 10 000 Einwohnern ist längst vom Schwemmkegel des Künzelbaches (2a) heruntergewachsen, hat den Kocher ins Stadtgebiet aufgenommen und schickt sich an, die Talhänge zu erklimmen.

Heinz Fischer

71  KOCHERTAL BEI KÜNZELSAU

Aufnahmedatum: 27. Juli 1971, 14.30 Uhr
Flughöhe: 2450 m
Bildmaßstab: ca. 1 : 11 500

## 72 LAUFFEN
Alte Neckarschlinge

Aufnahmedatum: 9. September 1971, 13.30 Uhr
Flughöhe: 3050 m
Bildmaßstab: ca. 1 : 16 500

# Die Lauffener Schlinge

Ähnlich wie der Kocher hat sich der Neckar auf seinem Weg von Stuttgart bis Heilbronn tief in die Gäuplatte eingeschnitten. Alle Prallhänge tragen entweder Wald oder sind durch Trockenmauern kunstvoll terrassiert und mit Reben bepflanzt. Im Bild fügen sie sich zu einem geschlossenen Band, das sich bei der Stadt vom Neckar löst, um ihn erst nach 7 km Rundstrecke wieder zu erreichen. Flußaue und Hang grenzen noch mit voller Schärfe aneinander, immerhin wurde das alte Bett 1824 bei einem katastrophalen Hochwasser noch einmal durchflossen. Von rechts kommt der kleine Fluß Zaber mit größerem Gefälle als der Neckar ins Tal; zum Ausgleich hat er einen 1 m hohen Schwemmfächer in das verlassene Bett geschüttet und benützt es 2,5 km weit. In der Folge ist das Mittelstück der alten Schleife versumpft, die Erlen stehen auf 6000 Jahre altem Torf, der Neckar hat also um 4000 v. Chr. den Hals der Schlinge durchbrochen. Der obere Bildteil, der zur Scholle des „Hessigheimer Schilds" gehört, hatte sich stärker gehoben als der untere, so daß der Neckar zum Ausgleich sein Bett bei Lauffen stark aufhöhte (Abbau des Kieses in der „Sgr." beim Kiefernwäldchen), immer näher an den unteren Schenkel heranglitt und schließlich bei einem Hochwasser den relativ niederen Sporn vollends überfloß. Der 2 m hohe Wasserfall verflachte sich allmählich zu einer Stromschnelle, einem „Laufen".

An die Durchbruchsstelle ragten zwei Felssporne heran, auf dem rechten wurde die Kirche, die dank ihrer Lage später befestigt wurde, erstellt. Auf dem linken bauten die Gaugrafen eine Burg, die sie durch einen zweiten Graben zur Insel machten. In diesem Kanal ließ sich der Neckar stauen (einst 3,8 m, jetzt 8,4 m hoch), dort wurde 1889 ein Zementwerk (Z) errichtet, dessen früherer Staub auf den Dächern des Städtles (3) haftet.

1950 ist der künstliche Durchbruch zum Schiffahrtskanal ausgebaut worden; er ist so eng gekrümmt, daß die Schleusenwärter den Verkehr nur mit Hilfe von Fernsehkameras überschauen und regeln können. Etwas weiter ist die Krümmung am oberen Bildrand, aber auch hier hat der Neckar — seit dem älteren Durchbruch von Kirchheim — seinen vollen Radius noch nicht erreicht. Die geschlängelte Zabermündung ist erst 1965 gegraben worden, die Krümmungen sind zu weit für den kleinen Fluß. Beim Durchbruch ist die 40 m hohe „Seige" als Umlaufberg freigestellt worden. Die Gäuplatte liegt weitere 40 m höher. Das Fehlen von Nebentälern läßt auf Kalk schließen (Oberer Muschelkalk der Trias), der früher am linken Bildrand vom Zementwerk aus abgebaut worden ist. Der Wassermangel wird durch eine dünne Decke aus Keuper und Löß gemildert, die in der Ziegelei am unteren Bildrand verwertet werden.

Bergahorn, Esche, Ulme und Linde entwickeln zwar nur geringen Holzwert, sie schützen aber den Hang vor Abspülung. Obwohl die Platte durch Dellen gewellt ist, nimmt das heutige Wegenetz keine Rücksicht darauf. Die Flurbereinigung begann am unteren Bildrand und wurde schrittweise auf den gesamten Ausschnitt ausgedehnt. Im letzten Jahrzehnt wurden die schmalen Felder „beschleunigt zusammengelegt", ohne daß Grenzen und Wege geändert wurden. Einige Altwege schimmern noch unter der Flur durch, sogar der schon um 1900 verschwundene, vorgeschichtliche Rennweg.

Von den Hängen her klettern die Reben auch auf die Hochflächen; verbuschte oder auf Obst umgestellte Weinberge finden sich kaum, das deutet auf ein warmes Klima. Die Rebflur wurde sogar ausgedehnt, z. B. auf der Seige und dem Hohfeld, deren geringe Neigungen eine maschinelle Bearbeitung erleichtern. Der beste Schwarzriesling wächst unter der Mauer des Städtles (3). Die moderne Gemeinschafts-Obstanlage mit Speicherbecken und Beregnungsleitungen (am oberen Bildrand) gehört zum Dorf Kirchheim. Klima und Sandboden haben auch den Anbau von Gemüse und Frühkartoffeln begünstigt.

Es fällt auf, daß außer den Feldwegen auch die Straßen gerade verlaufen, obwohl sie schon sehr alt sind. Die B 27 und der Speyrer Weg wurden in der Barockzeit geschottert, als erste „Kunststraßen" in Württemberg, darunter liegt z. T. ein römischer Straßenkörper. Heerstraße und Rennweg wurden schon in vorgeschichtlichen Zeiten festgetrampelt.

Das um die Regiswindiskirche gescharte „Dorf" (1) wurde wohl schon in der Landnahmezeit gegründet. Vielleicht um 700 kam die Inselburg dazu, 1003 das Kloster, das mit Mühle und einigen Wohnhäusern „Dörfle" genannt wurde (2). Um 1200 gründeten die Grafen auf dem Kalksporn das „Städtle" (3), schließlich wurde auch die „Stadt" (4) an seinem Fuß mit ummauert. Erst 1910 wurden Stadt und Dorf Lauffen zu einer Gemeinde vereinigt. Die neueren Viertel wuchsen auf die Seige hinaus. Anstelle kriegszerstörter Häuser entstand ein Ladenzentrum (L). Lauffen zählt jetzt 9200 Einwohner; entlang der Eisenbahn haben sich einige kleinere Industriebetriebe angesiedelt.

Die alten Fernwege und Straßen zielen sämtlich auf die Durchbruchsstelle, wo der Neckar breit, aber flach in einer Furt zu überqueren war. Als Lauffen an Württemberg fiel, erhielt es zwar 1474 die Pfeilerbrücke, kam aber später an die Grenze (Landgraben) zu liegen, so daß es seine Bedeutung nicht halten konnte.

Fritz Fezer

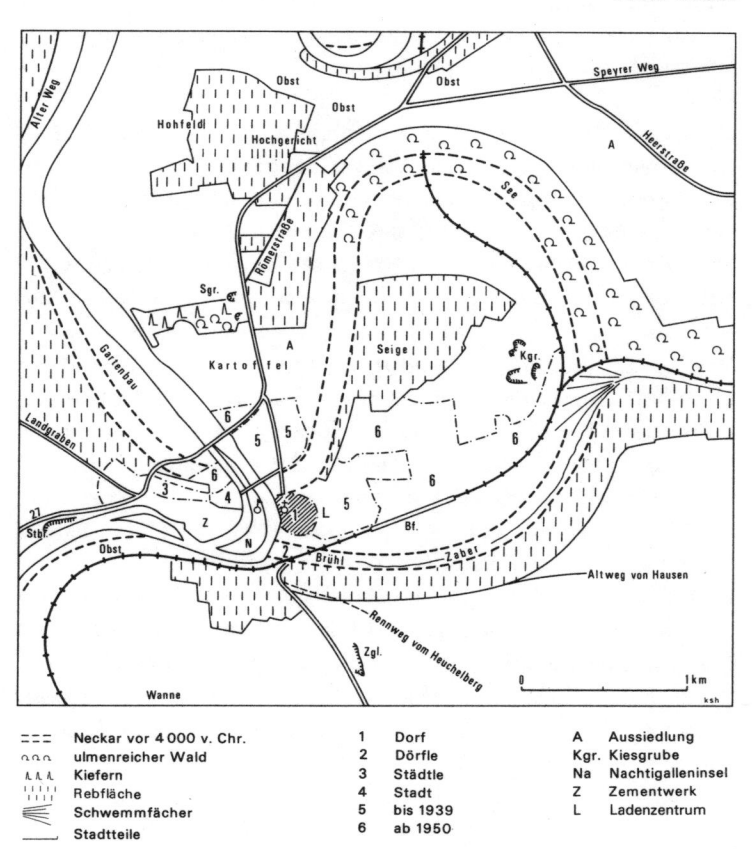

| | | |
|---|---|---|
| === Neckar vor 4000 v. Chr. | 1 Dorf | A Aussiedlung |
| ∩∩∩ ulmenreicher Wald | 2 Dörfle | Kgr. Kiesgrube |
| ⋏⋏⋏ Kiefern | 3 Städtle | Na Nachtigalleninsel |
| ||||  Rebfläche | 4 Stadt | Z Zementwerk |
| ≋ Schwemmfächer | 5 bis 1939 | L Ladenzentrum |
| — Stadtteile | 6 ab 1950 | |

# Stuttgart – Innenstadt

Stuttgart entstand vor etwa 1000 Jahren in einem stark aufgeschotterten Ausraum eines Neckarzuflusses. Umgeben ist die heutige Innenstadt, die aus der ersten Siedlung erwachsen ist, von über 400 m hohen Bergen der süddeutschen Keuperformation (Vgl. Profil): Aus der Talsohle heraus erheben sich ziemlich unvermittelt die Hänge des Gipskeupers (km 1); eine erste, heute völlig überbaute Verebnung bildet der Schilfsandstein (km 2), der etwa bei der Uhlandhöhe ansteht. Es folgen die Bunten Mergel (km 3), die zur nächsten Stufe, dem Stubensandstein (km 4) überleiten. Stubensandsteinhöhen umgeben die Stadt im Norden und Nordwesten; im Süden folgen noch die baufeindlichen Knollenmergel (km 5), der Rhätsandstein (ko) und die Platten des unteren Schwarzen Jura (La). Während Bunte Mergel und Knollenmergel wegen geringer Konsistenz nur schlechten Baugrund abgeben und daher vorwiegend Weinberge, Obstgärten und Wald tragen, sind die Sandsteinstufen bevorzugte Siedlungsplätze der locker bebauten Hangsiedlungen. Von den am höchsten gelegenen Siedlungsplätzen auf den südlichen Höhen erfolgt ein landschaftlich nahtloser Übergang zu den Fildervororten. Das Luftbild zeigt indessen nur die talsohlenfüllende Innenstadt, weswegen sich die Interpretation auch auf diese beschränken soll.

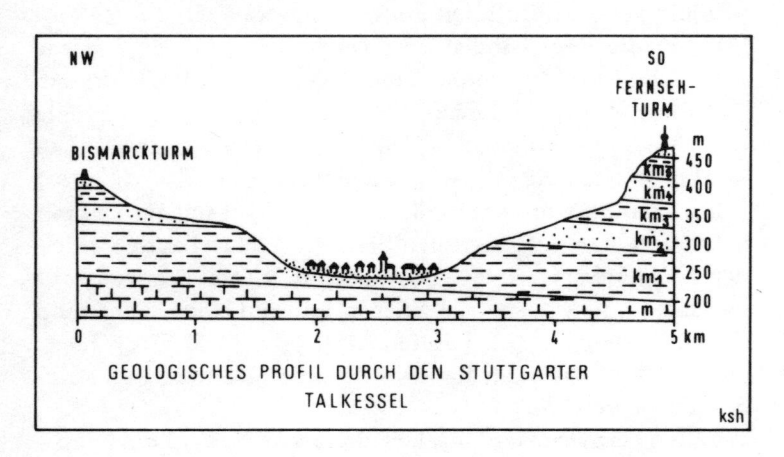

Die Altstadt (I) wurde im Krieg völlig zerstört, sodaß statt des ehemaligen Häuser- und Gassengewirrs Häuserblöcke und breite Durchgänge vorherrschen. Der Marktplatz (1) hat seine alte Größe behalten, das Rathaus (2) ist ein Neubau anstelle des 1944 zerstörten; wiederaufgebaut bzw. renoviert sind die Stiftskirche (3) und das alte Schloß (4), ehemals die gräfliche Wasserburg am Rande der Siedlung Stuttgart.

Typisch für die innerstädtische Gliederung Stuttgarts sind die alten Vorstädte, die – zunächst extra muros angelegt – allmählich in die wachsende Stadt einbezogen wurden. Dazu gehören die Eßlinger Vorstadt (II) mit der Leonhardskirche (5), die Hospitalvorstadt (III) mit der wiedererbauten Hospitalkirche (6) und die Tübinger Vorstadt (IV), so genannt nach ihrer Lage an der Ausfallstraße gegen Tübingen.

Im 16., 17. und 18. Jh. entstand das Residenzviertel (V) mit dem neuen Schloß (7) und den Theatern (8); neu ist das Landtagsgebäude (9) anstelle der alten Akademie, die ehem. Hohe Karlsschule (Fr. Schiller). Erst nach dem Kriege erfolgte auch hier eine Umgestaltung im Rahmen des Wiederaufbaus, wobei die getrennten Teile der Anlagen durch eine Fußgängerbrücke (10) verbunden wurden.

Mit dem Anwachsen der Residenz entstand in der Friedrichsvorstadt (VI) ein Wohnviertel für Hofbeamte und Staatsbedienstete. Nach der Kriegszerstörung wurde daraus ein Bank- und Großhandelsviertel; erhalten blieb jedoch das Justiz- und Museumsviertel (VII) am Fuße der südlichen Kesselumrandung (VIII), die ganz überbaut ist. Das Hochschul- und Kulturviertel (IX) und ein Handels- und Verwaltungsviertel (X) reichen von der City her bis an die Nordhänge heran, wo (am Kriegsberg) noch etwas Weinbau betrieben wird. Die City selbst beschränkt sich nicht auf *eines* der diversen Stadtviertel, sondern greift in mehrere hinein, auch eine Folge der Neuplanung nach 1950, bei der neue Geschäftsstraßen erschlossen wurden. Die alte Hauptgeschäftsstraße, die Königstraße, wurde jedoch in ihrer Funktion erhalten.

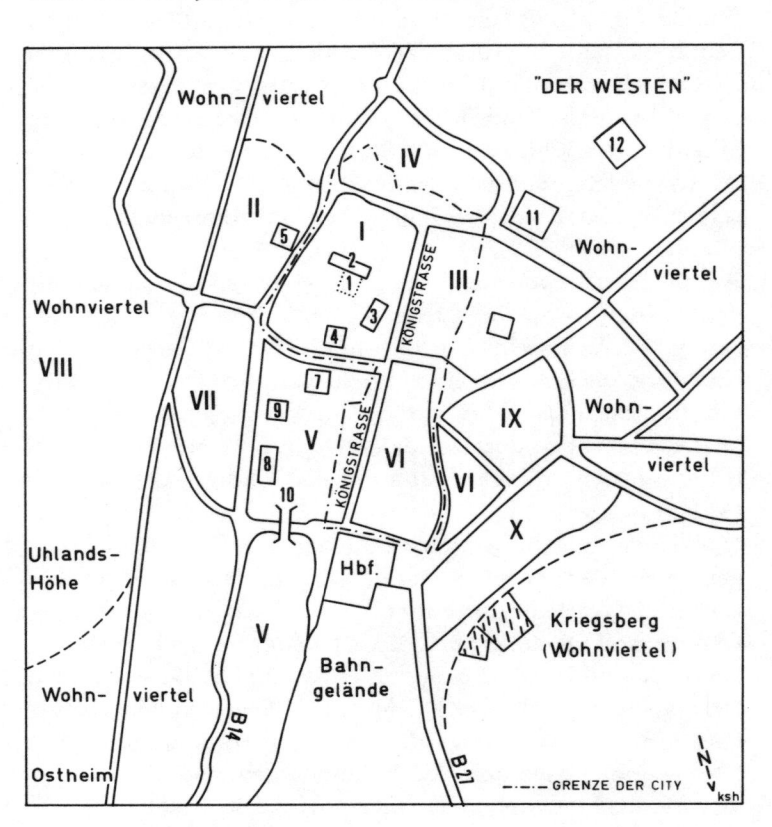

Die Innenstadt mit wenig mehr als 2300 Einwohnern ist rundum umlagert von Wohngebieten, wobei „der Westen" mit Rotebühlbau (11) und Feuersee (12) als das älteste (weil noch im Tal liegende) von besonderem „Alt"-städtischem Charakter ist. Ostheim ist eine ehemalige Arbeiterkolonie und heute auch überwiegend Arbeiterwohngebiet; auch dieses liegt noch im Tal, am neckarseitigen Kesselausgang. Alle anderen Wohnviertel haben die Hänge erklommen.

Am Nordende der City, ebenfalls am Zugang zum Neckartal, liegen der von 1917 bis 1928 erbaute Hauptbahnhof (ein Kopfbahnhof) und das Bundesbahngelände. Stuttgart ist trotz seiner Kessellage durch Bahn, Bundesstraßen (im Bild: B 14 und B 27), Hafen und Flughafen ein bedeutendes Verkehrszentrum.

Heinz Fischer

## 73  STUTTGART
Innenstadt

Aufnahmedatum: 9. September 1971, 12.45 Uhr
Flughöhe: 2900 m
Bildmaßstab: ca. 1 : 14 000

74  BÖBLINGEN – SINDELFINGEN
Industriegebiet

Aufnahmedatum: 9. September 1971, 13.00 Uhr
Flughöhe: 2750 m
Bildmaßstab: ca. 1 : 16 500

# Böblingen-Sindelfingen

Getrennt durch ein zusammenhängendes Waldgebiet, jedoch nur 20 km von der Stuttgarter City entfernt, liegen am Fuß der Keuperstufe die beiden Städte Böblingen und Sindelfingen. Die Schwippe mit ihren aus dem Waldgebiet kommenden Nebenbächen hat in dem weichen Gipskeuper einen breiten Ausraum geschaffen, der nach Westen in die Gäufläche übergeht, die sich bis zum Schwarzwald hinzieht. Einzelne Sandsteinterrassen, die vom Stufenrand her in die breite Talaue vorgreifen, waren frühe Ansatzpunkte der Besiedlung.

Das Luftbild umschließt die beiden Altstadtkerne und um sie herum den größten Teil einer industrialisierten Agglomeration von über 100 000 Einwohnern.

Die beiden Städte, die ums Jahr 1250 von verschiedenen Grundherren vermutlich in Rivalität zueinander und in einer Entfernung von nur 2,5 km gegründet wurden, gehören zu einem jener südwestdeutschen Phänomene der mittelalterlichen Städtegründung und Stadtentwicklung: Sie lagen jeweils im Bereich einer Burg, jede erhielt den Namen des dazugehörigen Dorfes aus der Alemannenzeit. Die Burg von Böblingen, auf einem über der Talniederung leicht erhobenen Sporn des Schilfsandsteins erbaut, war eine württembergische Grafenburg. Die Burg von Sindelfingen am Rande einer abgesunkenen Scholle des Stubensandsteins war im 11. Jh. Stammsitz der Grafen von Calw und ging ab, als diese ihren Hauptsitz an den Schwarzwaldrand nach Calw und ihr Benediktinerkloster (1066) von Sindelfingen nach Hirsau verlegten. Es blieb in Sindelfingen ein Chorherrenstift, das 1477 nach Tübingen kam zur Gründung der dortigen Universität. Beide Städte, ursprünglich Sitz hoher Adelsgeschlechter, hatten wenig Entwicklungsraum, da Hinterland und Markteinzugsgebiete fehlten, zumal die nur 12 km entfernte Freie Reichsstadt Weil lange Zeit Handel und Verkehr an sich zog. Um die Mitte des 19. Jh.s jedoch setzte in beiden bis dahin stillen und beschaulichen Landstädtchen eine starke industrielle Entwicklung ein, die zu einer stetig ansteigenden und besonders nach dem Zweiten Weltkrieg zu einer raschen Bevölkerungsvermehrung führte. Anlaß dazu gaben schon in der zweiten Hälfte des letzten Jahrhunderts die Webereien, Spinnereien und Färbereien, die sich aus einem alten Weberhandwerk entwickelt hatten. Beteiligt war ferner eine stark anwachsende Verbrauchsgüterindustrie mit der Herstellung von Maschinen, Fahrzeugen, Werkzeugen, Uhren, Schuhen, landwirtschaftlichen Geräten und zahlreichen anderen Erzeugnissen. Entscheidend aber wurde, daß 1915 ein zwischen den beiden Städten gelegenes Gelände gemeinsam als Flugplatz (7) zur Verfügung gestellt wurde. Dort siedelte sich im selben Jahr die Daimler-Motoren-Gesellschaft an, um Flugmotoren zu erproben. 1926 folgte die Daimler-Benz AG (3), die in ihrem Sindelfinger Werk heute 28 000 Arbeitskräfte beschäftigt und täglich 1300 Mercedes-Pkw aus der Halle entläßt. Der zweite prägende Großbetrieb ist die IBM (Internationale Büromaschinen-Fabrik), die nach dem Zweiten Weltkrieg ihre deutsche Zentrale hierher gelegt und auf verschiedenen Geländestücken ausgedehnte Anlagen errichtet hat (4).

Böblingen mit rund 45 000 Einwohnern und etwa 6000 Einpendlern ist schwerpunktmäßig Verwaltungs-, Kultur- und Einkaufszentrum (6) (5). Sindelfingen mit 57 000 Einwohnern, zu denen täglich noch 24 000 Einpendler kommen, ist Industrie- und Wirtschaftszentrum. Beide Städte sind noch getrennt und tragen den Status kreisfreier Städte mit hohen zentralen Funktionen. Ihre Verkehrslage an Bundesstraße und Autobahn sowie an der Bahnstrecke Stuttgart–Schaffhausen mit verschiedenen Querverbindungen ist denkbar günstig, wenngleich der einstige Flugplatz heute anderen Zwecken dient und der Stuttgarter Verkehrsflughafen auf den benachbarten Fildern angelegt ist. Auch bilden die beiden Städte für alle Arbeitskräfte, die von Schwarzwald und Gäu in Richtung auf den Ballungsraum des Neckarbeckens hin orientiert sind, einen ersten Auffang- und Konzentrationspunkt. So ist es die Gunst des verkehrs- und arbeitsorientierten Standorts, die hier diese Bevölkerungs- und Wirtschaftskonzentration geschaffen hat.

Theodor Hornberger

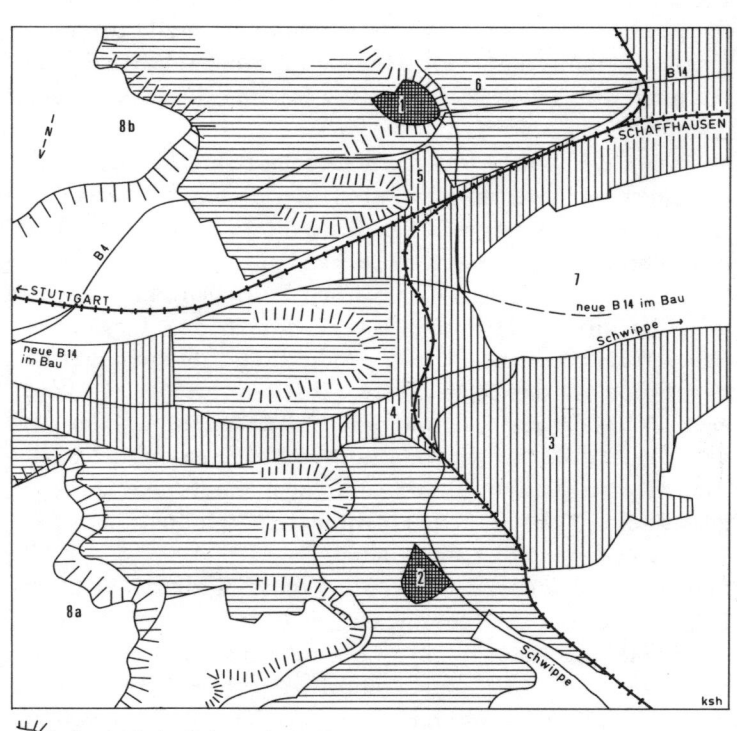

Hauptstufe des Stubensandsteins (Keuper)

Niedrigere Stufen, zum Teil des Schilfsandsteins (Keuper)

Vorwiegend Wohngebiete

Vorwiegend Industriezonen

# Oberkochen

Mit Oberkochen, seinem aufgelockerten Siedlungsgefüge und dem dominanten Fabrikkomplex der Firma Carl Zeiss erfaßt das Luftbild einen typischen Abschnitt aus der Industrie- und Siedlungsgasse, die sich in der rund 150 m kastenförmig in die östliche Schwäbische Alb eingesenkten Talfurche von Kocher und Brenz entwickelt hat. Die im Halbbogen von Ost nach Süd geführte Bahnlinie und die parallel dazu verlaufende Bundesstraße 19 folgen dieser durch den Talverlauf vorgegebenen natürlichen Nord—Süd-Verbindung zwischen dem Albvorland (Aalen) und der Donau (Ulm).

Die Talweitung durch das von Norden einmündende Wolfertstal brachte gute Voraussetzungen für den wahrscheinlich schon alemannischen Siedlungsansatz. Heute wird das Siedlungsbild entscheidend geprägt durch den sozioökonomischen Strukturwandel vom bäuerlichen Dorf zur Industriegemeinde. Die alte Ortsanlage ist an dem baulichen Verdichtungsbereich erkennbar, der sich an den südlichen Abschnitt jener in gestrecktem Halbbogen durch den Ort geführten Verkehrsachse anlehnt. An dieser Hauptstraße sind in straßendorfähnlicher Anlage eng zusammengerückte, große traufständige Gebäude aufgereiht, denen zum Teil Wirtschaftsgebäude und kleine industrieorientierte Gewerbebetriebe zugeordnet sind. Aber statt der auf der Straßenseite zu erwartenden Misthaufen erkennen wir einen breiten Bürgersteig und parkend aufgereihte PKWs. Tatsächlich hat sich die Dorfstraße seit 1950 nach und nach zur Hauptgeschäftsstraße entwickelt. Gerade das quergeteilte Einhaus eignet sich vorzüglich zur baulichen Umgestaltung, wobei meist die ehemalige Scheune den Geschäftsteil aufnimmt.

Zwischen dem alten Ortsbereich und der Bahnlinie reihen sich entlang dem durch Buschstreifen markierten Kocherlauf in lockerer Folge mittelgroße Fabriken, die zu bedeutenden Produzenten von Maschinenwerkzeugen zur Holzbearbeitung gehören. Sie sind aus handwerklichen Betrieben hervorgegangen, die um die Jahrhundertwende durch den Einsatz der Wasserkraft eine industrielle Produktion aufgenommen haben. Schon vor dem 2. Weltkrieg siedelten sich hier zusätzlich eine Präzisionszieherei und ein Kaltwalzwerk an, so daß Oberkochen sich in die traditionsreiche Eisen- und Metallindustrie an Kocher, Brenz und Jagst einordnet. Der Ort zählte schon 1939 bei 2002 Einwohnern 979 Industriebeschäftigte, von denen 461 einpendelten.

Seinen Aufschwung nach dem 2. Weltkrieg verdankt Oberkochen aber der Ansiedlung und dem dynamischen Aufbau der Firma Carl Zeiss zu einem der führenden internationalen feinmechanisch-optisch-elektronischen Unternehmen, dessen breitgefächerte Produktions- und Forschungsstätten sich als mehrgliedriger ausgedehnter Fabrikkomplex im Süden des Ortes abheben. In einer leerstehenden Fabrik, von der noch einzelne Bauglieder am dunklen Giebeldach erkennbar sind, nahmen 1946 hier die aus dem später volkseigenen Betrieb in Jena ‚evakuierten' 82 Wissenschaftler ihre Arbeit auf und zogen nach und nach mehrere hundert alte Betriebsangehörige nach. Der Standort für diese Hochpräzisionsindustrie erwies sich als vorteilhaft, denn hier konnte man auf eine breite Schicht gutqualifizierter Metallfacharbeiter zurückgreifen. Und durch die sozialen Vorteile der Carl-Zeiss-Stiftung hat sich die Fluktuation der Arbeitskräfte auch recht gering gehalten. So ist die Zahl der bei Zeiss Beschäftigten in der Aufbauphase bis 1955 sprunghaft auf 3599 gestiegen und hat sich dann allmählich auf rund 5000 erhöht. Rund die Hälfte aller Arbeitnehmer von Oberkochen pendeln ein.

Die Ausweitung der Firma Carl Zeiss korrespondiert recht gut mit der bedeutsamen Bevölkerungszunahme und dem großflächigen Siedlungswachstum. Die Bevölkerung hat sich von 1939 (2002 E.) bis 1961 (7979 E.) ungefähr vervierfacht. Dieses gewaltige Wachstum verlangsamte sich dann, und seit 1965 zeigt der Ort kaum noch eine Zunahme (Stand 1971: 8715 E.).

Die phasenhaften Siedlungserweiterungen nach dem 2. Weltkrieg heben sich durch ihre planmäßige, in Grün eingebettete Anlage im Luftbild deutlich vom dörflichen Verdichtungsbereich ab. Die beiden westlichen Siedlungskörper, die sich bis unmittelbar an den Waldrand hochschieben, gehören zum ersten Siedlungsausbau. Daher bestimmen Mehrfamilienhäuser und kleine Wohnblöcke, die im wesentlichen für die in Oberkochen angesiedelten Flüchtlinge und Heimatvertriebene angelegt wurden, das Bild. Die dennoch große Zahl von Einfamilieneigenheimen kann man an den schmal zugeschnittenen Ziergärten erkennen. Die an den alten Ortskern angeschlossenen ehemaligen bäuerlichen Nutzgärten zeigen eine lockere Aufsiedlung. Dagegen besitzt der nördliche Siedlungsbereich eine planmäßige Bebauung städtischen Zuschnitts. Mehrfamilienhäuser, Einfamilienhäuser, Terrassenbauten und repräsentative Eigenheime (besonders am südexponierten Hang) sind locker einander zugeordnet. Hierin spiegelt sich eine zunehmende Differenzierung im sozialen Aufbau der Wohnbevölkerung, der durch die zahlreichen Wissenschaftler und Techniker der Firma Carl Zeiss eine Oberschicht gewonnen hat. Mit der Bebauung des Wolfertstales, die sich im Luftbild durch Baustellen andeutet, ist das Siedlungswachstum im Talkessel von Oberkochen abgeschlossen. Damit wurden von den bestehenden 2900 Wohnungen zwischen 1948 und 1970 alleine 2300 Wohneinheiten geschaffen (1152 durch Zeiss gebaut oder unterstützt). Mit dem Siedlungsprojekt auf dem Kalkplateau der „Heide", die sich als dunkelgrüner Fichtenbestand deutlich vom Buchenwald der Steilkante abhebt (nordöstliche Bildecke), soll der Bau von 1300 Wohnungen ermöglicht werden. Auf dem Luftbild kann man nur eine Kehre der Auffahrtsstraße erkennen.

Die Ausweitung der Industrie besonders durch die Firma Carl Zeiss bedingte nicht nur einen gewaltigen Zuwachs an Wohnbevölkerung, sondern führte auch zu einer Bedeutungsverstärkung des Ortes selbst, was sich im Aufbau moderner Verwaltungs-, Sozial- und Kultureinrichtungen spiegelt. Diese Bauten befinden sich fast alle im jungen nördlichen Ausbaugebiet und sind leicht an den großen, weiß bis grau getönten Flachdächern zu erkennen. Ein Schulzentrum mit Grundschule, Gymnasium und Hallenschwimmbad bestimmt den oberen Siedlungssaum am Hang. Mitten innerhalb des Siedlungsbogens, der sich vom Kochertal zum Wolfertstal hinzieht, wurden als Ansatz zu einem städtischen Zentrum das neue Rathaus mit Hotel, das katholische Gemeindezentrum und die neue evangelische Kirche erbaut. Die Gemeinde Oberkochen hat mithin urbane Funktionen entwickelt, so daß ihr 1968 die Stadtrechte verliehen wurden.

Hans Joachim Büchner

75  OBERKOCHEN
Carl-Zeiss-Stiftung

Aufnahmedatum: 27. Juli 1971, 12.30 Uhr
Flughöhe: 2000 m
Bildmaßstab: ca. 1 : 10 000

## 76  NÖRDLINGEN
Zentrum des Ries

Aufnahmedatum: 23. September 1970, 13.55 Uhr
Flughöhe: 3200 m
Bildmaßstab: ca. 1 : 17 500

# Nördlingen

Wenngleich die Entstehung des Nördlinger Ries eine Fülle geologischer und geomorphologischer Probleme birgt, wird, bedingt durch den Ausschnitt des vorliegenden Luftbildes, die Interpretation vorwiegend auf die stadtgeographische Analyse des „Ries-Zentrums" Nördlingen konzentriert. Lebendiger und objektiver als ein abstrahierter und generalisierter Stadtplan zeigt das Senkrecht-Bild eine Reihe unterschiedlich strukturierter Stadtbezirke. Die Interpretationsskizze umfaßt deshalb nur den Ausschnitt mit der Stadt Nördlingen.

Auf den ersten Blick fallen drei Bebauungskomplexe auf: ein dicht bebautes, von einem Grüngürtel umschlossenes und von Straßen sternförmig durchzogenes innerstädtisches Gebiet; ein überwiegend locker bebautes randstädtisches Wohngebiet südlich davon (oberer Bildrand) und im Osten, jenseits der Bahnanlage, ein gemischtes Wohn- und Gewerbegebiet.

Deutlich hebt sich aus der Innenstadt durch den Schattenwurf das große Gebäude der St. Georgskirche mit dem Wahrzeichen des Ries', dem 90 m hohen „Daniel" heraus. Auffallend sind ferner 8 bis 10 freie, polygonal geformte Plätze, die rings um die Kirche liegen, alle jedoch innerhalb der Begrenzung durch einen ringförmigen Straßenzug. Das ist die Altstadt (A); der genannte Straßenzug kennzeichnet den Verlauf der mittelalterlichen Mauer.

Der Grüngürtel begleitet eine noch ganz erhaltene zweite Stadtmauer mit klar erkennbaren Befestigungsanlagen. Diese stammt aus dem 16. Jh. und begrenzte das Stadtgebiet noch im 19. Jh. Der Raum zwischen den beiden Mauerringen (B), der auch eine gewisse Anordnung der Straßen erkennen läßt, wurde vom 16. bis zum 19. Jh. bebaut. Dieser Bereich wird von vornehmlich 5 Straßen durchschnitten, die den Mauerring durch 5 Tore (o) verlassen und sich nach allen Seiten durch das Ries ziehen. Entlang der Mauer läßt sich stellenweise noch der alte Stadtgraben fixieren, der durch Wasser aus der, das Bild von SW nach NO durchziehenden und die Stadt tangential berührenden Eger gespeist wurde. Diese Formelemente genügen, um Genese und Funktion des alten Nördlingen zu erhellen.

Die Stauferstadt des 13. Jh.s hatte als einzige Stadt im Ries inmitten eines (auch heute noch überwiegenden agrarischen) Umlandes wichtige Marktfunktionen (15 Marktplätze). Sie war auch ein bedeutender Gewerbeort (Brettermarkt, Schrannenplatz, Schäflers Markt, Hafenmarkt). Die Stadt wuchs mit Handel und Gewerbe und durfte nach 1400 ihre Vorstädte ummauern (2. Mauerring). Die mittelalterlichen Handelsstraßen führten von Würzburg, Nürnberg, Augsburg und Ulm her direkt auf die Marktplätze; heute sind das die Bundesstraße 29, 25 („Romantische Straße") sowie die B 15 („Schwäbische-Alb-Straße"). Die Nördlinger Messen waren in ganz Europa berühmt; die Tuchmacherzunft stattete seit 1438 ein Pferderennen aus, dessen 1. Preis scharlachrotes Tuch war (Scharlachrennen). Die Kaiserwiese (KW) vor dem Baldinger Tor erinnert an mehrere Besuche Kaiser Maximilians I.

Nach dem 30jährigen Krieg war der Glanz der Stadt dahin; sie sank zur Ackerbürgerstadt ab, blieb aber (bis heute) agrarischer Marktort des Rieses.

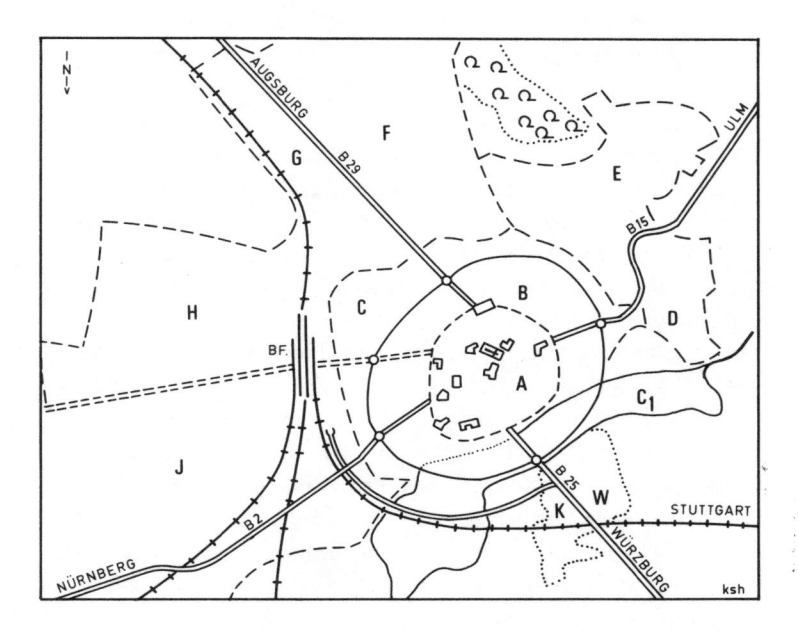

Erst im 20. Jh. wuchs die Stadt über die Mauern hinaus. Bis 1918 entwickelte sich ein schmaler Wohnsaum entlang der Mauern (C); zwischen zwei Eger-Armen wurde Kleingartengelände erschlossen (C1). Ab etwa 1925 begann die flächige Bebauung im Süden und Osten der Stadt: (D) eine Invalidensiedlung, (E) Siedlung „Talbreite", (F) jüngere Wachstumsspitze mit Schul- und Sportanlagen, (G) Verkehrs-, Gewerbe- und Speditionsanlagen, (H) Neubürgersiedlung und (J) Industrieanlagen, wo z. T. die alte Textiltradition fortgeführt wird. Durch teilweise Überbauung der Kaiserwiese (KW) ist die bauliche Verbindung mit dem Nachbarort Baldingen hergestellt, während das Riesdorf Kleinerdingen zunächst noch isoliert ist. Vom peripher liegenden Bahnhof (Bf) aus ist Nördlingen über Feuchtwangen, Gunzenhausen, Donauwörth und Stuttgart an das süddeutsche Hauptbahnnetz angeschlossen. Der starke Verkehr auf den Bundesstraßen wird zur Zeit durch den Bau einer Umgehungsstraße abgefangen, die im Norden der Stadt (vom Bahnhof ausgehend) fertig ist und künftig einen dritten Ring um die Altstadt abgeben wird.

Heinz Fischer

# Das Krautland der Filder

Südlich von Stuttgart liegt die weithin von fruchtbaren Feldern bedeckte Liasplatte der „Filder". Diese Bezeichnung verdankt sie der tiefgründigen Lößlehmdecke, die eine alte Besiedlung und intensive landwirtschaftliche Nutzung ermöglicht hat. Fast der ganze Ausschnitt des Luftbildes gehört zu dieser Landschaft (I).

Nur an der rechten unteren Ecke des Bildes ist ein Teil jener Bruchstufe angeschnitten (II), an der die Filderebene gegen den im Süden höher gelegenen Keuperwald des Schönbuchs abgesunken ist. Dort liegt am Hang inmitten von Obstwiesen und Obstgärten (8) ein Teil des Dorfes Plattenhardt (7), dessen Name eben auf dieses Waldgebiet hinweist und das einer spätmittelalterlichen Siedlungsepoche angehört.

Der Hauptort Bernhausen (1) stammt aus einer früheren Ausbauperiode. In seiner Markung (6) finden sich zwischen den Lößlehmdecken auch schon schwere Liastone, während in der frühen Alemannenzeit die reinen Lößlehmböden der umgebenden Markungen von Echterd i n g e n, Plien i n g e n und Sielm i n g e n bevorzugt worden sind.

Das Ackerland liegt auf trockenen Flächen sanfter Rücken (6a) (6b), die von flachen Wiesenmulden (6c) und nach Norden abfallenden Obstwiesen (6d) unterbrochen werden.

Die kleinparzellierte Gewannflur trägt die Kennzeichen einer jahrhundertealten Realteilung. Trotzdem ist die alte Zelgenwirtschaft noch deutlich zu erkennen an dem beinahe geschlossenen Getreideanbau (6a gelb-braun) und an der vorwiegend mit dem bekannten Filderkraut belegten Brachzelge (6b blau-grün).

Das Dorf (1) kann seinen alten Haufendorf-Charakter nicht verleugnen. Bis in dieses Jahrhundert hinein lag es noch fast ganz innerhalb seiner schon im Mittelalter festgelegten Ettergrenze (2), das heißt, jener Grenze zwischen den alten Höfen und ihren Gärten einerseits und der offenen Feldflur andererseits. Es ist in weniger als einem Jahrhundert um ein Mehrfaches seiner damaligen Ausdehnung gewachsen (3).

Trotz des heute fortschreitenden Verschwindens bäuerlicher Klein- und Zwergbetriebe liegen von den 132 landwirtschaftlichen Anwesen noch 52 % unter 5 ha. 42 % haben zwischen 5 und 10 ha und nur 6 % übersteigen 10 ha. Hier wird deutlich, daß auf den Fildern infolge eines speziellen und sehr intensiven Anbaus vollbäuerliche Betriebe schon mit 2 bis 5 ha bestehen können.

Die Besonderheit der Fildergemeinden ist der Anbau des spitzförmigen Weißkrauts. Bernhausen hat von seinen 490 ha Ackerland allein 130 ha mit Kraut bepflanzt. Dieses wird im März in den windgeschützten und warmen Hausgärten aus vorjährigen Samen ausgesät. Die jungen Pflanzen werden dann Ende Mai von Setzmaschinen ins gutgedüngte Freiland gebracht. Deshalb sind im alten Dorfkern die Hausgärten und dadurch eine einigermaßen offene und lockere Bebauung erhalten geblieben. Diesen Charakter vermögen auch die verstädterten Hauptstraßen nicht ganz zu verwischen. Trotzdem hat sich auch hier die Anlage einzelner Aussiedlerhöfe als notwendig erwiesen (5).

Von den annähernd 12 000 Einwohnern sind rund 2 000 in gewerblichen und industriellen Betrieben am Ort beschäftigt. Fast 3 000 gehen täglich zur Arbeit auswärts — vorwiegend in den Großstadtraum Stuttgart.

Neben seiner Gebrauchsgüter- und Bauindustrie, die zur Zeit noch in zwei Industriezonen konzentriert ist und demnächst wesentlich erweitert werden soll (4), besitzt Bernhausen 13 Sauerkrautfabriken, von denen die meisten nicht nur das Kraut der Filderbauern ankaufen, sondern solches auch von Holland, Schleswig-Holstein und der Tschechoslowakei beziehen und verarbeiten.

Eine alte Tradition bäuerlicher Kultur und die moderne Entwicklung eines intensiven Feldgemüsebaus kennzeichnen Bernhausen — wie die anderen großen Fildergemeinden — ebenso wie die starken Impulse, die ihm aus seiner günstigen Verkehrs- und Wirtschaftslage am Rande des großen Ballungsraumes zuströmen.

Theodor Hornberger

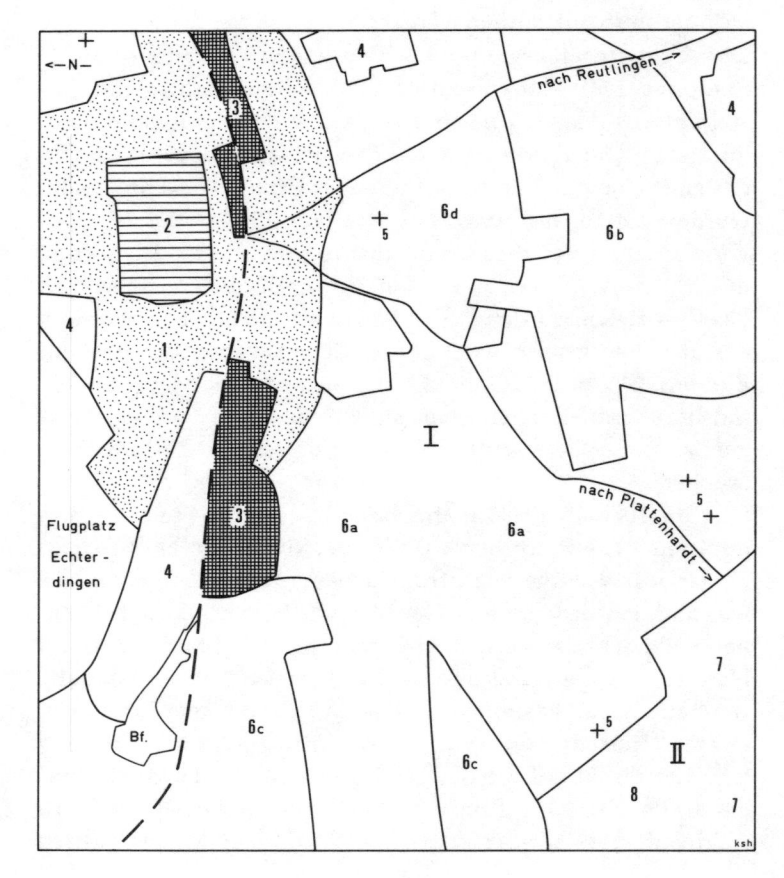

**77 DAS KRAUTLAND DER FILDER**
Bei Bernhausen

Aufnahmedatum: 27. Juli 1971, 10.25 Uhr
Flughöhe: 2300 m
Bildmaßstab: ca. 1 : 11 500

## 78 FREUDENSTADT
Geplante Stadt am Schwarzwaldrand

Aufnahmedatum: 27. Juli 1971, 9.50 Uhr
Flughöhe: 2300 m
Bildmaßstab: ca. 1 : 11 500

# Freudenstadt

Eigentlich liegt die Stadt mit ihrem merkwürdigen Grundriß nicht *im*, sondern *am* Schwarzwald: die ebenmäßig geformten Buntsandsteinberge mit den charakteristischen dunklen Tannenwäldern setzen erst westlich und nördlich der Stadt ein, während von Osten her für den Schwarzwaldbegriff untypische landwirtschaftlich genutzte Flächen heranreichen. Indessen ist Freudenstadt durch seine Verkehrslage, seine Kureinrichtungen und seine Geschichte so sehr mit dem Schwarzwald verbunden, daß man es getrost als Zentrum des Nordschwarzwaldes bezeichnen kann.

Die flächenmäßige Gliederung der Stadt wird durch das Luftbild besser vor Augen geführt als das bei einer Stadtexkursion möglich wäre.

Auffällig ist der Grundriß des Stadtkerns in Form eines Mühlbrettspiels. Um den quadratischen, 5 ha großen Marktplatz (1) liegen jeweils vier (ursprünglich 2) traufseitig stehende Häuserzeilen (2). Vier Hauptstraßen führen direkt auf den Marktplatz hinein bzw. aus ihm heraus; es sind vornehmlich die Bundesstraßen 28 (Ulm–Tübingen–Freudenstadt–Kniebis–Kehl) und 294 (Bretten–Pforzheim–Freudenstadt–Kinzigtal–Freiburg); die Bundesstraße 462 läuft durch das Forbachtal und später durch das Murgtal nach Rastatt und Karlsruhe. Freudenstadt ist damit gleichzeitig auch das Tor zum Schwarzwald.

An den alten Kern schließen sich nach Süden, Osten und Westen weitere deutlich voneinander zu unterscheidende Stadtgebiete an: zunächst ein Wohngebiet in Fortführung der alten Anlage (3), dann ein Gebiet mit großen Gebäuden in parkähnlicher Umgebung (4), das Kurviertel. Man erkennt einzelne Kurhäuser (4a), die Kuranlagen und Tennisplätze (4b) sowie den Krankenhauskomplex (4c). An einem nach Osten geneigten Hang (Höhenzahlen!) liegt ein offensichtlich planmäßig, aber großzügig entwickeltes Einzelhaus-Wohngebiet (5), das sich nach N in dichterer Bebauung fortsetzt (6). Im N des Stadtkerns, um den Stadtbahnhof (StBf) finden sich gemischte Wohn- und Gewerbeflächen (7), wobei ein dicht bebautes älteres Viertel mit radial zum Bahnhof ausgerichteten Straßen ins Auge fällt (8). Ein jüngeres Wohngebiet mit Ein- und Mehrfamilienhäusern erstreckt sich gegen NW entlang der B 294 (9); auf schon erschlossenem neuen Baugelände (10) stehen ein Hochhaus (10 a) und ein neues Schulzentrum (10 b). Völlig außerhalb der Stadt liegen der Hauptbahnhof mit einer Eisenbahnersiedlung (11) und einige Industriebetriebe kleineren Ausmaßes (12). Peripher liegen auch der Friedhof (13) und die Sportstätten (14).

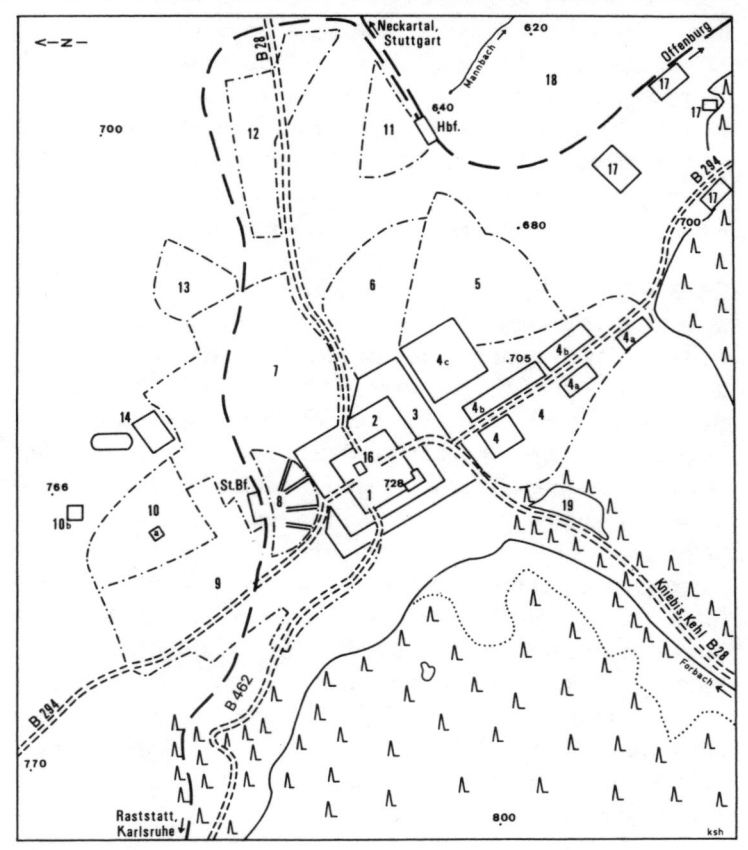

Freudenstadt wurde 1599 von Herzog Friedrich I. v. Württemberg gegründet, und zwar einmal als Zufluchtsstätte für vertriebene österreichische Protestanten, die auch die Silbererzvorkommen der nahen Schwarzwaldtäler ausbeuten sollten; zum anderen aber als fester Platz hinter dem Kniebis-Paß, der alten Einfallspforte französischer Truppen nach Süddeutschland. 1821 bestand sogar der Plan, die Stadt zur Bundesfestung auszubauen. Trotz der verkehrsgünstigen Lage hatte sie nie Handelsfunktionen, wurde aber wegen ihrer Höhenlage am Schwarzwald schon im 19. Jh. gern besuchter Kur- und später auch Wintersportplatz. Der gering gebliebenen Industrie- und Gewerbetätigkeit wegen gewann sie vermehrt auch Anreiz als Wohnplatz für Pensionäre und Ruheständler des oberen Bürgertums (5, 6). Der Fremdenverkehr prägt insgesamt das Stadtbild (Kuranlagen 4, Kongreßhaus auf dem Marktplatz 16) und die Umgebung (Kurheime aller Art außerhalb der Stadt 17). Spät erst erfolgte die Anbindung an die Hauptbahn Neckartal–Rheintal mit dem tief unter dem Stadtniveau liegenden Bahnhof. Bis zu diesem reichen übrigens von Osten her die Platten (18) des Muschelkalks vom Oberen Gäu, während die Stadt schon auf den Plattensandsteinen des oberen Buntsandsteins liegt. Die ungewöhnliche Höhendifferenz zwischen Buntsandstein und Muschelkalk hat ihren Grund in einer Verwerfungslinie des geologischen Freudenstädter Grabens, in dessen Verlauf Spaltenausfüllungen durch Barytgänge entstanden sind. Der Schwerspat wurde im Westen der Stadt abgebaut, ein letzter Rest des einst blühenden Bergbaus, dem die Stadt ihre Gründung verdankt. Schwerspatgänge stehen noch in der Baugrube des Kurmittelhauses an.

Heinz Fischer

# Geislingen an der Steige

Geislingen an der Steige nennt sich auch „Fünftälerstadt". Das Luftbild zeigt diesen Talknoten aus fünf Tälern sehr instruktiv: in einen von über 600 m hohen Bergen umschlossenen Kessel münden von N und NO her das Längental (1) und das Eybtal (2); von SO her kommt das Rohrachtal (3), an dessen Ausgang auch die Altstadt von Geislingen liegt (3a); von SW kommt das obere Filstal (4) herein. Alle Gewässer, von denen im Luftbild allerdings nur die Fils und die Eyb laufend zu verfolgen sind, verlassen den Kessel nach W durch das breite mittlere Filstal (5). Am Filsknie, im Winkel zwischen Fils und Eyb, liegt der Ortskern der ehemaligen Stadt Altenstadt, die heute Stadtteil von Geislingen ist.

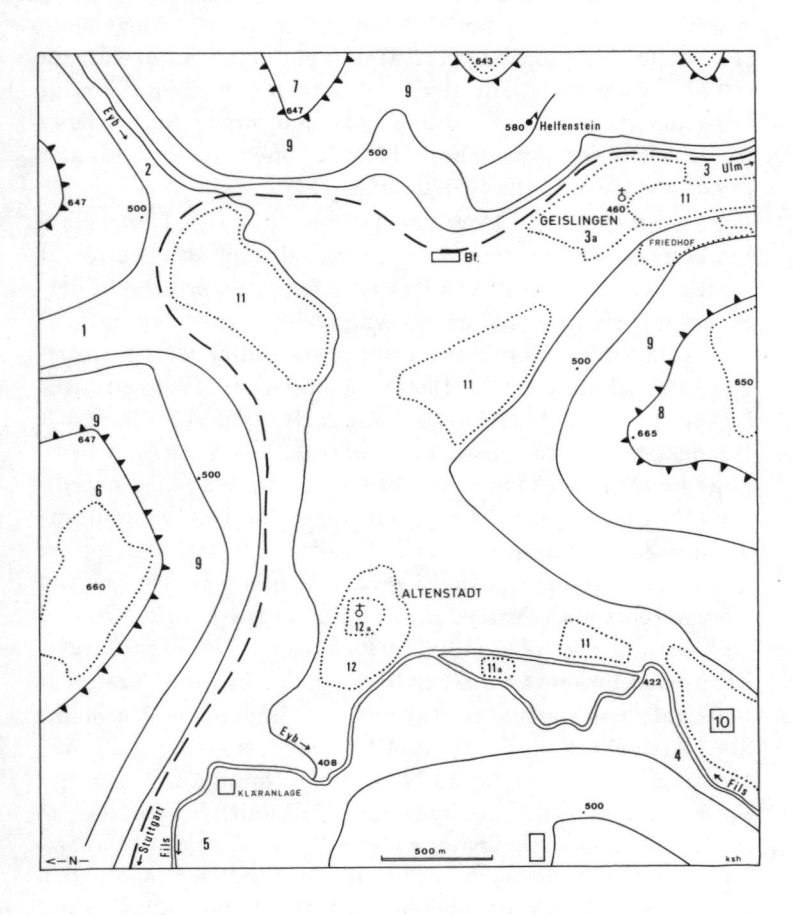

Die Eisenbahnlinie (Paris)–Stuttgart–Ulm–(Wien) führt aus dem mittleren Filstal heraus am Kesselrand entlang und das Rohrachtal hinauf; beachtlich ist der große Bogen um die Stadt herum. Dieser ist notwendig, um den erheblichen Höhenunterschied (rd. 65 m auf 3 km Luftlinie) allmählich überwinden zu können. Das Rohrachtal aufwärts beginnt die „Steige", der Aufstieg zum Albübergang ins Donautal. Bis vor wenigen Jahren konnte diese Paßstrecke von der Bahn nur mit Vorspann überwunden werden, der jeweils am Geislinger Bahnhof gestellt wurde. Daher war Geislingen vor dem 2. Weltkrieg sogar Haltestelle für den Orientexpreß.

Die Berge der Kesselumrandung, z. B. der Tegelberg (6), der Geiselstein (7) und die Schildwacht (8) gehören zur Schwäbischen Alb; weißleuchtende Felszinnen (9) deuten auf den Weißen Jura als aufbauendes Gestein hin (vgl. Geol. Profil zu Bild 81); der Höhenlage entsprechend sind es sogenannte Massenkalke (Kalke in Riffazies) im Niveau des Weißen Jura δ. Die obersten Verebnungen, die durch einen Steilrand begrenzt sind, liegen somit auf den Quaderkalken des Weißen Jura ε. Dieser Stufenrand der Alb liegt bei Geislingen schon in 645 bis 660 m Höhe, im Südwesten bei Balingen hingegen in mehr als 900 m. Die Abdachung der Alb auch nach Nordosten wird durch diesen Vergleich sehr deutlich. Im übrigen wird die gesamte Stufenfolge des Weißen Jura an den Berghängen von Wald überdeckt. Dieser setzt etwa bei 500 m Höhe ein. Die tiefer liegenden Hangpartien sind flacher und daher entweder überbaut (nördlich des Bahnhofs von Geislingen und unterhalb der Schildwacht) oder wie am Tegelberg und am Filsknie mit Obstwiesen bedeckt.

Sie gehören schon dem Braunen Jura an, in den sich die Flüsse hier eingeschnitten haben. Aus dessen Eisensandstein wurde noch nach 1945 Erz gewonnen; die alte Grubenanlage liegt am Südrand des Bildes (10).

Der Talkessel von Geislingen war im Pliozän Schauplatz einer gewaltigen Flußanzapfung, bei der das Neckarsystem durch die Fils dem Donauzufluß Lone den Oberlauf raubte. Das Luftbild zeigt östlich von Geislingen eine schmale Verebnung mit der Burg Helfenstein. Das ist ein alter Talboden der Lone, 120 m über dem heutigen Talniveau. Der Ausraum geschah also posttertiär durch die Fils und ihre Zuflüsse.

Rätsel gibt das Stadtbild von Geislingen auf. Wohngebiete und Industrieflächen (Textil-, feinmechanische und Metallwarenindustrie (11) liegen scheinbar ungeordnet nebeneinander, wobei die Industrie nur in einem Fall (Spinnerei 11a) eine Orientierung, nämlich zum Wasser der Fils, zeigt. Die Erklärung hierfür liegt in der Stadtgeschichte. Im Bild erkennt man zwei Stadtkerne, nämlich den von Geislingen (3a), der in seiner Anlage Planung aufweist und demnach jünger ist, und den von Altenstadt (12), dessen ältester Teil (12a) auf ein alemannisches Haufendorf zurückgeht. Hier lag die erste Siedlung (Giselingen). Erst 1280 gründeten die Grafen von Helfenstein zu Füßen ihrer Burg eine Stadt und übertrugen auf diese den Namen „Geislingen"; die ältere Siedlung hieß nunmehr „die alte Stadt"; sie wurde erst 1913 nach Geislingen eingemeindet. Daher konnte sie sich noch lange ins Filstal hinein und gegen Osten hin ausbreiten, während sich Geislingen in den Kessel hineinschob. Beide Siedlungen wuchsen zusammen, peripher liegende Gewerbe- und Industrieflächen gerieten dadurch mitten in die Wohngebiete. Die ehemalige Oberamtsstadt Geislingen verlor 1938 ihre Verwaltungsfunktion und gehört heute als kreisfreie Stadt in das Gebiet des Landkreises Göppingen.

Heinz Fischer

## 79 GEISLINGEN AN DER STEIGE
Industriestadt am Albrand

Aufnahmedatum: 23. Juli 1971, 10.05 Uhr
Flughöhe: 2600 m
Bildmaßstab: ca. 1 : 13 000

## 80 KLOSTER WELTENBURG
Donaudurchbruchstal

Aufnahmedatum: 10. September 1970, 10.45 Uhr
Flughöhe: 1225 m
Bildmaßstab: ca. 1 : 7 000

# Kloster Weltenburg

Das Engtal der Donau von Weltenburg bis Kelheim gilt mit Recht als eindrucksvollster und malerischster Abschnitt des Donaulaufs auf deutschem Boden. Zwischen den Orten Weltenburg (im Bild links) und Stausacker verengt sich das Tal, und von dem langgestreckten Parkplatz ab begleitet bereits eine steile Felswand das rechte Ufer. Nach der scharfen Flußkrümmung setzen gegenüber dem Kloster Weltenburg auch auf dem linken Ufer die Felswände ein. Auf dem Gegenufer treten bei der nächsten Flußbiegung die Felsen wieder unmittelbar an den Fluß heran und erreichen dort etwa 50 m Höhe. Hier tritt der Fluß in die eigentliche Engtalstrecke ein, die von den grauen Felsen der Massenkalke aus dem Weißjura flankiert wird. Daß die wasserreiche Donau ihr 300 bis 400 m breites, an den schmalsten Stellen bis auf etwa 100 m zusammengepreßtes und bis 25 m tiefes Flußbett bis an die steilen Felswände heran ausfüllt, erklärt sich aus der Tatsache, daß der Fluß diesen Talabschnitt erst seit dem Mitteldiluvium, also seit geologisch junger Zeit durchfließt, während er vorher das auffallend breite untere Altmühltal benützte.

Heute wird die Donau zwischen Weltenburg und Kelheim nur im Sommer von Kähnen und Motorbooten im Interesse des Fremdenverkehrs befahren. Im Mittelalter jedoch und bis in die Mitte des 19. Jh. hinein verkehrten flußabwärts die flachen „Ulmer Schachteln", die regelmäßig von Ulm nach Wien mit Personen und Gütern fuhren. Flußaufwärts wurden im mühseligen Treidelverkehr vor allem Reichenhaller Salz und Oberpfälzer Eisenwaren transportiert. Da im Bereich der Weltenburger Enge beide Ufer durchgehend unzugänglich sind, mußten die Schiffe an im Fels befestigten, heute noch vorhandenen eisernen Ringen mit Hilfe von hakenbewehrten, langen Stangen stromaufwärts gezogen werden, während die Zugpferde die Flußenge auf dem Lande umgingen. In strengen Wintern bildet sich im Durchbruchstal häufig ein mächtiger Eisstau, der flußaufwärts zu Überschwemmungen und bei seinem Abgang flußabwärts zur Beschädigung von Brücken und Uferbauten führen kann.

Die Weltenburger Engtalstrecke steht seit mehreren Jahren unter Naturschutz. Um aber jede Gefährdung durch Ausbau der oberen Donau als Kraftwerkskette oder Großschiffahrtsstraße, etwa nach Fertigstellung des Rhein-Main-Donau-Kanals Bamberg–Nürnberg–Regensburg im Jahre 1981, auszuschließen, wurde beantragt, das einzigartige Naturdenkmal mit dem Europäischen Naturschutz-Diplom auszustatten, das vom Europarat verliehen wird.

Die unruhige Hochfläche oberhalb der Felsabstürze wird fast völlig von herrlichen Buchenwäldern mit Föhrenbeimischung bestanden. Nur auf dem Gleithang des Frauenberges, zu dessen Füßen das Kloster liegt, dehnen sich einige Felder, die deutlich in den Wald hinein gerodet sind. Die Besiedlung der Gegend geht schon in vorgeschichtliche Zeit zurück. Abgesehen von den prähistorischen Höhlenfunden im Altmühltal und den zahlreichen Grabhügeln, die sich unter Wald in ganzen Gruppen erhalten haben, sind die Keltenwälle auf dem Michelsberg westlich Kelheim sicher das eindrucksvollste Denkmal.

Der Südwestabschnitt des über 3 km langen äußeren Walls ist noch auf dem Luftbild zu erkennen. Gegenüber dem Kloster führt ein von einem Fahrweg benütztes Trockental auf die Hochfläche hinauf. Parallel dazu verläuft auf der Ostseite (im Bild links), in Waldlichtungen nahe dem unteren Bildrand deutlich zu sehen, der Wall, dessen Krone an vielen Stellen den Trockenmauerkern erkennen läßt. Mit diesem mächtigen Wall umschließt das keltische Oppidum eine Fläche von der Größe des mittelalterlichen Köln. Ähnlich wie in Frankreich (Alesia, Bibracte) bevorzugten die Kelten auch hier für ihre Befestigung die typische Spornlage im Mündungswinkel zwischen den zwei tief eingeschnittenen Tälern von Donau und Altmühl. Das Oppidum war nicht dauernd besiedelt, sicher auch nicht nur Zufluchtsstätte für Mensch und Tier, sondern vor allem ein wichtiger Gewerbe- und Handelsplatz; denn die zahllosen, häufig von einem ringförmigen Aushubwall umgebenen Vertiefungen waren zum Teil Erzschürfgruben, zum andern Teil Rennfeuerschmelzen. Die mächtige Anlage bezieht sogar den Frauenberg auf dem jenseitigen Donauufer oberhalb des Klosters mit ein; auch dieser wird durch mehrere Wälle geschützt, deren innerster auf dem Luftbild deutlich quer über den Sporn zieht. Er ist wahrscheinlich im 10. Jh. zur Abwehr der Ungarngefahr erneut verstärkt worden.

Damals bestand schon mehr als 300 Jahre zu seinen Füßen das Kloster Weltenburg, das um 620 als erstes Benediktinerkloster in Bayern errichtet wurde und zu dem auch die Wallfahrtskapelle Frauenberg gehört, deren rotes Dach aus den Hangwäldern oberhalb des Klosters herausleuchtet. Das Kloster Weltenburg hatte immer mit wirtschaftlichen Nöten zu kämpfen. Trotzdem nahm der tüchtige Abt Maurus Bächl 1714 einen völligen Neubau in Angriff. Die Brüder Cosmas Damian und Egid Quirin Asam gestalteten in mehrjähriger Arbeit die Kirche (kenntlich durch die Kuppel) zu einer der bedeutendsten Schöpfungen des bayerischen Barocks. Auch der Konventsbau und die ausgedehnten Wirtschaftsgebäude nebst Brauerei (im Bild rechts von der Kirche) gehen auf diese Zeit zurück. Im Jahre 1803 wurde das Kloster säkularisiert, aber bereits 1842 wieder neu besiedelt.

Der starke Besucherstrom und der Platzmangel unmittelbar beim Kloster machten die Anlage eines großen Parkplatzes längs der Zufahrtsstraße im Dorfe Weltenburg nötig. Dieser Ort zeigt deutlich die Umwandlung zum Arbeiter—Bauerndorf mit etwas Gewerbe und im Zeitraum von 1950 bis 1966 eine fühlbare Bevölkerungsabnahme von 493 auf 383 Einwohner. Die Zwerggemeinde Stausacker auf dem gegenüberliegenden Donauufer konnte zwar ihre Agrarstruktur mit Kleinbauernanwesen behaupten, zeigt aber ebenfalls einen empfindlichen Bevölkerungsrückgang von 229 auf 160 Einwohner. Nur eine schmale Nebenstraße verbindet den verkehrsentlegenen Ort mit Kelheim; die kleine Fähre über die Donau kann die fehlende Brücke nicht völlig ersetzen.

Hans Fehn

# Der Lochenstein

Südwestlich von Balingen erreicht die Schwäbische Alb mit über 1000 m ihre höchsten Erhebungen und damit die stärksten Reliefgegensätze zu ihrem neckarseitigen Vorland. Die Oberflächengestaltung in diesem Gebiet ist sehr stark vom geologischen Bauprinzip abhängig (vgl. geologisches Profil). Klar sind auf dem Luftbild drei verschiedenartige Landschaftsteile zu erkennen: im Norden (linker Bildrand) ein flachwelliges, von nach Norden abfließenden Bächen durchzogenes, grünlandgenutztes und z. T. mit Obstbäumen bestandenes Flachland mit einer kleinen, lockeren Siedlung (1, 1a). Die Bildmitte durchzieht von West nach Ost ein unterschiedlich dichtes und unterschiedlich geartetes Waldgebiet (Hoch-, Nieder-, Laub- und Mischwald), das — nach den Haarnadelkurven der durchführenden Straße zu urteilen — sehr steil sein muß (2). Diese Straße läuft in eine vergrünte Hochfläche (3) mit schütterem Waldbewuchs und vereinzelten Obstbaumanlagen. Diese Hochfläche geht nach Osten über einen bewaldeten Steilhang (3a) in eine noch höher gelegene Landstufe (3b) über. Im gleichen Niveau (über 940 m) liegen auch der Lochenstein vor der Hochfläche (3) und der Wenzelstein innerhalb dieser Hochfläche. Gegen Süden (rechter Bildrand) sinken die Hochflächen wieder ab (Rückschluß aus der Laufrichtung zweier Bäche: der Rötengrabenbach in einer flachen Talmulde und die Schlichem in einer tiefen Mulde fließen nach Süden).

Diese Höhenstufung entspricht dem geologischen Bau der Alb (vgl. Profil). Das flachgewellte Albvorland besteht bei Balingen aus den Tonen des unteren Braunen Jura (Bα). Diese Opalinustone gehen kurz vor dem Anstieg zur Alb unter ständiger Höhenzunahme in den stufenbildenden Eisensandstein (Bβ) über. Teile der Stufe sind bei (1b) sichtbar; bei (1c) ist sie vom Wald (und einigen Metern Hangschutt) überdeckt. Der Braune Jura (γ bis ζ der Gliederung der Tübinger Geologenschule) verliert sich albwärts unter dem Weißen Jura. Den Übergang und die Hangschuttdecke deckt der Wald. Sichtbar wird in der Regel erst wieder die Stufenkante der nächsten Jura-Stufe (Wβ, Wohlgeschichtete Kalke). In einer Höhe von 850 m (im SW) bis 600 m (im äußersten Nordosten) bildet diese Schicht normalerweise den Nordsaum der Albhochfläche. Und darüber folgen dann die Mergel des Wγ und Stufenrand und Stufenfläche der „Dickbankigen Quaderkalke" (Wδ). Am Lochenstein ist diese Gliederung allerdings nur schwach ausgeprägt (kleine Stufung in 860 m, an der vorletzten Kehre der Straße), da hier der ganze Weiße Jura in fast homogener Massenkalkfazies vorliegt.

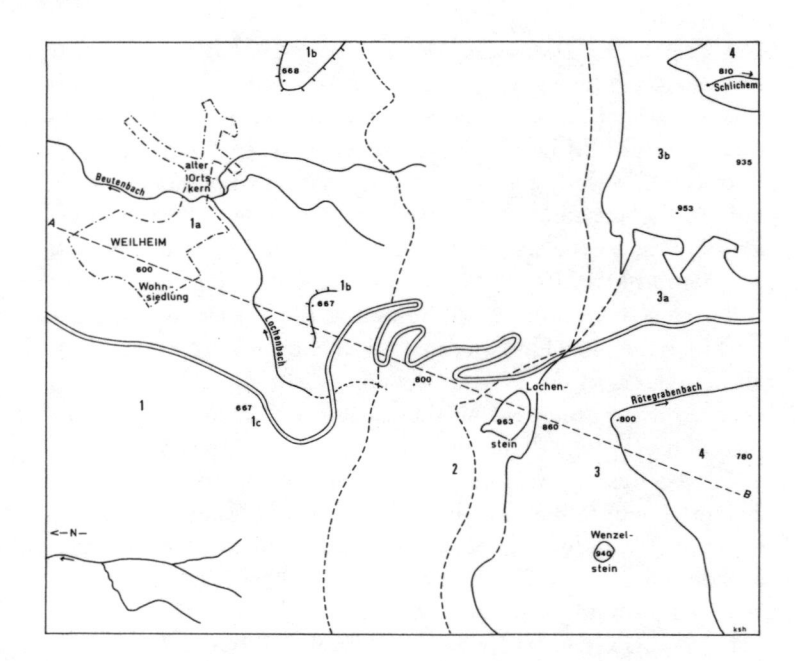

Der Stufenrand der Alb und der Albtrauf (2) sind durch rückschreitende Erosion des Neckarsystems seit dem Tertiär unter ständiger Versteilung weit nach Südosten zurückverlegt worden. Von Süden her griff das Donausystem mit geringerer Energie, aber ebenso beständig an. Rötebach und Schlichem sind allerdings Neckarzuflüsse, die alte donautributäre Täler „geköpft" haben. Dadurch wird dieser Teil der Albtafel sogar von Flüssen e i n e s Flußsystems angegriffen, was die scharfen Formen des Schlichemtals (4) erklärt. Auf der donauseitigen Abdachung ist an dieser Stelle bereits die β-Stufe durchschnitten worden, und das nur etwa 800 m vom neckarseitigen Stufenrand entfernt.

Die im äußeren Erscheinungsbild sich ähnelnde Nutzung des Albvorlandes und der Hochfläche hat verschiedene Ursachen. Auf der Alb erlauben feuchtkaltes Klima und steinige, magere Böden nicht viel mehr als Grünlandnutzung; im Vorland ist der ehemalige Ackerbau der extensiven Grünlandwirtschaft und dem Obstbau gewichen, weil die industrielle Überformung besonders nach 1955 mit Macht eingesetzt hat. Das alte Bauerndorf Weilheim, heute Ortsteil von Weilstetten, ist mit einer reinen Wohnsiedlung heute „Schlafort" für Beschäftigte der nahen Industriestadt Balingen.

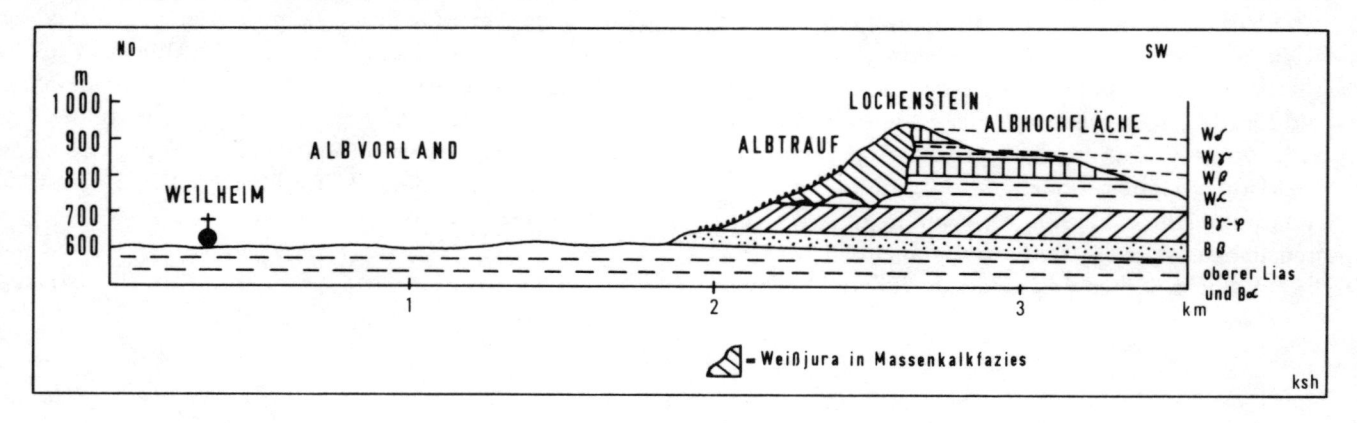

Heinz Fischer

81 DER LOCHENSTEIN
Albtrauf bei Balingen

Aufnahmedatum: 27. Juli 1971, 8.50 Uhr
Flughöhe: 2300 m
Bildmaßstab: ca. 1 : 11 500

**82 DER KAISERSTUHL**
Weinbaulandschaft zwischen Oberbergen und Schelingen

Aufnahmedatum: 22. Juli 1971, 11.55 Uhr
Flughöhe: 2750 m
Bildmaßstab: ca. 1 : 13 500

# Der Kaiserstuhl

Der Wald an den Rändern des Luftbildes markiert die hufeisenförmige, im Westen offene Kammlinie des zentralen Kaiserstuhles, dessen Inneres der Krottenbach (parallel zum Nordrande des Bildes) entwässert. Seine ebene Talsohle zwischen Schelingen im Osten und Oberbergen im Westen wird von jungen Pflaumenkulturen eingenommen, die gegen Spätfröste unempfindlich sind. Auf der Talsohle des südlichen, von der Vogtsburg herkommenden Baches werden auf schmalen Parzellen Kartoffeln, Gemüse und Getreide unter vereinzelten Obstbäumen für den Eigenbedarf gepflanzt.

Die Hänge der Täler sind bis etwa 420 m Höhe mit Löß bedeckt — seine hellgelbe Farbe ist auf vielen unbebauten Feldern zu sehen — und aufgegliedert in sowohl sehr kleine als auch sehr große Weinbauterrassen bis in eine Höhe von 395 m, der gesetzlichen Obergrenze des ertragsintensiven Weinbaus im südlichen Oberrheingebiet. Die kleinparzellierte Rebflur repräsentiert das traditionelle Bauernland, gekennzeichnet durch individuelle Gestaltung — häufig enden trotz gleicher Hangneigung die Rebterrassen an den Grundstücksgrenzen, wobei die Reben nur 10 % der 2—5 ha großen, meist im Nebenberuf beackerten Nutzfläche ausmachen — und durch eine infolge der Realteilung verstärkte Flurparzellierung, die den Einsatz von Maschinen zur Pflege, Ernte und Schädlingsbekämpfung und damit den Konkurrenzkampf auf dem für die ausländischen Weine offen EWG-Markt erschwert. Im Gegensatz hierzu stehen die modernen Großterrassen, z. B. bei Schelingen-Reberg (75 ha), bei Oberbergen-Breite (25 ha). Sie entstehen im Rahmen der seit etwa 20 Jahren stattfindenden Flurbereinigungen durch immer stärkere Zusammenlegung der kleinen Parzellen in Anpassung an die ökonomischen und agrarpolitischen Erfordernisse der Europäischen Wirtschaftsgemeinschaft. Unter Einsatz moderner Erdbewegungsmaschinen wie Schürflader, Planierraupen, Vibrationswalzen zur Verdichtung der angeschütteten Lößmassen — allein in Ihringen-West wurden auf 100 ha Fläche 3 Mill. m³ (= ca. 5 Mill. t) Löß bewegt — wurden bis 20 m und mehr tiefe Hohlwege zugeschüttet, z. B. in Oberbergen-Breite 3 Täler, Kuppen und Bergrücken planiert und in Anpassung an die alten Oberflächenformen große Terrassen mit der für den Maschineneinsatz günstigen Rebzeilenlänge von 40 bis 80 m modelliert; in Schelingen-Rebberg entstanden z. B. 10 neue Terrassen im Abstand von 8 m Höhe. Ihre Böschungswinkel von 45° verlangen als Schutz gegen Erosion an den Hängen Drahtgeflechtüberzüge, am Terrassenrand $1/2$—1 m hohe Schutzwälle, Niederschlagsabzugskanäle entlang der Wege und unterirdische Rohrleitungen zur Vermeidung von Hohlwegbildungen bei Starkregen. Nicht überall können derartige Großterrassen angelegt werden sowohl wegen der hohen Kosten wie auch wegen der morphologischen Gegebenheiten. So sind überall auch kleinere und mittelgroße flurbereinigte Parzellen zu sehen. Die nebenstehende Skizze zeigt die Lage des Bildausschnittes im Kaiserstuhlgebiet.

Hangaufwärts treten da, wo der Löß ausdünnt, die jüngeren, nach den randlich erhaltenen Tuffen, Brecczien und Laven gebildeten Intrusivgesteine im Zentrum des seit dem Obermiozän um mehrere 100 m zur Vulkanruine abgetragenen Kaiserstuhls an die Oberfläche. Auf der Kuppe des auch im Bilde zentralen Badberges — sein Name rührt von der 21 °C warmen Quelle an seinem Fuße her — und des benachbarten Vogtsberges heben sich im Luftbild deutlich die hellgrünen Trockenrasen auf den kalkigen Böden im Bereich der anstehenden Marmore gegen die dunklen Wiesen und Felder im Gebiet der Porphyrite und jüngeren Essexte — ihr Kontakt ist im Badloch aufgeschlossen — ab. Die Marmore koppitführenden Karbonatite, deren Entstehung ungeklärt ist, wurden zum Kalkbrennen und wegen des Gehaltes an Niob (0,2 bis 0,35 % $Nb_2O_5$) am Südhang des Badberges und südöstlich Schelingen abgebaut, hier sind im Luftbild Gruben und Gebäude des aufgelassenen Werkes der Niobbergbau G. m. b. H. zu erkennen. Das Tertiär im Südosten des Luftbildes wird vom Wald verdeckt, es beginnt etwa am Waldrand. Infolge des warmen und trockenen Klimas (Jahresmittel 10,5 °C, 650 mm Niederschlag) wachsen in den Wäldern viele seltene wärmeliebende Pflanzen, z. B. Flaumeiche und Hundswurz, und so sind sie wie auch der Badberg mit seiner reichen Flora und Fauna — es gibt dort 728 Großschmetterlingssorten neben seltenen Tieren wie Gottesanbeterin und Smaragdeidechse — unter Landschafts- bzw. Naturschutz gestellt.

Die vielen seltenen Pflanzen und Tiere, die Mannigfaltigkeit der vulkanischen Gesteine, die ausgedehnten Wälder, das warme Klima und die hervorragenden Weine haben den Kaiserstuhl zum Anziehungspunkt zahlreicher Feriengäste, Wissenschaftler und Wochenendausflügler aus dem nur 20 km entfernten Freiburg gemacht. Das Senkrechtluftbild zeigt diese landschaftlichen Reize des Kaiserstuhls auf eine neue Weise.

Hellmut Schroeder-Lanz

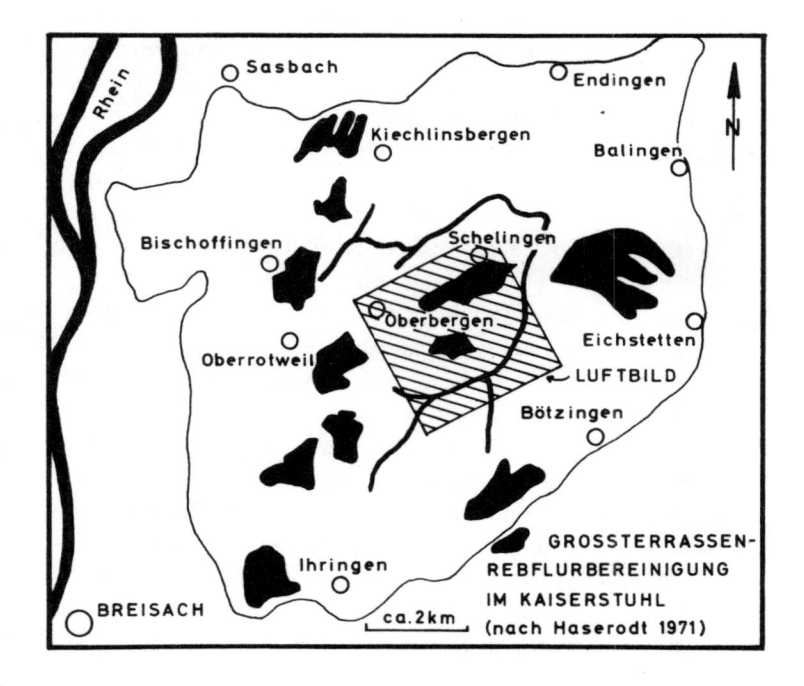

GROSSTERRASSEN-REBFLURBEREINIGUNG IM KAISERSTUHL (nach Haserodt 1971)

# Passau

Die Stadtlandschaft Passau am Zusammenfluß von Inn, Donau und Ilz ist das Motiv des vorliegenden Bildes. Die Stadt liegt in der Hauptsache auf dem Sporn zwischen Inn und Donau, mit Teilen aber auch auf dem rechten Innufer sowie an den Gleithängen der im Unterlauf mäandrierenden Ilz. Zu den Flüssen abfallende, besonders am steilen Südhang zur Donau mit Laubwald bestandene Hänge sind ein Hinweis darauf, daß Donau und Inn hier enge Durchbruchstäler durch das nach S ausgreifende kristalline Grundgebirge des Bayerischen Waldes geschaffen haben und die Stadt insgesamt im Tale liegt. Die auf das Abflußniveau der Donau eingestellte Ilz hat sich in die Rumpfflächen des sogenannten Vorwaldes eingeschnitten und dabei ein gewundenes Tal mit sichelförmigen Talbodenterrassen geschaffen, die sich jeweils im Innenbogen der Schlingen anordnen. Diese Terrassen sind die bevorzugten Siedlungslagen des Ilztales; auf einer liegt das Freibad. Zusammen mit anderen kleineren Seitenbächen hat die Ilz den linken Talhang der Donau in eine Folge von oben abgeflachten, beackerten Riedeln und steilen, zumeist bewaldeten Taleinschnitten aufgelöst.

Auch an dem linken Talhang des Inn sind Seitentälchen ausgebildet; hier hat die jüngste Siedlungsentwicklung stärker von den Hängen Besitz ergriffen. Zwar ist die Donau in der Bildmitte hinsichtlich ihrer Verkehrsbedeutung der Hauptfluß (Abfluß bei Mittelwasser 648 m$^3$/sec), hinsichtlich ihrer Breite und Wasserführung wird sie jedoch vom Inn übertroffen (Abfluß bei Mittelwasser 746 m$^3$/sec). Die Ilz ist demgegenüber nur ein kleines „Wald"-Flüßchen (125 m$^3$/sec). Die unterschiedliche Färbung der drei Flüsse tritt besonders deutlich nach ihrer Vereinigung in dem breiten Flußbett hervor. Da sich die Wasser zunächst nur wenig mischen — vgl. Turbulenzen zwischen Inn und Donau — fließen sie dort als drei verschiedenfarbene Bänder nebeneinander her. Der Inn ist ein rasch strömender, starken Schwankungen unterworfener Alpenfluß. Er ist in seinem jahreszeitlichen Rhythmus an die Schneeschmelze und den Witterungsverlauf im Hochgebirge angepaßt. Durch große Mengen mitgeführter Trübe erscheint sein kalkreiches Wasser zumeist milchig-grün; die ruhiger strömende Donau hat demgegenüber eine geringere Schwebstoffbelastung und ist zumeist von einem dunkleren Grün. Die Ilz führt klares Wasser aus dem Bayerischen Wald heran, das durch Kontakt mit Moor- und Waldböden braun gefärbt ist.

Objektiver als jeder Plan zeigt das Senkrechtbild die bauliche Struktur der Stadt, die Ausdruck ihrer Entwicklung und ihrer Funktionen ist. Der alte Stadtkern hat einen ovalen Grundriß; er nimmt die im O spitz zulaufende Halbinsel zwischen Inn und Donau ein. Die ovale Altstadt liegt hier auf einem Gneisrücken, an dessen höchster Stelle 21 m über dem mittleren Donau-Wasserspiegel der Dom als Zentrum der alten bischöflichen Residenzstadt steht. Insbesondere an der „Innlände" der Altstadt tritt der Gneisfels hervor, auf dem die Häuser gegründet sind. Nach der inneren Gliederung der ovalen Altstadt lassen sich drei Bereiche unterscheiden: in der Westhälfte die großzügig angelegte Bischofsstadt mit dem Stephansdom, um dessen Vorplatz sich die hauptsächlich im Stile des Barocks erbauten, palastartigen Häuser der Domherren gruppieren, nahe der Ostspitze die seit dem 8. Jh. bestehende Abtei Niedernburg, um die sich die ehemalige Klostersiedlung schart, und zwischen Klosterstadt und Bischofsstadt gedrängt, die eng bebaute, durch zumeist kleinere Häuser gekennzeichnete Bürgerstadt der Kaufleute. Zentren der vor allem durch das Salzstapelrecht einst blühenden Handelsstadt waren das Viertel um das heutige Rathaus, kenntlich an dem zur Donau hin offenen Vorplatz, früher der Fischmarkt, und der alte Markt auf der Ostseite des Doms, an dem zu Beginn des 18. Jh. im Stile des Wiener Barocks die Neue Residenz anstelle des alten Kramhauses gebaut worden ist. An die ovale Altstadt schließt im W als erste Stadterweiterung der sog. Neumarkt an, dessen SW—NO gerichtete Achse ein typischer Straßenmarkt ist. Der vor allem von Handwerkern (Klingenschmiede, Messerer, Tuchmacher und Weber) bewohnte Neumarkt wurde zu Beginn des 13. Jh. durch eine zweite, vorgeschobene Stadtmauer geschützt, die vom Inn zur Donau reichte. Auch der weitere Ausbau Passaus vollzog sich hauptsächlich in westlicher Richtung auf den Sporn zwischen Inn und Donau hinauf. Hier liegen der Bahnhof und die Stadtviertel des 19. und der ersten Hälfte des 20. Jh. mit Villen am Spitzberg, einer großen Brauerei sowie zahlreichen Gewerbebetrieben, vor allem gegen das Inn- und Donauufer. Als geschlossene Baukomplexe treten außerdem zwei mittelalterliche Vorstädte hervor: In der Innstadt auf dem südlichen Innufer hatten sich vor allem Lederer, Rotgerber und Schmiede angesiedelt, während in der besonders vom Hochwasser bedrohten Ilzstadt Fischer, Schiffbauer, Salzsäumer und — hier am Ausgang des Goldenen Steigs, der berühmten Salzstraße nach Böhmen, — zahlreiche Gastwirte ansässig waren. Sowohl die Inn- als auch die Ilzstadt waren ummauert (1408/10). Die gegen den Klosterberg ausgebuchtete Mauer der Ilzstadt ist im Bild sichtbar.

Mit dem Niedergang des Handels im 16. Jh. erhielt Passau zunehmend das Gepräge einer geistlichen Residenzstadt, deren ausgedehnte Diözese vorübergehend von der unteren Isar bis an March und Leitha reichte. Ausdruck der beherrschenden Stellung der Fürstbischöfe ist ihre trutzige Feste Oberhaus (1219) am Rande einer Höhenterrasse der Donau. Mit dem Oberhaus durch einen Wehrgang verbunden ist das Niederhaus auf dem äußersten Felssporn zwischen Donau und Ilz. Das Oberhaus wurde in späterer Zeit durch ein Stück der im Bild sichtbaren Vauban'schen Befestigung gegen die Hochfläche abgeschirmt. Bischöfliche Sommerresidenzen waren Hackelberg und Freudenhain am linken Donauufer.

Erhebliche Anstrengungen hat die heutige internationale Fremdenverkehrsstadt Passau zur Verbesserung ihrer Verkehrssituation unternommen. An der Donaulände wird eine breite Uferstraße bis in die Altstadt vorgebaut. Eine mehrspurige neue Donaubrücke verbindet das Einzugsgebiet des Bayerischen Waldes mit dem Bahnhofsviertel. Durch überlegte Stadtplanung ist zwischen Bahnhof und Donauufer ein dreieckiger Platz mit einem neuen Einkaufs- und Verkehrszentrum am Rande der im Grundriß mittelalterlichen Stadt entstanden. Bereits in den 30er Jahren ist auf dem „Kleinen Exerzierplatz" mit dem Bau der großen Nibelungenhalle ein weitläufiger Platz angelegt worden, der heute als Parkplatz vor dem eng bebauten Neumarkt und der Altstadt dient.

Hans-Jürgen Klink

83 PASSAU
Die Dreiflüssestadt

Aufnahmedatum: 28. September 1970, 15.15 Uhr
Flughöhe: 1530 m
Bildmaßstab: ca. 1 : 8000

## 84 WASSERBURG AM INN

Aufnahmedatum: 6. Oktober 1971, 10.30 Uhr

Flughöhe: 1600 m

Bildmaßstab: ca. 1 : 8 800

Bild links:
Ballon-Aufnahme der Stadt und der Innleite aus dem Jahre 1907

Bild rechts:
Reihensenkrechtbild aus dem Jahre 1952

Die kräftige Erosionswirkung an der Innleite und die Erweiterung des Stadtgebietes durch Anlandung am Gleitufer (Gries) des Flusses wird durch diese Bilddokumente eindrucksvoll festgehalten.

# Wasserburg am Inn

Diese Aufnahme ist vor allem deshalb ein wertvolles Landschaftsdokument, weil das Gebiet von Wasserburg über eine ganze Reihe von Luftaufnahmen aus früheren Jahrzehnten verfügt. Bereits aus dem Jahr 1907 existiert eine Ballon-Aufnahme der Stadt und der Innleite. Bildflüge mit modernen Reihenmeßkammern sind aus den Jahren 1942, 1952, 1957 und 1962 bekannt geworden. Da älteste Katasterkarten schon aus dem Jahre 1813, weitere aus den Jahren 1843, 1858 und 1910 vorhanden sind, läßt sich mit Hilfe dieser großmaßstäbigen Pläne und der Luftbilder die Entwicklung der Stadt während der letzten 150—160 Jahre mit relativ hoher Genauigkeit rekonstruieren.

Insbesondere kann aus diesen Unterlagen die kräftige Erosionswirkung am Prallhang (Innleite) und die Erweiterung des Stadtgebietes durch Anlandung am Gleitufer (Gries) des Flusses quantitativ ermittelt werden. In der untenstehenden Kartenskizze ist versucht worden, die Verlagerung des Strombettes zwischen 1813 und 1962 zu verdeutlichen. Es geht daraus hervor, daß in diesem Zeitraum die nordöstliche Innleite um bis zu 60 m zurückverlegt worden ist und daß sich am gegenüberliegenden „Gries" ein sandiger Ufersaum von etwa gleicher Breite angelagert hat. Das entspricht einer Flußverlagerung um maximal 40 cm pro Jahr, ein zweifellos eindrucksvoller Betrag, wenn man das Volumen der von der über 70 m hohen Innleite abgebrochenen und weggeführten Schottermassen abschätzt. Natürlich wirkte die Seitenerosion des Stroms nicht über Jahrhunderte hinweg gleichmäßig. Es waren vor allem die katastrophalen Hochfluten in der Zeit vor der Stromregulierung, die mit einem Schlage das Relief des Prallhanges durch meterbreite Abbrüche und Felsstürze, durch Bildung neuer Erosionsschluchten und Schuttkegel veränderten, die aber auch massive Gebäude auf dem Gleitufer wegreißen konnten (z. B. 1786). Alte Chroniken berichten ausführlich von solchen Hochwasserereignissen bis zurück ins 14. Jahrhundert. In den letzten 60 Jahren, nach dem Bau der Stauwehre und der Anlage von Uferschutzwerken, hat die Unterschneidung der Innleite sichtbar nachgelassen. Die unteren Hangpartien, die noch in der Ballonaufnahme von 1907 größtenteils ohne Bewuchs erscheinen, sind heute fast lückenlos von Buschwerk bedeckt. Doch an der oberen Abbruchkante geht die Rückverlegung der Böschung unvermindert weiter, wenn auch örtlich in sehr unterschiedlichem Maße. Hierbei spielt ein Wasserhorizont über stauenden Tonschichten, im oberen Drittel des Hanges, eine maßgebende Rolle. Somit ist, bei weitgehend gebremster Flußerosion im Uferbereich, eine Tendenz zu allmählicher Verflachung der Innleite deutlich zu beobachten.

Das Neuland, das der Stadt Wasserburg durch Anlandung am Gries vom Strom geschenkt wurde, war namentlich im 19. Jh. Gegenstand heftiger Kontroversen zwischen dem Magistrat der Stadt und dem Königlichen Straßen- und Flußbauamt in Rosenheim. Vertrat die Stadt den Standpunkt, daß „4 Fuß über mittlerem Wasserburger Pegel" die Uferlinie eindeutig bezeichne, so wollte das Flußbauamt die Grenze zwischen Fluß und Stadtgebiet auf mindestens 6 Fuß ü. mittl. W. P. festgelegt wissen. Der diesen verschiedenen Pegelmarken entsprechende Flächenunterschied kann leicht beurteilt werden, wenn man z. B. im Nordwestteil des Stadtgebietes den Verlauf der Linien 1813 NW (+ 4 Fuß) und 1813 HW (+ 8,5 Fuß) miteinander vergleicht.

Die Innleite von Wasserburg, der größte natürliche Glazialaufschluß des Voralpenlandes, hat die erdwissenschaftliche Forschung in mannigfacher Weise angeregt. Am Beispiel Wasserburg hat C. Troll die eindrucksvollen Zusammenhänge zwischen Landschafts- und Stadtentwicklung aufgezeigt. Wie der alte Stadtkern mit dem Rund der Ummauerung einen mittelalterlichen Stand des Innufers bezeichnet, so folgen nach außen die jüngeren Baugruppen wiederum ringförmig dem sich stetig nordwärts verlagernden Flußbogen und greifen schließlich, so am „Gries" und am „Mittergries", einer ehemaligen Insel vor der schmalsten Stelle des Mäanderhalses, auf ganz junges Schwemmland über, das noch im vorigen Jahrhundert regelmäßig überflutet wurde. Die wichtigsten Phasen der Stadtentwicklung, von der wohlhabenden Handelsstadt im Schutze der Burg, dem Hafen und Umschlagplatz für München an der Salzstraße von Salzburg nach Augsburg, bis zu den jüngsten Siedlungsgruppen, die sich auf der rechten Flußseite in südwestlicher Richtung ausweiten, können aus dem Luftbild klar abgelesen werden. Der geschlossene, rechteckige Grundriß der einst ummauerten Altstadt mit ihren breiten Marktstraßen kontrastiert lebhaft zu den jungen Wohnsiedlungs- und Industriekomplexen. Bis etwa zum Jahre 1910 hat sich der mittelalterliche Baubestand wenig verändert; erst in den letzten 20 Jahren trat im Bild der ländlichen Außenbezirke ein schneller und grundlegender Wandel ein.

Ernst Schmidt-Kraepelin

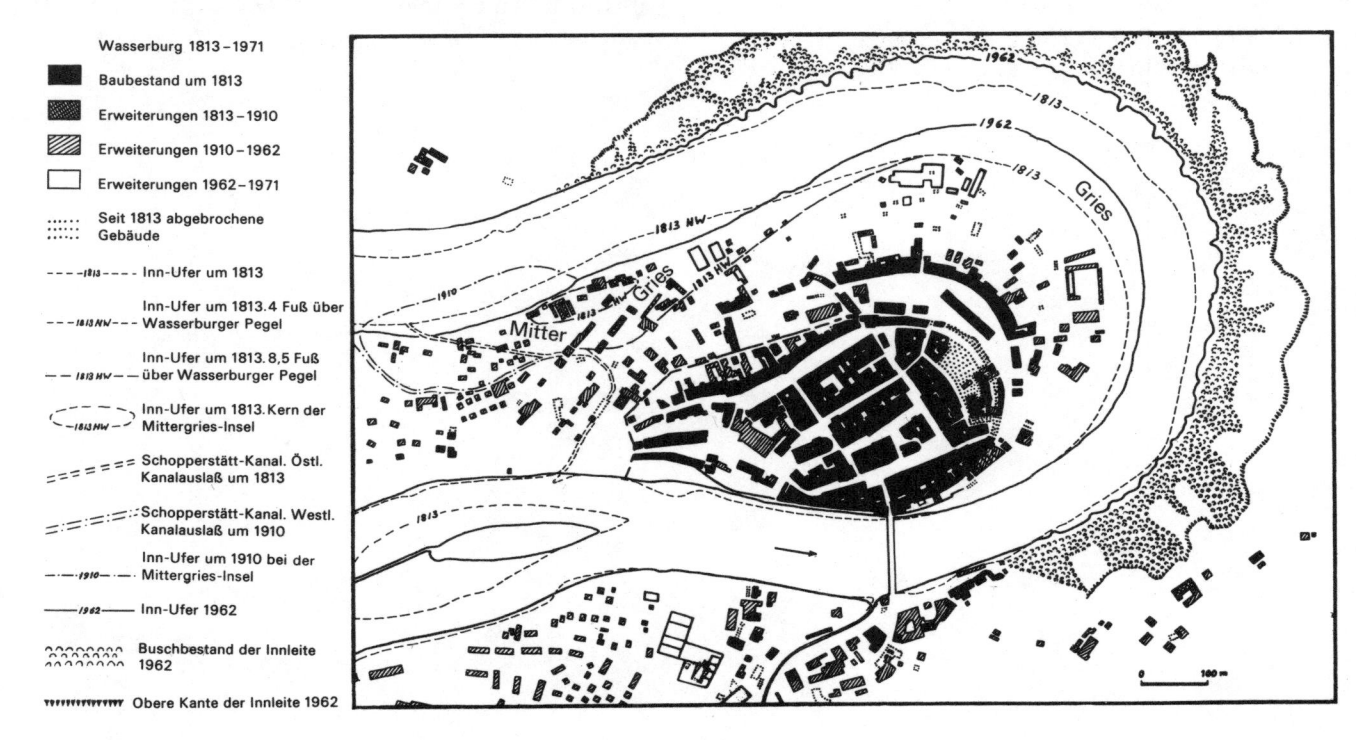

# München – Innenstadt

Das Luftbild zeigt die westlich der Isar gelegene Altstadt der bayerischen Landeshauptstadt mit den umgebenden Vorstadtvierteln. Ein ausdrucksvolles Mosaik von Straßensystemen und klare Leitlinien gliedern das Grundrißbild und lassen historisches Werden und bauliches Gefüge der Stadt sichtbar werden.

Der Ursprung der Stadt München geht auf eine Gründung Heinrich d. Löwen zurück, der im Jahre 1158 den Isarübergang der Salzstraße Reichenhall–Augsburg von Oberföhring in die Höhe der heutigen Ludwigsbrücke (Bildmitte links) verlegte und einer am Kreuzungspunkt dieser Fernhandelsstraße mit der nordsüdlich verlaufenden Terrassenstraße gelegenen kleinen Siedlung Stadtrechte verlieh. Den Kristallisationskern der neuen Stadt bildete eine Klosteranlage „zu den munichen", die ihr den Namen gab. Lage und Erstreckung dieser ersten Anlage lassen sich am Verlauf des inneren Straßenringes, der den Wallanlagen des 12. Jh. folgt, im Luftbild deutlich erkennen. Es ist der kleine Bezirk, der im Westen gerade die spätgotische Frauenkirche und im Osten die Peterskirche umschließt.

Bereits um 1300 erfolgte die erste große Stadterweiterung, die die Siedlungsfläche versechsfachte (91 ha). Eine Mauer, die mit Beginn des 17. Jh. als Bastion ausgebaut wurde, umschloß im Westen halbkreisförmig die Stadt. Im Osten schob sie sich entlang der West-Ost-Achse „im Tal" nasenförmig gegen die Isar vor und blieb bis zur Schleifung der Festungswerke an der Wende des 19. Jh.s die Bebauungsgrenze Münchens. Der Verlauf dieser Befestigungsanlagen wird heute durch den Ring der Boulevards (Altstadtring) nachgezeichnet und ist eine der dominanten Leitlinien dieses Luftbildes (Frauenstraße, Blumenstraße, Sendlinger-Tor-Platz, Sonnenstraße, Stachus, Maximiliansplatz). Seine nordöstliche Begrenzung erfährt der Altstadtbereich durch den vom 16. bis 19. Jh. erbauten Komplex der Residenz mit ihrem Hofgarten. Das unregelmäßige Straßenbild und die schmale Grundstücksparzellierung der Altstadt (lediglich im nördlichen Bezirk erbrachte die Errichtung von Adelspalais eine Modifizierung des Grundrisses) heben sich scharf von den schematischen Mustern der im 19 Jh. errichteten Vorstädte ab. Als ältester dieser Bezirke schließt sich im nördlichen Bereich die Maxvorstadt mit einem regelmäßigen großzügigen Straßengitter an (unterer Bildteil). Hier liegen bedeutende klassizistische Bauwerke Ludwig I., deren Lage sich auf dem Luftbild durch die sie umgebenden Parkanlagen leicht auffinden läßt: Alte Pinakothek, Glyptothek, Propyläen.

Die weiter südlich anschließenden Vorstädte (Ludwigsvorstadt, Isarvorstadt – oberer Bildteil) zeigen ein kleinmaschigeres Grundrißbild, dessen gitterförmiges Grundschema stellenweise durch diagonale Straßenzüge durchbrochen wird. Die Errichtung geht auf die Zeit starken Bevölkerungswachstums um 1900 zurück und zeigt streckenweise eine Bebauung im Mietskasernenstil. Hier in der Ludwigsvorstadt liegt die Theresienwiese, auf der zum Zeitpunkt der Aufnahme (18. 9. 70) gerade das Oktoberfest gefeiert wird. Zwischen Ludwigs- und Maxvorstadt schiebt sich von Westen bis nahe an die Altstadt der als Kopfbahnhof erbaute Hauptbahnhof vor.

Die Innenstadt Münchens in ihrer Funktion als Standort höchster zentraler Einrichtungen mit hoher Kundenfrequenz leidet ebenso wie die anderer gewachsener Großstädte unter dem Erbe einer veralteten Grundrißgestaltung. Unser Luftbild dokumentiert zum Zeitpunkt der Aufnahme deutlich das Ausmaß der Verkehrsüberlastung: lange Autoschlangen, verstopfte Kreuzungen, überfüllte Parkplätze und Parkhäuser. Inzwischen wurden jedoch einschneidende Verkehrsmaßnahmen getroffen: Die Stadt hat die Hauptgeschäftsachse (Neuhauser-, Kaufinger-Straße und einmündende Nachbarstraßen) in reine Fußgängerstraßen umgewandelt, die vollkommen vom Individualverkehr freigehalten werden und nur für kurze Zeiträume dem Zulieferverkehr zur Verfügung stehen.

In dieser Zone konzentrieren sich Münchens Kauf- und Warenhäuser, gastronomische Betriebe und Einzelhandelsgeschäfte, die mit Massenumsatz rechnen. Das nördlich anschließende Altstadtgebiet um Theatiner-, Residenz- und Maximiliansstraße ist anders strukturiert: exklusive Spezialgeschäfte, renommierte Bankhäuser, luxuriöse Hotels und das dazugehörige mondäne, internationale Publikum geben ihm weltstädtischen Charakter. Der westliche Rand der Altstadt zwischen Sendlinger-Tor-Platz über Stachus zum Maximiliansplatz ist bevorzugter Standort für Versicherungsunternehmen, Handelsniederlassungen und Firmenverwaltungen.

In diesem beschriebenen Innenstadtbereich verstärkt sich der Prozeß der Citybildung ständig (Kreuzviertel: 31 041 Beschäftigten stehen nur noch 1321 Einwohner 1970 gegenüber) und greift bereits mit zahlreichen Cityranderscheinungen in die Vorstadtviertel über.

München, das heute bereits 1,34 Mill. Einwohner zählt, versucht z. Z. durch großzügige, städtebauliche Veränderungen (U-Bahn-Bau, Fußgängerzonen, Entlastungsstädte, Olympiapark), sich den Bedingungen seiner wachsenden Bevölkerung anzupassen und seinen Ruf als Weltstadt zu wahren.

Heinz-Dieter May

85  MÜNCHEN
Innenstadt

Aufnahmedatum: 18. September 1970, 10.30 Uhr
Flughöhe: 2300 m
Bildmaßstab: ca. 1 : 13 000

86 MÜNCHEN
Olympiagelände

Aufnahmedatum: 2. Mai 1972, 13.15 Uhr
Flughöhe: 2200 m
Bildmaßstab: ca. 1 : 11 000

# München – Olympiagelände

Vier Kilometer vom Stadtzentrum Münchens entfernt entstanden auf dem Oberwiesenfeld die Anlagen zu den XX. Olympischen Spielen. Eingebettet in eine parkartige Landschaft wurden auf dem rund 3 Quadratkilometer großen Gelände nach einem Entwurf von Prof. G. Behnisch und seinen Partnern die Hauptwettkampfstätten und das Olympische Dorf erbaut.

Die einheitliche Gestaltung des Olympiaparks mit seinen nahe beieinanderliegenden Sportanlagen, Unterkünften und technischen Einrichtungen ist einer der wesentlichen Vorzüge dieser Olympischen Spiele. Sie konnte verwirklicht werden, da mit dem Oberwiesenfeld genügend unbebautes Gelände zur Verfügung stand. Seine Ausgestaltung zu einer abwechslungsreichen Landschaft stellte die Planer jedoch vor keine leichte Aufgabe: das Gelände mit einem kleinen Sportflugplatz, Schrebergärten, Ausstellungsflächen der BAUMA und Schutthalden bot einen reizlosen Anblick, der durch die Umrahmung mit Industrieanlagen (BMW im NO – unterer Bildteil links –, metallverarbeitende und chemische Betriebe und Gaswerk im W) und Gebäuden der Bundeswehr (im SW) noch verstärkt wurde. Durch die Modellierung der bis zu 65 m hohen Berge im Süden, die aus dem Trümmerschutt Münchens und dem U-Bahn-Aushub aufgeworfen worden waren, durch Aufschüttung eines 20 m hohen „Zentralplateaus" und durch die Anlage eines künstlichen Sees gelang es, eine reliefierte, vielgliedrige Landschaft zu formen.

Das Luftbild läßt deutlich die im Süden gelegenen, von Wanderwegen durchzogenen Aussichtsberge erkennen. Ihren Nordsaum bildet der 90 000 qm große aufgestaute Olympiasee, dessen Wasser aus dem Nymphenburger Kanal gespeist wird. Zwischen diesem See und dem achtspurig ausgebauten Georg-Brauchle-Ring liegen der 290 m hohe Fernsehturm und die Hauptwettkampfstätten der Olympischen Spiele: Olympiastadion, Sporthalle, Schwimmhalle, Radrennbahn und kleine Sporthalle (s. Skizze). Das 80 000 Zuschauer fassende Olympiastadion, die Sporthalle (11 500 Zuschauer) und die Schwimmhalle (9000 Zuschauer) sind in Anlehnung an antike Anlagen als Erdstadien in das Zentralplateau eingebettet. Ein von starken Pylonen und Stützen getragenes Zeltdach aus Acrylglasplatten verbindet diese drei Stadien miteinander und ist die architektonische und teuerste Hauptsehenswürdigkeit der gesamten Anlage.

Von diesen Stadien führen Brücken und Dämme zu der nördlich gelegenen Zentralen Hochschulsportanlage (während der Spiele Fernseh- und Rundfunkzentrale, Wettkampfstätten für Volleyball und Hockey) und zum Olympischen Dorf mit seinem Versorgungszentrum. Hier werden in den bis zu 14 Stockwerken hohen Terrassenhäusern des Männerdorfes, im 18stöckigen Hochhaus und in den 800 zweigeschossigen Bungalows des Frauendorfes 12 000 Athleten und Betreuer Unterkunft finden.

Der Olympiapark ist durch Schnellstraßen, U- und S-Bahn, Straßenbahn und Omnibus verkehrsgünstig zu erreichen und bietet 9500 Parkplätze und eine Tiefgarage.

Die Problematik der Errichtung eines großen komplexen Olympiageländes, das für ein außergewöhnliches Ereignis von 16 Tage Dauer erstellt wird, liegt in der sinnvollen Weiterverwendung der Bauten und der Eingliederung der Anlage in das Funktionsgefüge der Stadt. Die hohen Baukosten von rund 2 Milliarden DM lassen sich nur vertreten, wenn sie in einem vernünftigen Verhältnis zu dem Nutzen stehen, den die Bevölkerung Münchens später aus diesem Gelände ziehen kann. Ohne Zweifel wurde diese Forderung bereits in der Planung berücksichtigt. Dies gilt für die Dimensionierung des Olympiastadions (nur 80 000 Plätze im Hinblick auf spätere Wettkämpfe); dies gilt auch für die zukünftige Nutzung der übrigen Bauten: das Frauendorf wird 1700 Studenten Wohnraum geben, die rund 5000 Wohneinheiten des Männerdorfes und der Pressestadt werden Eigentums- und Mietwohnungen, die Universität München erhält mit der Zentralen Hochschulsportanlage ein modernes Leistungszentrum und eine Sportakademie, das Pressezentrum nimmt später eine Fachoberschule auf.

Nicht zuletzt wird mit dem Olympiagelände für die Bevölkerung Münchens ein neuer reizvoller Erholungspark mit zahlreichen Möglichkeiten der Freizeitgestaltung errichtet.

Heinz-Dieter May

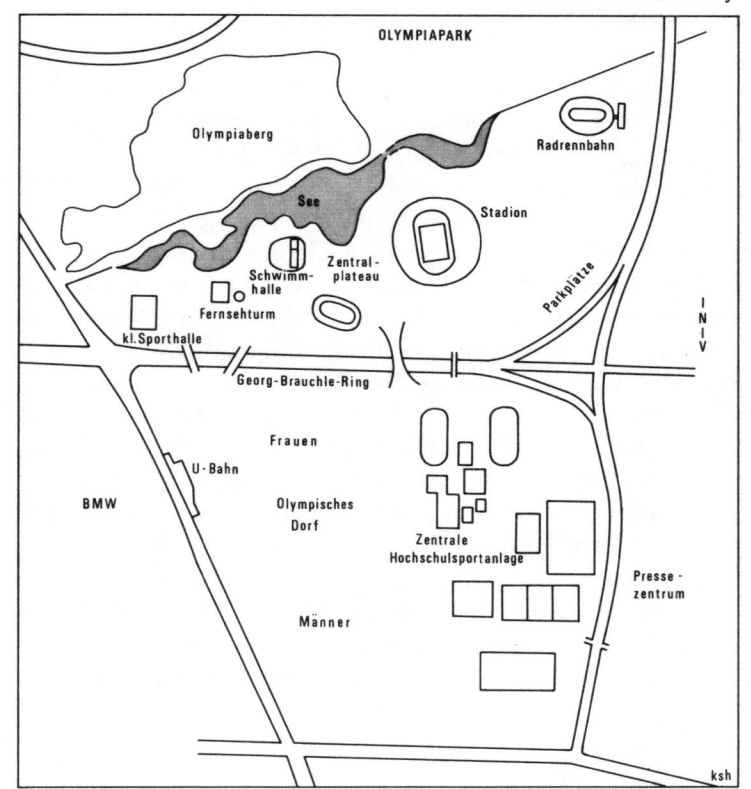

# Buch bei Zorneding

Das Luftbild zeigt eine ländliche Siedlung ca. 25 km südöstlich der Münchner Stadtmitte mit für Oberbayern typischem Weilercharakter. Es gibt einen reizvollen Ausschnitt aus dem Grenzbereich zweier naturräumlicher Einheiten, der Münchner Ebene im NW und des Inn-Chiemsee-Hügellandes im S der Ortschaft.

Das Relief kann aus dem Luftbild allenfalls aus der im südlichen Waldbereich unruhigeren Struktur und den auf Endmoränen häufigeren Laubgehölzen (vgl. den Ortsnamen) vermutet werden. Im SW von Buch machen jedoch ein vor dem Waldrand gelegener Buckel sowie zwei geschlossene feuchte Hohlformen (Toteislöcher) auf das Kleinrelief aufmerksam. Die vom NW her den engeren Siedlungsbereich umgreifende würmeiszeitliche fluvioglaziale Schotterfläche wird durch eine SN-gerichtete ehemalige zentrifugale Schmelzwasserrinne (im O von Buch) untergliedert, deren östliche Terrassenkante durch Verfärbungen der Feldfluren (veränderte Bodenfeuchte) klar erkennbar ist. Von hier aus wurde Schottermaterial aus der Moräne nach N vorgeschüttet (vgl. Kiesgrube). Die Beschaffenheit des Untergrundes hat für den auf einem Lehmbuckel der Grund- und Jungmoräne aufsitzenden Ort verschiedene Konsequenzen: Einmal bedarf die Wasserversorgung tiefer Brunnen, da der Grundwasserstand mit dem Wasserstauer ein Niveau weit unter der Oberfläche einnimmt; zum anderen bereitet die Anlage von Versitzgruben (ein Kanalanschluß zu Nachbarorten wäre zu teuer, für eine Ortskanalisierung fehlt der Vorfluter) erhebliche Schwierigkeiten, da versickerungsfähiger Untergrund erst in ca. 20—30 m Tiefe zu erreichen ist.

Mit seiner fast vollständig durch Wald eingefaßten Flur scheint Buch als Paradefall einer sogenannten Rodungsinsel geeignet, ein genereller Rückschluß nur aufgrund der Physiognomie ist jedoch sehr problematisch. In vielen Fällen im S und SO Münchens im Wald auftretende Hochäcker beweisen, daß früher gänzlich gerodete Flächen nach Aufgabe der landwirtschaftlichen Nutzung im ausgehenden Mittelalter wiederbewaldet wurden. Solche Hochäcker im Waldgebiet um Buch sind zwar allein aus dem Luftbild nicht ablesbar, was den Schluß zuließe, daß die Ortsflur keine wesentlichen Veränderungen (zumindest Verringerung) erfahren hätte; andererseits setzen sich besonders im N und O die Parzellengrenzen auffällig in den Wald hinein fort, der dort heute mit seiner einheitlichen Struktur auf Großbesitz schließen läßt, während sich insbesondere im W der kleinparzellierte Bauernwald mit sehr unterschiedlichem Holzeinschlag deutlich abhebt. Für die letzten 160 Jahre wiederum läßt ein Vergleich des Luftbildes mit dem Blatt München des Topographischen Atlasses von Bayern (1812) allenfalls geringe Flächenumwidmungen zwischen Land- und Forstwirtschaft erkennen (Rodung der Parzelle am NO-Bildrand, Aufforstung des spitz vorspringenden Waldrandes, WSW von Buch).

Begründet wurde Buch von der der bajuwarischen Landnahmezeit zuzuordnenden Urpfarrei Zorneding, als deren Filialkirche es 828 erstmals erwähnt wird (erst 1970 wurde Buch der Pfarrei seines Gemeindehauptortes Kirchseeon zugeordnet). Die Bevölkerungszahl dürfte bei gleichbleibender Flurgröße nur geringfügig angestiegen sein, diese Tendenz setzte sich im 19. Jh. bei insgesamt uneinheitlicher Entwicklung fort. Die Stagnation der Bevölkerung im 20. Jh. wurde lediglich durch eine nachkriegsbedingte Verdoppelung (1950: 217 Einwohner) unterbrochen, während in jüngster Zeit (1961: 172 Einwohner) im Gegensatz zu den vom Randwanderungsprozeß aus München erfaßten Nachbarorten eine Abnahme zu verzeichnen ist.

Die dominierende Landwirtschaft wird von knapp 10 technisch gut ausgestatteten Familienbetrieben aufrechterhalten, deren Betriebsgröße von 12 bis 35 ha land- und forstwirtschaftlicher Fläche streuen. Hofanbauten und eine Vielzahl von Nebengebäuden weisen auf Siloeinbauten und höheren Stellflächenbedarf für den Gerätepark hin. Die Flur zeigt ein breites Anbauspektrum verschiedener Getreidearten sowie von Kartoffeln (dunkle Flächen, in Verbindung mit einer nahen Genossenschaftsbrennerei). Die Verstärkung der Viehzucht deutet sich durch eine Ausbreitung der Grünland- und Futterflächen (neuerdings auch Silomais) und Siloeinbauten an, andererseits wird in Hofnähe noch Selbstversorgeobstbau betrieben. Während ein auf Jungstieraufzucht spezialisierter Betrieb neu errichtet wurde, brachte die Aufgabe des größten Betriebes (vgl. Gebäude in L-Form) Zupachtmöglichkeiten, das Gelände wurde als Lager vermietet.

Außer der auswärts verpachteten Kiesgrube, die durch eine Fertigbetonmischanlage ergänzt werden soll, hat Buch keine gewerblichen Aktivitäten, ca. 10 % der Bevölkerung pendelt aus. Der im Südteil der Flur erkennbare Trinkwasser-Hochbehälter dient der Gruppenwasserversorgung der westlichen Nachbargemeinden.

Wegen der reizvollen Landschaft gewinnt der Naherholungsverkehr zunehmende Bedeutung, auch wenn bisher keine der an Waldrändern dafür erforderlichen Einrichtungen (Park- und Rastplätze) geschaffen wurden. Die Planung sieht für den Ort neben den bereits vorhandenen Wohnhäusern — i. d. Regel für Familienmitglieder ortsansässiger Landwirte — keine weiteren Wohnausbauten vor, vielmehr soll die Landschaft in ihrer gegenwärtigen Form erhalten bleiben.

Gerhard Thürauf

87  BUCH BEI ZORNEDING

Aufnahmedatum: 18. September 1970, 11.00 Uhr
Flughöhe: 1600 m
Bildmaßstab: ca. 1 : 8 200

**88 SINGEN**
Vulkanberge des Hegau

Aufnahmedatum: 21. Juli 1971, 16.00 Uhr
Flughöhe: 2600 m
Bildmaßstab: ca. 1 : 13 000

# Singen und der Hohentwiel

Westlich des Bodensees liegt die Vulkanlandschaft des Hegaus; die Endung „-gau" weist auf alemannische Besiedlung seit dem frühen Mittelalter hin; archäologische Funde machen eine Vorbesiedlung seit dem Paläolithikum (Magdalénien) wahrscheinlich. Einige der Vulkanberge trugen keltische Fliehburgen.

Das Luftbild zeigt den Hohentwiel (A) als den bedeutendsten der Hegau-Vulkanberge und die weitflächig entwickelte Stadt Singen (B) im sehr breiten und flachen Tal der Aach. Zwischen der Größe der Stadt, der Breite des Tales und der besonderen Bergform des Hohentwiel bestehen kausale Zusammenhänge.

Auffällig am klotzförmigen Twiel-Berg (1), im Bild durch Schattenfall verstärkt hervortretend, ist seine Übersteilung des Ostabfalls (2); auch an der Südflanke deutet nackter Fels auf starke Erosion, während nach Norden und Westen der Abfall mäßiger, teilweise gestuft, verläuft (3). Der Wald deckt vornehmlich die steilen Partien; gegen die sanfteren Teile, besonders gegen Westen, wird er lichter. Auf dem Gipfelplateau ist der Twiel („Hohentwiel" ist eigentlich nur die Bezeichnung für die Burg) 686 m hoch; nach Westen liegt abgesetzt eine Vorhöhe (3) in 570 m Höhe. Die flache, westöstlich verlaufende und an der Nordflanke des Berges vorüberziehende Talung (4) liegt 500 m hoch, das Aachtal östlich des Twiel 430 m. Die rechte obere Bildecke zeigt den bewaldeten Anstieg zum 588 m hohen Staufen, einem benachbarten Vulkanberg (5).

Das Aach-Tal kommt von Nordosten (rechter Bildrand), biegt dann nach Westen aus und macht am Fuße des Twiel einen Knick nach Süden. Dieses Flüßchen entspringt im Aach-Topf, einem Karst-Quelltopf nordwestlich von Singen und führt größtenteils versickertes Donauwasser zum Rhein. Das kleine Gewässer kann nicht in der Lage gewesen sein, einerseits durch Erosion den Twiel zu formen (womit dessen östliche Steilseite erklärt wäre) und andererseits das heutige flache und breite Tal zu schaffen.

Ursache für die erwähnten Oberflächenformen ist die letzte Eiszeit. Der Rückzugsgletscher des „Singener Stadiums" drängte von Osten her und wurde vom tertiären Twiel-Vulkan gestoppt. Dieser verlor durch Gletschererosion den östlichen Teil seines Tuffmantels, die Schlotfüllung (Phonolit) wurde bloßgelegt. Im Norden und Westen blieb der Tuff erhalten und bildet heute eine höhere Stufe gegenüber dem Tal. Die Schmelzwasser des Singener Gletschers räumten eine breite Rinne aus, die heute von der Aach benutzt wird. Die Stadt Singen liegt zum guten Teil auf der Grundmoräne des Singener Stadiums.

Glaziale und fluvioglaziale Ausräumung schufen hier eine offene Durchgangslandschaft von der Donau bzw. der Südwestalb zum Rhein und zum Bodensee. Gerade bei Singen gabelten sich schon in der Vorzeit wichtige Wegverbindungen, wie es heute ebenso die Bundesstraßen 33 und 34 sowie etliche Bahnlinien tun. Die schwäbische Herzogsburg auf dem Twiel (später eine niemals eingenommene württembergische Festung) gewann hohe Bedeutung für die Straßensicherung; das in Leiterform angelegte Dorf Singen war Burgsiedlung (6). Nach Erlöschen des Stammesherzogtums zerfiel die Burg, Singen stagnierte als Bauerndorf. Um 1630 wurde die Festung (mit einem Vorwerk auf der Westseite, 3) erbaut, Singen erhielt seine erste Erweiterung (7). Erst mit und nach dem ab 1863 erfolgten Bau der Bahnlinien nach Konstanz und in den Schwarzwald wuchs Singen zur Stadt heran: erst in Erweiterung der alten Form (8), dann durch kleine Wohnsiedlungen (9) und durch Anlage von Mietshaus-Siedlungen. Von der Schweiz her fand Industrie Eingang. Die Industrieflächen (11, Maggi-Werke — Eisenverarbeitung — Aluminium-Walzwerk) sind stark bahnorientiert; ohne direkten Bahnanschluß liegt ein weiteres Gewerbegebiet (12) in der linken unteren Bildecke.

Singen ist die einzige größere Stadt im westlichen Bodenseegebiet. Sie ist ebenso Marktort für das agrarische Umland wie zentraler Ort für den südlichen ehemaligen Landkreis Stockach.

Heinz Fischer

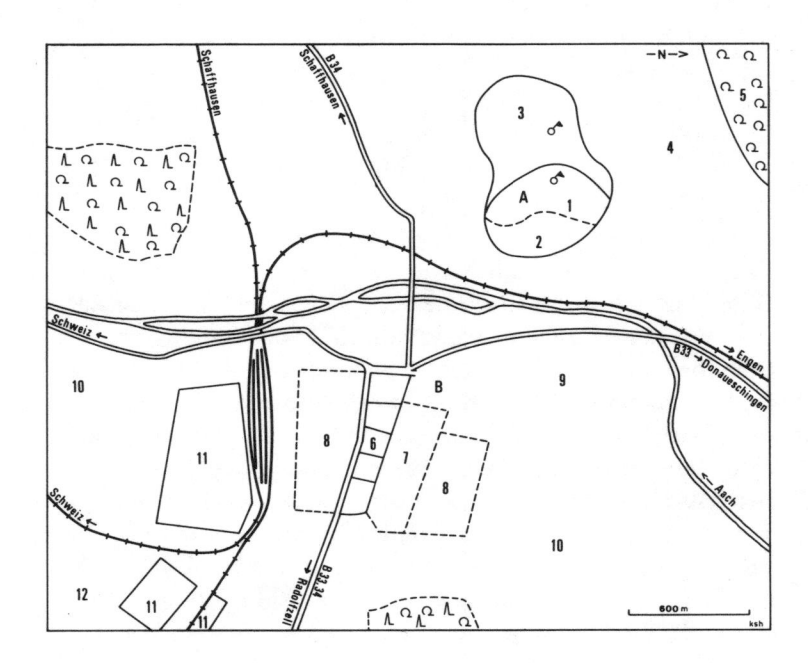

# Die Reichenau

Der Ostteil des Bodensee-Untersees, von dem das Bild einen Ausschnitt zeigt, wird von der Insel Reichenau beherrscht, an die das Flachwassergebiet des Ermatinger Beckens und der östliche Gnadensee angrenzen. Die Insel ist durch den im Bild links unten sichtbaren Straßendamm mit dem Festland verbunden. Dieses selbst ist rechts unten mit einem Zipfel des Bodanrück erfaßt, in dem der Rand der Ortschaft Hegne, sowie die Bundesstraße und die Bahnlinie Radolfzell—Konstanz angeschnitten sind.

Trotz des verhältnismäßig ausgeglichenen Reliefs mit nicht mehr als 60 m Höhenunterschied ist ein Teil der Formen gut erkennbar, vor allem im Uferbereich des Gnadensees. Hier schließt an das Festland seewärts eine nur flach wasserüberdeckte Uferbank wechselnder Breite an, die am Bodensee wegen des hell durchschimmernden Untergrundes „Wysse" (= Weiße) genannt wird. In den tieferen Seeteilen liegt der Seeboden unterhalb der Sichttiefe, so daß er auch vom Flugzeug aus nicht eingesehen werden kann und dunkelblau erscheint. Die seltsame, bisher nicht näher untersuchte Ausformung der Uferbank am „Kirchenloch" vor der Oberzeller Kirche ist wahrscheinlich als spätglaziales Toteisloch zu deuten, das heißt als Hohlform, die durch das Abschmelzen eines großen, in der Grundmoräne liegengebliebenen Eisblockes entstanden ist. Im unteren Teil des Gnadensees sehen wir eine heller gefärbte, langgestreckte Untiefe, den „Hegnestedirain", bei dem es sich wahrscheinlich um einen unterseeischen Drumlin handelt. Jedenfalls entspricht er in Größe und Längsrichtung den benachbarten terrestrischen Drumlins auf der Reichenau und dem Bodanrück.

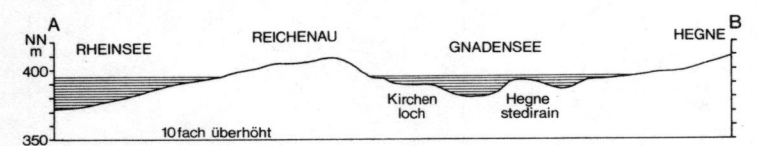

Auf der Uferbank hebt sich in Blau- bzw. Dunkelgrün die Wasservegetation deutlich von den hellgrünen, vegetationsfreien Flächen ab. Es sind einerseits, vor allem im Gnadensee, von Armleuchteralgen beherrschte Gesellschaften, die an Standorte guter Wasserqualität gebunden sind, andererseits, im Ermatinger Becken und an einzelnen Stellen am Nordufer der Reichenau, Laichkrautgesellschaften, die abwasserbelastete Bereiche anzeigen. Die Unterscheidung dieser beiden Typen ist auf diesem Luftbild nicht möglich; ein um acht bis vierzehn Tage späterer Aufnahmezeitpunkt, der die Wasserpflanzen optimal entfaltet und dann unterschiedlich gefärbt erfaßt hätte, würde dies aber zulassen. Röhricht- und Riedbestände, die über weite Strecken das Ufer säumen, fallen als graugrüne Flächen auf. Offene Kiesstrände, ohne Schilf, sind dazwischen als helle Uferstreifen erkennbar.

Das Bodenseegebiet ist altes Kulturland. Im Mittelalter bildete die Insel Reichenau einen Mittelpunkt kirchlich-geistigen Lebens, wovon die aus dem 9. Jh. stammende Basilika in Oberzell und das mit seinem Kern in das 8. Jh. zurückreichende Münster in Mittelzell zeugen. Aus dem 17. Jh. stammt das Königsegger Schlößchen mit seinem ausgedehnten, baumbestandenen Park. Die von unserem Bild zu etwa zwei Dritteln wiedergegebene Insel ist heute, von den Uferpartien abgesehen, völlig kultiviert, wobei der ehemals vorherrschende Weinbau intensivem Gemüsebau weichen mußte. Die Hochsommeraufnahme zeigt in dem kleinparzellierten, noch nicht flurbereinigten Gelände dunkelgrüne Felder mit Tomaten und hellgrüne mit Blumenkohl und Salat, während hellbraune Flächen frisch umgebrochen sind. Sehr auffällig ist die große Zahl von Glashäusern, die im Bild als lange, bläuliche Gebäude erscheinen. Der Vergleich mit Luftbildern von 1954 zeigt, daß die meisten erst in den letzten 15 Jahren entstanden sind, als Folge der rückläufigen Rentabilität des Freiland-Gemüsebaus. Auch auf den Fremdenverkehr, die zweite, allerdings weniger wichtige Erwerbsquelle des Gebietes, gibt das Bild Hinweise. Rechts unten ist der große Campingplatz am Ufer vor Hegne sichtbar, mit einer Reihe vor Anker liegender Boote. Zahlreiche weitere Boote erkennt man als helle, über die gesamte Seefläche verstreute Punkte. Gegenüber einem Mittwochnachmittag als Aufnahmezeitpunkt wäre der Boots- und Badebetrieb am Wochenende noch wesentlich stärker zu sehen. Die langen, hellen Streifen im Ermatinger Becken links unten sind wohl als Trübungsfahnen zu deuten, die von den Schrauben durchfahrender Motorboote am Grunde aufgewirbelt und von der Strömung nach Westen abgetrieben wurden. Am Ufer vor Mittelzell, rechts oben, fällt der neuangelegte Yachthafen ins Auge.

Gerhard Lang

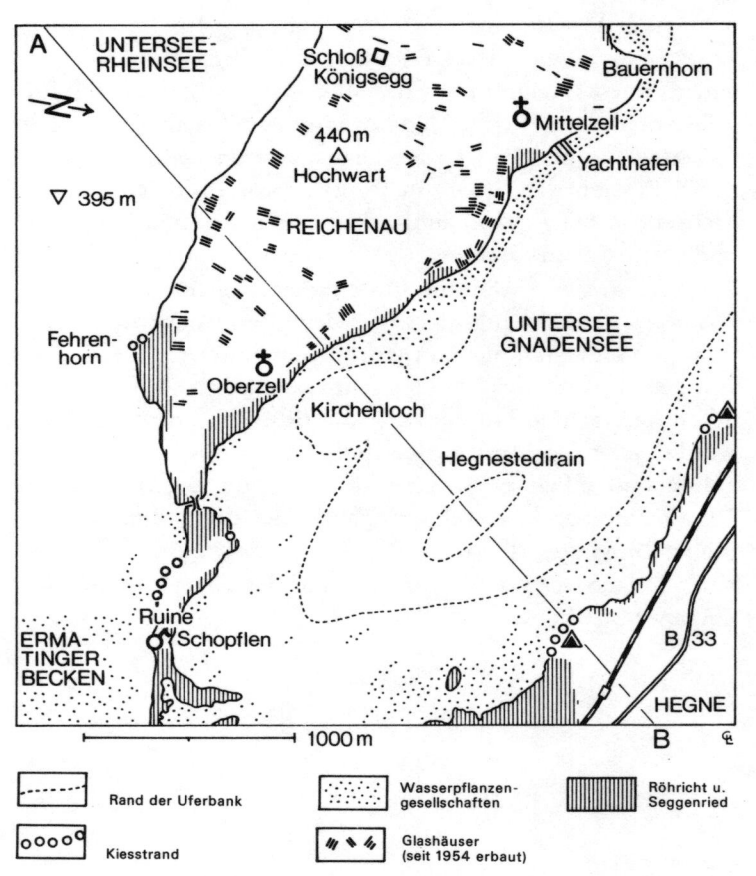

## 89 DIE REICHENAU
Spezialkulturen auf der Bodenseeinsel

Aufnahmedatum: 21. Juli 1971, 15.45 Uhr
Flughöhe: 2800 m
Bildmaßstab: ca. 1 : 14 000

90 LINDAU
Insel- und Hafenstadt im Bodensee

Aufnahmedatum: 17. September 1970, 11.10 Uhr
Flughöhe: 1150 m
Bildmaßstab: ca. 1 : 6000

# Lindau im Bodensee

Lindau im Bodensee zählt als Inselstadt zu den berühmtesten Stadtbildern Deutschlands. Die 62,5 ha große Insel wird durch eine 219 m lange Straßenbrücke und einen 555 m langen Eisenbahndamm mit dem Festland verbunden. Trotz dieser geringen Entfernung wurde die Insel erst relativ spät besiedelt. Bezeichnungen wie „Heidenmauer" (dort, wo die Straße nach Überqueren der Brücke den Rand der Altstadt erreicht) oder „Römerschanze" (auf dem Vorsprung zwischen Haupthafen und Segelhafen) sind relativ jung, und der Turm bzw. Mauerrest ist höchstens frühmittelalterlich. Sichere Zeugen aus der Römerzeit wurden auf der Insel nicht gefunden, wohl aber im Bereich der Gemeinde Aeschach, wo eine römische Siedlung mit hypokaustischen Heizanlagen entdeckt wurde. Erst im Laufe der Jahrhunderte wuchs die Insel Lindau aus zwei größeren und mehreren kleinen Inseln durch ausgedehnte Aufschüttungen zusammen. Die mehrfach gewundene Ludwigstraße markiert den ursprünglichen Verlauf der Uferlinie. Bis ins 19. Jh. wurde rund ein Drittel der heutigen Inselfläche durch Aufschüttung vor allem im Bereich des Hafens und der Bahnanlagen gewonnen. Die sog. „Hintere Insel" (rechts der Bahnanlagen) war durch einen Graben von der Hauptinsel getrennt und bis zur Mitte des 19. Jh. dem Wein- und Gartenbau vorbehalten. Heute dient dieser Teil der Insel den Bahnanlagen, dem halbrunden Lokomotivschuppen und einer Kaserne. Daran schließt die jüngste Aufschüttung aus den Jahren 1968/69, eine rund 40 000 m² große Fläche, die als Parkplatz für 800 Autos Verwendung finden wird. Hinter einem Damm wurde die Seefläche mit 200 000 m³ Schlamm aufgefüllt, der vom Grund des von der Verlandung bedrohten „Kleinen Sees" zwischen Eisenbahndamm und Straßenbrücke herüber gepumpt wurde. Das aufgefüllte Gelände wurde der Stadt Lindau vom Bayerischen Staat, dem Besitzer der Seefläche, für zunächst 30 Jahre kostenlos verpachtet.

Die ältesten Siedlungskerne auf der Insel waren ein kleines Fischerdorf um die leicht erhöht liegende St. Peterskirche (dort, wo die Altstadt nahe den Bahnanlagen etwas nach W ausbuchtet) und das Kanonissenstift, dessen mächtige Kirche mit Querschiff und Westturm am Ostrand der Altstadt ebenfalls etwas erhöht aufragt. Auf dieses Damenstift bezieht sich die erste Erwähnung Lindaus i. J. 822; das Stift bevorzugte die Schutzlage auf der Insel und verlegte erst um 1080 seinen Ufermarkt von Aeschach auf die Insel. Etwa zur selben Zeit wurde neben der Stiftskirche die Pfarrkirche St. Stephan (mit Ostturm) auf dem Marktplatz errichtet. In der Folgezeit entwickelte sich westlich der beiden Kirchen eine planvoll angelegte Bürgerstadt, die im 13. Jh. die Reichsfreiheit erlangte und im 14. Jh. das Fischerdorf um St. Peter in die Ummauerung einbezog. Das Geschäftsleben verlagerte sich vom Marktplatz bei den zwei Kirchen nach W in die breite „Hauptstraße", die die eng überbaute Bürgerstadt von O nach W durchquert.

Der Reichtum der Stadt im Spätmittelalter beruhte auf dem Umschlag von Getreide und Salz zu Schiff in die Schweiz, dazu kamen der Handel mit Leinwand und selbstgebautem Seewein und die Funktion als Stapelplatz auf der Strecke Augsburg–Mailand. 1805 kam die Stadt an Bayern, das bereits 1811 einen neuen Hafen erbaute, der 1856 mit Leuchtturm und Löwe erweitert wurde. Durch Errichtung des Bahndammes erhielt die Stadt 1853 Bahnanschluß und wurde bis zur Eröffnung der Arlbergbahn 1884 ein wichtiger Umschlagplatz für ungarisches Getreide in die Schweiz (pro Jahr ca. 35 000 t). Die Eisenbahnwaggons wurden auf Fährschiffe verladen, wie die Gleisanlagen deutlich erkennen lassen. Dieser Trajektverkehr nach Rorschach wurde 1938 eingestellt, während er zwischen Friedrichshafen und Romanshorn heute noch jährlich ca. 35 000 Güterwagen und 20 000 Kraftfahrzeuge über den See befördert.

In der zweiten Hälfte des 19. Jh. suchten immer zahlreichere Fremde die Inselstadt auf. Seitdem ist das Wirtschaftsleben größtenteils auf den Fremdenverkehr eingestellt (alljährliche Tagung der Nobelpreisträger). Eine besondere Rolle spielt natürlich der Wassersport, wie der Segelhafen mit seinen Landestegen und die zahlreichen Boote im „Kleinen See" beweisen. Die Zahl der Gäste stieg pro Jahr auf etwa 120 000 mit 400 000 Übernachtungen, die z. T. in den 1922 eingemeindeten Orten Aeschach, Hoyren mit Bad Schachen und Reutin Unterkunft finden. Die Stadt Lindau hat einen beträchtlichen Teil ihrer städtischen Funktionen auf das Festland verlegt, wo mehr Raum zu geringeren Baukosten bei besserer verkehrlicher Erschließung zur Verfügung steht. Die Insel ist heute fast nur noch Touristenstadt mit Einkaufs- und Versorgungsfunktionen für die Fremden und die rund 30 000 Bewohner von Lindau und den angrenzenden Seeufergemeinden. Mit etwa 600 000 Fremdenübernachtungen verfügt dieses Gebiet über ein höheres Nachfragepotential für Güter und Dienstleistungen als es der ansässigen Bevölkerung entspräche. Damit ist die Inselstadt mit den Seeufergemeinden weit besser versorgt als die Konsumkraft der einheimischen Bevölkerung erwarten läßt. Diese Attraktivität als Wohnplatz nutzen die Eigentümer zahlreicher Ferienhäuser, Alterssitze oder Zweitwohnungen in den Seeufergemeinden.

Um Pfingsten und im August ist der Verkehr außergewöhnlich stark, was zu Parkplatzschwierigkeiten auf der Insel führt; der neue Großparkplatz (s. o.) soll diesem Übelstand abhelfen. Die Trinkwasserversorgung erfolgt mittels Filteranlagen aus dem Bodensee bei Nonnenhorn. Eine weitere im Ausbau begriffene Kläranlage verhindert die Verschmutzung des Bodensees, der den Trinkwasserbedarf von 2 Mill. Menschen deckt, aber noch immer die Abwässer zahlreicher Seegemeinden aufnehmen muß.

Die weitere Entwicklung Lindaus als Fremdenverkehrszentrum macht die Verlegung sowohl der Bahnanlagen als auch der Kaserne vom Westteil der Insel auf das Festland erforderlich; nur so kann das nötige großzügige Kurzentrum auf der Insel verwirklicht werden.

Hans Fehn

# Isny

Das wald- und wiesenreiche Alpenvorland um Isny (700 m) ist von der Eiszeit geprägt. Der Rheingletscher hat hier in seinem letzten großen Vorstoß am weitesten nach Osten ausgegriffen, bis er 4 km östlich der Stadt an der tertiären Masse von Adelegg und Schwarzem Grat (1119 m) zum Stillstand gekommen ist. Der Raum Isny verdankt deshalb seine Schotterplatten, Kiesrücken und Niederungsmoore den Schmelzwassern, die beim Rückzug des Eises diese Formen gebildet haben.

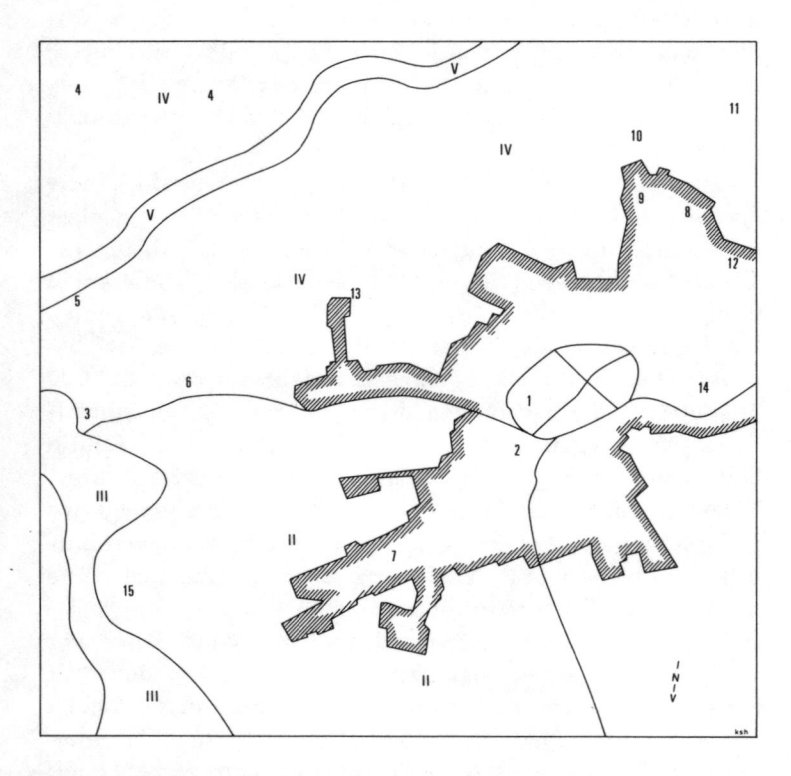

Von dem breiten Niederungsmoor (I) im Nordwesten der Stadt zieht eine Schotterterrasse (II) nach Osten, die von Argen angeschnitten wird. Das dort entstandene Kieswerk (15) ist allerdings stillgelegt. Zusammen mit den alluvialen Argenschottern (III) entsteht eine breite Ebene. An ihrem südlichen Rand treten ungewöhnlich starke Grundwasserquellen (500 sec/l) zutage. Dadurch bilden sich vor den Mauern Isnys mehrere Seen, die dem Wassertor und der Wasservorstadt (2) den Namen gegeben haben. Ob es sich hier um ein altes Argenbett handelt, wird eine geologische Untersuchung erweisen. Scharf abgetrennt beginnen südlich dieser Fläche höhere Kiesrücken mit einem reliefreicheren Gelände (IV), das von schmalen, moorigen Wiesentälchen (V) durchzogen wird.

An dem beherrschenden Punkt, an dem die Alluvialzone der Argen (III) sowohl mit der flachen Schotterplatte im Norden (II) als auch mit dem höheren Kiesrücken im Süden (IV) zusammentrifft, liegen die im Luftbild erkennbaren Reste eines Römerkastells (3), im Volksmund „Betmauer" genannt, ein Zeichen für frühe Besiedlung und strategische Bedeutung dieses Raumes.

Die ehemals Freie Reichsstadt, die heute 8000, mit den 1972 erfolgten Eingemeindungen rund 12 000 Einwohner hat, läßt in ihrem regelmäßigen Grundriß und dem Straßenkreuz eine planmäßige Gründung erkennen. Tatsächlich gibt es auch wenige Beispiele, in denen eine durch Urkunden belegte Marktgründung und Stadtentstehung so klar nachgewiesen werden kann.

1069 wird das Benediktinerkloster (1) erwähnt, zu dem wohl einzelne Höfe in der heutigen Vorstadt vor dem Wassertor (2) gehört haben. 1171 ist die Rede von Bürgern, die an einem Markt angesiedelt werden. Der Markt erhielt in den ersten Jahrzehnten des 13. Jh.s Stadtrecht und erlangte 1365 als Freie Reichsstadt politische Bedeutung. Die günstige Lage zu den Alpenpässen und die Verbindungen mit Bregenz, Kempten, Memmingen und anderen oberschwäbischen Reichsstädten brachte einen bedeutenden Korn- und Salzhandel und verschaffte der Stadt Reichtum und Ansehen.

Die ländliche Umgebung, in der vor 100 Jahren noch zu mehr als 60 % Ackerbau betrieben wurde, besteht heute ausschließlich aus Grünland mit Vieh- und Milchwirtschaft.

Trotz des aufgelockerten Siedlungsbildes kann von einer eigentlichen bäuerlichen Streusiedlung nur bedingt, etwa in der linken oberen Bildecke bei einzelnen Hofgruppen (4) der Gemeinde Kleinholzleute und dem Weiler Burkwang (5), gesprochen werden. Während nämlich nördlich des Bodensees vom 16. bis 18. Jh. die Bodenreform der Vereinödung und Zusammenlegung von Parzellen zu Einödfluren betrieben wurde, nahmen Städte wie Isny und andere daran wenig Anteil, denn die städtisch-gewerbliche Struktur mit kleinbäuerlicher Landnutzung eignete sich für diese Bodenreform schlecht. Die Ausdehnung der modernen Wohnsiedlungen hat sich an einzelne Patrizierhöfe vor der Stadt angelehnt, oder es wurde Moorgelände erschlossen bzw. anderes Gelände zur Verfügung gestellt, wie bei der Siedlung der Ungarndeutschen im neugegründeten Kleinhaslach (6).

Gewerbliche Betriebe befinden sich vorwiegend im Nordosten der Stadt an der Bahn nach Leutkirch und Kempten (7). Es handelt sich um feinmechanische, metallverarbeitende, Lebensmittel- und Milch-, Leder-, Kunststoff- und Straßenbaubetriebe. Indessen liegt der Schwerpunkt nicht im gewerblichen und industriellen Bereich. Vielmehr sieht der Landesentwicklungsplan den Ausbau dieses Raumes als ein besonders geeignetes Genesungs- und Erholungszentrum vor.

Einen Ansatz dazu bildet das 1803 aufgelöste Kloster (1), heute Alterskrankenhaus der Stadt Stuttgart. Noch wichtiger ist ein im ganzen Lande bekanntes Rehabilitationszentrum (8), vorwiegend für Querschnittgelähmte. Daneben liegt ein Alters- und Pflegeheim (9), beides von der Evangelischen Heimstiftung, die auch die Landwirtschaft des benachbarten Hofgutes (10) übernommen hat. Ein Sportsanatorium (11), das evangelische Jugenddorf Siloah (12) sowie Schullandheim und Jugendherberge (13) sind weitere Teile des Isnyer Erholungszentrums. Die Stadt, die gleichzeitig über ein modernes Schul- und Bildungszentrum (14) verfügt, ist bemüht, durch Einrichtung von Badeanlagen und den Bau eines Kurmittelhauses die ihm als heilklimatischem Kurort gegebenen Möglichkeiten auszubauen und die landschaftlich reizvolle Umgebung noch weiter in diesem Sinne zu erschließen.

Theodor Hornberger

91  ISNY
Allgäuer Erholungsgebiet

Aufnahmedatum: 30. Juli 1971, 9.05 Uhr
Flughöhe: 2500 m
Bildmaßstab: ca. 1 : 12 000

## 92  DAS MÜNDUNGSDELTA DER TIROLER ACHE IN DEN CHIEMSEE

Aufnahmedatum:
29. September 1970, 11.30 Uhr

Flughöhe:
3050 m

Bildmaßstab:
ca. 1 : 16 000

links: 1923
rechts: 1950

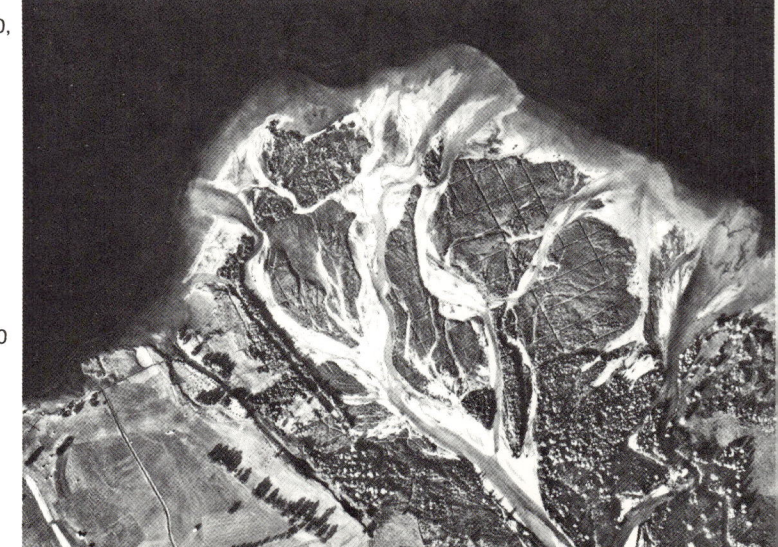

# Das Mündungsdelta der Tiroler Ache

Das sich wie eine Baumkrone verästelnde 450 m breite und rund 300 m tiefe Mündungsdelta in der Südostecke des Chiemsees und der von Auenwald begleitete kanalisierte Unterlauf der Tiroler Ache sind das Leitmotiv dieses Bildes. Die Tiroler Ache entspringt in den Kitzbühler Schieferalpen und hat ein Einzugsgebiet von 945 qkm, von dem der größte Teil in den Alpen, und zwar den Schieferalpen und den nördlichen Kalkalpen, liegt. Sie ist ein typischer Alpenfluß mit einer mittleren Wasserführung von 36 m³/sec (Meßstelle ca. 10 km oberhalb der Mündung). Im Winter führt sie wenig Wasser, im Frühjahr zur Zeit der Schneeschmelze in den Bergen schwillt sie stark an und hat vor allem starke Sommerhochwasser im Juni/Juli. Als Hochgebirgsfluß transportiert die Ache große Mengen Geschiebe, die vor allem aus den Kalkalpen sowie aus Moränen- und Schottermaterial stammen, Schwebstoffe, die vor allem aus den tonig bis schluffig verwitternden Schieferalpen kommen, und einen erheblichen Anteil an gelösten Stoffen (Ca, Na usw.). Eine ausgedehnte Deltabildung im Gebiet nachlassender Strömung und damit Schleppkraft an der Mündung in den Chiemsee ist das Ergebnis dieses starken Stofftransports.

In den Jahren 1909—1950 betrug die im Delta abgelagerte mittlere Fracht der Tiroler Ache im jährlichen Mittel:

| | |
|---|---|
| Geschiebe: | 100 000 m³, |
| Schwebstoffe | 177 000 m³, |
| gelöste Stoffe: | 55 000 m³, |
| Zusammen: | 332 000 m³. |

Das Delta, das sich nach Art eines Schwemmfächers von S gegen den See vorbaut, besteht wechsellagernd aus Geröllen, Kiesen und Sanden (in der Tabelle als Geschiebe zusammengefaßt), Ton und Schluff (Schweb) sowie an der Basis aus Seekreide. Die fortschreitende Deltabildung, die im S eine ausgedehnte Aufschüttungsebene zwischen den Verlandungsmooren des Chiemsees zurückläßt, bewirkt eine laufende Verkleinerung der Seefläche. Bei gleichbleibender Fracht der Ache, die vor allem ein gleichbleibendes Großklima voraussetzt, würde der Chiemsee in rund 7000 Jahren zugeschüttet sein. Das Farbbild aus dem Jahr 1970 zeigt ein weitgefächertes Delta, auf dem sich die Ache in mehrere Mündungsarme verzweigt. Eine noch vor einem Jahrzehnt wasserreiche Mündungsrinne auf der rechten Seite des Deltas, die dort einen breiten, durch mehrere Abflußrinnen gegliederten, inzwischen mit Weidengebüsch bepflanzten Schwemmfächer geschaffen hat, ist durch Verlängerung des rechten Leitdamms der Ache vor kurzem abgedämmt worden. Vor jeder Mündungsrinne wird ein kleiner, zunächst vegetationsloser Schwemmfächer gebildet. Zusammen bilden die Schwemmfächer eine breite Uferbank am Außenrand des Deltas. Man erkennt die sich in der Uferzone verbreiternden Mündungsrinnen. Die gesamte Uferzone aus jungen, in Weiterbildung begriffenen Schwemmfächern fällt mit einer steilen Halde zum dunklen Seeboden ab. Ein Vergleich mit älteren Bildern zeigt, daß sich das Delta als Ganzes durch ein mosaikartiges Zusammenwachsen der am Außenrand vor den Mündungen gebildeten kleinen Schwemmfächer gegen den See vorbaut. Zwischen den vegetationslosen Schwemmfächern im Schüttungsbereich der Mündungsrinnen entstehen vorübergehend seichte Buchten, in denen sich Flußtrübe absetzt; sie verleiht dem Wasser eine grünliche Farbe. Durch die Hauptmündungen wird Schweb in den See transportiert, der sich wolkenartig im dunklen Seewasser verteilt (am deutlichsten im Bild aus dem Jahre 1923). Links im Bild ist ein älteres Delta der Ache zu erkennen, von dem zwei ehemalige Mündungssporne gegen den See vorragen. Im jungen Kulturland der sich dahinter anschließenden Aufschüttungsebene paust sich zwischen der Weilersiedlung Baumgarten, nördlich der Autobahn München—Salzburg, und dem größeren Mündungssporn der geschwungene ehemalige Flußlauf durch. Die Parzelleneinteilung der Wiesen und Felder sowie Auewaldreste folgen der Rinne. Auf dem großen Mündungssporn sind noch seitliche Verzweigungen erkennbar. Nördlich Baumgarten ist eine Folge von Teichen in dem Altlauf angelegt worden. Westlich Baumgarten hatten die spornförmigen Vorschüttungen des ehemaligen Deltas eine seichte Bucht entstehen lassen, die dann organogen verlandete. Im Gegensatz zu den trockeneren Deltaablagerungen wird sie von Schilf und Seggenried eingenommen. Im vom Menschen unbeeinflußten Zustand hat die Ache ihren Lauf auf ihrer Aufschüttungsebene mehrfach verlegt und damit jeweils die Lage des Mündungsdeltas verändert. Ähnlich wie das jeweilige Mündungsgebiet so ist auch die gesamte Aufschüttungsebene über mehrere Deltabildungen mosaikartig vorgewachsen. Die derzeitige Deltaentwicklung läßt sich besonders gut verfolgen, da sie durch einen künstlichen Durchstich eingeleitet wurde, mit dem die Regulierung der Ache 1869—76 begann. Die Uferlinie ist in den Jahren 1869—1970 an der Stelle maximaler Vorschüttung 1400 m vorverlegt worden. Vor dieser letzten, künstlich eingeleiteten Deltabildung lag das Delta weiter rechts auf die Hirschauer Bucht zu, wo heute am Rande des Auewaldes der begradigte Rothgraben mündet.

Mit der fortwährenden Veränderung des Deltas, die ihren Ausdruck in der Vorverlegung der Uferlinie findet, ist eine ökologische Veränderung gekoppelt, die in der räumlichen und zeitlichen Abfolge (Sukzession) bestimmter Pflanzengesellschaften sichtbar wird. Die pflanzliche Besiedlung beginnt in Stillwasserbuchten mit einem Schilfgürtel, auf den im Uferbereich mit beginnender Bodenbildung Silberweidenwald folgt. Links im Bild und südlich der Hirschauer Bucht ist er als Ufersaum zu erkennen. Weiter zurückliegend wird er vom gelegentlich überschwemmten Grauerlen-Auewald, der typischen Waldgesellschaft auf jungen Schotterfluren der Alpengewässer, abgelöst. Ist das Gelände soweit landfest, daß sich darauf ein grauer Kalkauenboden bilden konnte, so folgt darauf ein zunächst noch erlenreicher Eschen-Bergahorn-Auewald. Die Sukzession ist insgesamt eine Folge nachlassender Überschwemmungen und fortschreitender Bodenentwicklung. Rechts vom Auewald erkennt man dunkle Moorböden, die zu kürzlich kultiviertem und von Gräben durchzogenem Flachmoor gehören. Im Unterschied dazu liegen Wald und Grünland nördlich der Hirschauer Bucht auf Moränengelände. Die Bucht selbst ist durch einmündende Bäche eutrophiert, was man an den Schwimmblattbeständen und Algen im seichten Wasser erkennt.

Hans-Jürgen Klink

# Schliersee

Mit dem größeren und bekannteren Tegernsee teilt der Schliersee den besonderen landschaftlichen Reiz der Alpenrandlage. Im Süden, von steil über 1800 m aufragenden Bergen umschlossen, liegt der Hauptteil des Seebeckens eingebettet in die sanfteren, bewaldeten Höhenzüge der Flyschzone. Sein Ausfluß, die Schlierach, tritt 1 km nördlich des unteren Bildrandes in die Molassezone des Alpenvorlandes ein. Kulturgeographisch kommt dieser Landschaftswechsel deutlich in den Siedlungsformen zum Ausdruck. Lockere Streusiedlung gruppiert sich zwanglos um alte Bauernhöfe im Süden: Neuhaus (N), Fischhausen (F). Die Weiler Oberleiten (O) und Breitenbach (B) leiten über in das geschlossene, freundliche Ortsbild von Schliersee (S), das talabwärts abgelöst wird von planmäßigen Bergarbeitersiedlungen um die seit 1965 stillgelegten Zechenanlagen des Haushamer Pechkohlenreviers.

Einem kleinen Talgletscher am Westrande des mächtigen eiszeitlichen Inngletschers verdankt der Schliersee seine Entstehung und seine Umrahmung durch eine Schar von Endmoränenwällen, die im Luftbild freilich schwer zu erkennen sind: Stirnmoränen beiderseits der Schlierach und Seitenmoränen beispielsweise über dem östlichen Seeufer bei Oberleiten. Kein größerer Zufluß vermochte bisher die Seefläche durch eingeschwemmte Schotter- und Kiesmassen wesentlich zu verkleinern; denn ein vom Gletschereis abgeschliffener und später von Hangschutt überdeckter Felsrücken, auf dem der Ort Neuhaus sich ausbreitet, lenkt die aus dem Bodenschneid- und Spitzingsee-Gebiet kommenden Zuflüsse über das Aurachtal nach Osten, zur Leitzach hin, ab.

Die äußerst komplizierte geologische Struktur dieser Alpenrandzone, die in überraschender Mannigfaltigkeit der Gesteine und Bergformen sich ausprägt, kann hier anhand der Kartenskizze nur kurz angedeutet werden. Zwei bedeutende Störungslinien (Überschiebungen) queren das im Luftbild dargestellte Gebiet in ost-westlicher Richtung. An der südlichen sind kalkalpine Gesteinsserien (kreuzschraffiert) auf Flysch (schräg schraffiert) überschoben, während an der nördlichen jüngere Gesteine der helvetischen Zone (senkrecht schraffiert) in einem sog. „Halbfenster" unter der Flyschdecke auftauchen. Von helvetischem Schrattenkalk wird der von schönem Laubwald bestandene Felsrücken des Freudenbergs gebildet, der sich wie ein Riegel vor den Schlierach-Ausfluß schiebt. Ebenso deutlich machen sich harte Gesteinsfolgen der kalkalpinen Zone in der südlichen Umrahmung des Seebeckens bemerkbar, z. B. Plattenkalk und Hauptdolomit auf dem Gipfel des Wester Bergs (1333), steil südwärts einfallende Faltenrippen der Raibler Kalke am Brunstkogel (1249) und vor allem am Hirschgröhrkopf (Höhen 1262 und 1276, am halben Hang Ruine Hohenwaldeck auf 987 m ü. NN).

Auch die Flyschberge beiderseits des Sees erreichen — freilich erst außerhalb des Bildausschnittes — noch Gipfelhöhen über 1200 m. Tonig-mergelige, wasserstauende Gesteinsfolgen im Flysch und im kalkalpinen Bereich (Kössener Schichten, Lias-Fleckenmergel) bilden typische „Almböden" und sind als grasbewachsene Flächen im Gebirge gut zu erkennen.

Trotz guter Straßen- und Bahnverbindungen (Bundesstraße 307 und Bahnlinie München—Holzkirchen—Bayrischzell) hat der Schliersee samt engerer Umgebung viel von seiner ursprünglichen Schönheit bewahrt. Man findet hier — ein an oberbayerischen Seen recht seltener Vorzug — noch unverbaute Ufer und einsame Wanderwege. Daß Bade- und Camping-Freuden nicht zu kurz kommen, zeigt das Luftbild deutlich. Vielleicht sind es gerade die anspruchsvolleren Feriengäste, die, weil sie dem lauten Tourismus des Tegernsees entfliehen wollen, sich am Schliersee ein ruhigeres Sommerquartier reservieren. Bei so großartigen Möglichkeiten für Wasser-, Berg- und Wintersport (vor allem im nahen Spitzingsee-Gebiet) kann man sich nicht wundern, daß die Landwirtschaft zunehmend in die Rolle eines Nebenerwerbs gedrängt wird. Man möchte aber hoffen, daß wirksame Maßnahmen des Landschaftsschutzes auch weiterhin die anmutige Alpenrandlandschaft um den Schliersee vor protzigen Hotelpalästen und ausufernder privater Bautätigkeit zu bewahren vermögen.

Ernst Schmidt-Kraepelin

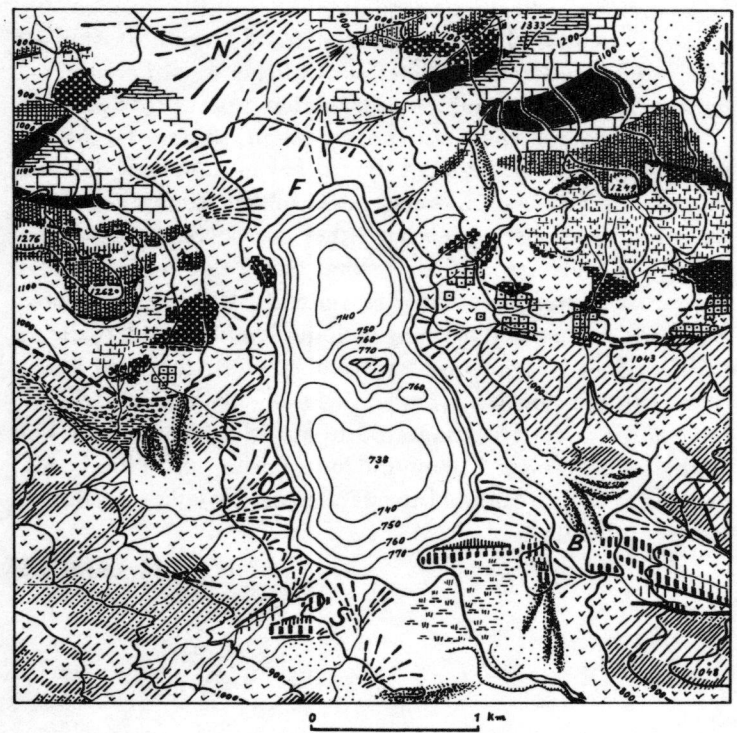

Geolog. Kartenskizze „Schliersee" (nach Geolog. Karte 1 : 25 000 Bl. Miesbach, vereinfacht)

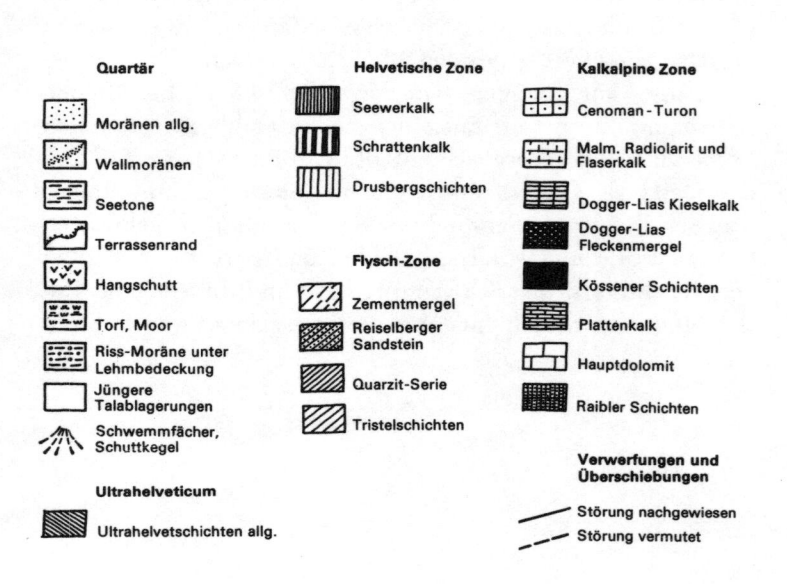

**93  SCHLIERSEE**
Glaziales Seebecken im Alpenvorland

Aufnahmedatum: 29. September 1970, 11.05 Uhr
Flughöhe: 3050 m
Bildmaßstab: ca. 1 : 17 500

## 94  GOTTESACKERPLATEAU
Allgäuer Alpen

Aufnahmedatum: 29. September 1970, 14.05 Uhr
Flughöhe: 1450 m
Bildmaßstab: Keine exakte Maßstabbestimmung möglich

# Gottesackerplateau

Wer sich durch Georg Wagners inhaltsreiches Buch „Rund um Hochifen und Gottesackergebiet" (Öhringen 1950) in die Formenwelt dieser großartigen Alpenkarstlandschaft zwischen Iller und Bregenzer Ache einführen ließ, wird im vorliegenden Farbluftbild viele überraschende Entdeckungen machen, vor allem, wenn er es bei Wanderungen über das unwegsame Kalkplateau als zuverlässige und detailreiche Orientierungshilfe benutzt.

Erst aus der Kenntnis der großräumigen geologisch-morphologischen Zusammenhänge heraus werden die eigenartigen und komplizierten Strukturen in diesem Bild verständlich: als Komponenten eines mächtigen Faltengewölbes, auf dem — im tief verkarsteten helvetischen Schrattenkalk — der Kampf um die Wasserscheide zwischen Donau- und Rheinsystem anscheinend völlig zur Ruhe gekommen ist, während die Schichtenneigung tieferer, undurchlässiger Gesteinsfolgen (Drusberg-Schichten) über die Richtung des Abflusses und die Entwicklung der unterirdischen Einzugsgebiete entscheidet.

Das von Kluft- und Spaltensystemen gitterförmig zerfurchte Karst-Plateau wird gegliedert bzw. begrenzt durch drei Talmulden recht verschiedenen Charakters:

Im Süden bricht die Steilwand des Hohen Ifen (2230 m) über 500 m tief zu einem gewaltigen, von Quellbächen der Subersach ausgeräumten Talkessel ab. Die hier im Zuge des Ifen-Sattels herausgehobenen Drusberg-Mergel und die darunter auftauchenden Kieselkalke prägen sich aus in lebhafter Zerschneidung der nördlichen Steilhänge gegen den Tiefen Ifen hin und in deutlicher Bänderung ihrer hangparallel ausstreichenden Schichtglieder. Anders ist das Bild der nördlichen Depression (Kürental — Löwental), die an eine durch Ausräumung noch verstärkte tektonische Einmuldung des Faltengewölbes gebunden und auf der Donau-Seite ganz, auf der Rhein-Seite größtenteils im Schrattenkalk angelegt ist. Das südostwärts gerichtete Kürental zeigt daher keinen oberirdischen Abfluß. Dagegen ist im oberen Löwental zunächst eine Reihe von Dolinen zu beobachten; talabwärts sodann ist auf über 1 km Länge der Schrattenkalk tief zerschnitten und, unter starker Mitwirkung eiszeitlicher Gletscherströme, weit ausgeräumt worden (nahe dem rechten Bildrand). Wasserstauende Drusberg-Schichten kommen in der Talsohle zutage, so daß hier, in der klusen-artigen Talweitung bei der Hochrubach-Alpe, eine ergiebige Schichtquelle austreten kann.

Durch drei Systeme von Klüften, Spalten und Verwerfungen, die großenteils kilometerweit verfolgt werden können, die aber je nach der Lichteinfallsrichtung im Photo unterschiedlich scharf hervortreten, wird das Gottesackerplatt zerschnitten. Besonders deutlich sind auf unserem Bild die N 70° W-Spalten als tiefe und lange Kluftkarrenzüge zu erkennen. Sie werden spitzwinklig gekreuzt von überwiegend N 30° W streichenden Spalten, so daß sich ein Strukturmuster von gestreckten Rauten ergibt. In den Schnittpunkten der beiden Kluftsysteme und da, wo sich Spalten auf engem Raum häufen, sind die Kalkauflösung und Karrenbildung am weitesten fortgeschritten, was durch starken Schattenwurf, stellenweise auch durch dichteren Bewuchs mit Moosen und Alpensträuchern, sichtbar wird. Nachweislich älter als diese Nordwest-Spalten sind die bis zu 12 m breiten Nordost-Spalten, deren weites Auseinanderklaffen durch tektonische Spannungen und Bewegungen (hauptsächlich horizontale Blattverschiebungen) zu erklären ist. Heute sind die Nordost-Spalten weitgehend ausgefüllt mit grobkörnigem, durch Eisenhydroxid rötlich gefärbten Kalkspat, worauf die Bezeichnung „Roter Strich" hinweist. Oft in Gruppen paralleler Kalkspatadern aufgelöst, ragen diese Gänge fast immer wegen ihrer größeren Resistenz gegen chemische Verwitterung als Rücken oder Rippen über die Schrattenkalkoberfläche heraus. Auf lange Strecken findet man den besten Pfad über das zerklüftete Karstplateau entlang dem „roten Strich", weil man hier am schnellsten vorankommt. Die größte dieser Nordost-Spalten ist vom Tiefen Ifen (P. 1946) über die Gottesacker-Alm bis zu den Oberen Gottesackerwänden durchgehend zu verfolgen; einige weitere in der linken Bildhälfte werden durch vereinzelte Schneeflecken betont.

Almwirtschaft unter den Gelände-, Klima- und Versorgungsbedingungen einer hochalpinen Karstlandschaft muß schon immer ein risikoreiches Unternehmen gewesen sein, scheint sich aber doch bis zum Ende des 19. Jh. noch durchaus gelohnt zu haben. Bei Jahresniederschlägen über 2500 mm, 150 bis 200 Tagen im Jahr mit geschlossener Schneedecke, äußerst schwieriger Wasserversorgung in trockenen Sommern und Gefährdung des Viehs durch das zerklüftete Gelände muß man sich freilich wundern, daß noch bis etwa zum Jahre 1905 die auf der Wasserscheide zwischen Küren- und Löwental stehende Gottesacker-Alpe bewirtschaftet war und sogar noch bis zum Sommer 1931 hier einige Milchkühe zum Weidegang aufgetrieben wurden. Auf dem Luftbild sind die Fundamente der Almhütten noch deutlich zu erkennen. Die nicht sehr ausgedehnten Weideflächen um die Gottesacker-Alpe sind gebunden an sandige Lehmböden aus Sandsteinen der höheren Unterkreide, die sich nur hier, in der Zone der Küren-Löwental-Mulde, in Resten über dem Schrattenkalk erhalten haben.

Ernst Schmidt-Kraepelin

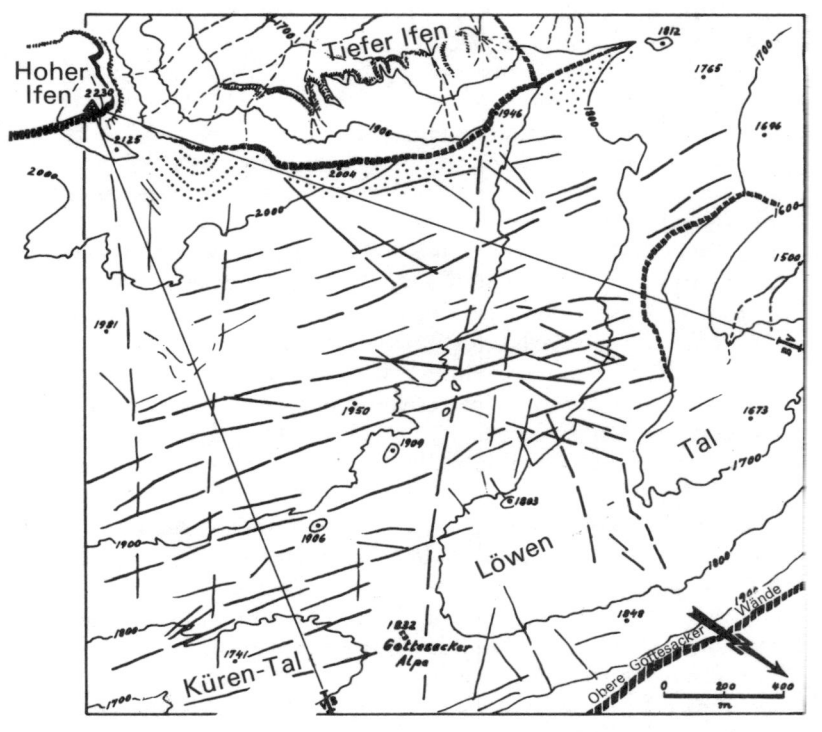

Strukturskizze des Gottesackerplateaus (vereinfacht nach P. Schmidt-Thomé und L. Brandstätter: Kartenprobe „Hoher Ifen", Erdkunde 1960).

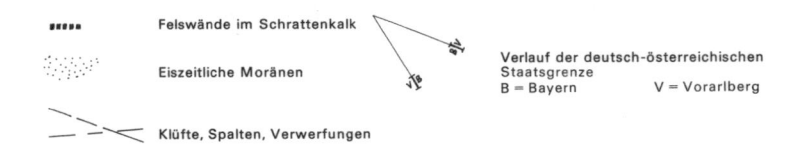

- ····· Felswände im Schrattenkalk
- Eiszeitliche Moränen
- Klüfte, Spalten, Verwerfungen
- Verlauf der deutsch-österreichischen Staatsgrenze
- B = Bayern   V = Vorarlberg

# Berlin 1939

Dieser Bildplanausschnitt ist ein weithin unbekannt gebliebenes historisches Dokument über Struktur, Gliederung und Baubestand der ehemaligen Reichshauptstadt wenige Monate vor Kriegsausbruch und Beginn der großen flächenhaften Zerstörungen. In der relativ kleinmaßstäblichen Luftbildkarte sind zwar einzelne Bauwerke nur schwer — bisweilen nur durch ihre Schatten — erkennbar. Dafür treten Formen und Strukturen der sich voneinander unterscheidenden Stadtteile, sowie ihre Gliederung und Lage zu den Ring- und Ausfallstraßen deutlich hervor, zumal neben der Übersicht auch Einblick in die Baublöcke, in die Bodennutzung und in die Anlagen der Wirtschaft und des Verkehrs gewährt wird.

Der nach Norden ausgerichtete Bildplanausschnitt deckt ausschließlich bebautes *innerstädtisches Gebiet*, das durch die von Ost nach West in Mäandern verlaufende Spree in einen nördlichen und einen südlichen Teil gegliedert wird. In der rechten Bildhälfte umschließen die nach Süden sich verzweigenden Spreearme die beiden um 1230 gegründeten Kernstädte: *Berlin*, als Ellipse erkennbar, und *Cölln*, das sich als Spreeinsel mit dem Schloß im Mittelpunkt nach Westen anschließt. Um diesen Kern haben sich nach 1600 fast konzentrisch im Rahmen der damaligen Befestigungen geplante und nach ihrem Raster in Luftbild z. T. noch voneinander unterscheidbare Stadtteile entwickelt, wie z. B. *Friedrichswerder* (an Cölln nach W anschließend), die *Dorotheenstadt* und die *Friedrichstadt*. Letztere fällt im Luftbild sowohl durch das regelmäßige, nahezu quadratische Straßen- und Wohnblockraster auf als auch durch die in ihr liegenden schnurgeraden Straßenzüge der von Süden nach Norden verlaufenden Friedrichstraße mit dem Rund des Belleallianzplatzes und der von Ost nach West gerichteten Leipziger Straße mit dem bereits außerhalb der Friedrichstadt liegenden, hell erscheinenden Leipziger Platz.

Ebenso deutlich heben sich die alten Ringstraßen ab, die das Stadtgebiet bis 1860 begrenzt haben, wie z. B. im Norden die sichelförmig die ältere Stadt umschließende Elsässer- und Lothringerstraße und im Süden die Gitschiner- und Skalitzerstraße. Im Zuge dieser Begrenzung lagen zahlreiche Stadttore, von denen das *Brandenburger Tor* erhalten geblieben ist.

Da die Bauwerke und Anlagen nicht als Symbole, sondern in ihrem natürlichen Größenverhältnis abgebildet sind, können sie für analytische Untersuchungen mühelos hochgezeichnet werden. Die unterschiedliche *Baustruktur* der einzelnen Stadtteile drückt sich nicht nur im mehr oder weniger regelmäßigen Straßennetz und in der Straßenbreite aus, sondern vor allem in den Wohnvierteln nach der Art der Blockaufteilung und der Zahl der Hinterhäuser und -höfe. Zum vierstöckigen Berliner Mietwohnhaus, wie es z. B. in den nach den Gründerjahren entstandenen Arbeiterwohnbezirken Wedding und Gesundbrunnen zu finden ist, gehören neben dem „Seitenflügel" meist drei Hinterhöfe, in extremen Fällen — z. B. zwischen Humboldt-Hain und Stettiner Bahnhof (Ackerstraße) — bis zu elf! Vielfach waren auf den Hinterhöfen kleine Gewerbebetriebe mit abweichenden Dachformen und Gebäudehöhen untergebracht. In den Wohnbezirken des alten Westens südlich des Tiergartens z. B. in Schöneberg, finden sich größere Höfe mit meist nur einem einzigen in der Höhe dem Vorderhaus entsprechenden „Gartenhaus".

Sieht man von den repräsentativen Bauten des alten Zentrums ab, (Schloß, Zeughaus, Universität, Museen) etwa beiderseits der Straße „Unter den Linden", so fallen vor allem die *Verkehrsanlagen* auf, die Berlins bevorzugte Lage als Verkehrskreuz unterstreichen. Abgesehen vom Flughafen Tempelhof und der sich deutlich markierenden und die peripheren Stadtviertel verbindenden Stadt- und Ringbahn, sind es die richtungsgebundenen Kopfbahnhöfe, wie Stettiner, Lehrter, Potsdamer und Anhalter Bahnhof. Ebenso weisen zahlreiche Hafenanlagen (Nord-, West-, Urban- und Humboldthafen) auf die Einbindung Berlins in das norddeutsche Verkehrssystem, hier das Wasserstraßennetz, hin; beim Westhafen als dem größten unter ihnen ist die reiche Ausstattung mit großen Lagerhäusern erkennbar.

Trotz des bildbestimmenden, einförmig grauen Häusermeers fällt selbst in dieser Februaraufnahme die vielfache Unterbrechung durch öffentliche Parks (z. B. Tiergarten, Humboldt-Hain) Gärten und Sportplätze auf, die gemeinsam mit Friedhöfen und Einzelbäumen als „Ortsgrün" eine wichtige lufthygienische Funktion erfüllen.

Weitere Themen, zu denen der Bildplan Informationen und zusammenhängende Überblicke bieten kann, die über diejenigen einer topographischen Karte hinausgehen, wären beispielsweise die zahlreichen Plätze in den einzelnen Stadtteilen mit ihren verschiedenen Funktionen, ferner die Größe und Verteilung der seit 1826 in Berlin vorhandenen Gaswerke, erkennbar durch die markanten Gasbehälter, die Gewerbebetriebe und die Industrien und Kraftwerke im inneren Stadtbereich.

Das Luftbildkartenwerk des Deutschen Reiches 1 : 25 000 entspricht nach Blattschnitt, Koordinatengitternetz, Randbearbeitung, Namengebung und Bezifferung der Topographischen Karte 1 : 25 000. Es entstand in den Jahren 1934 bis 1944 als Gemeinschaftsleistung deutscher Luftbildfirmen mit der Arbeitsgruppe „Bildplanwerk 1 : 25 000" des damaligen Reichsluftfahrtministeriums. Obwohl das Werk bereits Ende der zwanziger Jahre nach seiner Anlage und Ausstattung für planerische und wirtschaftliche Aufgaben, insbesondere für die Flächennutzungserhebung konzipiert war (Richter 1968), wurde es leider nach seinem Erscheinen durch rigorose Geheimhaltungsbestimmungen sowohl dem Interesse der breiten Öffentlichkeit als auch den Bedürfnissen der Landeserschließung und Landeserforschung entzogen. Damit blieb diese einmalige Dokumentation deutscher Landschaften und Städte aus der Zeit vor etwa 40 Jahren weithin unbekannt. Das Institut für Landeskunde in Bad Godesberg hat sich um die Rekonstruktion der infolge der Kriegsereignisse zerstörten oder deportierten Bestände dieses niemals abgeschlossenen Werkes durch Herstellung von Reproduktionen bemüht und mit rund 1100 Exemplaren aus dem Gebiet der Bundesrepublik Deutschland den seinerzeit vorhandenen Bestand erfaßt.

Die Herstellung der Bildpläne 1 : 25 000 setzte eine präzise und zeitraubende Bearbeitung der Unterlagen voraus. Deshalb ist es nicht verwunderlich, daß das Gesamtwerk in 10 Jahren nicht vollendet werden konnte. Der Arbeitsgang sei kurz skizziert. Auf einer maßhaltigen Unterlage wird ein rechtwinkliges Gitternetz konstruiert, auf das als Entzerrungsgrundlage wiederum die auf den Aufnahmemaßstab (1 : 15 000) vergrößerte topographische Karte geklebt wird. Die einzeln entzerrten Luftbilder werden nach Einpassen der vermessenen Punkte und nach Beschneiden etwa in der Mitte der überdeckenden Teile zusammengeklebt. Dann erfolgt Retusche von Tönungsunterschieden und Schnittstellen sowie die Randbearbeitung (Gauß-Krüger-Koordinaten) und Beschriftung.

Anschließend wird der Bildplan auf den gewünschten Maßstab 1 : 25 000 verkleinert, wobei etwaige Fehler auf ³/₅ ihres ursprünglichen Wertes reduziert werden.

Zweifellos ist die moderne Luftbildkarte, die heute von Planung und Wirtschaft gern benutzt wird, infolge des höheren Auflösungsvermögens von Objektiven und Emulsionen sowie einer exakteren Entzerrung mit Hilfe des streifenweise arbeitenden Orthophotoprojektors dem Bildplan vor 40 Jahren überlegen. Eines aber bleibt beiden gemeinsam: sie sind ein von der Jahreszeit, den Beleuchtungs- und Witterungsbedingungen abhängiges Augenblicksbild. Schattenfall und Vegetationszustand müssen daher als Funktion der Momentaufnahme gewertet werden.

Der gegenüberliegende Ausschnitt läßt die Vor- und Nachteile des Luftbildes gegenüber der abstrahierenden Kartendarstellung erkennen. Diese hebt das Wesentliche hervor, läßt Unwesentliches fort und zieht Symbole zur Verdeutlichung heran; der Luftbildplan bietet dagegen ein getreues photographisches Abbild des entsprechenden Ausschnittes in seinen natürlichen Proportionen, wobei Sonnenstand, Vegetationsbedeckung und Größe der Objekte ihre Erkennbarkeit beeinflussen können.

Sigfrid Schneider

**95 BERLIN**
Ausschnitt aus der Luftbildkarte

b r u n n e n
Sportpl.
W e d d i n g
Humboldt-Hain
Krankenhs.
Fbr.
Bf.
Nord-
hafen
Sportpl.
M o a b i t
Sportpl.
Krankenhs.
Humboldt-
hafen
Schl.
34
T i e r g a r t e n
B E R L I N
Hafen
Kreuz B.
661
Sp.Pl.
Flughafen

96 BERLIN-ZOO
Das Nachkriegszentrum von West-Berlin

Aufnahmedatum: Mai 1969
Flughöhe: 840 m
Bildmaßstab: ca. 1 : 4000

# Berlin – Zoo

Im Mittelpunkt des Bildes und gleichzeitig der neuen City West-Berlins steht die wieder aufgebaute Kaiser-Wilhelm-Gedächtniskirche auf dem Breitscheidplatz, wo sich Berlins große Boulevardstraßen Kurfürstendamm, Tauentzien, Budapester-, Kant- und Hardenbergstraße vereinen. Das Zentrum des bis Kriegsende als Wohnviertel des wohlhabenden Bürgertums bekannten Berliner Westens hat nach dem Zweiten Weltkrieg ein neues Gesicht und neue Funktionen erhalten. Großkaufhäuser, Versicherungsgesellschaften, Banken, Theater, Kinos, große Restaurants, Hotels und Vergnügungsstätten konzentrieren sich um dieses Zentrum.

Wenngleich der Trend zum Ausbau der großen Boulevard- und Geschäftsstraßen des Berliner Westens schon vor dem Zweiten Weltkrieg abzulesen war, haben erst Kriegszerstörungen und die Teilung Berlins die schnelle Entwicklung zu einer neuen modernen City mit Hochhäusern und großzügigen Straßen- und Verkehrsanlagen gefördert. Zwar enden die nach Berlin führenden Fernverkehrsstraßen wie z. B. Kaiserdamm und Potsdamer Straße nicht in diesem neuen Zentrum; doch es vereint bereits heute neben dem Fern- und Stadtbahnhof Zoo ein Verkehrskreuz im U-Bahnnetz und eine zwölfbahnige Autobusstation auf dem Bahnhofsvorplatz.

Dennoch ist es der Stadtplanung offensichtlich gelungen, dieses Zentrum als „Fußgängerstadt" zu erhalten. Bequeme Unterführungen (Tauentzien, Budapester Straße), Tunnels und breite Überwege sowie das Einbeziehen der Kirche in die Fußgängerzone fördern eine leichte Erreichbarkeit zu Fuß. Aber auch ausreichende Parkplätze und sechs- bis achtbahnige Straßenzüge erleichtern die Zufahrt in die City. Die Turmruine der 1895 erbauten spätromanischen Kaiser-Wilhelm-Gedächtniskirche wurde zum Wahrzeichen der neuen City und blieb als Mahnmal gegen Krieg und Zerstörung neben dem von Prof. Eiermann errichteten Neubau, einem Oktogon mit Campanile, stehen.

Ein Vergleich der Baustruktur dieses Viertels mit einem Luftbild aus der Vorkriegszeit (z. B. Bild Berlin 1939) läßt eine Auflockerung und Zusammenfassung der Baublöcke zu größeren Einheiten erkennen. Besonders deutlich fällt das beim neu entstandenen Europa-Center auf (linker Bildrand), wo vor einem 18stöckigen Hochhaus das Haus der Nationen den Platz des früheren Romanischen Cafés einnimmt. Schon sind auf dem vorliegenden Luftbild Bauplätze zu erkennen, wo Großwarenhäuser entstanden sind, nachdem alte Gebäude abgerissen wurden (Kurfürstendamm). Gegenüber den Baublöcken auf Vorkriegsaufnahmen fällt auf, daß die Zahl der Bäume in den Hofgärten abgenommen hat bzw. nach den Kriegszerstörungen vor den „Gartenhäusern" nicht wieder angepflanzt wurde. Auch hierin könnte sich der Funktionswandel vom reinen Wohnhaus zum Büro- oder Geschäftshaus bemerkbar machen.

Ein Viertel des Bildes nimmt das Gelände des 1841 hier durch den Afrikareisenden Lichtenstein angelegten Zoologischen Gartens ein; König Friedrich Wilhelm IV. hatte dafür einen Teil des Tiergartens zur Verfügung gestellt. Es wurde der erste zoologische Garten in Deutschland von einer Aktiengesellschaft gegründet. Am 13. November 1943 durch Bomben völlig zerstört, ist der „Zoo" mit dem angegliederten Aquarium erst nach dem Kriege wiederaufgebaut worden und heute mit seinen interessanten Freianlagen und seinen mehreren tausend Tieren einer der modernsten und vielseitigsten zoologischen Gärten Deutschlands (12 649 Tiere in 2395 Arten). Einmalig ist das direkte Vordringen der „grünen Lunge" Berlins bis in den Kern der City, von der dadurch mit wenigen Schritten der Zoo als ein idealer Erholungspark mit Gaststätten und Kinderspielplätzen erreicht werden kann.

Der Funktionswandel des Zoo-Viertels läßt sich am ehesten an der Verteilung und Zunahme der zentralen großstädtischen Einrichtungen auf der relativ kleinen Fläche von 5,5 × 5,5 km erkennen. Neben den zahlreichen Modesalons und Spezialgeschäften (G) sind es die Großkaufhäuser (K) DEFAKA, Leineweber, Bilka, das Haus von C & A, das Haus der Damenoberbekleidungsindustrie und neuerdings Wertheim (hier noch Baustelle), die Berliner Bank und das Oberverwaltungsgericht in der Hardenbergstraße, die Uraufführungskinos (KI) Gloria-Palast, Marmorhaus, Royalpalast, City, Zoopalast und Atelier am Zoo, wo jährlich die Berliner Filmfestspiele stattfinden, die Kaffeehäuser von Kranzler und Café Wien am Kurfürstendamm, das Theater des Westens in der Kantstraße, das Hochhaus der Allianzversicherung in der Joachimsthaler Straße, die Galerie des 20. Jh. in der Jebensstraße und schließlich die Bürohochhäuser am Zoo und das Europa-Center.

Zweifellos ist es gelungen, im Zoo-Viertel ein neues großstädtisches Zentrum zu schaffen, das den Anforderungen einer modernen, lebhaften Weltstadt entspricht.

Sigfrid Schneider

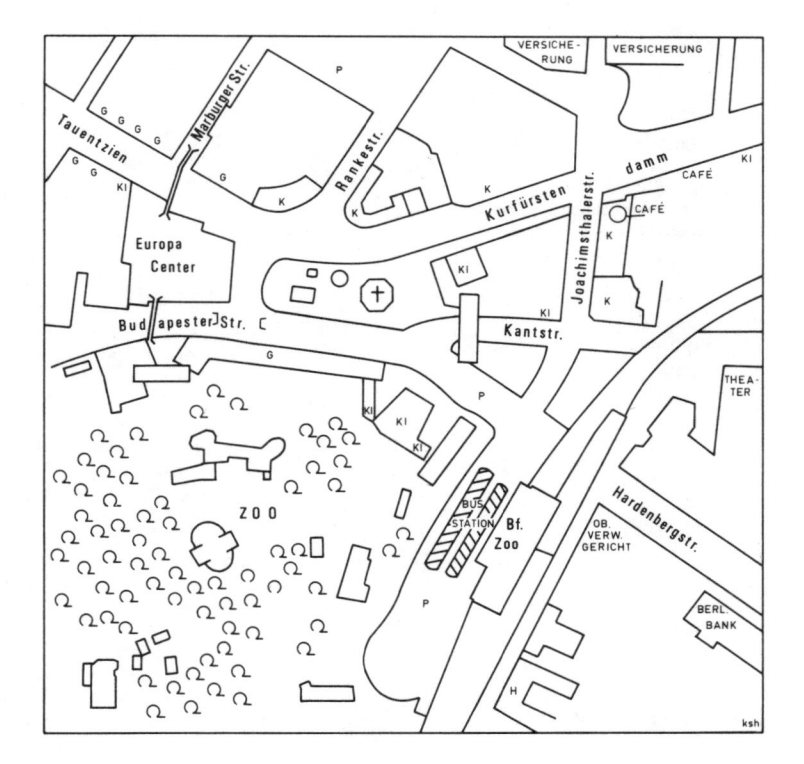

# Autorenverzeichnis

Prof. Dr. Martin Born
Geographisches Institut der Univ. des Saarlandes — Abt. für Landeskunde Mitteleuropas
66 Saarbrücken 15   44, 45, 46

Hans Joachim Büchner
Geographisches Institut der Univ. Mainz
65 Mainz
Saarstraße 21   75

Dr. Martin Bürgener
Bundesforschungsanstalt für Landeskunde und Raumordnung
53 Bonn-Bad Godesberg 1
Michaelshof   16, 34, 37

Dr. Gerhard Cordes
Gesamthochschule Essen
43 Essen
Henri-Dunant-Straße 65   29, 30, 31, 32

Prof. Dr. Hans Fehn
Geographisches Institut der Universität
8 München 2
Luisenstraße 37   80, 90

Prof. Dr. Wolfgang Feige
Pädagogische Hochschule Westfalen-Lippe
Abteilung Münster
44 Münster
Scharnhorststraße 100   27, 28

Dr. Fritz Fezer
Geographisches Institut der Universität
69 Heidelberg
Neue Universität   60, 72

Prof. Dr. Heinz Fischer
Erziehungswissenschaftliche Hochschule
Rheinland-Pfalz — Abteilung Koblenz
54 Koblenz-Oberwerth
Rheinau 3—4   9, 52, 63, 71, 73, 76, 78, 79, 81, 88

Hans-Dieter von Frieling
Geographisches Institut der Universität
34 Göttingen
Herzberger Landstraße 2   19

Prof. Dr. Richard Graafen
Erziehungswissenschaftliche Hochschule
Rheinland-Pfalz — Abteilung Koblenz
54 Koblenz-Oberwerth
Rheinau 3—4   55, 62

Ingo Greggers
Geographisches Institut der Universität
34 Göttingen
Herzberger Landstraße 2   35

Prof. Dr. Wilhelm Grotelüschen
Pädagogische Hochschule Niedersachsen
Abteilung Oldenburg
29 Oldenburg
Wienstraße 61   18

Günther Haase
Geographisches Institut der Universität
34 Göttingen
Herzberger Landstraße 2   36

Doz. Dr. Wolfgang Hassenpflug
Pädagogische Hochschule Kiel
23 Kiel
Olshausenstraße 75   3, 5

Dr. Andreas Herrmann
Geographisches Institut der Universität
8 München 2
Luisenstraße 37   6

Prof. Dr. Gudrun Höhl
Geographisches Institut der Universität
68 Mannheim
Schloß   61, 65

Prof. Dr. Theodor Hornberger
Landesbildstelle Württemberg
7 Stuttgart-O
Landhausstraße 70   74, 77, 91

Prof. Dr. Ralph Jätzold
Universität Trier-Kaiserslautern
— Kulturgeographie —
55 Trier
Schneidershof   51

Dr. Hans-Jürgen Klink
Geographisches Institut der Universität
53 Bonn
Franziskanerstraße 2   83, 92

Prof. Dr. Rudolf Klöpper
Geographisches Institut der Universität
34 Göttingen
Herzberger Landstraße 2   23

Dr. Georg Kluczka
Bundesforschungsanstalt für Landeskunde und Raumordnung
53 Bonn-Bad Godesberg 1
Michaelshof   25, 26

Dr. Volkmar Kroesch
Bundesforschungsanstalt für Landeskunde und Raumordnung
53 Bonn-Bad Godesberg 1
Michaelshof   56, 58

Prof. Dr. Gerhard Lang
Landessammlungen für Naturkunde
75 Karlsruhe
Erbprinzenstraße 13   89

Dr. Heinz-Dieter May
Geographisches Institut der Universität
65 Mainz
Saarstraße 21   85, 86

Prof. Dr. Horst Mensching
Geographisches Institut der Technischen Universität
3 Hannover
Im Moore 21   20

Prof. Dr. Emil Meynen
53 Bonn-Mehlem
Langenbergweg 82   38

Dr. Peter Möller
Bundesforschungsanstalt für Landeskunde und Raumordnung
53 Bonn-Bad Godesberg 1
Michaelshof   14, 15, 17

Manfred Müller
Universität Trier-Kaiserslautern
— Geographie —
55 Trier
Schneidershof   8

Dr. Klaus Priesmeier
Geographisches Institut der Universität
8 München 2
Luisenstraße 37   1

Prof. Dr. Heinz Quasten
Geographisches Institut der Universität des Saarlandes
66 Saarbrücken 15   57, 59

Dr. Waldemar Reinhardt
Küsten- und Schiffahrtsmuseum der Stadt Wilhelmshaven
294 Wilhelmshaven
Rathausplatz 10   10/11

Prof. Dr. Gerold Richter
Universität Trier-Kaiserslautern
— Physische Geographie —
55 Trier, Schneidershof   4, 48, 50

Dr. Helmut Ruppert
Geographisches Institut der Universität
852 Erlangen
Kochstraße 4   69

Prof. Dr. Karl Ruppert
Wirtschaftsgeographisches Institut der Universität
8 München 22
Ludwigstraße 28   70

Dr. Heinz Schamp
Bundesforschungsanstalt für Landeskunde und Raumforschung
53 Bonn-Bad Godesberg 1
Michaelshof   53, 54

Dr. Ernst Schmidt-Kraepelin
Geographisches Institut der Universität
53 Bonn
Franziskanerstraße 2   67, 84, 93, 94

Prof. Dr. S. Schneider
Bundesforschungsanstalt für Landeskunde und Raumordnung
53 Bonn-Bad Godesberg 1
Michaelshof   39, 40, 95, 96

Dr. Hellmut Schroeder-Lanz
Universität Trier-Kaiserslautern
— Geographie —
55 Trier, Schneidershof   12, 13, 82

Prof. Dr. Adolf Schüttler
Pädagogische Hochschule Westfalen-Lippe
Abteilung Bielefeld
48 Bielefeld
Theodor-Haubach-Straße 20   21, 24, 33

Dr. Rolf-Diedrich Schmidt
Bundesforschungsanstalt für Landeskunde und Raumordnung
53 Bonn-Bad Godesberg 1
Michaelshof   43, 64, 66

Prof. Dr. Walter Sperling
Universität Trier-Kaiserslautern
— Didaktik der Geographie —
55 Trier, Schneidershof   47, 49

Dr. Gerhard Thürauf
Wirtschaftsgeographisches Institut der Universität
8 München 22
Ludwigstraße 28/I   68, 87

Prof. Dr. Götz Voppel
Geographisches Institut der Techn. Universität
3 Hannover
Im Moore 21   22

Doz. Dr. Frithjof Voss
Institut für Geographie und Wirtschaftsgeographie der Universität
2 Hamburg
Rothenbaumchaussee 21—23   2, 7

Dr. Otmar Werle
Universität Trier-Kaiserslautern
— Geographie —
55 Trier, Schneidershof   41, 42

# Literaturhinweise zu einzelnen Bildern

*„Insel Sylt. Rotes Kliff"*

Dietz, C. u. Heck, H.-L.: Geologische Karte von Deutschland 1 : 25 000 Land Schleswig-Holstein. Erläuterungen zu den Blättern Sylt-Nord und Sylt-Süd. Kiel 1952.

Gripp, K.: Ursachen und Verhinderung des Abbruchs der Insel Sylt. Die Küste 14, H. 2, Heide i. H. 1966.

Priesmeier, K.: Geomorphologische Beschreibung: Kliff und Küstendünen auf Sylt. Landformen im Kartenbild, Topogr.-geomorph. Kartenproben 1 : 25 000, Heft I/2, hg. von Walther Hofmann und Herbert Louis, 1973.

*Hallig Hooge*

Wrage, Werner: Luftbild und Wattforschung. In: Petermanns Geogr. Mittn. Jg. 102, 1958, 1.

Gierloff-Emden, H. G.: Luftbild und Küstengeographie am Beispiel der deutschen Nordseeküste. Landeskundliche Luftbildauswertung im mitteleuropäischen Raum, Heft 4, 117 S. Bad Godesberg 1961.

Dolezal, Rudolf: Photogrammetrie der Westküste Schleswig-Holsteins. In: Die Küste, 1972/22, S. 1—28.

König, Dietrich: Deutung von Luftbildern des schleswig-holsteinischen Wattenmeeres, Beispiele und Probleme. In: Die Küste, 1972/22,

*Flensburg*

Die Städte in Schleswig-Holstein in geographisch-landeskundlichen Kurzbeschreibungen (Beschreibung von Flensburg durch K. Weigand). Ber. z. dt. Landeskunde, Heft 42/1, Bad Godesberg 1969.

Schleswig-Holstein — Ein geographisch-landeskundlicher Exkursionsführer. Hrsg. von H. Schlenger, KH. Paffen, R. Stewig, Kiel 1969.

*Havetoftloit in Angeln*

Marquardt, G.: Die schleswig-holsteinische Knicklandschaft. Schriften des Geogr. Inst. d. Univ. Kiel, Band 13, Heft 3, 1950.

*Rendsburg*

Topographischer Atlas Schleswig-Holstein. 83 Kartenausschnitte ausgewählt und erläutert von C. Degn und U. Muuß. Hrsg. vom Landesvermessungsamt Schleswig-Holstein, Neumünster 1963.

*Plön*

Gripp, K.: Die Entstehung der Landschaft Ost-Holsteins. Meyniana, Kiel 1952, S. 119—129,

Ders.: Die Entstehung der ostholsteinischen Seen und ihrer Entwässerung. In: C. Schott, Beiträge zur Landeskunde Schleswig-Holsteins. Schr. d. Geogr. Inst. d. Univ. Kiel, Sonderbd., Kiel 1953, S. 11—26.

Klüver, W.: Plön. Grundzüge und Hauptdaten der Stadtgeschichte. Eutin 1954.

Kock, O. (Hrsg.): Heimatbuch des Kreises Plön. Plön 1953.

*Dieksanderkoog*

siehe Literaturhinweise zu Bild Hallig Hooge

*Brünsbüttel*

Degn, Ch. und Muuß, U.: Topographischer Atlas Schleswig-Holstein. 3. Aufl. Neumünster 1966.

Heeckt, H.: Alte und neue Aspekte der wirtschaftlichen Bedeutung des Nord-Ostsee-Kanals. Kieler Studien 98, Tübingen 1969.

Der Minister für Wirtschaft und Verkehr des Landes Schleswig-Holstein: 1950—1980, Forschungsbericht des Instituts Prognos, Basel, über die wirtschaftliche Situation und Entwicklung des Landes Schleswig-Holstein. Kiel 1966.

Stadtverwaltung Brunsbüttel: Die Stadt Brunsbüttel. Brunsbüttel 1972.

*Norddeich*

Der Landkreis Norden. Bremen 1951.

Ostfriesland im Schutz des Deiches. Hrsg. v. J. Ohling im Auftrag der Deichacht Krummhörn. 4 Bde. o. O. 1969.

Woebcken, Carl: Wanderfahrten durchs Friesenland. Wilhelmshaven 1921.

Janssen, Theodor: Gewässerkunde Ostfrieslands. Aurich 1967.

Kressner, Bernhard: Schlickbaggerung und Schlickverwertung bei der Wasserbauverwaltung. In: Die Küste, 1954, 1.

*Wangerooge*

Backhaus, H.: Die ostfriesischen Inseln und ihre Entwicklung. Schr. d. Wirtschaftswiss. Ges. z. Studium Niedersachsens, N. F. 12. Oldenburg 1943.

Lüders, K.: Die Entstehung der ostfriesischen Inseln und der Einfluß der Dünenbildung auf den geologischen Aufbau der ostfriesischen Küste. Probl. d. Küstenforschung im südl. Nordseegebiet, Bd. 5, Hildesheim 1953.

Niemeier, G.: Ostfriesische Inseln. Sammlung geographischer Führer 8, Stuttgart 1972.

*Rysum und Loquard*

Haarnagel, W.: Die Marschen im deutschen Küstengebiet der Nordsee und ihre Besiedlung. Ber. z. dt. Landeskunde, Bd. 27, 1961, S. 203.

Ohling, J.: Die Acht und ihre sieben Siele. Kulturelle, wasser- und landwirtschaftliche Entwicklung einer ostfriesischen Küstenlandschaft. Emden 1963.

Reinhardt, W.: Die Siedlungsverhältnisse in der ostfriesischen Marsch. Ber. z. Dt. Landeskunde, Bd. 27, 1961, S. 223—239.

Reinhardt, W.: Studien zur Entwicklung des ländlichen Siedlungsbildes in den Seemarschen der ostfriesischen Westküste. In: Probleme der Küstenforschung im südlichen Nordseegebiet, Bd. 8, 1965, S. 73, S. 148.

*Steinkirchen im Alten Land*

Dalldorf, R.: Die Besiedlung des Alten Landes und ihre Einwirkung auf das Altenländer Bauernhaus. Diss. Hannover 1924.

Kühnke, G.: Das Alte Land. Ungedr. Diss. Hamburg 1958.

Linde, R.: Die Niederelbe. Bielefeld 1921.

*Wilsede*

Meisel, Sofie: Die naturräumlichen Einheiten auf Blatt 57 Hamburg-Süd. Bad Godesberg 1964. Geographische Landesaufnahme 1 : 200 000. Naturräumliche Gliederung Deutschlands. Hrsg. von der Bundesanstalt für Landeskunde und Raumforschung.

Wagner, H.: Die Lüneburger Heide. Neuauflage. Oldenburg i. O. 1952.

Widmann, W.: Der Naturschutzpark Lüneburger Heide. Ein Bildbericht über den Heidepark. 2. Aufl. Stuttgart 1963. Hrsg. im Verlag des Vereins Naturschutzpark e. V., mit einem Vorwort von Alfred Toepfer.

Vgl. dazu auch die im gleichen Verlag herausgegebenen weiteren Schriften, Periodica und Führer mit Beiträgen über den Naturpark Lüneburger Heide, insbesondere die Zeitschriften „Naturschutzparke", „Naturschutz- und Naturparke", „Natur- und Nationalparke".

*Moorkultivierung bei Papenburg*

Bäuerle, Lydia: Verstädterte Siedlungen im Moor beiderseits der deutsch-niederländischen Grenze. Forschungen zur deutschen Landeskunde, Bd. 174, Bad Godesberg 1969.

Geppert, A.: Die Stadt am Kanal. Ankum 1955.

Marx, F.: Leitfaden durch die Geschichte der Stadt Papenburg. Papenburg 1954.

*Emsniederung bei Lingen*

Boigk, Heinz, Dietz, Curt, Grahle, Hans-Olaf, et. al.: Zur Geologie des Emslandes (hrsg. v. Bundesanstalt für Bodenforschung). In: Beihefte zum Geol. Jahrb., H. 37, Hannover 1960.

Heike, Friederike: Das westliche Emsland — Bedeutung und Auswirkung der Erdölgewinnung. In: Marburger Geogr. Schriften, H. 22/1965.

Hugle, Richard: Das Hannoversche Emsland. Ein Raumordnungsplan nach den Grundsätzen der Landesplanung. In: Veröffentl. d. Niedersächsischen Amtes für Landesplanung und Statistik, Reihe G, Band 2, 1950.

Pohlendt, Heinz (Hrsg.): Der Landkreis Lingen. In: Die Landkreise in Niedersachsen, Band 11, Bremen-Horn 1954.

*Der Dümmer*

Dienemann, W.: Zur Entstehung des Steinhuder Meeres und des Dümmers. Neues Archiv für Niedersachsen, 12, 1963, S. 230—249.

Hirt, H.: Die Bedeutung der Seen des Niedersächsischen Tieflandes für den Fremdenverkehr. Veröff. Niedersächs. Inst. f. Landeskunde u. Landesentwicklung a. d. Univ. Göttingen, Reihe A, Bd. 86, 1968, S. 1—100.

*Porta Westfalica*

Horst Mensching (Hrsg.): Die Landschaft an der Porta Westfalica. Teil 1: Miotke, D.: Die Naturlandschaft. Teil 2: Arnold, A.: Die Kulturlandschaft. Hannover 1971/72.

*Hannover*

„Hannover", Sonderheft von Urbanistica (mit verschiedenen Beiträgen zur Stadtgeographie von Hannover).

Kappert, G. u. Schubert, H.: Die Verkehrsplanung im Raumordnungsprogramm des Großraumes Hannover. In: Straße und Autobahn, H. 12, 1967.

Knibbe H.: Die Großsiedlung Hannover. Mitt. d. Statist. Amtes der Hauptstadt Hannover NF Nr. 9, Hannover 1934.

Schwarz, G. (Hrsg.): Hannover und Niedersachsen (Obst-Festschrift). Hannover 1953 (mit Beiträgen zur Stadtgeographie Hannovers).

Stosberg, H.: Die wachsende Großstadt. Beispiel Hannover, Raumforschung und Raumordnung, 20. Jg. 1962, H. 3.

Wunderlich, E. (Hrsg.): Jahrbuch der Geogr. Ges. zu Hannover 1940 und 1941 (2 Bde.). Hannover 1942 (mit zahlreichen Beiträgen zur Stadtgeographie Hannovers).

*Clauen*

Der Landkreis Peine. Die Landkreise in Niedersachsen, Band 16, 1959.

Schrader, E.: Die Landschaften Niedersachsens. Topographischer Atlas, 2. Auflage 1965, Karte 94.

*Sennestadt*

Stadt Sennestadt (Hrsg.): Sennestadt, Geschichte einer Landschaft. Sennestadt 1968.

Reichow, H. B.: Zehn Jahre Sennestadt. Sennestadt 1964.

*Münster (Westf.)*

Prinz, Joseph: Mimigernaford — Münster. — Geschichtl. Arbeiten zur westfäl. Landforschg., Bd. 4, Münster 1960.

Müller-Wille, Wilhelm: Münster (Westf.). In: Ber. z. dt. Landeskunde, Bd. 34, 1965, S. 228.

Kirchhoff, Karl-Heinz: Die Stadt Münster. Geschichte und heutige Struktur. Münster 1969.

*Gemen*

Ditt, Hildegard: Gemen. In: Ber. z. dt. Landeskunde, Bd. 34. 34. 1965, S. 110/111.

*Wesel*

Reuber, Heinz: Wesel, eine stadtplanerische Studie. In: Informationen Inst. f. Raumforschung Bonn, Jg. 1954, S. 507—571.

Richard, Felix: Der Untergang der Stadt Wesel im Jahre 1945. Düsseldorf 1961.

Keyser, E. (Hrsg.): Rheinisches Städtebuch. Stuttgart 1956.

*Marl*

Schneider, Peter: Marl — Großstadtbildung im nördlichen Industrierevier. In: Topographischer Atlas Nordrhein-Westfalen. Hrsg. v. Landesvermessungsamt NRW. Bad Godesberg 1968.

Großstadtbildung in industriellen Entwicklungsräumen. Das Beispiel Marl. Köln-Braunsfeld 1960 (Institut f. Siedlungs- und Wohnungswesen der Westf. Wilhelms-Univ. Münster. Beiträge und Untersuchungen Bd. 53).

*Datteln*

Achilles, F. W.: Hafenstandorte und Hafenfunktionen im Rhein-Ruhr-Gebiet. Bochumer Geographische Arbeiten, H. 2, Paderborn 1967.

Grochtmann, H.: Geschichte des Kirchspiels Datteln von den Anfängen bis zur Gegenwart. Datteln 1951.

Schneider, P.: Das Wasserstraßenkreuz von Datteln. In: Topographischer Atlas Nordrhein-Westfalen. 1968, S. 50—51.

Seraphim, H. J.: Das Vest, ein dynamischer Wirtschaftsraum. Recklinghausen 1955.

100 Jahre Datteln. Rückblick und Ausblick. Recklinghausen 1958.

*Beckum*

Schönle, H.: Das Standortproblem der Zementindustrie in NRW vor u. nach d. 2. Weltkrieg.

Hessberger, H.: Die Industrielandschaft des Beckumer Zementreviers. Westfäl. Geogr. Studien 10. Münster 1957.

*Duisburg*

Achilles, F. W.: Hafenstandorte und Hafenfunktionen im Rhein-Ruhr-Gebiet. Bochumer Geogr. Arbeiten, Heft 2, Paderborn 1967.

Ahrens, T.: Standortprobleme der Eisen- und Stahlindustrie im Ruhrgebiet. In: Ruhrwirtschaft, Dortmund 1962, S. 242—249.

Bumm, H.: 250 Jahre Entwicklungsgeschichte der Duisburger und Ruhrorter Häfen (Sonderdruck). Hrsg.: Duisburg-Ruhrorter Häfen AG, o. O., o. J.

Bumm, H. (u. a.): Die Absenkung der Duisburg-Ruhrorter Häfen durch Kohlenabbau (Sonderdruck). Hrsg.: Duisburg-Ruhrorter Häfen AG, o. O., o. J.

Duisburg-Ruhrorter Häfen AG (Hrsg.): 1945 bis 1970. 25 Jahre Ausbau und Entwicklung unserer Häfen. o. O., o. J. (1971).

Hottes, K. H.: Das Ruhrgebiet im Strukturwandel. Eine wirtschaftsgeographische Zwischenbilanz. In: Berichte zur deutschen Landeskunde, Band 38, Bad Godesberg 1967, S. 251 bis 274.

Jarecki, Chr.: Der neuzeitliche Strukturwandel an der Ruhr. Marburger Geographische Schriften, Heft 29. 1967.

Kirschke, R.: Die öffentlichen Binnenhäfen als Industriehäfen. In: Zeitschrift für Binnenschiffahrt, Heft 9 (1960).

Wagner, E.: Das Industriegebiet bei Duisburg. In: Topographischer Atlas Nordrhein-Westfalen, 1968, S. 26—27.

Wagner, E.: Duisburg-Ruhrort — der größte Binnenhafen Europas. In: Topographischer Atlas Nordrhein-Westfalen, 1968, S. 28—29.

*Essen-Bottrop*

Buchholz, H. J.: Formen städtischen Lebens im Ruhrgebiet. Bochumer Geographische Arbeiten, Heft 8, Paderborn 1970.

Cordes, G.: Zechenstillegungen im Ruhrgebiet (1900—1968). Die Folgenutzung auf ehemaligen Bergbaubetriebsflächen. Schriftenreihe Siedlungsverband Ruhrkohlenbezirk. Essen 1972.

Gebhardt, G.: Ruhrbergbau. Geschichte, Aufbau und Verflechtung seiner Gesellschaften und Organisationen. Essen 1957.

Müller-Neuhaus, G.: Industrielle Abwasserprobleme unter besonderer Berücksichtigung der Verhältnisse im rheinisch-westfälischen Kohlenrevier. In: Glückauf 93 (1957), S. 684 bis 694.

Vogel, J.: Bottrop. Eine Bergbaustadt in der Emscherzone des Ruhrgebietes. Forschungen zur dt. Landeskunde, Bd. 114, 1959.

Wagner, E.: Die Großstadt Essen. In: Topographischer Atlas Nordrhein-Westfalen, 1968, S. 24—25.

*Wuppertal*

Schürmann, H. W.: Zur sozial- und wirtschaftsräumlichen Gliederung Wuppertals. Ber. z. dt. Landeskunde, Bd. 23, 1955.

*Lüdenscheid*

Bührmann. M.: Buch der Bergstadt Lüdenscheid. 1951.

Günther, K. A. F.: Lüdenscheid. Porträt einer Stadt. 1968.

Hostert, W.: Lüdenscheid. Industriestadt auf den Bergen. 1964.

Sauerländer, W.: Geschichte der Stadt Lüdenscheid. 1965.

*Münden*

Beuermann, A.: Hannoversch-Münden, das Lebensbild einer Stadt. Göttinger Geographische Abhandlungen, H. 9, 1951.

Schrader, E. (Hrsg.): Die Landschaften Niedersachsens, ein topographischer Atlas, 4. Aufl., Neumünster 1970, Karten Nr. 117, 118.

Keyser, E. (Hrsg.): Niedersächsisches Städtebuch. Stuttgart 1952.

*Kassel-Wilhelmshöhe*

Born, M. u. Göbel, K. H.: Die Städte in Hessen — Kassel. Ber. z. dt. Landeskunde 37, 1966, S. 269—271.

Heidelbach, P.: Kassel — ein Jahrtausend hessischer Stadtkultur. Kassel 1957.

Heintze, G.: Landschaftsrahmenplan, Naturpark Habichtswald. Institut für Naturschutz, Darmstadt, Schriftenreihe X, 3, 1971.

Michaelis, H.: Kassel — Wirtschaft, Verkehr, Versorgung.

Paetow, K.: Klassizismus und Romantik auf Wilhelmshöhe. Kassel 1929.

*Astengebiet*

Bürgener, M.: Die naturräumlichen Einheiten auf Blatt 110, Arnsberg.

Ders.: Die naturräumlichen Einheiten auf Blatt 111, Arolsen. Geographische Landesaufnahme 1 : 200 000. Naturräumliche Gliederung Deutschlands. Hrsg. vom Inst. f. Landeskunde, Bonn-Bad Godesberg, Heft 110, Arnsberg (1969), Heft 111, Arolsen (1963).

Hartnack, W.: Morphogenese des nordostrheinischen Schiefergebirges (Sauerland, Siegerland, Waldeck, Westerwald). Ein Beitrag zur Morphologie deutscher Mittelgebirge. Greifswald 1932.

Müller-Wille, W.: Die Naturlandschaften Westfalens. Versuch einer naturlandschaftlichen Gliederung nach Relief, Gewässernetz, Boden und Vegetation. In: Westfäl. Forschungen. Mitt. d. Prov.-Inst. f. westfäl. Landes- u. Volkskunde 5, 1942, 1/2, S. 1—78.

Ders.: Bodenplastik und Naturräume Westfalens. Festband, Münster 1966. Spieker. Landeskundl. Beitr. u. Ber., Bd. 14.

Ringleb, geb. Vogedes, Anneliese: Der Landkreis Brilon, Reg.-Bez. Arnsberg. Köln/Graz: Böhlau 1957. Die Landkreise in Nordrhein-Westfalen, Reihe B: Westfalen, Bd. 3.

*Köln*

Zepp, J.: Köln — Die Entwicklung des Stadtkerns bis zur Gegenwart. In: Topographischer Atlas Nordrhein-Westfalen. Bonn-Bad Godesberg 1968, S. 136—137.

Köln und die Rheinlande. Festschrift zum 33. Deutschen Geographentag vom 22. bis 26. Mai 1961 in Köln. Hrsg. v. K. Kayser u. Th. Kraus. Wiesbaden 1961.

Meynen, E.: Köln, kreisfreie Stadt, Reg.-Bez. Köln. In: Berichte zur deutschen Landeskunde, Bd. 26, 1961, 2, S. 206—211.

Zschocke, R.: Köln. In: Geographische Rundschau 13, 1961, 5, S. 173—182. Nordrhein-Westfalen Top. Atlas.

Schamp, E. W.: Die City von Köln. In: Kölner Bucht und angrenzende Gebiete. Berlin-Stuttgart 1972 (Sammlung geogr. Führer, Bd. 6) S. 1—19.

*Tagebau Fortuna Garsdorf*

Kraus, Th.: Der Braunkohlenbergbau und die niederrheinische Landschaft. In: Westdeutsche Wirtschafts-Monographien, Folge 2, S. 16—27, Köln 1957.

Schneider S.: Braunkohlenbergbau über Tage im Luftbild, dargestellt am Beispiel des Kölner Braunkohlenreviers. Landeskundliche Luftbildauswertung im mitteleuropäischen Raum, Heft 2, Remagen 1957.

Ders.: Das Braunkohlenrevier im Westen Kölns. In: „Köln und die Rheinlande". Festschr. zum 33. Deutschen Geographentag 1961 in Köln, S. 341—352, Wiesbaden 1961.

*Liblar*

Darmer, G. u. Bauer, H. J.: Landschaft und Tagebau. Grundlagen und Leitsätze für die landschaftspflegerische Neugestaltung einer ökologisch ausgewogenen Kulturlandschaft im Rheinischen Braunkohlenrevier. In: Neue Landschaft, Nr. 11 u. 12, Berlin 1969, S. 519 bis 531, 569—582.

Olschowy, G.: Grundsätze der Landschaftspflege für den Abbau und die Rekultivierung von Tagebaugebieten. In: Hilfe durch Grün, Heft 9, S. 7—12, Darmstadt 1960.

Schneider, S.: Braunkohlenbergbau über Tage im Luftbild, dargestellt am Beispiel des Kölner Braunkohlenreviers. Landeskundliche Luftbildauswertung im mitteleuropäischen Raum, Heft 2, Remagen 1957.

*Bonn*

Meynen, E.: Die Bundeshauptstadt Bonn und ihre Nachbarstädte Bod Godesberg und Beuel. In: Berichte z. dt. Landeskunde, Bd. 28, 1962, H. 2, S. 149—170.

Müller-Miny, H.: Bonn. Eine stadtgeographische Skizze. In: Festschrift Alfred Philippson. Leipzig, Berlin 1930. S. 137 ff.

Philippson, A.: Die Stadt Bonn. Ihre Lage und räumliche Entwicklung. Bonn: Röhrscheid 1947. Bonner Geogr. Abh., H. 2.

*Marburg*

Blume, H.: Die Marburger Landschaft. Gestalt u. morphologische Entwicklung. Marburger Geographische Schriften, Bd. 1, Marburg 1949.

Leister, I.: Marburg. In: Marburg und Umgebung. Marburger Geographische Schriften, Heft 30, 1966, S. 3—76.

Scharlau, K.: Die Marburger Landschaft. In: Hessenland, Jg. 46, S. 33—37, Marburg 1935.

Schnack I.: Marburg — Bild einer alten Stadt. 2. Aufl., Hanau u. Honnef 1964.

*Amöneburg*

Born, M.: Siedlung und Wirtschaft im Amöneburger Becken. In: Marburg und Umgebung. Marburger Geographische Schriften, Heft 30, 1966, S. 189—204.

Henke, M.: Boden- und Anbauverhältnisse des Amöneburger Beckens und seiner Randgebiete. Der hessische Raum. Schriftenreihe des Geogr. Inst. der Universität Marburg, Heft 1, 1938.

Kern, S.: Siedlungsgeographische Geländeforschungen im Amöneburger Becken und seinen Randgebieten. Marburger Geogr. Schriften, Heft 27, Marburg 1966.

Scharlau, K.: Landschaftliche Charakteristik des Amöneburger Beckens. In: Hessenland, Jg. 50, S. 149 ff., 1939.

*Ziegenhain*

Appel, F. v.: Die ehemalige Festung Ziegenhain. In: Zeitschrift d. Ver. f. Hess. Gesch. u. Landeskunde, NF Bd. 25, S. 192—320, 1901.

Born, M.: Wandlung und Beharrung ländlicher Siedlungen und bäuerlicher Wirtschaft. Marburger Geographische Schriften, Heft 14, 1961.

*Weißenthurm*

Capitain, M.: Das Gebiet der Neuwieder Schwemmsteinindustrie. Struktur, Landschaftswandel und Rekultivierung. Phil. Diss. Bonn 1955.

Frechen, J.: Der rheinische Bimsstein. Mit einer geologischen Einleitung von C. Mordziol. Wittlich 1953. Geol. d. Mittelrheintales und d. Eifel (3).

Graafen, R.: Das mittelrheinische Becken, insbesondere die Koblenz—Neuwieder Talweitung. In: die Mittelrheinlande. Festschr. z. 36. Dt. Geographentag in Bad Godesberg 1967. Wiesbaden 1967, S. 208—216.

Graafen, R.: Die Bevölkerung im Kreise Neuwied und in der Koblenz—Neuwieder Talweitung. Bad Godesberg 1969. Forsch. z. dt. Landeskunde, Bd. 171.

Reinhard, G.: Die Entwicklung der Rheinischen Bimsbaustoffindustrie seit 1939 und ihre derzeitigen Hauptprobleme. Neuwied o. J., Diss. Bonn 1954.

Schneider, S.: Luftbild Block-Heimbach. In: Die Erde, 92. Jg., 1961, H. 3, S. 177—180.

Sperling, W.: Bimsstadt Weißenthurm. In: Luftbildatlas Rheinland-Pfalz (Bd. 1), hrsg. von W. Sperling u. E. Strunk. Neumünster 1970, S. 132—133.

*Pulvermaar*

Cipa, W.: Der Vulkanismus in der Umgebung des Pulvermaares. Decheniana, Bd. 109, 1956, S. 53—75.

Frechen, J.: Führer zu vulkanologisch-petrographischen Exkursionen im Siebengebirge am Rhein, Laacher Vulkangebiet und Maargebiet der Westeifel. Stuttgart 1962.

Frechen, J., Hopmann, M. und Knetsch, G.: Die vulkanische Eifel. Geologische Reihe, Band 2, 3. Aufl., Bonn o. J.

Kessler, M.: Die Eifelmaare, Natur und Wirtschaft im jahreszeitlichen Rhythmus. Geogr. Rundschau, H. 9, 1967, S. 345—352.

*Mosel. Staustufe Lehmen*

Der Ausbau der Mosel zwischen Diedenhofen und Koblenz. Trier 1966.

Fraaz, K.: Der Ausbau der Mosel. In: Landschaft und Moselausbau, Schriftenreihe des Deutschen Rats für Landschaftspflege, H. 7, Bonn 1966, S. 15—17.

Haubrich, H.: Moselschiffahrt einst und jetzt. In: Geogr. Rdsch., Jg. 19, 1967, S. 294—302.

Kübler, H.: Bau der Moselstaustufe Lehmen. S. A. aus: Die Wasserwirtschaft, Jg. 53, 1963, H. 8—10.

Kutz, M.: Zur Geschichte der Moselkanalisierung von den Anfängen bis zur Gegenwart. Schriften zur rheinisch-westfälischen Wirtschaftsgeschichte, Bd. 14, Köln 1967.

Meinen, A.: Rheinland-Pfalz und der Ausbau der Mosel zur Großschiffahrtstraße. In: Landschaft und Moselausbau, Schriftenreihe des Deutschen Rats für Landschaftspflege, H. 7, Bonn 1966, S. 10—14.

*Loreley*

Engels, B.: Zur Tektonik und Stratigraphie des Unterdevons zwischen Loreley und Lorchhausen am Rhein. Abh. d. Hess. Landesamtes für Bodenforschung, H. 14, Wiesbaden 1955.

Gelinsky, P.: Ausbau des Rheines vom Main bis zur niederländischen Grenze. In: Der Rhein, Ausbau, Verkehr, Verwaltung, Teil II B, Duisburg 1951.

Gurlitt, D.: Das Mittelrheintal, Formen und Gestalt. Forschungen z. dt. Landeskunde, Bd. 46, Stuttgart 1949.

Rang, H. und Schick, M.: Loreleykreis. Die Landkreise in Rheinland-Pfalz, Bd. 5, Speyer 1965.

*Trier*

Backes, H., Faas, F. J. u. Schiel, B.: Trier und sein Raum. In: Geogr. Rdsch. 1954, S. 216 bis 223.

Balon, E. u. Schmidt, R. D.: Trier. In: Berichte zur deutschen Landeskde., 1964, S. 129—131.

Eriksen, B.: Trier, die Stadt und ihr Umland. In: Rhein. Heimatpflege, N. S. 1968, 3, S. 194 bis 207.

Kempf, T. K.: Die Entwicklung des Stadtgrundrisses von Trier. In: Trierer Jahrbuch 1953, S. 5—23.

Kentenich, G.: Geschichte der Stadt Trier. Trier 1915.

Reusch, W.: Augusta Treverorum. Rundgang durch das römische Trier. 8. Aufl. Trier 1970.

Schickendanz, E.: Die Trierer Industrie. Trier, 1966. Schriftenr. z. Statistik der Stadt Trier, H. 16.

Zenz, E.: Geschichte der Stadt Trier in der ersten Hälfte des 20. Jahrhunderts. 3 Bde. Trier 1967 ff.

*Bingen*

Lehmann, H.: Karte und Landschaft. Übung im Kartenlesen am Bsp. der TK 25, Ausschnitt aus Blatt 6013 Bingen. München: P. List Verlag KG. o. J. (1967).

Müller-Miny, H.: Mittelrheintal. In: Handb. d. naturräumlichen Gliederung Deutschlands, Lfg. 4/5, Remagen 1957, S. 416—431.

Panzer, W.: Der Nahedurchbruch bei Bingen. In: Z. d. Rhein. naturforsch. Ges. Mainz, Jg. 4, 1966, S. 9—16.

Wagner, W. und Michels F.: Erläuterung zur Geologischen Karte von Hessen. Blatt Bingen—Rüdesheim. Darmstadt 1930.

*Obernburg*

Stadtverwaltung Obernburg: Mitteilungen zur Wirtschafts- und Bevölkerungsstruktur 1972.

Enka Glanststoff AG, Werk Obernburg: Informationen und Werksmitteilungen. Obernburg 1968 u. 1972.

Hefner, L.: Obernburg, Abriß seiner Geschichte. Obernburg 1962.

Ders.: Das Mainkastell Obernburg im Spiegel seiner Inschriften. Aschaffenburg 1968.

Michelbach, J.: Römerhaus Obernburg. Obernburg 1954.

*Mettlach*

Fischer, F.: Beiträge zur Morphologie des Flußgebietes der Saar. Arb. aus d. Geogr. Inst. d. Univ. d. Saarlandes, 2. Saarbrücken 1957.

Liedtke, H.: Grundzüge und Probleme der Entwicklung der Oberflächenformen des Saarlandes und seiner Umgebung. Forschgn z. dt. Landeskunde, Bd. 183. Bad Godesberg 1969.

*Saarbrücken*

Borcherdt, Chr. und Jentsch, Chr.: Die Städte im Saarland in geographisch-landeskundlichen Kurzbeschreibungen. In: Ber. z. dt. Landeskunde, Bd. 38, 2; S. 161—191, Bad Godesberg.

Krajewski, H.: Saarbrücken. Der Städtetag, H. 3, 1969, S. 1—5, Stuttgart 1969.

Ried, H.: Siedlungs- und Funktionsentwicklung der Stadt Saarbrücken. Arb. aus d. Geogr. Inst. d. Univ. d. Saarlandes, 3, Saarbrücken 1958.

*Pirmasens*

Stadt Pirmasens (Hrsg.): 200 Jahre Schuhstadt Pirmasens. Pirmasens 1963.

Liedtke, Herbert: Die geomorphologische Entwicklung der Oberflächenformen des Pfälzer Waldes und seiner Randgebiete. Arbeiten aus dem Geographischen Institut der Universität des Saarlandes, Sonderband 1, Saarbrücken 1968.

Schäfer, Oskar (Hrsg.): Pirmasens, die deutsche Schuhmetropole. Berlin 1927.

*Otterstadt*

Die Stadt- und die Landkreise Heidelberg und Mannheim. 3 Bde. Karlsruhe 1966/70.

Fezer, F.: Standortgliederung der Rheinauen südlich Mannheim. In: Bildmessung und Luftbildwesen, 38, 1970, S. 279—283.

Langfritz, J.: Der Oberrhein, seine Entwicklung vom Wildstrom zum Großschiffahrtsweg. In: Zeitschr. Binnenschiffahrt, 84, 1957.

Musall, H.: Die Entwicklung der Kulturlandschaft der Rheinniederung zwischen Karlsruhe und Speyer vom Ende des 16. bis zum Ende des 19. Jh. Heidelberger Geogr. Arb., 22, 1969.

Philippi, G.: Die Pflanzenwelt des Naturschutzgebiets Ketscher Rheininsel. In: Naturschutz und Bildung. Landesst. Naturseh. Stuttgart 1968, S. 134—140.

*Winterkasten*

Kleeberger, E.: Territorialgeschichte des hinteren Odenwaldes. Quellen und Forschungen zur hessischen Geschichte, 19, 1958.

Nitz, H. J.: Die ländlichen Siedlungsformen des Odenwaldes. Heidelberger Geographische Hefte, Nr. 7, Heidelberg 1962.

Sperling, W.: Der nördliche vordere Odenwald. Rhein-Mainische Forschungen, Heft 51, Frankfurt 1962.

*Die Bergstraße bei Dossenheim*

Neuhaus, K.: Die Bergstraße. Ein Beitrag zur Verkehrs- und Siedlungsgeographie. Frankfurter Geogr. Hefte, 6, 1930.

Sperling, W.: Der nördliche vordere Odenwald. In: Rhein-Mainische Forschungen, Heft 51, 1961.

Völkel, R.: Die „Bergstraße" wird breiter. In: Geogr. Rdsch., Heft 6, 1963, S. 225—236.

Plewe, E.: Die Landschaft um Heidelberg. Heidelberger Vorträge, Bd. 1, Heidelberg 1947.

Zienert, A.: Die Großformen des Odenwaldes. Heidelberger Geogr. Abh., Heft 2, 1957.

*Würzburg*

Herold, Alfred: Würzburg. Analyse einer Stadtlandschaft. In: Ber. z. dt. Landeskunde, Bd. 35, 1965, H. 2, S. 185—229, 3 Ktn., 5 Abb.

Herold, A.: Würzburg und Umgebung. In: Topographischer Atlas Bayern. Hrsg. v. Bayer. Landesvermessungsamt, München 1968, S. 50—51, Kte. 20.

Heumüller, Hilde: Die Stadt Würzburg und ihr Lebensraum. Würzburg: Scheiner 1939, 112 S. Fränkische Studien, N. F. H. 2, Zugl. Würzburg, Diss.

*Iphofen*

Der Landkreis Scheinfeld, Regierungsbezirk Mittelfranken. Bearb. im Amt für Landeskunde v. E. Otremba (u. a.). Scheinfeld: Kraus 1950. Die Landkreise Bayerns, Bd. 1. Die deutschen Landkreise.

Franken. Land, Volk, Geschichte und Wirtschaft. Hrsg. v. C. Scherzer. 2 Bde., Nürnberg: Nürnberger Presse 1955 (1962²)—1959.

Topographischer Atlas Bayern. Hrsg. v. Bayer. Landesvermessungsamt u. H. Fehn. München: List 1968. Darin: Karte 26 „Der südliche Steigerwald, Verzahnung von Steigerwald und Steigerwaldvorland, Schwanberggebiet, Iphöfer Pforte" von I. Dörrer; Karte 27 „Iphofen, Beispiel einer mainfränkischen Landstadt" von K. Bühn.

*Gößweinstein*

Heller, H. (Hrsg.): Exkursionen in Franken und Oberpfalz. Selbstverlag des Geogr. Instituts der Universität Erlangen-Nürnberg, 1971.

Geologische Karten 1 : 25 000, Bl. Ebermannstadt und Pottenstein, mit Erläuterungen. Bayrisches Geologisches Landesamt, München 1959 bzw. 1957.

*Sulzbach-Rosenberg*

Brenneisen, R.: Strukturwandel der oberpfälzer Wirtschaft. In: Nordgau-Schriftenreihe, H. 4, Kallmünz 1966.

Fehn, H.: Maximilianshütte Sulzbach-Rosenberg. In: Thorbecke, F., Fehn, H., Terhalle, W., Luftbilder aus Bayern. München 1963, Blatt 31.

Manske, D.-J.: Blatt L 6536 Amberg. In: Deutsche Landschaften, hrsg. v. Institut für Landeskunde, 4. Lfg., Bonn-Bad Godesberg 1970, S. 93—117.

Manske, D. J.: Oberpfälzer Alb, Hahnbacher Sattel, Sulzbach-Rosenberg und Amberg. In: Topographischer Atlas von Bayern, München 1968, Karte 75.

o. V., Eisenwerk-Gesellschaft Maximilianshütte 1853—1953. Sulzbach-Rosenberg-Hütte 1953.

*Nürnberg*

Hofmann, H. H.: Nürnberg. Gründung und Frühgeschichte. Jahrbuch für fränk. Landesforschung, 10, 1950, S. 1—35.

Mulzer, E.: Geographische Gedanken zur mittelalterlichen Entwicklung Nürnbergs. Mitt. d. Fränk. Geogr. Ges., 10, 1963, S. 237—265.

Mulzer, E.: Nürnbergs Stadtkern: Zugleich City und Altstadt. Topographischer Atlas von Bayern. Karte 50, S. 110, München 1968.

Otremba, E.: Nürnberg. Forschungen zur deutschen Landeskunde, Bd. 48, Landshut 1950

Ruppert, H.: Luftbild Nürnberg. Die Erde, 102, 1971, S. 103—107.

Ruppert, H.: Nürnberg. Altstadt und City. Exkursionen in Franken und Oberpfalz. Erlangen 1971, S. 151—163.

*Spalter Hopfenbaugebiet*

Gruber, H.: Schwabach und sein Kreis in wirtschaftsgeographischer Betrachtung. Mitt. d. Fränk. Geogr. Gesellschaft, Bd. 2, 1965.

Klee, E.: Die kulturlandschaftliche Entwicklung des oberen und mittleren Rezatgebietes. Diss. Erlangen 1948.

Ruppert, K.: Spalt, ein methodischer Beitrag zum Studium der Agrarlandschaft mit Hilfe der kleinräumlichen Nutzflächen- und Sozialkartierung und zur Geographie des Hopfenbaues. Münchner Geogr. Hefte, 14, Kallmünz 1958.

Ruppert, K.: Spalter Hopfenland. In: Topogr. Atlas Bayern, München 1968, Karte 54.

Ruppert K.: Die Bedeutung des Weinbaues und seine Nachfolgekulturen für die sozialgeographische Differenzierung der Agrarlandschaft in Bayern. Münchner Geogr. Hefte, 19, Kallmünz 1960.

Stiegler, C.: Fränkische Hopfenanbaugebiete um Nürnberg. Deutsche Brauereiwirtschaft, München 1953, Nr. 19.

*Kochertal bei Künzelsau*

Der Kreis Künzelsau. Hrsg. v. K. Theiss u. H. Baumhauer. Stuttgart, Aalen: Heimat und Wirtschaft 1965.

Huttenlocher, Fr.: Die ehemaligen Territorien des deutschen Reiches in ihrer kulturlandschaftlichen Bedeutung. In: Erdkunde, Bd. IX, 1957.

Schröder, K.: Weinbau und Siedlung in Württemberg. Remagen 1953, Forsch. z. dt. Landeskunde, Bd. 73.

Wagner, G.: Die Landschaftsformen von Württembergisch Franken. Öhringen 1920.

Wagner, G.: Berg und Tal im Triasland von Franken und Schwaben. Öhringen 1922.

*Die Lauffener Schlinge*

Eckolt, M.: Der Neckar in Lauffen. In: Schwäb. Heimat, 9, Stuttgart 1958, S. 5—12.

Fezer, F.: Die Lauffener Schlinge. In: Die Natur, 73, 1965/2, S. 75—81.

Wagner, G.: Die Landschaftsformen von Württembergisch-Franken. Öhringen 1919.

Wagner, G.: Junge Krustenbewegungen im Landschaftsbilde Süddeutschlands. Öhringen 1929.

Wild, H.: Das Alter der ehemaligen Neckarschlingen bei Kirchheim und Lauffen. In: Jh. Geol. Landesamt Baden-W., 1, Freiburg 1955, S. 367—376.

*Stuttgart*

Fischer, H.: Struktur und zentralörtliche Funktion der Stuttgarter Vororte. In: Ber. z. dt. Landesk., Bd. 28, 1961, 1.

Fischer, H.: Viertelsbildung und sozial bestimmte Stadteinheiten (am Bsp. d. inneren Stadtbezirke d. Großstadt Stuttgart). In: Ber. z. dt. Landesk., Bd. 30, 1963, 1.

Goessler, P.: Vor- und Frühgeschichte von Stuttgart-Bad Cannstatt. Stuttgart 1923.

Gradmann, R.: Stuttgarts Stadtbild, Lage und Landschaft. In: Ber. z. dt. Landesk., Bd. 17, 1956, 2.

Körber, J.: Die neuere Entwicklung des Großstadtraumes Stuttgart. Bad Godesberg 1959.

*Böblingen*

Briegel, Alfred: Heimatkunde für den Kreis Böblingen. Stuttgart 1969.

*Oberkochen*
Dongus, Hansjörg: Die naturräumlichen Einheiten auf Blatt 171 Göppingen. Bad Godesberg 1961.
Hesse, Paul: Der Strukturwandel der Siedlungskörper und die Landesentwicklung in Baden-Württemberg zwischen 1939 und 1961. In: Jahrbücher für Statistik u. Landeskunde von Baden-Württemberg, Jg. 9, Stuttgart 1965.
Staatliche Archivverwaltung Baden-Württemberg (Hrsg.): Das Land Baden-Württemberg. Amtliche Beschreibung nach Kreise und Gemeinden, Bd. II, Nordwürttemberg, Teil 1, Stuttgart 1971 (bes. S. 102/3).
Weinreuter, Erich: Stadtdörfer in Südwest-Deutschland. In: Tübinger Geographische Studien, H. 32, Tübingen 1969.

*Nördlingen*
Fischer, H.: Das Nördlinger Ries im Widerstreit der Theorien. In: Naturw. Rdsch., Bd. 17, 1964, 10, S, 400—402.
Hornberger, Th.: Luftbild Nördlingen. In: Die Erde, 90. Jg., 1959, 1, S. 4—6.
Wulz, G.: Nördlingen, seine Geschichte und seine Kultur. In: Das Bayerland, 50. Jg., 1939/5.
Zipperer, G. A.: Nördlingen, die alte Reichsstadt in Schwaben. Nördlingen 1949.

*Bernhausen*
Huttenlocher, Friedrich: Filder, Glemstal, Schönbuch. Bau der Landschaft — Erdgeschichtliche und landeskundliche Abhandlungen aus Schwaben und Franken. Heft 15. Öhringen 1934.

*Freudenstadt*
Knödler, G.: Wirtschafts- und Siedlungsgeographie des nordöstlichen Schwarzwaldes und der angrenzenden Gäulandschaften. Erdgesch. u. landesk. Abh. aus Schwaben und Franken, H. 11, Öhringen 1930.
Metz, Fr.: Zur Kulturgeographie des nördlichen Schwarzwaldes. Geogr. Ztschr., 33, 1927.
Schmid, E.: Siedlung und Wirtschaft am oberen Neckar und im angrenzenden Schwarzwald. Tübinger geogr. u. geol. Abh., Reihe I, 27. Öhringen 1938.
Schlichtmann, H.: Die Gliederung der Kulturlandschaft im Nordschwarzwald und seinen Randgebieten. Tübinger Geogr. Studien, 22, 1967.

*Geislingen an der Steige*
Wais, R.: Albführer. Bd. I: Östlicher Teil. Stuttgart 1954.
Dongus, H.-J.: Die naturräumlichen Einheiten auf Blatt 171 Göppingen. Geogr. Landesaufnahme 1 : 200 000. Bad Godesberg 1961.
Fischer, H.: Geographisch-landeskundliche Erläuterungen zur Topographischen Karte 1 : 50 000, Blatt L 7324 Geislingen an der Steige. Bad Godesberg 1967.
Fischer, H.: Albuch und Härtsfeld. Randlandschaften der schwäbischen Ostalb. In: Ber. z. dt. Landesk., Bd. 29, 1962, 1.
Fischer, H.: Fils und Rems. Studie zur Entwicklung zweier benachbarter Tallandschaften. In: Ber. z. dt. Landesk., Bd. 35, 1965, 1.
Roll, A.: Geologie der Albhochfläche. In: Jahresbericht u. Mitt. d. Oberrhein. Geol. Vereins, 1934.

*Kloster Weltenburg*
Schaefer, I.: Der Talknoten von Donau und Lech. Mitt. Geogr. Ges. München, Bd. 51/1966.
Rieger, E.: Kelheimer Heimatbuch. Kelheim 1954.
Bleibrunner, H.: Der Landkreis Kelheim. Kelheim 1964.
Schweigler, P.: Die Erscheinungen der Industrie im Raum von Regensburg, geographisch gesehen. Mitt. Geogr. Ges. München, Bd. 44/1959.
Fischer, K. und Fehn, H.: Blatt L 7136 Kelheim. In: Geogr.-landeskundl. Erläuterungen zur Topogr. Karte 1 : 50 000, 3. Lief. Bad Godesberg 1967.
Schwarz, K. u. a.: Zur spätlatènezeitl. und mittelalterl. Eisenerzgewinnung auf der südl. Frankenalb bei Kelheim. Jahresbericht der Bayer. Bodendenkmalpflege, München 1965/66.

*Der Lochenstein bei Balingen, Schwäbische Alb*
Gradmann, R.: Das Pflanzenleben der Schwäbischen Alb. 4. Aufl. Stuttgart 1950.
König, M.: Die bäuerliche Kulturlandschaft der Hohen Schwabenalb. Tübingen 1958.
Löffler, K.: Die Formen der Schwäbischen Alb und ihr Einfluß auf die Besiedlung aufgrund von Beobachtungen in der Südwestalb. Tübingen 1913.
Wagner, G.: Die Schwäbische Alb (Sammelwerk). Deutsche Landschaft, Bd. 5. Essen o. J. (1957).

*Kaiserstuhl*
Endriß, G.: Der Weinbau am Kaiserstuhl. Freiburger Jahreszeiten, 2, 1966.
Hasemann, W. u. a.: Erläuterungen zur geologischen Exkursionskarte des Kaiserstuhls 1 : 25 000. Landesvermessungsamt Stuttgart 1959.
Haserodt, K.: Reliefveränderungen durch Großterrassen in den Lößlandschaften des südlichen Oberrheingebietes. Ein Beitrag zur anthropogenen Geomorphologie. Regio Basiliensis, XII/2, 1971.
Lais, R.: Der Kaiserstuhl. Freiburg 1933.
Rochow, W. v.: Die Pflanzengesellschaften des Kaiserstuhls. Pflanzensoz., 8, Jena 1951.
Vanoli, G.: Der Kaiserstuhl. In: Die Welt am Oberrhein, 8, 1968, S. 6—38.

*Passau*
Aign, A.: Passau und seine Flüsse. In: Geographische Rundschau, 18. Jg. 1966, S. 161—168.
Diercke Weltatlas. Begründet v. C. Diercke, fortgeführt v. R. Dehmel. 146. Aufl. Westermann Verlag, Braunschweig 1969.
Schneider, R.: Passau. Werden, Antlitz und Wirksamkeit der Dreiflüssestadt. Leipzig 1944, Forschungen zur deutschen Landeskunde, Bd. 44.

*Wasserburg am Inn*
Troll, Carl: Wasserburg am Inn. Vergleich zwischen Luftbild und Karte. In: Der Neue Herder Handatlas, S. 124. Herder Verlag, Freiburg—Basel—Wien 1966.

*München*
Dheus, E.: München, Strukturbild einer Großstadt. Zahl und Leben, H. 8, Stuttgart 1968.
Fehn, H.: Münchens Weg vom Klosterdorf zur Millionenstadt. Geogr. Rdschau 1958.
Hartenstein, W. u. B. Lutz: City München. Bremen 1963.
Häuserbuch der Stadt München, Bd. 1—4, hrsg. vom Stadt-Archiv München. 1958—1966.
Megele, M.: Baugeschichtlicher Atlas der Landeshauptstadt München. Bd. 1—3, München 1951—1960.
Schattenhofer, M.: München, ein Streifzug durch seine Geschichte. In: München im Wandel seiner Geschichte. München 1957.
Steinmüller, G.: Der Münchener Stadtkern. Mitt. Geogr. Ges. München 1958.
Veit, H.: München, 800 Jahre alt, in kartographischer Sicht. Kartogr. Nachr. 1959.

*München — Olympiagelände*
Sportbauten für die XX. Olympiade. In: Der Mensch und die Technik. Technisch-Wissenschaftliche Blätter der Süddeutschen Zeitung, 15. Jg., 192. Ausg., 29. 12. 1971.
Olympische Bauten München 1972. In: Architekturwettbewerbe, Stuttgart 1970, 2. Sonderband.

*Buch bei Zorneding*
Kastner, H.: Der Landkreis Ebersberg in Geschichte und Gegenwart. München 1960.
Rubner, H.: Der Baumartenwandel in den Forsten der Münchner Schotterebene während der geschichtlichen Zeit. In: Mitteilungen der Geographischen Gesellschaft in München, Bd. XXXXIV, 1959, S. 9—36.
Sturm, J.: Die Rodungen in den Forsten um München. Frankfurt/Main 1941.
Thürauf, G.: Endmoränengebiet in Großstadtnähe östlich von München. In: Topographischer Atlas Bayern, München 1968, Blatt 118.
Troll, K.: Die jungglazialen Schotterfluren im Umkreis der deutschen Alpen. In: Forschungen zur deutschen Landes- und Volkskunde, 24. Bd., 1926, S. 157—256.

*Singen und der Hohentwiel, Hegau*
Badische Heimat: Singen und der Hegau. o. O. 1930.
Freudenberg, H.: Die Obstbaulandschaft am Bodensee. Bad. Geogr. Abh., 18, 1938.
Hohentwiel, Bilder aus der Geschichte des Berges. Hrsg. Stadt Singen. Konstanz 1957.
Reck, H.: Die Hegau-Vulkane. Berlin 1923.
Stapf, W.: Die Entwicklung des Verkehrs im Bodenseegebiet und ihre natürlichen Grundlagen. Tübingen 1927.
Schmidel, W.: Die Großformen der Bodenseelandschaft und ihre Geschichte. Abh. d. Heidelb. Akad. d. Wiss. 1944.

*Die Reichenau*
Blenck, J.: Die Insel Reichenau. Eine agrargeographische Untersuchung. Heidelberger Geogr. Arbeiten, 33, 1—347, 1971.
Feger, O.: Geschichte des Bodenseeraumes. 3 Bände. Konstanz 1956—1963.
Hake, G., u. H. Lehn: Tiefenmessungen im Bodensee. II. Teile des Gnadensees. Schr. Ver. Gesch. Bodensees, 89, 139—151, 1971.
Kiefer, F.: Naturkunde des Bodensees. Lindau/Konstanz 1955.
Lang, G.: Die Ufervegetation des Bodensees im farbigen Luftbild. Landeskundl. Luftbildauswertung im mitteleurop. Raum, 8, 1—75, 1969.

*Lindau*
Gruber, A.: Der Landkreis Lindau. Kempten 1956.
Ott, Manfred: Lindau. Historischer Atlas von Bayern, Teil Schwaben, Heft 5, München 1968.
Stadt und Landkreis Lindau. In: „Bayern in Zahlen", 1965, Heft 11.
Woll, Hubert: Der Fremdenverkehr im Bodensee-Gebiet. Weinheim/Bergstraße 1962.

*Isny*
Müller, Karl-Otto: Die oberschwäbischen Reichsstädte, ihre Entstehung und ihre ältere Verfassung. Stuttgart 1912.
Oberschwaben. Geschichte einer Landschaft. Herausgegeben von Stefan Ott. 2. Auflage. Ravensburg 1972.

*Chiemsee*
Burz, J.: Deltabildung im Ammersee und Chiemsee. Ein Beitrag zur Untersuchung der Verlandungsvorgänge in den oberbayerischen Seen. München 1956. Mitteilung aus dem Arbeitsbereich der Bayerischen Landesstelle für Gewässerkunde.
Klink, H.-J.: Das Mündungsdelta der Tiroler Ache, geomorphologische und ökologische Veränderungen im Luftbild. In: Landeskundliche Luftbildauswertung im mitteleuropäischen Raum, H. II. Bonn-Bad Godesberg 1973.
Pfadenhauer, J.: Edellaubholzreiche Wälder im Jungmoränengebiet des Bayerischen Alpenvorlandes und in den Bayerischen Alpen. 3301 Lehre. Dissertationes Botanicae, Bd. 3. 1969.
Troll, K.: Der diluviale Inn-Chiemsee-Gletscher. Stuttgart 1924. Forschungen zur deutschen Landes- und Volkskunde, Bd. 23, H. 1.
Wilhelm, F.: Der Chiemsee, ein eiszeitlich gestaltetes Zungenbecken. In: Topographischer Atlas Bayern. Herausgegeben v. Bayerischen Landesvermessungsamt. München 1968. S. 278—279 (Karte 134).

*Schliersee*
Pflaumann, U. und Stephan, W.: Geologische Karte von Bayern 1 : 25 000, Bl. 8237 Miesbach, mit Erläuterungen. Bayrisches Geologisches Landesamt, München 1968.

*Gottesackerplateau*
Brandstätter, L.: Schichtlinien und Kantenzeichnung. Neue Methoden der Geländedarstellung auf der topographisch-morphologischen Kartenprobe 1 : 25 000 „Alpiner Karst am Hohen Ifen". In: Erdkunde, 1960, S. 171—181.
Schmidt-Thomé, P.: Zur Geologie und Morphologie des Ifengebirgsstockes (Allgäu). Erläuterungen zur topographisch-morphologischen Kartenprobe VI/3: „Alpiner Karst und Bergsturz". In: Erdkunde, 1960, S. 181—195.
Wagner, Georg: Rund um Hochifen und Gottesackergebiet. Öhringen 1950.

*Berlin — 1939*
Louis, Herbert: Die geographische Gliederung von Groß-Berlin. In: Landeskundliche Forschung. Festschr. für Norbert Krebs, 1936. S. 147 ff.
Leyden, Friedrich: Groß-Berlin. Geographie der Weltstadt. Breslau 1933.

*Berlin — Zoo*
Gandert, O.-F. u. a.: Heimatchronik Berlin. 951 S. Archiv für deutsche Heimatpflege, Köln 1962.
Pfannschmidt, Martin: Probleme der Weltstadt Berlin. In: Zum Problem der Weltstadt. Berlin 1959, S. 1—16.
Deutscher Planungsatlas: Band IX. Atlas von Berlin. Hannover 1962 ff., 101 Ktn.

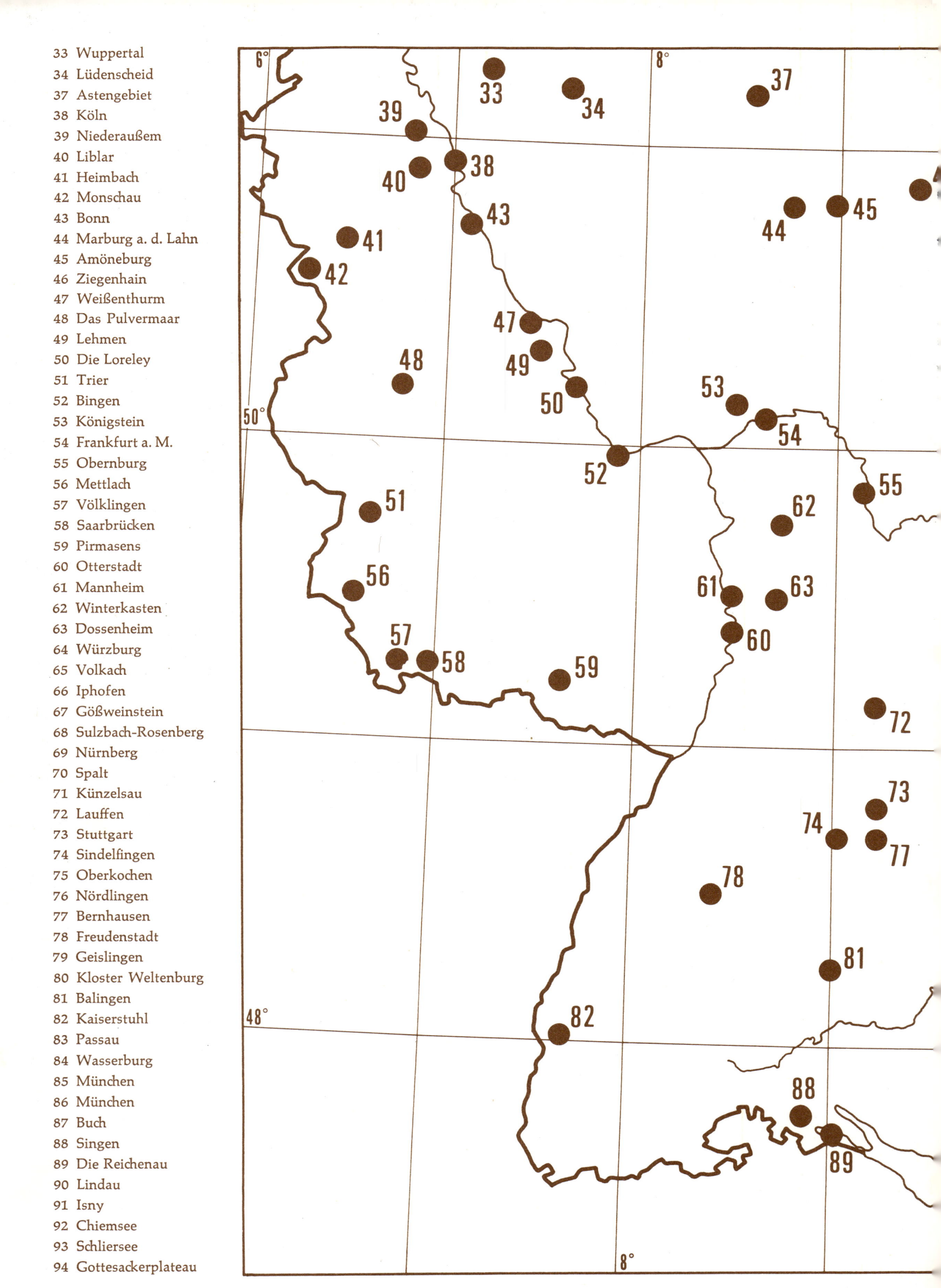

33 Wuppertal
34 Lüdenscheid
37 Astengebiet
38 Köln
39 Niederaußem
40 Liblar
41 Heimbach
42 Monschau
43 Bonn
44 Marburg a. d. Lahn
45 Amöneburg
46 Ziegenhain
47 Weißenthurm
48 Das Pulvermaar
49 Lehmen
50 Die Loreley
51 Trier
52 Bingen
53 Königstein
54 Frankfurt a. M.
55 Obernburg
56 Mettlach
57 Völklingen
58 Saarbrücken
59 Pirmasens
60 Otterstadt
61 Mannheim
62 Winterkasten
63 Dossenheim
64 Würzburg
65 Volkach
66 Iphofen
67 Gößweinstein
68 Sulzbach-Rosenberg
69 Nürnberg
70 Spalt
71 Künzelsau
72 Lauffen
73 Stuttgart
74 Sindelfingen
75 Oberkochen
76 Nördlingen
77 Bernhausen
78 Freudenstadt
79 Geislingen
80 Kloster Weltenburg
81 Balingen
82 Kaiserstuhl
83 Passau
84 Wasserburg
85 München
86 München
87 Buch
88 Singen
89 Die Reichenau
90 Lindau
91 Isny
92 Chiemsee
93 Schliersee
94 Gottesackerplateau